프랑스공화국과 이방인들

박단

1960년 서울에서 태어나 서강대학교 사학과와 같은 대학 대학원에서 서양사 전공으로 석사를 마치고, 프랑스 파리 1대학에서 1930년대 프랑스 노동운동사로 박사학위를 받았다. 한성대학교 역사문화학부 교수를 거쳐 현재 서강대학교 사학과 교수로 재직하고 있으며, 이민인종연구회 회장(현), 국제역사학 한국위원회 사무총장(현), 역사학회 총무(현), 문화사학회 편집위원장 등을 역임하였다. 저서로 『프랑스의 문화전쟁: 공화국과 이슬람』, 『현대 서양사회와 이주민: 갈등과 통합 사이에서』(편), 『프랑스의 열정: 공화국과 공화주의』(공저), 『프랑스의 종교와 세속화의 역사』(공저), 『역사 속의 소수자들』(공저), 『서양문화사 깊이 읽기』(공저), 『서양문명과 인종주의』(공저)가 있으며, 역서로 『인간에 관한 가장 아름다운 이야기』, 『프랑스 사회사: 1789~1970』(공역) 등이 있다.

서강학술총서
055

프랑스공화국과 이방인들

박단 지음

서강대학교 출판부

서강학술총서 055

프랑스공화국과 이방인들

초판발행 | 2013년 5월 28일
지 은 이 | 박단
발 행 인 | 유기풍
편 집 인 | 우찬제
발 행 처 | 서강대학교 출판부
등록번호 | 1978년 9월 28일 제313-2002-170호

주 소 | 서울특별시 마포구 백범로 35번지
전 화 | (02) 705-8212
팩 스 | (02) 705-8612

ISBN 978-89-7273-232-7 94920
ISBN 978-89-7273-139-9(세트)

값 25,000원

* '서강학술총서'는 SK SUPEX 기금의 후원으로 제작됩니다.

프롤로그

이 책은 프랑스 내 '이방인들'의 역사를 다룬다. 조금 더 구체적으로 말하자면, 현대 프랑스의 소수자의 역사이자 프랑스공화국과 이들 사이의 관계의 역사이기도 하다. 다른 한편, 이 책은 프랑스공화국의 이방인 통합정책의 역사를 넘어, 정치, 사회, 경제적 불평등이 문화적 갈등의 배경에 깊이 깔려 있다는 문제의식에서 이방인의 통합에 대한 프랑스공화국의 책임을 강조한다. 프랑스공화주의의 보편주의가 이들 소수자를 효과적으로 통합하기보다는 오히려 배제하고 있다는 것이다.

필자는 2005년에 출간된 『프랑스의 문화전쟁: 공화국과 이슬람』(책세상)을 통하여 프랑스의 대표적 이방인이라고 할 수 있는 무슬림이민자와 주류사회 사이의 문화적 갈등을 고찰하였다. 이 책에서는 이방인들이 겪는 사회경제적 불평등보다는 '문화전쟁'에 초점을 맞추었고, '히잡 사건'을 매개로 프랑스공화국의 책임보다는 상호간의 역사와 문화에 대한 '무지와 편견'을 지적하였다. 당시 이 책은 유럽에서의 무슬림이민자 문제뿐만 아니라 국내 다문화가정 문제의 본격적인 부상으로 인해 어느 정도 세간의 주목을 받았다. 책을 세상에 내놓자마자 우연히도 몇 개월 되지 않아 '런던 7·7테러' 사태가 일어났고, 같은 해 10월에는 프랑스에서 대규모 이민자 소요사태가 발생하였다. 뿐만 아니라 네덜란드, 덴마크 등에서도 '문화전쟁'이라고 일컬을 수 있는 비슷한 사건들이 연이어 발생하였다. 이에 힘입어, 필자는 한국연구재단(구 학술진흥재단)의 지원으로 일부 연구자들과 함께 '유럽 및 미국의 문화전쟁 및 이민자 통합정책'이라는 주제를 연구하게 되었고 그 결과물로 2009년에 『현대 서양사회와 이주민: 갈등과 통합 사이에서』(박단 엮음, 한성대학교 출판부)를 출간할 수 있었다. 이 책에서는 프랑스뿐만 아니라 독일, 영국, 미국, 네덜란드, 호주의 사회문화적 갈등 및 이민자 통합문제를 담을 수 있었다.

이러한 연구를 계속 진행하면서 필자가 느끼게 된 점은, 대체 한 국가 내에서, 그것도 이주가 일상화되어 있는 현대 세계에서 자국민은 누구이고, 이방인은 누구인가 하는 것이었다. 이 둘은 어떻게 구별될 수 있는가? 흔히 인간 집단을 구분하는 인종, 민족, 종교, 혹은 계급은 여기에서 어떠한 작용을 하는가? 한편, 이들 이방인들은 어떻게 주류사회에 편입될 수 있는가? 그 나라 사람으로 인정받기 위해서 이방인들이 어떠한 노력을 해야 하는가? 많은 노력에도 불구하고 이들이 주류사회에 쉽게 편입되지 못하는 것이 이들만의 책임일까? 이러한 문제에 해당 국가 혹은 주류사회의 책임은 없는가? 더 나아가, 프랑스공화주의의 원칙에는 문제가 없는가?

이러한 생각에서, 필자는 프랑스를 예로 들어 이 국가 내의 '이방인들'을 고찰하고자 하였다. 이 책에서 중점적으로 드러내고자 한 것은 다양한 범주의 이방인들이 프랑스 주류사회로 편입되고자 수행한 노력뿐만 아니라 이들이 왜 진정 프랑스공화국 시민으로 인정받지 못하는지에 대한 이유이다. 이는 보편적 시각에서 바라볼 수 있는 이방인 혹은 이주민의 주류사회 내 적응에 대한 어려움을 보여주는 동시에 프랑스적 특수성에서 기인한 이방인들의 사회통합의 어려움을 함께 보여줄 수 있을 것이다. 그 가운데에서도 특히 필자가 강조하려는 것은 이방인이 '이방인'으로 남을 수밖에 없는 원인을 이들의 사회 내 부적응 탓으로만 돌리려는 기존의 시각에서 벗어나 프랑스 국가 혹은 주류사회에 책임을 물으려는 것이다.

이러한 문제의식 하에 필자가 생각하고 있는 프랑스 내 이방인 집단은 제2차 세계대전 이전에 프랑스에 들어온 유럽 출신의 외국인노동자들과 제2차 세계대전 이후에 들어온 무슬림이민자들, 그리고 프랑스 내에서 지속적으로 거주한 유대인들이다. 이들을 대상으로 하는 것은 그 범주가 흔히 이방인이라고 간주될 수 있는 자들의 특성, 즉 인종, 민족, 종교, 계급의 차이 혹은 이들의 두 가지 이상 요소가 조합을 이루고 있기 때문이다. 사실, 계급만으로 정체성을 선택하는 것은 우리의 저술 범위를 넘어서는 것이며, 적어도 계급에다가 인종이나 민족, 종교가 더해진 경우가 선택되었다고 볼 수 있다. 즉, 우리가 2장에서 다룰 폴란드 노동자의 경우는 계급에다가 민족을 더한 경우가 되며, 3장 및 4장에서 다룰 무슬림이민자와 유대인은 인종 및 종교가 정체성을 구분하는 요소가 될 수 있을 것이다. 물론 그들의 상황에 따라 계급적 요소가 추가될 수도 있겠다.

이들 주제는 필자가 평소 조금이나마 관심을 가졌던 분야들이다. 필자는 파리 1대학 박사학위 논문으로 「양차 세계대전 사이 프랑스 노동조합의 통합 활동」(1995)을 다룬 바 있다. 이 주제를 다루면서 당연히 양차대전 사이에 프랑스에 거주하던 다양한 외국인노동자 관련 자료를 섭렵할 수 있었으며, 그 가운데에서 특히 관심을 가졌던 주제 가운데 하나가 프랑스 북부 광산노조의 노동운동이었다. 이 책에서 다루어질 파드칼래(Pas-de-Calais) 도(道)의 폴란드 노동자들에 관한 글은 이러한 관심의 소산이라고 할 수 있다. 본 장에서는 경제적으로 발전된 국가의 노동자가 그렇지 않은 국가의 노동자를 왜, 어떤 식으로 차별하게 되는지, 그리고 후자는 전자에게 어떤 식으로 대항하는지를 보여줄 수 있을 것이다.

다음으로 다루게 될 무슬림이민자 부분도 10여 년 이래로 필자가 관심 있게 지켜본 주제이다. 앞에서 언급했듯이, 필자는 이미 『프랑스의 문화전쟁: 공화국과 이슬람』에서 '히잡 사건'을 주제로 프랑스 내 무슬림 이민자들을 고찰한 바 있다. 하지만, 이번에는 '문화전쟁'이라는 측면보다, 실제 마그레브인들이 프랑스에서 어떠한 조건 하에서 생활하였는지 사회경제적 측면을 강조하게 될 것이다. 이러한 측면이 프랑스 사회 내 이방인으로서의 위치를 더욱 부각시킬 수 있을 것으로 보기 때문이다. 그러므로 필자는 제2차 세계대전, 특히 알제리전쟁 전후로 프랑스에 온 마그레브 이민자들이 어떠한 면에서 프랑스 내 이방인인지, 이들의 경제적, 문화적, 종교적 상황을 고찰하고, 이들이 어떠한 면에서 프랑스 공화국과 갈등을 빚고 있으며, 프랑스 내 이방인으로 지낼 수밖에 없는지를 고찰하고자 한다.

이와 함께 살펴볼 것이 이들 무슬림에 대한 프랑스인들의 시선이다. 해당 부분에서는 기존 연구에서 밝힌 바 있는 '공립학교 내 히잡 착용'에 대한 프랑스인들의 입장과 '부르카 착용'과 관련된 프랑스인들의 입장을 비교하여 고찰할 것이다. 프랑스인들은 시간이 지남에 따라 무슬림이민자들을 비롯한 프랑스 내 '이방인들'에 대해 더 보수화되고 있다는 인상을 준다. 이를 위해 2003년 발표된 스타지 보고서를 고찰함으로써 비록 프랑스 내 문화적 상대주의를 지지하는 일부 기류가 존재함에도 불구하고, 부르카 금지법을 둘러싼 프랑스 사회 내의 보수적 분위기가 여전함을 살펴볼 것이다.

다음으로 살펴볼 것은 중동전쟁 이후의 프랑스 내 유대인들이다. 사실, 프랑스 내 유대인의 위상을 설명하기 위해서는 프랑스혁명 시기 혹은 그 이전부터 유대인 문제를 살피는 것이 적절할 것으로 보이지만, 본 연구의 주요 대상이 20세기 말과 21세기 초에 한정되어 있기 때문에 그 필요성은 크게 줄어든다고 하겠다. 또한 본 연구에서 특별히 주목하는 것은 우리의 피상적 인식과 달리 유대인이 과연 핍박받고 있는 소수자인지에 대한 문제제기이며, 이들에 대한 프랑스 주류사회의 인식과 공화국 원칙의 관련성이라고 할 수 있다. 이것은 유대인 하면 항상 탄압받는 소수자, 이방인으로 간주하기 쉬운데, 현대 프랑스에서도 그러한 위치가 지속되는지에 대한 문제제기이기도 하다. 본 저서에서는 오늘날에도 여전히 일어나고 있는 '반유대주의 행위'의 성격과 기존의 반유대주의와의 차이점 그리고 그에 대한 사회적 반응을 살펴봄으로써 프랑스 내 사회적 소수자로서 유대인의 현 위상을 고찰하고자 한다. 이를 위하여 필자는 최근 10여 년간 프랑스에서 일어난 반유대주의 행동에 대한 통계를 이용하여, 2000년 이래 일어나고 있는 프랑스 내 반유대주의 활동의 특수한 성격을 고찰함으로써, 기존 반유대주의와의 차별성을 부각시킬 것이다.

한편, 우리는 이곳에서 유대인과 관련된 기존의 역사적 사실을 검토하여 프랑스에서는 어떤 경우에 반유대주의 활동이 활발했으며, 일반적인 인종주의와 그것이 어떻게 차별화되어 왔는지를 살펴볼 것이다. 특히 우리는 오늘날 왜 반유대주의는 인종주의와 별개로 취급되어야 하는지, 과연 오늘날에도 유대인을 '특별한' 소수자로 취급해야 하는지에 대해 고찰할 것이다. 그렇게 해야만 오늘날 프랑스 유대인이 과연 다른 소수자들과 비교할 때 어떠한 측면에서 특별한지 밝혀질 것이며, 궁극적으로는 현대의 반유대주의, 반시오니즘, 유대인혐오주의, 즉 반유대주의의 다양한 '새로운 얼굴'을 밝히는 데에도 도움이 될 수 있을 것이다.

다음 장에서 살펴볼 것은 프랑스 내 '이방인들' 사이의 관계와 소통이다. 사실 지금까지의 연구들이 특정 이주민 혹은 소수자들에 대한 연구에 치중되어 왔다고 한다면, 이들 사이의 관계에 대한 연구는 매우 드문 편이다. 이러한 접근은 상대적으로 쉽지 않기에, 필자는 이를 극복하기 위한 방안으로 영화를 이용하고자 하였다. 즉, 프랑스 내 이방인으로서 무슬림과 유대인 및 아프리카 흑인 사이의 관계를 효과적으로 살펴보기 위해서 이용한 것이 1995년에 마티유 카소비츠가 제작한 영화 「증오」의 분석이다. 이 영화의 주인공 세 명이 바로 프랑스의 방리유에 거주하는 아랍인, 유대인 그리고 아프리카 흑인 청년이기 때문이다.

한편, 우리는 또 다른 영화 「클래스」를 통하여 이방인들 간의 관계와 소통의 모습을 더 면밀하게 찾아볼 수 있다. 2006년에 발간된 한 프랑스어 교사의 동명 소설을 영화화한 「클래스」는 로랑 캉테(Laurent Cantet) 감독의 작품으로 교사와 학생, 교사들과 학부모, 그리고 학생들 사이의 관계를 세밀하게 묘사하고 있다. 언뜻 보면 프랑스 내의 학교가 아닌 것처럼, 교실 내 학생들의 민족 구성이 매우 다양하다. 앞의 「증오」가 아랍계, 흑인, 유대인들이 주인공이었다면, 이 수업에는 아시아계가 덧붙여지고, 흑인도 아프리카계뿐만 아니라 앙티유 제도 출신들도 등장한다. 앞의 작품이 사회에 진출한 성인들에 관한 내용이라면, 이 영화는 바로 중학생, 즉 사춘기 학생들의 정체성 이야기이며, 더 많은 이민자 후속 세대의 갈등을 그리고 있다. 결국 우리는 일부에 의해 비록 비역사적이라고 비판을 받을 수도 있지만, 이 두 영화를 통하여 이방인들 상호간의 모습을 충분히 들여다볼 수 있었다.

이상의 프랑스 내 '이방인들'에 대한 연구는 결국 서두에서 밝힌 바와 같이 "프랑스인이란 누구인가?" 그리고 "이방인이 '프랑스공화국의 시민'이 되기 위해서는 어떻게 해야 하는가?"라는 질문에서 시작될 수밖에 없다. 이에 답하기 위해 우리는 주류 프랑스인들이 생각하는 프랑스의 민족정체성은 무엇이며, 프랑스가 생각하는 고유한 가치 혹은 원칙들은 무엇인지를 물을 수 있다. 이에 필자는 이 책의 첫 장에서 프랑스의 민족정체성 논쟁을 통해 오늘날 프랑스 주류사회에서 논의되고 있는 정체성 문제를 이론과 실제 차원으로 나누어 설명하였다. 이를 위하여 우선 1980년대 이후 특히 니콜라 사르코지 대통령의 2007년 대통령선거부터 본격적으로 공론화되었던 민족정체성 관련 '사건들', 예를 들면, 국립이민사박물관 문제, 이민 관련 부처 신설 문제, 민족정체성에 관한 대토론회 문제들을 집중 검토함으로써, 프랑스의 여론 주도층이 생각하는 프랑스의 민족정체성에 관해 살펴보았다. 다음으로는 프랑스가 그들의 대표적 이방인인 무슬림이민자와 관련하여 가장 차별성을 강조하고 있는 라이시테 문제를 다루었다. 왜 무슬림이민자와 관련하여 라이시테 문제가 가장 강조되고 있는가? 이는 프랑스의 특수성인가? 이러한 문제를 이해하기 위하여 우리는 프랑스의 사례뿐만 아니라 정교분리 문제와 관련하여 다양한 입장을 취하고 있는 영국, 독일 등의 사례들도 고찰함으로써 정체성과 관련된 프랑스만의 독특한 원칙을 살펴보았다. 라이시테 문제는 단지 무슬림과의 관계에서뿐만 아니라 유대인과의 관계에서도 직접적으로 연관된다고 할 수 있다.

앞서 언급한 대로, 2장에서 5장까지 살펴본 것이 '이방인들'에 대한 구체적 사례 혹은 '이방인들' 간의 관계 및 소통에 관한 것이었다면, 마지막 장에서 고찰한 것은, 그럼에도 불구하고 이들이 '프랑스인'이 된다는 것, 혹은 '공화국시민'이 된다는 것이 얼마나 어려운 일인가를 보여주는 것이다. 프랑스 사회로의 통합과 관련된 이 부분에 대해서는 필자도 개인적으로 많은 생각을 해왔고, 『프랑스의 문화전쟁』에서 가장 많은 비판을 받았던 부분이기도 하다. 이를 위해 필자는 우선 무슬림의 사회경제적 상황에 주목하였다. 선행연구에서 필자는 주로 주류사회와 이방인들 간의 문화적 갈등에 연구 초점을 맞추었는데, 사실 무슬림을 위시한 이방인들이 진정한 '프랑스인', 즉 공화국시민이 되는 데 가장 커다란 난관으로 작용하는 것 가운데 하나가 사회경제적 어려움일 수 있다는 점을 지적하고자 하였다. 이를 위해 우리는 무슬림의 종교 문화적 차이, 이들의 제도 내에서의 활동 등을 검토한 후, 여러 가지 요인을 고려하였을 때 무슬림들이 겪고 있는 어려운 사회경제적 상황의 타개가 이들이 세속화되고 진정한 '프랑스인'으로 거듭나는 데 주요 요인으로 작용할 수 있다는 결론에 다다를 수 있었다.

한편, 유대인의 경우, 그들이 진정한 공화국시민으로 인정받는 데에는 주류사회의 과도한 유대인 감싸기가 문제가 될 수도 있다는 것이 필자의 판단이었다. 장-피에르 슈벤느망(Jean-Pierre Chevènement) 같은 정치인들의 지적처럼, 이는 프랑스공화국의 주요 원칙 가운데 하나인 '단일하고 분리될 수 없는 공화국'을 위반하는 행위로 여겨질 수 있다. 프랑스인들의 유대인 홀로코스트에 대한 죄의식과 프랑스공화국 원칙의 충돌이 벌어지고 있는 것이다. 이는 프랑스 유대인들이 진정한 공화국시민이 되는 데 오히려 난관이 될 수도 있을 것이다.

이러한 문제의식의 연장선에서 필자는 마지막 챕터에서 다시 한 번 프랑스공화국의 여러 원칙들을 비판적으로 검토할 필요성을 느꼈다. 특히 이곳에서는 '라이크적 공화국'이 이방인의 종교 문화와 직접적으로 관련된다면, '평등한 공화국'은 이들의 사회경제적 문제와 더욱 밀접하게 관련된다는 점을 부각시켰다. 즉, 종교 문화의 차이를 넘어, 사회경제적 지위 상승이 함께 했을 때, 무슬림들을 위시한 '이방인들'이 '프랑스인'을 넘어 진정한 '공화국시민'이 될 가능성이 높다는 점을 보여주려고 하였다. '라이크적 공화국'의 인정이 이방인이 '프랑스인'이 되는 데 필요조건이라고 한다면, '평등한 공화국'의 실현은 이들 이방인들이 진정한 '프랑스인'이 될 수 있는 충분조건일 수 있을 것이다. 하지만, 이러한 원칙은 프랑스공화주의 원칙에 대한 새로운 합의가 이루어지지 않는 한 실현되기 어려운 일이기도 하다.

결국, 본 저술의 주요 목적은 '프랑스인이란 누구인가?'를 역사적 맥락에서 검토하고, 프랑스 내 여러 부류의 '이방인들'과 공화국 원칙과의 관계를 체계적으로 살펴봄으로써, 이들이 사회적으로 통합되는 데 겪는 어려움을 지적하는 데 있다고 할 것이다. 하지만, 우리는 이러한 점을 강조하면서도 폴란드 노동자, 무슬림, 유대인 등 이방인들이 프랑스 공화국 시민으로 '완전히' 통합되기 어려운 것이 이들 탓만은 아니라는 점을 놓치지 않으려고 했다. 마지막 장에서 보여준 무슬림의 세속화에 대한 어려움이나 공화국 원칙에 대한 비판적 재평가 등이 이러한 점을 보여주고 있으며, 기존의 시각에 대한 방향 전환의 필요성을 충분히 시사하고 있다고 하겠다.

필자는 그동안 위와 같은 문제의식으로 10여 년간 글을 써왔다. 비록 하나의 일관된 논점을 갖는 저술을 생각하고 쓴 글들은 아니지만, 전체적으로 관통하는 문제의식은 이번 저술의 목적과 대체로 부합한다. 기존의 원고는 몇 년간의 시간이 지나면서 생각이 달라진 부분이 있게 되어 일정 부분을 수정 보완하지 않을 수 없었다. 또한 주제의 일관성을 위해 새로 삽입한 글도 적지 않다. 필자는 유학시절부터 문헌 사료에 대한 탐구뿐만 아니라 이 주제의 대상이 되는 외국 출신의 프랑스 노동자, 프랑스 이주 북아프리카 이민2세대들을 적극적으로 만나왔다. 프랑스 사회에 적절하게 동화되지 못함으로써 프랑스 내 '이방인'으로 살고 있는 사람들에 대한 접근은 본 연구를 위해서도 매우 긴요하다고 판단된다. 한편, 프랑스의 동화주의 통합정책을 추진하는 정부기관, 연구소 및 대표적 이론가들과의 인터뷰도 필요하였지만, 이는 인터넷 자료로 대체하였다. 크게 보아, 이러한 시도들은 문헌 사료로는 얻을 수 없는 새로운 관점을 우리에게 제시해주었다고 할 수 있다.

이제 또 하나의 생각을 정리해 출간하게 되었다. 이 글들을 쓰는 동안 2006년에 창립된 한성대학교 '이민인종문제연구소', 그리고 2009년에 학회 형식으로 다시 모인 '이민인종연구회'는 필자의 연구에 커다란 자극을 주었다. 이민과 인종 문제에 관심을 갖는 국내 소장학자들의 연구 모임인 본 연구회는 여느 학회처럼 학술대회와 학술지 발간에 주안점을 두지 않고 공부하는 모임을 표방하고 있다. 그럼에도 불구하고 연구소 시절부터 행해져온 수많은 콜로키움과 토론의 결과물을 모으지 않을 수 없어, 온라인 학술지 ≪호모미그란스≫(http://www.homomigrans.com)를 만들어 게재해왔다. 이번 저술의 출간을 기회로, 본 연구회와 함께 필자의 이민, 인종에 대한 연구도 더욱 깊어지기를 기대해본다.

끝으로, 이 책이 마무리될 수 있었던 데에는 2010년도 서강대학교 교내연구비의 도움이 컸다. 학교 당국과 서강학술총서 기획위원회, 그리고 서강대학교 출판부 여러분께도 감사의 마음을 전한다.

2013년 2월

박단

차례

제1장

프랑스인은 누구인가

프랑스인은 누구인가? 프랑스인이 되기 위하여 사람들이 취해야 할 것으로 강조되는 프랑스인의 가치, 정체성은 무엇인가? 이에 대한 적절한 대답은 프랑스혁명과 관련된 공화국 정신 및 가치의 철저한 분석을 통해 얻을 수 있다. 흥미롭게도 1981년부터 권력을 잡은 프랑스 사회당은 '공화국 가치' 수호에 전력하는 전략을 취하며, 계급투쟁이라는 준거 틀을 포기하였다. 이때부터 '이민노동자'(travailleurs immigrés)라는 사회적 지위가 사라지는 대신 그 출신을 특별히 강조하는 '뵈르'(beurs)와 같은 용어가 나타났는데, 이는 이들 '마그레브 출신의 제2세대들', 즉 뵈르가 공적 무대에 등장하게 되고 정치 대립의 희생자가 되었기 때문이었다. 이즈음에 좌파는 프랑스식 라이시테와 공화국 통합 방식의 장점을 자랑하면서 '공화국의 가치'를 찬양하고, 우파는 이슬람의 위협을 강조하면서 이슬람과 프랑스적 정체성의 양립불가능성을 주장하였다.[1] 이러한 흐름은 필자의 선행 연구에서 규명한 대로 1980년

1 Gérard Noiriel, *A quoi sert l'identité nationale*(Paris: Agone, 2007), pp. 64~65.

대 말부터 14년간 지속된 '히잡 사건'[2]에서 명확히 드러나고 있으며, 이 사건을 둘러싼 공화국 정신에 대한 논쟁을 통해 민족정체성 논의도 매우 풍부해졌다.

이러한 부분들을 고려할 때, 우리는 혁명 이후 프랑스를 가장 잘 특징짓는, 즉 다른 나라, 심지어는 이웃한 유럽 국가들과도 특별히 다르다고 할 수 있는 프랑스만의 정체성이 무엇인지, 그리고 프랑스의 주요 가치를 나타내는 공화국 정신, 즉 '공화국의 가치'가 무엇인지 잘 파악할 수 있을 것이다. 이러한 고찰은 프랑스의 '이방인들', 그 가운데에서도 최근 프랑스의 민족정체성 논쟁을 불러일으킨 무슬림이민자의 대두를 염두에 둔 프랑스의 특징들을 나타내는 데 매우 효과적일 수 있다. 제1장에서는 우선적으로 최근에 프랑스 정치권에서 집중 논의되고 있는 민족정체성 논쟁을 검토한 후, '프랑스적 예외'로서의 라이시테 문제를 이웃 유럽 국가들과의 비교를 통해 검토할 것이다. 이를 위해 처음에는 사르코지 대통령을 위시한 프랑스 주류사회가 생각하는 프랑스인은 누구이며, 그것은 어떤 근거에 기초한 것인지, 또한 이와 관련하여 논란이 되고 있는 구체적 사례로는 어떠한 것이 있는지를 살펴볼 것이다. 그 다음에 우리는 무슬림이민자 및 유대인과 커다란 갈등의 요인이 되고 있는 라이시테 원칙이 프랑스만의 독특한 전통인지에 대해 검토해볼 것인데, 이러한 부분들을 읽어 내려가다보면 자연스레 '프랑스인은 누구'인지, 그들의 가치와 정체성은 무엇인지 이해할 수 있을 것이다.

2 히잡 사건과 관련된 프랑스 정계의 논의들에 대해서는 박단, 『프랑스의 문화전쟁: 공화국과 이슬람』의 3장을 참조.

1. 프랑스 사회의 민족정체성 논의

1) 왜 지금 '민족정체성'인가?

프랑스는 대혁명 이래 '단일하고 분리될 수 없는 공화국'이라는 이념과 함께 보편주의적 전통을 추구해왔다. 그렇기에 프랑스의 이민자에 대한 통합정책은 위와 같은 공화주의 원칙을 바탕으로 이들을 프랑스 사회에 통합시키려는 방책의 일환으로 이루어져왔다. 즉, 공화주의 원칙을 받아들이는 사람은 '출신이나 인종, 그리고 종교에 관계없이' 누구나 프랑스의 시민이 될 수 있다는 것이다. 이처럼 프랑스의 이민자 통합정책은 국가공동체에 참여하려는 개인의 의지와 동의를 중시하는 프랑스의 민족 개념과 깊은 연관이 있다.[3] 이는 프랑스의 이민자 통합 방식이 누구에게나 프랑스 국적을 획득할 수 있는 가능성이 열려 있음을 뜻한다고 볼 수 있다. 바꾸어 말하면, 공화국의 동화주의적 통합 방식은 이민자의 시민권 획득과 관련하여 프랑스가 폐쇄적이지 않다는 것을 의미한다.

하지만, '단일하고 분리될 수 없는 공화국'이라는 원칙 그 자체가 모호하다는 의견도 있다. 그 이상(理想)은 개방적이고, 관용적인 그리고 공민적 질서 안에서의 평등한 시민권의 증진이었을지 모르지만, 동시에 그러한 질서의 필수적 토대로서 동질적인 문화를 고집하는 것은, 몇몇 부류의 사람들을 '동화되기 어렵거나, 동화되려고 하지 않는 사람들'로 평가할 수 있는, 그럼으로써 이들을 공식적으로 이방인이거나 '내부의

---

3 이는 에르네스트 르낭(Ernest Renan)의 민족개념에 근거한다. 심지어, 역사가 벤자맹 스토라(Benjamin Stora)는 "프랑스의 정체성은 개방 그리고 이민"이라고까지 주장한다. "프랑스인이라는 것은 한 국가(nation)에 속한 것이지, 인종(race)에 속한 것이 아니다." Débat Benjamin Stora-Max Gallo, "L'identité nationale, c'est quoi?" in *L'Express*, 18 Sept. 2007.

외국인들'로 명명할 수 있는 가능성을 만들어내는 것이다.[4] 그 한 예가 프랑스 내 무슬림이민자 혹은 유대인들의 존재이다. 즉, 프랑스가 이들의 문화나 종교적 차이를 인정하기보다는, 이들이 '공화주의 원칙을 수용해야, 단일한 공화국 시민으로 인정할 수 있다'는 동화주의적 통합 방식을 취하고 있기 때문이다.

동화주의 통합 방식이 문제가 되기 시작한 것은 동화주의가 종교와 문화가 서로 다른 사람들이 일정한 조건 하에 프랑스 사회의 구성원이 될 수 있도록 허용하기보다는, 프랑스 사회에 들어오는 것조차 막기 위한 닫힌 개념, 즉 배제를 용이하게 하기 위한 원칙으로 사용되기 시작할 때부터이다.[5] 무슬림이민자에 대해 적대적 입장을 보인 니콜라 사르코지(Nicolas Sarkozy)의 집권과 같은 "프랑스 사회의 우경화 속에서 공화주의적 원칙에 근거한 동화주의는 최초의 개방적 성격을 상실한 채, 점차 폐쇄와 배제의 근거가 되고 있다."[6] 이러한 추세와 함께 프랑스의 '민족정체성'에 대한 논란이 프랑스 사회에서 거세게 일어나게 되는 것은 우연이 아닐 것이다.[7]

시작 일주일 만에 25,000여 명이 참여한, 2009년 11월 2일부터 개최된 '민족정체성 대토론회'(Grand débat sur l'identité nationale): "당신에게,

---

4 브라이언 젠킨스, 『프랑스 민족주의: 1789년 이후의 계급과 민족』, 김인중, 마은지 옮김, 나남, 2011, pp. 11~12.

5 박선희, 「프랑스 이민정책과 사르코지: 2002~2008년」, 『국제정치논총』 제50집 2호(2010), p. 197.

6 박선희, p. 208.

7 Gérard Noiriel, *A quoi sert l'identité nationale*(Paris: Agone, 2007); Agnès Maillot, *Identité Nationale et Immigration*(Paris: Les Carnets de l'Info, 2008); Patrick Weil, *Liberté, Egalité, Discriminations: L'identité nationale au regard de l'histoire*(Paris: Grasset, 2008) 등. 이 저술들은 대다수 이민문제와 관련된 사르코지의 민족정체성 개념을 비판적으로 바라보고 있다.

프랑스인은 누구인가?"[8]는 2010년 1월 말까지 프랑스의 이민부 웹사이트[9]에서 지속되었다. 당시 '이민 및 민족정체성, 연대개발부'(Ministre de l'immigration, de l'intégration, de l'identité nationale et du développement solidaire)(이하 '이민부') 장관이었던 에릭 베송(Eric Besson)은 위 사이트에서 토론회 계획을 공개하면서 "프랑스인으로서의 자부심과 프랑스의 가치를 재확인하고, 민족정체성을 강화하기 위한 조치들이 이 토론회를 계기로 모습을 드러내게 될 것"이라고 밝힌 바 있다. 하지만, 프랑스의 저명한 역사학자 제라르 누아리엘(Gérard Noiriel)은 이와 같은 민족정체성이라는 말의 정치적 사용은, '그들'과 '우리' 사이에 인위적인 간격을 만듦으로써 흔히 이민자들에게 오명을 씌우기 위한 것이라고 단언하였다. 사실 '민족정체성'을 이슈화한 것은 에릭 베송 장관이 아니라 2007년 대통령선거 당시의 사르코지 후보였다. 사르코지가 선거운동에서 이 주제를 이슈화함으로써 여론조사에서 결정적인 승기를 잡았다는 것은 대부분이 인정하고 있는 사실이다. 사르코지는 '이민과 민족정체성'이라는 주제를 내세우면서 자신이 "프랑스인들에게 진실을 말하기를" 원했다고 주장하였다.[10]

왜 '민족정체성'이라는 동일한 용어의 활성화를 놓고 이러한 상반된 견해가 존재하는가? 일부에서 지적하듯이 민족정체성을 논하는 것은 과연 이민자를 '악마화'하려는 것인가? '이민부' 장관은 민족정체성 관련 토론회의 설치 이유가 바로 '프랑스의 가치'를 재확인하기 위한 것이라고 하였다. 그런데, 이는 달리 말하면 '프랑스의 가치'를 수용하지

8 일주일 내에 18만 5,000명이 접속하였으며, 그 가운데 25,000여 명이 국가정체성에 관한 글을 남겼다. http://www.debatidentitenationale.fr (검색일: 2011. 3. 21)

9 http://www.immigration.gouv.fr/ (검색일: 2011. 3. 21)

10 Gérard Noiriel, p. 9.

않는 사람은 프랑스인이 될 수 없는 것으로 해석될 수 있으며, 심지어는 그러한 사람들에게 프랑스를 떠나라는 완곡한 표현으로 해석되기도 하였다.

이러한 맥락에서 여기에서는 프랑스에서 문제시되고 있는 민족정체성 담론이 현실 정치인들에 의해 어떻게 사용되어왔는지, 이와 관련된 사례들의 실체는 무엇인지, 그리고 왜 이 시점에서 민족정체성 문제가 특별히 강조되고 있는지를 살펴보고자 한다. 주지하다시피, 프랑스에서 대통령선거가 있었던 2007년에는 사르코지가 자신의 선거 유세에서 민족정체성 문제를 다양한 방식으로 강조한 바 있어, 좌파에 더 우호적인 사회문제를 주변화시킴으로써 자신에게 매우 유리한 상황을 창출한 바 있다. 필자는 사르코지 후보의 다양한 연설문을 분석함으로써, 사르코지와 민족정체성과의 관계를 고찰하는 한편, 그의 민족정체성 담론과 밀접한 관련을 갖는 '이민부' 창설 문제, 그리고 2009년 말, 2010년 초에 개최된 '민족정체성 대토론회' 문제 등을 면밀하게 검토할 것이다. 특히 이 절에서는 이러한 사례들을 사르코지 시기의 민족정체성 문제와 관련시켜 검토함으로써 프랑스 우파 정치 지도자의 민족정체성에 대한 강조가 결국은 극우파 유권자들에게 호소할 수 있는 무슬림이민 배제 문제와 밀접한 관련이 있음을 보여주고자 한다.

2) 2007년 프랑스 대통령선거 이전의 '민족정체성'

새로운 세기에 들어와 이민 및 민족정체성 문제는 프랑스뿐만 아니라, 유럽 현실정치의 중심에 서 있다. 프랑스에서 민족정체성 문제는 프랑수아 미테랑(François Mitterrand) 시기 이후 한동안 잠복해 있다가 2007년 대통령선거 기간 동안 사르코지 후보에 의해 다시 제기되었다. 이 선거 전에는 극우파인 민족전선(le Front National)을 제외한 어떠한 정파도

이 주제를 전면에 내세우지 않았다. 그보다는 사회 안전문제, 실업 등의 더 전통적이고 더 구체적인 쟁점들을 대통령선거 후보들이 선호했었다. 하지만, 유럽연합의 확대와 세계화의 시점에서 민족정체성이라는 주제가 주요 화두로 떠오른 것은 어쩌면 자연스러울 수도 있겠다.[11]

민족정체성 문제와 관련해서 제기될 수 있는 가장 핵심적 문제는 과연 '민족정체성에 내포되기 위해서는 그 대상이 프랑스인이어야만 하는가?'이다. (무슬림)이민자는 프랑스 민족정체성을 논할 자격이 없는가?[12] 사르코지 후보는 선거 연설에서 '프랑스인인 것이 자랑스럽다'라고 수차례 언급한 바 있다. 정체성 논쟁을 일으키는 것이 무슨 소용이 있는가? 혹은 정체성 논쟁을 일으키는 것은 무엇을 목적으로 하는가?[13] 이러한 질문에 답하기 위해서 사르코지의 선거유세 연설문에 나타난 민족정체성 문제를 알아볼 필요가 있으나, 그 이전에 민족정체성이라는 개념이 프랑스에서 언제, 어떻게 사용되었는지 먼저 살펴보는 것이 중요할 것이다.

(1) 미테랑 집권 이전

'민족정체성'이라는 표현은 프랑스 정치권에서 1970년대에서부터 확산된 용어였다. 제2차 세계대전 이후, 더 가까이는 68혁명 이후, 민족정체성이라는 표현이 프랑스 정치권의 용어로 처음 사용되기 시작한 것이

11 Agnès Maillot, préface.

12 사르코지는 대통령선거 전의 한 연설에서 프랑스를 통합시키는 가치로 "가톨릭 대성당의 프랑스, 십자군의 프랑스, 인권의 프랑스, 혁명의 프랑스"를 언급한 바 있다. *Le Nouvel Observateur* du 15 mars 2007. 이는 무슬림 프랑스인에 대한 공개적 선동이라고 할 수 있다. Agnès Maillot, p. 23.

13 *Ibid.*

다.[14] 이 용어는 미국의 대학 교수들에 의해 처음에 만들어졌다.[15] 이 시기에 미국 내 진보적 지식인들은 이민자들의 동화를 위해, 그리고 그것을 거부하는 우파에 반대해서 민족정체성 개념을 변론하였다. 즉, 'national identity'라는 용어는 '미국화'라는 과정을 묘사하고 격려하기 위해 사용되었는데, 그 덕분에 이민자들은 '미국의 도가니'에 융해되도록 권유받았다고 볼 수 있는 것이다.[16] 하지만, 1960년대에 캠퍼스의 정치화와 더불어 새로운 세대의 대학인들은 소수민족의 영향력이 상승하는 상황에서 이러한 동화주의적 관점을 비난하기 시작하였다. 그들은 'national identity'라는 용어를 지배적인 미국문화를 비난하는 동시에 사회적 소수자의 정체성을 자극하기 위해 독점적으로 사용하였다. 이러한 투쟁정신은 식민권력에 반대하는 이전의 민족해방 투쟁의 연장선에 있다고 볼 수 있다.[17]

1968년 5월부터 프랑스에서는 미국의 경우와 유사한 과정이 재현되었다. 역사가들은 민족정체성이 어떻게 구성되었고, 어떻게 만들어졌으며, 민족정체성이 어떻게 '소수자'를 희생시키고 역사의 승자에 의해 강요되었는지를 이해하고자 하였다. 동시에 '소수자'에 의한 집단 정체성 회복을 위한 강력한 운동이 확인되었다. 코르스(Corse), 브르타뉴(Bretagne), 옥시탄(Occitane)의 해방을 위해 투쟁한 사람들은 프랑스 식민주의의

---

14 Gérard Noiriel, p. 13.

15 역사가 필립 글리슨(Philip Gleason)은 1950년대에 이 용어가 특히 심리학자 에릭 에릭슨(Erik Erikson)의 영향 하에 사회과학에서 이용되었다는 것을 보여주었다. Catherine Halpern, "Faut-il en finir avec l'identité?" in http://www.scienceshumaines.com/faut-il-en-finir-avec-l-identite_fr_4240.html (검색일: 2011. 7. 7)

16 Gérard Noiriel, p. 53.

17 *Ibid.*

희생자인 '억압받는 민족들'의 대변인처럼 행세하였고, '억압받는 민족들'은 자신들의 '민족정체성'이 공식적으로 인정되기를 요구하였다.[18]

자연스레, 이 정체성 투쟁주의는 이민노동자를 옹호하는 운동으로 이어졌다. '이민노동자'는 좌파, 특히 극좌파의 눈에는 노동자일 뿐만 아니라 이민자로 이중의 질곡을 겪는 자들이었다. 극좌파가 보기에는 공산당조차 이 새로운 프롤레타리아를 포기하고 있었다.[19] 또한, 이들이 이민노동자와 관련하여 '다문화주의'를 옹호하는 것은 프랑스라는 국가의 '동화주의적' 행위를 비난하는 탈식민주의 투쟁의 주요 차원 가운데 하나가 될 수 있었다. 당시 프랑스 사회에서 극우정파가 저지른 폭력들과 프랑스 노동자와 이민자들 사이에 벌어지는 싸움은 프랑스에서 인종주의가 끊임없이 상승하고 있다는 증거로 볼 수 있었다. 대다수가 학생, 대학교원들인 극좌파의 전투원들은 이민노동자에 대한 중소기업주 및 상인들의 태도를 비판함으로써 '일상적 인종주의'(racisme ordinaire)라는 주제를 대중화시켰다. 1968년 5월 혁명 이후, 프랑스에서는 반인종주의가 일반적인 소재가 되었다. 그것은 인종주의 행위 및 외국인혐오를 억제할 목적의 법안인 '플르방 법'(loi Pleven)이 1972년 7월 1일에 의회에서 만장일치로 통과된 것으로 설명될 수 있을 것이다.[20]

이러한 상황에서, 민족정체성과 이민 문제가 다시 정치적인 주제로 떠오르고, 좌파와 극좌파는 이러한 기류를 지지하였다. 하지만, 우파의

---

18 *Ibid.*, p. 54.

19 사실, 공산당이 이민노동자의 문제점을 제일 먼저 제기했다. 1969년에 파리 지역의 공산당 출신 시장들은 이민노동자들의 지역 편중에 대해 항의했으며, 1970년대에는 이러한 항의가 행동으로 이어졌다. Jonathan Marcus, *The National Front and French Politics*(N. Y.: Macmillan, 1995), p. 78.

20 이 법안에 관해 조금 더 상세한 내용은 다음의 사이트에서 찾아볼 수 있다. http://www.mrap-nord.org/article3.php3?id_article=16 (검색일: 2011. 6. 30)

입장은 달랐다. 우파 지도자들 입장에서는 잘못하면 이 주제가 1930년대 이래 프랑스에서 일어난 반유대주의적 민족주의를 다시 상기시킴으로써 우파가 불리한 입장에 설 수 있는 상황이 될 수 있을 것으로 판단하였다. 게다가 당시 프랑스는 대기업 총수들이 이민노동력을 매우 필요로 하고 있는 시점에 있었기 때문에, 우파지도자들은 이들 이민노동자들에게 가해지는 부정적인 상투적 표현들을 부각시키는 것을 피할 필요가 있었다. 그렇기 때문에, 이 시기 사회 안전 담론은 이민이라는 주제와 연결되지 않았다고 볼 수 있다.[21]

물론, 정통우파와 달리 극우파는 주류 프랑스인들이 이민에 반대하는 정서를 극대화시키기 위하여 이민과 프랑스 정체성 문제를 연계시켰다. 1972년에 민족전선을 창설한 장-마리 르펜(Jean-Marie Le Pen)은 이미 1973년에 개최된 첫 번째 전국대의원대회에서부터 이민자에 반대해 투쟁한다는 의지를 나타내었다. 왜냐하면, 이민자들이 "프랑스 민족의 특별한 본질을 변화"시킬 것이기 때문이었다. 민족전선 정강의 첫 번째에 외국인에 대하여 "프랑스인을 수호"할 의사를 표명하고, "반(反)프랑스인 인종차별"을 비난하는 내용을 담고 있었다. 같은 해 또 다른 극우정파인 '신질서'(Ordre nouveau)가 "야만적인 이민 중단!"이라는 구호를 중심으로 모임을 조직하였다.[22]

하지만, 민족정체성이라는 주제는 1970년대 말부터 우파에 의해 재전유되기 시작하였다. 이때는 지스카르 데스탱(Valéry Giscard d'Estaing)이 알제리 노동자들을 목표로 해서 이민자의 대규모 본국 송환 정책을

21 Gérard Noiriel, p. 56.

22 Yvan Gasteau, *Immigration et l'opinion en France sous la Ve République*(Paris: Edition du Seuil, 2000). 더 자세한 내용은 박단, 『프랑스의 문화전쟁』의 4장 2절 참조.

펴기 시작할 때였다. 좌파가 보기에는 이 정책이 우파정부 아래에서 일어난 인종차별 정책의 증거가 될 수 있었다. 하지만, 앞에서 언급한 '새로운 우파들'[23]은 여론에 자신들의 테제, 즉 이민에 반대하고 프랑스의 정체성 수호를 호소하기 위해 루이 포웰(Louis Pauwels)이 주도하는 ≪르피가로 매거진≫(Le Figaro Magazine)을 1978년에 창간하였다. 출발부터 이 주간지의 목표는 1968년 이래 여론을 주도해온 좌파 지식인들의 헤게모니에 반대해 투쟁하는 것이었다.[24] 반면, 1981년에 권력을 잡은 사회당은 앞서 언급한 대로, 공화국 가치 수호에 집중하는 전략을 위하여 계급투쟁에 대한 준거를 포기하였다. 이때부터, 이슬람 '공동체주의'를 비난하는 담론을 이야기하지 않고는 좌우 어느 쪽이든 선거에서 승리하기를 바라는 것이 더 이상 가능하지 않았다. 필자가 이미 분석한 바 있는 '히잡 사건'(l'affaire foulard)[25]을 통한 장기적인 대립이 이를 극명하게 보여준다고 하겠다.

(2) 미테랑 집권 이후

미테랑 대통령 시절, 민족전선은 새로운 정치 공간을 여는 데 성공하였다. 공화국을 폐지하고, 왕정을 복원하려 했던 악시옹 프랑세즈(Action française)와 달리, 민족전선은 공화국 제도를 인정했다. 또한, 1930년대의 극우파는 좌파 당원을 공격하는 폭력적 행위를 일삼았는데, 민족전선은 일부 일탈이 있지만 폭력을 옹호하는 정당은 아니었다. 또한 르펜, 골니쉬(Bruno Gollnisch) 등 지도자들의 문제 발언들이 있기는 하였지만,[26] 민족

23 '유럽문명조사연구그룹'(GRECE)과 같은 '새로운 우파'에 대한 국내 연구로는 김용우, 『호모파시스투스: 프랑스 파시즘과 반혁명의 문화혁명』의 제3부를 참조하라.

24 김용우, pp. 228~229.

25 박단, 『프랑스의 문화전쟁』 참조.

전선은 적어도 강령에서는 반유대주의 혹은 인종주의 색채를 띠고 있지 않았다. 이 극우정파는 20세기 전반부 유럽에서 온 이민자들은 상대적으로 용이하게 프랑스 사회에 통합된 반면, 현재의 무슬림이민자들은 프랑스의 정체성을 파괴한다고 주장하였다. 왜냐하면, 새로이 이주해온 자들은 이슬람이라는 종교, 즉 "우리 문화와 양립할 수 없는 신정정치"를 믿기 때문이라는 것이다. 민족전선에 따르면 이슬람 조직들은 공동체주의적 성격을 띠고 그들만의 게토를 조장하는데, 이러한 모습은 프랑스의 민족정체성에는 치명적 위협이다. 바꾸어 말하면, "인종적 기반 위에서 구성된 폐쇄적 공동체의 형성은 프랑스의 역사와 전적으로 대비"되는 것이다.[27]

프랑스뿐만 아니라 유럽 각지에서의 테러 행위는 프랑스의 극우파에게 그들이 알제리전쟁 동안 '아랍인들'에 반대하여 발전시킨 담론, 즉 '폭력적인 이슬람'이라는 이미지를 다시 활성화시킬 가능성을 제공하였다. 예를 들어, '켈칼 사건'[28]은 마그레브 이주민 2세대가 점점 더 테러리즘에 호감을 갖는다는 증거로 언급될 수 있었다. 또한 1989년의 '히잡 사건'은 무슬림들이 '프랑스적 가치'와 라이시테를 받아들이기를 거부한다는 것을 보여주는 것으로 제시되었다. 이러한 이유로, 민족전선이 2002년 대선 공약으로 제시한 강령의 상당 부분은 그 목표가 프랑스에 위협이 되는 것들을 철저히 제거하겠다는 것이었다. 대선 공약에서 민족전선은 가족재결합의 폐지, 이중국적의 금지, 국적 박탈법의 효과적인 적용을 권고하였다. 민족전선은 또한 "인종에 기초한 게토 해체",

---

26 같은 책, pp. 112~115.

27 <300 mesures pour la France> www.frontnational.com (검색일: 2011. 3. 21)

28 박단, 『프랑스 문화전쟁』, p. 137 참조.

"이슬람식의 전복 금지"를 주장하고, "유죄선고를 받은 외국인을 추방"하며, "암묵적으로 갱신 가능했던 10년짜리 체류증을 폐지"하는 정책을 요구하였다. 그럼에도 장-마리 르펜은 자신이 이민자에게 반대하는 조처를 취하지 않았다고 주장하였는데, 왜냐하면 이민자들 자신도 이민 정책의 희생자이기 때문이라는 것이다. 그래서 르펜은 이민을 보낸 나라들과 상호 협력하는 새로운 정책을 권고하였다.[29]

돌이켜보면, 이러한 논란이 급진전되기 20년 전에 이미 이 주제에 대한 논쟁이 있었다. 앞에서 언급한 것처럼 이민 문제를 전면에 내세운 극우파 민족전선이 선거에서 두드러진 활약을 보이자 사회당도 마그레브 이민자 2세들이 통합에 어려움을 겪고 있다는 것을 인정할 수밖에 없었다. 미테랑을 위시한 좌파세력이 인종주의의 확산을 비난하며 르펜을 악마화시키고, 우파에게도 어느 정도 책임을 돌리려고 노력하였지만, 1986년 국민의회(하원) 선거에서 사회당의 시도는 실패하고 말았다.[30] 한편, 정통우파 또한 민족정체성이라는 주제를 선거에서 이용함으로써 민족전선의 선거구를 유혹하기 위해 노력하였다. 우파가 선거에서 민족정체성이라는 주제를 취한 이유는, 민족에 관한 담론의 독점을 극우파에게 맡겨두어서는 안 된다고 판단하였기 때문이었다.

이렇게 볼 때, 앞으로 살펴볼 2007년 선거 캠페인 동안 나왔던 민족정체성과 관련한 모든 주장들이 이미 충분히 논의되었다고도 볼 수 있다.

29 <300 mesures pour la France> www.frontnational.com (검색일: 2011. 3. 21)

30 1986년 의회선거에서 우파는 286석, 좌파는 247석을 얻었다. 이는 이전과 비교할 때, 우파는 136석이 늘어난 것이고, 좌파는 82석을 잃은 것이다. 공산당의 연정탈퇴로 총선에서 좌파가 패배할 것을 두려워한 미테랑 대통령은 비례대표제를 채택하였고, 그 덕분에 민족전선은 총득표 9.7%로 35석을 얻을 수 있었다. 결국 1986년 의회선거는 사회당의 실패로 볼 수 있다. 조홍식, p. 326. cf. http://fr.wikipedia.org/wiki/%C3%89lections_l%C3%A9gislatives_fran%C3%A7aises_de_1986 (검색일: 2011. 7. 1)

우파와 극우파의 연결점에 위치한 조직들이 이 논의에 주요 역할을 하였다. 1985년에는 '프랑스의 정체성'(identité de la France)이라는 주제로 학술대회가 여러 차례 조직되었고, '반(反)인종주의 및 프랑스 정체성 존중을 위한 총동맹'(L'Alliance générale contre le racisme et pour le respect de l'identité française, AGRIF)이라는 단체가 출범하였다. 한편 '클럽 드 로홀로지'(Club de l'Horlogie)의 지도부가 당시 가장 많은 활약을 하였는데, 그들 가운데 일부인 브뤼노 메그레(Bruno Mégret)와 장-이브 르 갈루(Jean-Yves Le Gallou)가 ≪정체성≫(identité)이라는 이름이 붙은 이론지를 민족전선 내에 창간하기 위해 민족전선에 합류하였다.[31]

한편, 공화당(Parti Républicain) 내부에 '정체성'에 대해 가장 열정적인 수호자들이 있었는데, 예를 들면 알랭 그리오트레(Alain Griotteray)[32]와 지스카르 데스탱 대통령 시절 내무부장관을 역임한 미셸 포니아토프스키(Michel Poniatowski)의 에세이가 미디어에서 크게 회자되었다. 이들은 '마그레브 이민자들'은 종교적, 문화적 이유 때문에 프랑스 사회에 통합될 수 없다는 생각을 강하게 주장하였다. 이러한 인종차별적 담론을 지스카르 데스탱이 확고히 지지하였는데, 그는 극우파 신문인 ≪현재의 가치들≫(Valeurs actuelles)에서 이민은 "프랑스의 정체성에 위협"이 된다고 주장하였다.[33] 뿐만 아니라 유명 좌파 역사가들도 이러한 논조에 동참하였다. 예를 들어, 아니 크리에젤(Annie Kriegel) 같은 프랑스를 대표하는 역사가조차 "우리의 정체성이 위협받고 있다"는 주장을 신문

31 Gérard Noiriel, p. 71.

32 파리 근교에 위치한 메종-알포르(Maison-Alfort)의 국회의원이자 ≪르피가로 매거진≫의 편집인.

33 Valéry Giscard d'Estaing, *Valeurs Actuelles*, 24 juin 1985. in Gérard Noiriel, p. 71.

에 여러 차례 기고한 적이 있으며,[34] 인류학자 클로드 레비-스트로스(Claude Lévy-Strauss), 역사학자 페르낭 브로델(Fernand Braudel)처럼 학계의 저명인사들도 비록 이민과의 연계성을 회피했다고 할지라도 그들 방식대로 민족정체성이라는 주제를 적정화하였다.[35]

한편, ≪르피가로 매거진≫은 1985년 10월 26일자에서도 "30년 후에도 우리는 여전히 프랑스인일 것인가?"라는 제목의 기사를 히잡 쓴 마리안느의 표지와 함께 내보냄으로써 프랑스인에게 민족정체성 문제를 계속 제기해왔다. 이 제목은 사실, 그 몇 해 전 극우파 잡지인 ≪미뉘트≫(Minute)가 '히잡 쓴 마리안느'(Marianne Voilée)라는 표지를 만든 것에서 영감을 받은 것이었다. 그 이미지는 라이시테에 대한 이슬람의 위협을 상징하고, 여성의 자유에 대한 위협, 그리고 외국 음모의 위협을 상징한다고 할 수 있다. 한편, ≪르피가로≫(Le Figaro)는 기사로뿐만 아니라 여론조사로도 민족정체성에 대한 극우파 담론의 적정성에 주요 역할을 하였다. "다음의 생각에 동의하십니까? 만일 우리가 외국인의 수를 줄이지 않는다면, 프랑스가 그 민족정체성을 잃을 위험에 처하는가?" 대답이 그 질문에 담겨 있기 때문에, ≪르피가로≫의 의도와 뜻을 같이하는 사람의 수가 60%에서 74% 사이를 오가는 것을 입증하는 것이 놀라운 일은 아닐 것으로 보인다.[36]

이처럼 사르코지가 민족정체성에 대하여 논의를 제기하기 이전에도 프랑스 사회에서 민족정체성 문제는 무슬림 이민문제와 함께 커다란 논란을 불러일으킨 적이 있었다. 특히 민족전선이 창립되고 1981년에

34 Annie Kriegel, "L'immigration, un problème clé pour la société française", *Le Figaro* du 12 juin 1985; "L'identité française menacée", *Le Figaro* des 22–23 juin 1985.

35 Gérard Noiriel, p. 73.

36 *Ibid.*, p. 72.

사회당 정권이 들어서면서 민족정체성에 관한 논의는 더욱 활발해졌다. 그 사이에 '히잡 사건'과 여러 차례의 테러리즘은 프랑스 사회와 무슬림 사이의 간극을 더욱 벌려놓았으며, 이제 마침내 대통령선거의 가장 핵심적인 논점으로 등장하기에까지 이르렀다.

3) 사르코지와 민족정체성 문제: 이론적 논의[37]

(1) 민족정체성에 대한 '감정적' 정의

니콜라 사르코지는 2005년의 이민자 소요 당시만 해도, 대권을 눈앞에 두고 프랑스 국민을 '단일하고 분리될 수 없는' 국민으로 간주하지 않았던 것 같다. 당시 유력한 대권 후보이자 내무부장관이었던 그는 프랑스인을 인종과 종교공동체, 즉 가톨릭 국민, 유대교 국민, 무슬림 국민 등, 종교적 성향에 따라 나누어 표 갈이를 했다고 비난받았다.[38] 결국, 사르코지 후보는 2006년부터 이러한 시도를 포기하고 공화국 우파의 전통과 일치하는 '민족-안보(national-sécuritaire) 담론'을 이용하기 시작했다.[39] '민족정체성'이라는 주제는 이미 수년간 상당 부분 논의되었기 때문에 선거 용도로는 그 수명을 다한 것처럼 보였다. 그러나 그 주제를 사르코지가 대통령선거 시기에 갑자기 공공토론의 중심에 다시 불러내었던 것이다.

사르코지는 2007년 초에 자신이 대통령에 당선된다면, '이민부'를 신설하겠다고 단언하였다. 많은 전문가들이 생각하기에 이 공언이 대통

---

37 이 주제는 대체로 제라르 누아리엘의 논지에 크게 힘입고 있다. Gérard Noiriel, *A quoi sert l'identité nationale*(Paris: Agone, 2007).

38 박단, 「2005년 프랑스 '소요사태'와 무슬림이민자 통합문제」, 『프랑스사연구』 제14호(2006. 2), pp. 246~247.

39 Gérard Noiriel, p. 75.

령선거에서 분수령이 되었다. 왜냐하면, 이 발언으로 인하여 사르코지가 다른 후보자에 대해 결정적인 이점을 가질 수 있었기 때문이다. 선거기간 동안 사르코지가 옹호한 민족정체성의 정의는 정통우파의 전통적 담론의 연장선에 있었다. '민족정체성'으로부터 이민문제를 다시 제기한 것은 우파에게 이미 승리를 가져다주었던 전략을 단순히 반복한 것에 불과하기도 했다. 왜냐하면 이 전략은 자크 시라크(Jacques Chirac)에게 1986년 국민의회 선거를 승리로 이끌어주었기 때문이다. 게다가 이민이 필연적으로 선거의 중심 테제가 될 것이라는 것을 누구나 오래전부터 알고 있었다. 수년 전부터 모든 여론조사가 프랑스인들은 사르코지가 이 문제에 있어 가장 "믿을 만한" 사람이라고 생각했다는 것을 보여주었다.[40] 이러한 추세로 본다면, 사르코지 입장에서는 이민과 밀접한 관련이 있는 민족정체성 문제를 선거구도에 끌어들이지 않을 이유가 없었을 것이다.

2007년 1월 14일에 베르사유(Versailles)에서 열린 대중운동연합(Union pour un Mouvement Populaire) 전당대회 때, 후보임명연설에서 비록 구체적 방책이 아직 수립되지 않았다고 할지라도 사르코지는 민족정체성 문제에 가장 많은 시간을 할애하였다. 사르코지는 당일 이렇게 선언하였다. "나의 프랑스, 그것은 정체성을 주장하는 나라이다."[41] 사실, 대중운동연합의 후보에게, 이민문제가 선거의 주요 테마가 되도록 노력하는 것은 선거 승리를 위해서 절대적으로 필요했다. 왜냐하면, 이 시점에서 이민문제가 가장 적절한 주제로 인식되었을 뿐만 아니라, 그것이 르펜

40 즉, 2006년 4월에 공표된 한 여론조사에 따르면, 46%의 사람들이 이미 이민 문제에 있어서 사르코지의 생각과 밀접하다고 말했다. *Le Monde* du 30 avril 2006.

41 http://sites.univ-provence.fr/veronis/Discours2007/transcript.php?n=Sarkozy&p=2007-01-14 (검색일: 2011. 3. 21)

유권자의 상당 부분을 UMP 후보에게로 끌어들일 수 있기 때문이었다. 그것은 사르코지가 민족전선 유권자의 입장을 잘 이해하고 있음을 보여주는 것이기도 하였다. 민족정체성이라는 주제를 선거 테마로 제기한 것은 완벽하게 전략적 구도에 맞아 들어갔다고 볼 수 있다. "나는 프랑스인들이 품고 있고, 생각하고 있는 것을 표현하는 후보자이다"라고 그는 2007년 3월 9일 노르망디(Normandie)에 위치한 캉(Caen)의 연설에서 확인했다. "우리의 공화국 모델이 위기에 처해 있다. 이 위기는 무엇보다도 도덕과 관련이 있다. 이 도덕적 위기는 가치의 위기이며, 기준의 위기이고, 감각의 위기이며 정체성의 위기이다. 민족을 중상하는 것이 이 위기의 핵심이다."[42] 며칠 후에 그는 한 발 더 나아갔다. "나는 계속해서 민족정체성을 이야기할 것이다. 왜냐하면 민족정체성은 국민에게 본질적인 것이라고 믿기 때문이다. 그리고 프랑스가 정체성의 위기를 겪고 있다고 믿기 때문이며, 이 위기가 심각하고, 위험하다고 믿기 때문이다."[43]

이처럼 대통령선거 유세연설에서 행한 민족정체성에 대한 이야기들을 그가 행한 다른 문장들을 통하여 조금 더 자세하게 논의해보자. 민족정체성에 관한 그의 언급은 대체로 프랑스인의 감정에 호소하는 방식이었다. 사르코지는 "프랑스는 하나의 인종(race)도 아니고 하나의 종족(ethnie)도 아니며, 하나의 영혼(une âme)이자 하나의 영적인 근원(un principe spirituel)이며, 각자가 하나의 신비스런 결합으로 묶여 있다고 느끼는 살과 같은 흙(terre charnelle)"이라고 강조하였다.[44] 사르코지는

---

42 http://sites.univ-provence.fr/veronis/Discours2007/transcript.php?n=Sarkozy&p=2007-03-09 (검색일: 2011. 3. 21)

43 http://sites.univ-provence.fr/veronis/Discours2007/transcript.php?n=Sarkozy&p=2007-03-13 (검색일: 2011. 3. 21)

44 http://sites.univ-provence.fr/veronis/Discours2007/transcript.php?n=Sarkozy&p=2007-03-

민족정체성에 대하여 언급할 때 이처럼 감정적인 표현을 끊임없이 동원하였다. 민족정체성에 대한 그의 정의는 마치 장-마리 르펜의 경우처럼, 궁극적으로 이분법적이다. 프랑스, 그것은 설명되지 않는 것으로, 그것은 '육체적인 것'이며, 사람들은 그것을 사랑하거나 미워한다. 진정한 프랑스인은 육체가 뿌리박힌 조국을 위해 사랑과 자부심을 갖는다. 프랑스를 '혐오하는' 사람들은 프랑스의 적이다. 이와 같은 맥락에서 그는 "나는 프랑스인들이 프랑스를 사랑하는 사람과 프랑스를 싫어하는 사람 사이에서 선택해야만 할 것이라고 말하고 싶다"[45]라고 말했다. 사르코지의 이와 같은 정의에서, 우리는 과거 민족주의자들이 프랑스의 정체성을 이성보다는 정열에 더 관련되는 하나의 '감정'으로, '영혼의 기질'로 정의하기 위해 사용했던 요소들을 재발견할 수 있다. 이처럼 사르코지의 연설들을 종합하면, "아름답고, 훌륭하며 지적이고 인간적인 모든 것이 프랑스적인 것"이다.[46]

(2) 민족정체성과 역사적 준거

위의 내용을 검토해보면, 사르코지가 민족정체성을 피의 혼합과 연결시켜 설명하는 것은 자연스럽다. 민족전선의 레토릭과 매우 흡사하다고까지 할 수 있다. 하지만 사르코지는 르펜과 달리 자신의 주장을 감정적인 표현뿐만 아니라 역사적 준거 틀에서 설명하기를 원했다. 예를 들면, 사르코지가 민족정체성에 기초한 선거를 강조하기 위해서 캉이라는

09 (검색일: 2011. 3. 21)

45 http://sites.univ-provence.fr/veronis/Discours2007/transcript.php?n=Sarkozy&p=2007-03-30 (검색일: 2011. 3. 21)

46 http://briceblazy.blogmilitant.com/index.php?post/2007/03/11/discours-nicolas-sarkozy-a-caen-vendredi-9-mars-2007-03-09 (검색일: 2011. 3. 21)

도시를 선택한 것도 사실 우연이 아니었다. 사르코지의 선거캠페인은 19세기 말 『두 소년의 프랑스 일주 이야기』[47]라는 제목의 교과서에서 마담 푸이에(Madame Fouillée)가 묘사한 전개 방식을 모방하여 조직하였다. 각 단계의 연설은 후보자로서 그가 서 있는 지역의 장점을 찬양하고, 이 작은 마을이 국가 전체를 상징한다는 것을 보여줄 기회이기도 하였다.[48] 노르망디가 사르코지의 유세 장소 중의 하나로 선택되었는데, 저명한 우파 민족주의자 모리스 바레스(Maurice Barrès)에게 프랑스의 상징은 프랑스 국토에서 농업의 상징이자 독일위협의 상징이었던 로렌(Lorraine)이었다. 사르코지는 동부 프랑스를 포기한 채 고의로 서쪽으로 방향을 틀었다. 그러면 사르코지는 왜 노르망디를 선택하였을까? 사르코지에 의하면, 노르망디의 땅은 정주의 장점을 기념하기 위해서가 아니라, "바이킹의 피가 골루아와 프랑크의 피와 섞였기 때문에" 찬양되었다. 이 땅은 "프랑스의 땅 가운데 가장 프랑스적인 땅"이라고 그는 덧붙였다. "혼혈의 땅 노르망디"에 대한 찬양은 수세기에 걸친 성공적 통합모델을 자랑할 수 있게 하였다. 왜냐하면, 바이킹들은 "우리 왕들의 아들"이 되었기 때문이다. 그들은 "신이 도처에 있는" 이 땅에서 기독교를 채택하였다. 그리고 그들은 자신들의 '새로운 조국'을 수호하기 위해 용감하게 싸웠다. 외국 출신 프랑스인들은 중세부터 1944년 상륙작전까지 저항의 제일선에 섰다. 그러한 이유로 사르코지는 "백년전쟁부터

---

47 이 책에 관해서는 전수연, 「19세기말 프랑스 초등학교 교과서에 나타난 프랑스의 역사」, 『역사교육』 제59집, 역사교육연구회, 1996과 김정인, 「프랑스 제3공화정의 세속화와 국민형성」, 『서양사연구』 제18집, 한국서양사연구회, 1995을 참조할 수 있다. 저자는 필명이 G. 브뤼노(Bruno)인 마담 푸이에이다.

48 사회당 대통령 후보인 세골렌 루아얄(Ségolène Royal)도 이 교과서를 인용하였다. Gérard Noiriel, p. 107.

노르망디 상륙작전까지 당신(외국 출신 프랑스인들)의 운명은 프랑스의 운명과 섞여 있었다"고 설명하였다.[49]

선거기간 내내, 사르코지는 다른 곳으로부터 와서 통합되려고 노력한 프랑스인들에게 이처럼 역사적 준거를 제공하였다. 2007년 1월 14일, 후보수락연설 때부터, 사르코지는 목소리를 높였다. '나의 프랑스, 그것은 그 정체성을 요구하는 국가'라는 주제와 관련해서는 레옹 강베타(Léon Gambetta)를 예로 들었다. 사르코지는 "프랑스로 귀화한 이탈리아 이민자의 얼굴을 한" 이 사람이 프랑스를 구하기 위해 기구를 타고 파리를 떠났음을 프랑스 국민에게 상기시켰다. 사르코지는 또 에밀 졸라(Emile Zola)와 펠릭스 에부에(Félix Eboué)를 거명하였다. 사르코지가 보기에 이상적인 프랑스인은, 외국 출신으로 그 얼굴에 외국인임이 일부 드러남에도 '공화국 가치'에 동화되려고 노력하고, 자신의 '새로운 조국'을 수호하기 위해 자신의 육체와 영혼을 바친 사람들이었다.[50]

이러한 언급은 '프랑스인이란 누구인가?'라는 질문으로 귀결된다. 결국, 진정한 프랑스인은 사르코지 자신이다. 그는 2007년 3월, 니스(Nice)의 연설에서 "프랑스인으로 프랑스에 많은 빚을 지고 있고, 피가 섞인 나는 프랑스인인 것이 자랑스럽다"[51]고 명확하게 입장을 정리했다. 민족전선의 르펜은 자신이 고유한 브르타뉴(Bretagne) 출신임을 내세우고 있는데, 1980년대 이래 그가 옹호하는 민족정체성의 정의와 사르코지의 입장은 이러한 점에서 매우 대조된다고 하겠다. 사르코지는 이민의

49 Gérard Noiriel, pp. 88～89. Cf. http://sites.univ-provence.fr/veronis/Discours2007/transcript.php?n=Sarkozy&p=2007-03-09 (검색일: 2011. 3. 21)

50 Gérard Noiriel, p. 91.

51 http://sites.univ-provence.fr/veronis/Discours2007/transcript.php?n=Sarkozy&p=2007-03-30 (검색일: 2011. 3. 21)

프랑스, 성공한 통합의 대변자로 스스로 나섰기 때문이다.[52]

자신을 이민 출신으로 '성공한 통합의 대변자'로 인식하는 순간, 사르코지는 이민과 민족정체성의 관계를 정립시키는 데 적임자가 된 것이다.[53] 이 부분은 오늘날 대부분의 이민자 통합이 한편으로는 실패였다는 사고에 기반을 둔 것이다. 사실상, 대통령 사르코지에게 통합정책의 실패는 그 이전에 이 나라의 지도자들이 프랑스라는 것이 무엇이었는지를 이민자들에게 충분히 설명하지 않았다는 사실에 기인한다. 사르코지는 이민자들에게 그들이 프랑스공화국에 통합되어야 한다는 명분과 공화국의 가치들을 설명해야 할 필요성을 느꼈다. 즉 프랑스의 민족정체성을 강조할 필요성을 절실히 느꼈던 것이다.

대선 기간 동안의 유세에서 사르코지는 보수주의자들의 눈에 위협이 되는 두 개의 주제를 강조하였다. 그 가운데 하나가 '불법 체류자' 문제였다.[54] 캉의 연설에서는 한 단락 전체가 이 문제에 할당되었다. "프랑스적이라는 것은 프랑스어를 말하고 쓰는 것이다. 프랑스적이라는 것은 법을 존중하는 것이다. 프랑스에 몰래 들어와 통합되기 위해 어떠한 노력도 하지 않는 사람은 프랑스인과 같은 권리를 인정받을 것을 기대해서는 안 된다. 프랑스의 문제는 프랑스의 가치와 법을 존중하도록 사람들에게 너무 오랫동안 어떠한 것도 강요하지 않았기에, 프랑스가 그 역사 정체성의 가장 심각한 위기 한가운데 있다는 데 있다. 그러한 이유 때문에 이민을 제어해야만 하는 것이다."[55]

---

52 Gérard Noiriel, pp. 91～92.

53 *Ibid.*

54 내무부에 따르면, 2005년 현재 프랑스의 불법 체류자는 대략 20만 명에서 40만 명으로 추산되고 있다. Agnès Maillot, p. 33.

55 http://sites.univ-provence.fr/veronis/Discours2007/transcript.php?n=Sarkozy&p=2007-03-

사르코지의 연설문에서 수차례 사용되는 민족정체성을 위협하는 또 다른 실체는 '공동체주의'(communautarisme)였다. 이 단어는 사르코지에게서 "공화국의 가치"와 대칭어로 사용되었다. "프랑스는 인권의 나라이다. 그 나라는 개인 각자를 그의 인종적 기원이나 종교적 기원으로 환원시키는 공동체주의를 가장 적극적으로 거부하는 나라이다. 이 나라가 바로 모든 인간의 자유, 평등, 박애를 위해 200년 이래 투쟁해온 공화국 프랑스이다." "모든 프랑스인들은 공동체주의라는 이름으로 저질러지는 범죄를 매일 25년 동안 보고 있다."[56] 이것과 관련해서 사르코지가 언급하는 것은 "여성의 굴종, 중혼, 여성할례, 부르카 등 여성의 존엄성 및 공화국의 가치와 배치"되는 것들이다. 사르코지의 비난 대상은 바로 무슬림들이다. 우리는 여기에서 '불법체류자'에 할애된 문단에서와 같은 레토릭을 재발견한다. 그 목적은 '그들'과 '우리'라는 고전적 논리에서 상대편을 비난하면서 민족정체성을 항상 정의내리는 것이다.

사르코지의 선거운동에서, 이슬람에 대한 긍정적인 표현은 단 하나도 발견할 수 없다. 한 인터뷰에서 사르코지는 "아파트 내에서 목 졸려 죽는 양들"을 예로 들어 언급하면서, 이슬람에 대해 매우 부정적인 면을 부각시킨 바 있다.[57] 또한 캉의 연설에서 그는 유대교, 가톨릭, 프로테스탄트를 프랑스 정체성의 적법한 구성요소로 상기하지만, 이슬람에 대해서는 단 하나의 단어도 사용하지 않았다.[58] 불법체류자와

09 (검색일: 2011. 3. 21)

56 http://sites.univ-provence.fr/veronis/Discours2007/transcript.php?n=Sarkozy&p=2007-03-09 (검색일: 2011. 3. 21)

57 TF1, le 5 février 2007.

58 http://sites.univ-provence.fr/veronis/Discours2007/transcript.php?n=Sarkozy&p=2007-03

공동체주의자라는 두 개의 '위협' 요소를 결합시킴으로써, 사르코지는 그의 선거연설에서 새로운 민족적 안보 모형을 만들어냈다. 이는 이민에 관한 지나친 관용주의, 프랑스를 관통하는 가치들의 위기, 퇴폐의 상징으로 제시되었다. 이 주제는 학교의 위기, 권위의 위기, 문화의 위기와 연계되기도 하였다.59

이상 사르코지의 대선 연설문들을 통하여 사르코지 후보가 민족정체성에 대해 어떠한 생각을 갖고 있는지 살펴보았다. 그는 매우 감정적인 태도로 민족정체성을 정의하기도 하고, 역사적 준거를 제시하면서 성공적인 통합 사례를 이야기하기도 하였다. 하지만, 이러한 주장의 결론은 무슬림이민자들을 공격하는 데 있었다. 그 이유는 물론 선거에서 승리하기 위해서는 민족전선의 유권자들에게 호소해야 하는 현실적 고민이 있었기 때문이다. 사르코지는 이러한 발언뿐만 아니라 실천적 행동으로 자신의 민족정체성에 대한 생각을 실현시키고자 하였다. 다음 장에서 이와 관련된 실천적 측면을 분석해보도록 하자.

4) 사르코지와 민족정체성 문제: 사례들

2002년 대통령선거에서 민족전선의 2차 결선투표 진출은 이민자 문제가 더 이상 모든 이에게 한가한 주제가 아님을 보여주었다. 특히 대권을 노리고 있던 사르코지에게 있어서 이는 매우 중요한 의제가 될 수 있었다. 두 차례의 내무장관직(2002년 5월~2004년 3월; 2005년 5월~2007년 3월)을 활용한 사르코지는 대통령 후보로서 2007년 대선 전략으로 강경한 이민정책을 이용하려고 하였다. 그 일환으로 내세운

-09 (검색일: 2011. 3. 21)

59 Gérard Noiriel, p. 97.

것이 이민과 민족정체성을 연계시키는 일이었다.

사실, 2002년 대통령선거 경험은 2007년 대통령선거에서 이민문제를 전면에 등장시키는 계기가 되었다고 볼 수 있다. 이민문제, 그 가운데에서도 무슬림 이민문제에 민감한 사르코지는 앞서 살펴본 대로 민족전선과 매우 유사한 어법으로 이민자와 민족정체성의 문제를 동일선상에 놓음으로써 이민문제를 선거에서 쟁점화하려고 노력하였다. 그리하여 사르코지는 집권 전부터 프랑스인의 정체성과 이민문제를 결부시켰고, 그럼으로써 정부의 한 부처를 이민문제와 민족정체성 문제에 할당시켰다. 또한 '민족정체성 대토론회'가 무슬림이민자 문제와 별개의 문제로 다루어질 수는 없을 것으로 누구나 예상했지만, 이민부장관의 주도하에 이를 강행시켰다.

이처럼 사르코지는 2007년 대통령선거 전후로 민족정체성 문제를 유독 강조하였으며, 선거공약으로 '이민 및 민족정체성 부처'의 신설을 공약하였다. 이는 다른 후보들과 자신을 차별화시켰으며, 대선에서 승리할 수 있는 원동력이 되었다는 점에서는 이의가 없다. 그 후로도 '이민박물관 개관 문제', '선택적 이민문제' '가족재결합과 DNA 검사 문제',[60] 그리고 '대토론회' 등 민족정체성과 관련될 수 있는 다양한 문제를 야기시켰다. 이러한 조치들은 한편으로는 자신의 선거공약을 지킨다는 의미도 있지만, 다른 한편으로는 2012년 대통령선거 역시 이민자 문제가 주요 테마가 될 것으로 생각한 결과일 것이다. 이민자 문제로 인하여 유럽 전체가 점차 우경화되어가고 있고, 극우파의 성장으로 인해 유럽연

60 가족재결합을 원하는 자는 친족관계 확인을 위해 DNA 검사를 받아야 하며, 친족관계를 입증할 때 그 비용은 국가가 환불한다는 내용. 티에리 마리아니(Thierry Mariani) 의원의 2007년 9월 18일자 법안. http://www.gouvernement.fr/presse/amendement-du-depute-thierry-mariani-au-projet-de-loi-immigration (검색일: 2011. 7. 1)

합 자체도 위협받고 있는 현 시점에서 프랑스 정부의 민족정체성 강조가 갖는 의미를 살피는 것은 유럽 전체의 우경화 방향을 살피는 것에도 도움을 줄 수 있을 것으로 보인다.

(1) '이민부' 설치

사르코지의 당선 요인은 그가 보여준 강력한 이민정책 및 민족정체성 담론으로 민족전선 유권자들을 포섭했기 때문이기도 하지만, 프랑스 사회가 점차 우경화되었기 때문이기도 하다.[61] 기존의 우파 정당들은 무슬림 이민문제를 이용하여 민족전선이 선거에서 선전한 것을 질투어린 눈으로 바라보며, 그들의 정책에 '모호한 동의'를 해주었다.[62] 사르코지가 대통령으로 당선된 이후 계속해서 이민문제의 통제 및 강화 정책을 추진한 것은 바로 이러한 사회 분위기 속에서 가능했다. 당선 이후 그가 보여준 대표적 이민정책으로는 '이민, 통합, 민족정체성 및 연대개발부'의 설립과 '선택적 이민정책' 그리고 '민족정체성 대토론회' 등을 들 수 있다."[63]

앞서 언급했듯이, '불법체류자와 공동체주의자'라는 두 개의 위협 요소를 결합함으로써, 사르코지는 그의 선거연설에서 새로운 민족적 안보 모형을 만들어내었다.[64] 이민자 문제가 프랑스를 짓누르는 엄청난 위협이 될 수 있다고 판단한 사르코지는 그 위협의 책임자들, 즉 공화국의 가치를 존중하지 않는 무슬림이민자들을 지탄했다. 이 문제를 해결하기 위해 사르코지는 대선 공약으로 몇 가지 해결책을 제시하였다. 해결책으

61 박단, 「현대 프랑스 사회의 인종주의」, 『서양사론』 70호(2001. 9).

62 박단, 『프랑스 문화전쟁』 4장 2절 참조.

63 박선희, p. 203.

64 Gérard Noiriel, p. 97.

로 제시된 것은 이들에게 톨레랑스를 제공하기보다는 이들을 엄격하게 다스리는 방식이었다. 이것이 바로 '이민부'를 창설한 주요 이유이기도 하였다. 이민부 창설에 대해 야당 대통령 후보인 세골렌 루아얄은 이를 "파렴치하다"(ignoble)고 평가하였으며, 진보적 언론인 ≪리베라시옹≫(La Libération)은 분노하였고, 우파 언론인 ≪르피가로≫는 사르코지의 조치를 찬양하였다. 공산당 기관지 ≪위마니테≫(L'Humanité)는 이러한 조치가 "프랑스 정체성이냐, (프랑스를 떠날) 짐 가방이냐"를 강요하는 것으로 "프랑스를 사랑하거나, 그렇지 않으면 프랑스를 떠나라!"라는 르펜의 발언과 마찬가지라고 비난하였다.[65] 한편, 여론조사에 따르면 민족전선 유권자의 88%가 사르코지가 제안한 '이민부'의 창설에 찬성하고 있음이 밝혀졌다.[66] 이렇게 볼 때, 사르코지가 '이민부'의 창설을 공표하였을 때, 그는 극우파의 표를 얻는 데 성공하였지만, 이러한 발언은 "우리"와 "그들"이라는 고전적인 민족 논리에 따라서 새로운 이민자들에게 거부와 경멸을 표시하는 것과 같았다.[67]

하지만, 사르코지는 2007년 3월에 한 신문과의 인터뷰에서 집권 후에야 설치될 이 부처의 기능을 구체적으로 다음과 같이 설명했다. 그는 "이민정책, 그것은 30년 후 프랑스의 정체성이다. 우리에게 합류하는 사람들은 실제 자신의 모습을 내세운다고 할지라도, 프랑스의 정체성을 존중해야만 한다"라고 주장하였다.[68] 당시에는 이에 대해 거의 코멘트가 없었지만, 이것은 상당히 중요한 함의를 갖고 있다. 이 진술은 이후 민족정체성에 대한 담론이 이민문제, 특히 무슬림이민자와 관련하여

---

65 *L'Humanité* du 11 mars 2007.

66 Gérard Noiriel, p. 113. 일반인은 55%. *Le Figaro* du 21 avril 2007.

67 Gérard Noiriel, p. 114.

68 *Journal du dimanche* du 13 mars 2007.

자주 사용될 것을 암시하고 있었다. 이 부처에 세 가지 형태의 임무가 부여되었다. 즉, 불법 이민자에 대한 투쟁, 공동체주의와의 투쟁, 그리고 공화국 가치를 축으로 한 통합정책의 진작이 그것이다.[69] 이러한 임무는 얼핏 보면, 기존의 주장들을 되풀이하는 것으로 보이지만, 사실 이것은 『민족이란 무엇인가?』(1882)[70]에서 밝힌 르낭의 민족개념에 배치될 뿐만 아니라, 수구적 민족주의 논리, 즉 외국인들이 그들의 실제적인 행동이 아니라 그들의 기원(혹은 출신) 자체로 프랑스에 위협을 가한다는 논리를 앞세우는 것과 다르지 않다.[71] 사르코지가 이 인터뷰에서 말했듯이 현재의 이민정책이 30년 후 프랑스의 모습을 미리 상정하는 것이라고 단언하는 것은 사전에 몇몇 범주의 사람들을 비난하는 결정주의를 복원하는 것이라고 할 수 있다. 이는 사르코지가 대중운동연합 후보 연설에서 '공화국 가치의 불변성'을 상기한 것과 다르지 않다. 미래에 프랑스의 정체성일 것을 보호한다고 확신하면서, 공화국 가치의 범주를 기준으로 오늘날의 이민자들을 선택하는 것은 1920년대 이민정책의 전문가들이 혼혈을 막기 위해서 '인종'을 이용했던 것과 크게 다르지 않다.[72]

이러한 배경 하에 이 부처의 설립은 당연히 사르코지가 대통령으로 당선된 직후부터 구체화되었다. 이민부의 설립은 이민문제와 민족정체성 문제를 밀접하게 연계시킴으로써 이민자가 민족정체성을 위협하고 있다는 것을 미리 상정하고 있다고 해석될 수 있다. 이민부처 설립과

69 오르트푀 이민부장관에 따르면, "불법이민에 반대하여 투쟁하고, 합법이민을 조직하여 통합을 성공시키고, 우리 민족의 정체성을 강화하기 위해 이민자 출신 국가의 발전을 용이하게 하는 것"이 이민부 설치의 목적이다. www.premier-ministre.gouv.fr in Agnès Mailot, p. 15.

70 에르네스트 르낭, 『민족이란 무엇인가?』, 신행선 옮김(책세상, 2002).

71 Gérard Noiriel, pp. 97～98.

72 Gérard Noiriel, p. 99.

관련해서 자연스럽게 나온 주요 정책의 하나가 '선택적 이민' 문제였다. 사르코지는 2007년 7월 9일에 이민부처의 소관 임무를 명기한 행정서한을 보냈다. 이 서한을 통하여 사르코지는 이민부장관 브리스 오르트푀(Brice Hortefeux)에게 이민자들의 출신지역을 고려하라고 명령하였다. 이민자를 받아들이는 기준으로 출신지역도 감안하라는 당부는 '선택적 이민'의 근거가 프랑스의 경제에 유익하고 재능과 능력 있는 사람에 한정된 것이 아니라 어떤 한 지역으로 편중되는 현상을 차단할 수 있는 기능도 갖고 있음을 알 수 있다.[73] 달리 말하면, 프랑스 사회에서 가장 문제가 되는 이슬람권 이민자들의 유입을 차단할 수 있는 근거를 제공하라는 것이었다.

프랑스는 인종적, 지리적 출신에 따라 이민자를 선택할 권리가 있는가? 이러한 질문에 사르코지는 이미 "민족정체성"이라는 이름으로 "예"라고 대답한 바 있었다.[74] 공화국 헌법 제1조에는 "출신, 인종, 종교와 관계없이 모든 인간은 법 앞에 평등하다"라고 적혀 있으며, 이러한 공화국 원칙에 따라 프랑스는 그동안 '선택적 이민' 정책을 취하지 않아왔다. 사실 인종을 선호하는 이민정책, 혹은 인종별 쿼터를 정하는 이민정책은 1921년에 미국에서 그 법안이 채택된 바 있다. 프랑스에서도 두 차례 인종선호 정책이 취해질 뻔했던 시기가 있었다. 한 번은 1945년으로, 드 골(Charles de Gaulle) 장군의 목표는 "인력 부족"과 "우리의 재건에 반대되는 주요 장애물인 프랑스의 낮은 출산율과 투쟁하는 것"이었다. 이때, 주요 전문가들이 지역별 쿼터 제도를 채택할 것을 제안했고,

73 박선희, p. 203.

74 Patrick Weil, *Liberté, Egalité, Discrimination: L'identité nationale au regard de l'histoire*(Grasset: 2008), p. 7.

드 골 자신도 이러한 접근을 지지했는데, 장시간의 토론 끝에 이 제안을 포기했었다. 사실 제2차 세계대전 후, 모든 자유 민주국가들은 이민정책을 취함에 있어서 새로운 국제인권규정(1945년의 유엔 인권헌장)을 인정하기로 했다. 그래서 이들 국가들은 지리적 출신에 따라 인간 사이의 위계질서를 부여하는 인종, 국가 쿼터에 따른 선택적 이민을 배제하였다.[75] 두 번째는 지스카르 데스탱 대통령 시기에 있었다. 대통령은 1978년과 1980년 사이에 이민자의 강제귀국 정책을 시도하였다. 그 대상은 수십만의 마그레브인, 특히 알제리인이었으나, 이 시도 또한 성공하지 못하였다.[76]

1945년과 1970년대의 이러한 시도가 성공하지 못했음에도 불구하고, 현실에서는 인종선호가 나타났다. 하지만, 프랑스는 여전히 법과 절차 앞에 외국인의 평등이 존중되는 것을 선택하였다. 이러한 법 앞의 평등, 프랑스 입국 시 출신지역을 따지지 않는 것은 아마도 이민자와 그 2세가 프랑스에서 가장 잘 동화되고 있는 이유이기도 하다.[77] 하지만 이제 사르코지의 새로운 정책으로 인하여 이민자는 분명 출신지역에 따라 차별받을 수 있는 여지가 마련되었다고 볼 수 있다.[78]

'이민부' 설립은 프랑스 사회에서 또 다른 논쟁을 촉발시켰다. 2007년 10월 10일에 약간은 평범하지 않은 한 박물관, 즉 '국립이민사박물관'(Cité nationale d'histoire de l'immigration)이 파리에서 개관되었다.

---

75 미국에서는 이러한 과정을 취하는 데 시간이 걸렸으며, 1965년에 가서야 비로소 폐지되었다. Patrick Weil, pp. 8~9.

76 *Ibid.*, p. 11.

77 통계표를 나타내는 주를 참조하라. *Ibid.*, p. 13.

78 프랑스는 국적과 관련해서 법적으로 차별을 가했던 경험이 있다. 1875년에 제3공화국이 안정화된 이후, 4개 범주의 프랑스인이 법으로 규정되어 있었는데, 여성, 알제리 무슬림, 귀화인, 유대인 등이 그것이다. *Ibid.*, p. 13.

이것은 과거 200년 동안의 프랑스 이민사를 추적하는 박물관이다. 1931년 식민지 박람회에서 그 기원을 갖는, 그리고 중간에는 국립 예술, 아프리카, 오세아니아 박물관으로 사용되었던, 구(舊) 식민지 박물관 자리에 자리 잡은 이 박물관은 아주 '조심스레' 개관했다. 개관식에 공화국 대통령도, 주무 장관도 참석하지 않았다.[79] 이 '국립이민사박물관'의 계획은 사회당의 리오넬 조스팽(Lionel Jospin) 정부 하에서 입안되었고, 자크 시라크 후보가 2002년 대통령선거 프로그램에서 이를 받아들였다. 시라크 정권 하에서 자크 투봉(Jacques Toubon) 문화부장관이 바로 국립이민사박물관의 안을 맡았다. 이 박물관은 2007년 1월에 공식적으로 개관했다. 그러나 이민부 설립과 비슷한 시기에 신축된 이 박물관의 자문이사회 위원 8명이 2007년 5월에 이민부처의 신설에 대한 반발로 이사회위원직에서 사퇴했다.[80] 그 이유는 사르코지 미래 대통령이 '이민부' 창설을 통해 이민 및 민족정체성 문제를 공론화했기 때문이었다. 위원들이 판단하기에, 사르코지의 행위는 이민을 마치 프랑스와 프랑스인에게 '문제'인 것으로 각인시킴으로써 이민자에게 부정적인 편견을 강화시킬 뿐이고, 민족정체성이라는 것도 국민의 다양성, 다원주의의 종합체이지, 한 부처의 시각에서 확정될 수 있는 것이 아니라는 것이다.[81] 사르코지의 이민부 창설은 예상하지 않은 일에까지 파장을 일으켰다.

(2) 대토론회와 민족정체성

2009년 11월 2일부터 개최된 '민족정체성 대토론회'[82]는 2010년 1월

---

79 Agnès Maillot, préface.

80 이 위원에는 프랑스 이민사 연구자로 유명한 파트릭 베이(Patrick Weil)와 제라르 누아리엘(Gérard Noiriel)이 포함되어 있다. Agnès Maillot, p. 27.

81 *Ibid.*

말까지 프랑스의 '이민부' 웹사이트에서 지속되었다.[83] 프랑스 국민이라면 누구나 이 논의에 참여할 수 있었다. 이와 별도로 프랑스 전역에서 오프라인으로 개최된 민족정체성 대토론회에서는 본토는 물론 해외 영토의 학생, 학부모, 교사, 노조원, 종교 지도자 등 각계 대표들이 대거 참석해 국민통합을 위한 방안이 폭넓게 논의되었다.[84]

이 논의의 특징 가운데 하나는 '학교 내에서 학생들로 하여금 프랑스 국가인 라 마르세예즈를 부르도록 할 필요가 있는지', '공화국의 준거가 되는 1789년의 인권선언문이 각 교실에 부착되어야 하는지' '프랑스 내 무슬림 여성들의 부르카 착용을 금지해야 하는지' 등과 같이 민족정체성과 관련하여 사회적 논란을 야기하고 있는 민감한 이슈가 다루어졌다는 점이다.[85] 물론 이외에도 '학교에서의 공민교육의 강화' 등과 같은 공화국정신의 확립에 관한 내용들도 함께 다루어졌다. 당시 '이민부' 장관이었던 에릭 베송은 위 사이트에서 토론회 계획을 공개하면서 "프랑스인으로서의 자부심과 프랑스의 가치를 재확인하고, 민족정체성을 강화하기 위한 조치들이 이 토론회를 계기로 모습을 드러내게 될 것"이라고 밝힌 바 있다.

이외에도 이 토론회에서는 다양한 의견이 제시되었다. 우선, 프랑스가 '외국인들'을 환대하는 이유 또는 그 방식에 대해 의문이 제기되었다.

---

82 http://www.debatidentitenationale.fr (검색일: 2011. 3. 21)

83 2010년 1월말까지 총 350회의 모임과 58,000명의 기고자를 기록했다. *Le Monde* du 9 février 2010.

84 http://www.gouvernement.fr/print/gouvernement/grand-debat-sur-l-identite-nationale-25-000-contributions-recues-des-la-premiere-semain (검색일: 2011. 3. 28). 전국 342개의 아롱디스망(arrondissements)에서 적어도 한 번의 모임이 있었다. 그 회의록은 이민부 홈페이지를 통해 전국에 확산되었다.

85 *Le Monde* du 9 février 2010.

사실상 많은 사람들이 이민의 지속적인 공헌 덕분에 오늘날의 프랑스가 만들어졌다는 것을 역사를 통해서 대체로 인정하고 있다. 하지만 이 토론회에서는 프랑스가 "이러한 열린 국가의 역사적 전통"을 계속 유지해야 하는지에 대해 의문이 제기되었다. 그 이유는 무엇인가? "우리 인구를 유지하기 위해서인가?" "가족재결합의 권리를 위해서인가?"[86] 어찌 보면 이러한 질문들은 이민과 프랑스의 역사적, 경제적, 사회적 관계에 의문을 제기할 수 있는 그러한 질문들이기도 하다.

이러한 질문들은 다시 근원적인 질문으로 돌아가기도 한다.[87] "당신에게, 오늘날 프랑스인이란 누구를 말하는가?" 이 질문은 함께 산다는 것의 구체적 요소들(조리법, 포도주, 농업, 풍경, 건축, 역사, 언어, 산업 등)에 대해 자문할 것을 주장할 뿐만 아니라 민족정체성, 가치의 가장 기본적인 문제들(공화국, 민주주의, 인권, 자유, 남녀평등 등) 혹은 국가 그리고 국가의 상징 등(삼색기, 공화국의 상징으로서 마리안느, 국가 등)에 대해 자문할 것을 제안한다.[88]

한편, 토론회는 민족정체성을 유지하기 위한 실천적 제안들에 대해 논의할 것을 주장하기도 하였다. 예를 들어 우리 영토에 들어와 살기를 원하는 외국 거류민들의 공화국과의 새로운 계약, 다시 말하면 환대통합 계약의 강화,[89] 프랑스어 인식 수준의 증가, 프랑스 국적을 취득하기 원하는 외국 거류민들의 국가와의 새로운 계약, 즉 동화 유지가 귀화

86 http://www.immigration.gouv.fr/ (검색일: 2011. 3. 21)

87 http://www.immigration.gouv.fr/ (검색일: 2011. 3. 21)

88 http://www.immigration.gouv.fr/ (검색일: 2011. 3. 21)

89 2003년에는 12개의 도(département)에서 실시되었으나, 2006년에 프랑스 전역으로 확대되었다. 이 계약은 유럽연합 거주민에게는 해당되지 않는다. www.social.gouv.fr in Agnès Maillot, pp. 134~135.

절차의 사전 행위가 되게 할 것, 그리고 프랑스 국적 취득에 강화된 새로운 접근 방법을 만들 것 등이 그것이었다.[90]

이처럼 민족정체성 유지를 위한 다양한 제안이 정제되지 않은 채 쏟아짐에 따라, 이러한 토론회를 비난하는 다양한 목소리가 들렸다. 이민부장관이 역사가, 사회학자 등과 연계하지 않고 이 토론회를 임의적으로 구성했다는 비난에서부터, 또 다른 토론회를 구성해야 한다거나, 토론회 폐지 요구, 심지어 '이민부' 폐지 요구까지 그 주장이 다양하였다.[91] 결과적으로 에릭 베송 장관이 의도하지 않았다고 할지라도, 토론회가 지역 차원에서는 파행으로 치닫게 되었고, 내용도 궁극적으로는 이슬람 문제와 이민의 문제로 집중되었다. 결국, 토론회 개최는 정부가 외국인혐오에 대한 생각을 더 자유롭게 풀어놓는 꼴이 되어 이후에 그것을 제어하기 더욱 어렵게 되었다고 볼 수 있다.[92] 국무총리 프랑수아 피용(François Fillon)은 이 토론회를 마무리 짓기 위해 국회의원과 지식인들로 구성된 위원회를 설치할 것을 제안하였지만, 야당은 야당대로 토론회 개최를 비난하였다. 사회당 대변인인 브누아 아몽(Benoît Hamon)은 토론회 개최 초기부터 정부가 민족정체성을 갑자기 강조하는 이유에 대해 의문을 제기하였었다. "우리는 공화국 가치와 관련하여 어떠한 잡음도 없다. 우파가 공화국 가치와 분쟁의 소지를 갖고 있는 모양이다."[93] 그는 대통령이 몇 개월 후(2010년 3월)에 치러질 지방선거에서 극우파 유권자에게 환심을 사기 위해 이러한 조치를 취했다고 주장하였다.

90 http://www.immigration.gouv.fr/ (검색일: 2011. 3. 21)

91 *Le Monde* du 9 février 2010.

92 http://www.rue89.com Created 01/05/2010-13:09 By Zineb Dryef (검색일: 2011. 5. 1)

93 "Les socialistes cherchent à faire émerger leur propre vision de l'identité nationale", *Le Monde* du 3 novembre 2009.

이밖에도 많은 비판자들은 '대토론회'를 "계획은 거대했으나 결과적으로는 별 소득이 없는 꼴"(la montagne a accouché d'une souris)로 비유하였다.94

이와 같이, 사르코지의 민족정체성 문제는 이에 기초하여 시행된 여러 정책들에도 당연히 영향을 미쳤고, 그와 관련하여 많은 논란을 일으키기도 하였다. 이제 2012년 대통령선거가 다가오고 있다. 선거는 기존의 정책에 대한 평가인 동시에 새로운 공약을 제시할 기회이기도 하다. 프랑스 국민은 사르코지가 제안하고 입안한 민족정체성 관련 정책들에 대하여 어떠한 평가를 내릴 것인지 우리는 또 다른 '사료들'을 기대하고 있다.

5) 민족정체성 문제와 정치

지금까지 2007년 대통령선거를 전후해 프랑스 정치권에서 쏟아져 나온 민족정체성과 관련된 논의들과 집권 후 사르코지 정권이 추진한 민족정체성과 관련된 주요 정책들을 검토하였다. 앞에서도 밝힌 바와 같이, 프랑스 정치권에서 민족정체성 논의가 확산된 것은 68혁명 이후였으며, 특히 미테랑 대통령 집권을 전후하여 정치권 전역으로 논의가 빠르게 진전되었다. 이는 크게 보아 이민자 문제와 직접 관련이 있으며, 특히 민족전선이 프랑스 정치권의 주요 변수로 등장한 것과 무관하지 않다고 볼 수 있다.

사르코지는 왜 2007년 대선에서 민족정체성 문제를 다시 끄집어내었는가? 2002년 대선에서 민족전선이 2차 결선투표에 올랐을 때, 그 충격은 가히 짐작할 수 없을 정도로 어마어마했다. 프랑스 국민뿐만 아니라

---

94 *Le Monde* du 8 février 2010.

전 세계 시민을 충격으로 몰아넣었다고 할 수 있지만, 직접 이해관계를 갖고 있는 프랑스 정치권의 충격은 그 이상이었을 것으로 생각된다. 직접 피해 당사자였던 사회당은 물론이고, 같은 우파 정당으로서 유권자를 나눠가져야 했던 대중운동연합의 지도자들은 당장 다음 대통령선거를 걱정하지 않을 수 없었을 것이다.

2005년 프랑스의 이민자 소요사태는 2007년 대통령선거를 바로 앞둔 시점에 터져 나온 프랑스 최대의 사회 문제였다. 이에 대한 처리 문제는 다음 대통령선거에 직접적인 영향을 미칠 수 있었고, 사르코지 당시 내무부장관은 예상 이상으로 소요사태에 강경책을 사용하였으며, 심지어는 "쓰레기를 청소해야 한다"라는 발언으로 소요사태를 확산시키는데 직접적으로 '공헌'하기까지 하였다. 이러한 강경 이민자 정책으로 민족전선 유권자들은 사르코지에게 많은 관심을 보였으며, 극우파 성향의 많은 사람들은 대중운동연합에 가입하는 현상이 벌어졌다.

이에 자신감을 얻은 사르코지로서는 대통령선거 당시 전통적인 사회 문제보다는 무슬림이민자를 직접 대상으로 하는 '민족정체성' 문제를 끄집어내었다. 특히 불법체류자 문제와 공동체주의 문제는 무슬림이민자 문제에 민감했던 프랑스 유권자를 환호하게 만들었으며, 이는 대통령선거에서 사회당 후보가 제기했던 전통적인 사회 문제를 단숨에 부차적인 문제로 만들어버림으로써 선거를 일방적인 게임으로 이끌었다. 집권 후에도 '이민부'를 중심으로 '선택적 이민', '가족재결합 시 DNA검사', '대토론회 개최'뿐만 아니라 2010년 '부르카 금지법' 등을 통과시킴으로써 민족정체성과 관련된 정책들을 더 확고하게 추진해나갔다.

선거를 앞두고, 그 어느 때보다 프랑스의 극우정당인 민족전선 대선 후보 마린 르펜(Marine Le Pen)의 지지율이 높았기 때문에[96] 민족정체성 문제와 관련해서 대중운동연합은 2012년 대통령선거를 위해 새로운 전략을 추구할 것으로 보인다. 하지만, 이는 프랑스만의 문제가 아니다. 2011년 7월에 있었던 노르웨이의 '오슬로 대학살'에서 보듯이 그동안 무풍지대로 여겨졌던 북유럽조차도 극우세력에 의해 민족정체성 문제가 강하게 제기되고 있다. 앞으로 이러한 문제를 해결하기 위한 방법으로 전 유럽의 온건 우파 또한 이슬람을 용인해오던 기존의 다문화주의를 점차 배격하고, 각국의 민족정체성, 더 나아가 유럽정체성 찾기에 더욱 매진할 것으로 보인다.

2. 프랑스의 정체성과 라이시테

1) '프랑스적 예외'로서의 라이시테

앞에서 우리는 프랑스의 민족정체성에 대하여 살펴보았다. 그런데 일반적으로 한 나라의 정체성을 논하자면, 우리는 필연적으로 그 나라가 다른 나라와 어떤 점에서 특수한지, 어떠한 다른 점을 갖고 있는지 알아보아야 한다. 한 예로, "프랑스적 예외"(l'exception française) 같은 것이 그것이 될 수 있다. '프랑스적 예외'란 무엇인가? '프랑스적 예외'는 일반인들에게 널리 알려져 있지 않은 개념으로, 흔히 '라이시테'(laïcité)가 그 사례로 거론되고 있다.[97] 하지만 일반적인 영미권 사람들은 라이시

---

96 *Le Monde* du 21 avril 2011, 'Le vote FN n'est plus un vote sanction'; *Alternatives Economiques* du 7 mars 2011, 'Pourquoi Marine Le Pen monte'.

97 Laurent Wirth, L'exception française 19e–20e siècles(Paris: Armand Colin, 2000)가 대표적이고, Nelly Mauchamp, Les Français(Paris: Ed. Le Cavalier Bleu)의 마지막 장 "De l'universalisme à l'exception française"에서도 라이시테를 프랑스의 대표적인 특수성(La laïcité est une singlulairté française)으로 보고 있다.

테의 뜻을 잘 이해하지 못하고, 한국에서는 더더욱 이를 이해하는 사람이 드물다. 그 이유 가운데 하나가 '라이시테'라는 용어의 특별함에 있다고 할 것이다. 이 단어는 영어나 한국말에 적합한 역어를 찾기 힘들다. 이를 『위키페디아』에서 찾아보면, '세속주의'라고 번역되어 있고, 그 밑에 다음과 같은 설명이 덧붙여진다.

> 라이시테, 또는 라이시즘은 프랑스와 프랑스어를 사용하는 몇 개국에 널리 퍼져 있는 정교분리 사상의 일종이다. 한국어로는 'laïcité'의 정확한 번역이 불가능하다. 정치 이론인 라이시테와 세속주의는 차이가 있다. 라이시테는 정치와 종교를 분리하는 것이 목적인 반면, 세속주의는 종교에 국가적인 특권을 부여하지 않는 것을 의미한다.[98]

이처럼 라이시테는 어휘의 번역뿐만 아니라 그 개념도 매우 모호하다. 최근에 프랑스 내 무슬림이민자들과 많은 갈등을 야기했던 요인으로 '라이시테'라는 말이 국내에서도 빈번하게 회자되었으며, 이 원칙을 확고하게 수호하려는 프랑스 내 일부 지방자치단체에서는 '자유(Liberté), 평등(Egalité), 우애(Fraternité)'라는 프랑스혁명의 3대 정신에 '라이시테'(Laïcité)라는 구호를 청사 현관 상단에 함께 새겨놓아 그 의미에 대한 궁금증을 더 하였다.[99] 그럼에도 불구하고, 우리에게 '라이시테'라

---

98 http://ko.wikipedia.org/wiki/%EB%9D%BC%EC%9D%B4%EC%8B%9C%ED%85%8C 일부 문구 수정 (검색일: 2010. 1. 4)

99 가장 최근에는 2010년 2월 말, 앵드르-에-루아르(Indre-et-Loire)道, 주에-레스-투르(Joué-lès-Tours)시의 사회당 시장인 필립 르 브르통(Philippe Le Breton)이 경찰이 불법이라고 판단했음에도 이를 강행했다. 그 이전에도 시청사 현관 상단에 라이시테(laïcité)를 추가로 새겨 넣는 경우가 종종 있었다. 공공기관에 프랑스혁명 3대 구호를 새겨 넣기 시작한 것은 1880년부터이다. http://www.lefigaro.fr/flash-actu/2010/02/23/01011-

는 개념은 여전히 생소하다.

라이시테란 무엇인가? 광의로는, '국가가 일부 국민이 아니라 국민 전체의 편에 있다는 의미에서, 개인이 자신의 삶의 방향 때문에 차별받지 않는, 양심의 자유를 존중하는 정치체제 혹은 정치개념'이라고 볼 수 있고, 협의로는 '반교권주의(anti-cléricalisme)와 정교분리'를 의미한다.[100] 하지만, 라이시테의 개념이나 기원[101]을 사전적 의미로 파악하는 것이 이 글의 주요 목적은 아니다. 라이시테 개념을 보다 잘 이해하기 위해서는 이 개념이 오늘날 논란의 핵심이 되고 있는 프랑스에서의 무슬림이민자와 관련하여 어떻게 정의 내려지고 있으며, 실제로 어떻게 적용되고 있는지를 알아보아야 할 것이다. 뿐만 아니라, '프랑스적 라이시테'(laïcité française)가 다른 유럽 국가의 정교분리 원칙과는 어떠한 차이점을 갖고 있는지 살펴보는 것도 하나의 효과적인 방법이 될 텐데, 그러기 위해서는 각국의 정교분리 원칙과 무슬림이민자 정책과의 연관성을 파악하는 일이 중요할 수 있다.

주지하다시피 프랑스는 1989년부터 10여 년간 '히잡 사건'을 겪었으며, 2009년부터는 '부르카 사건'을 겪고 있다. 이 두 사건은 라이시테의 원칙과 직접적으로 관련되어 있으며, 그렇기에 이 문제에 해답을 얻기 위해 프랑스 하원 및 상원은 특별위원회 등을 구성하여 다른 유럽 국가들의 예를 수집, 비교함으로써 국내 문제를 해결하기 위해 애썼다. '히잡

20100223FILWWW00688-laicite-sur-le-fronton-d-une-mairie.php (검색일: 2010. 12. 5)

100 Guy Haarscher, *La Laïcité*, Que sais-Je? N.3129(Paris: PUF, 2004), p. 3.

101 역사적 관점에 의하면, laïcité는 일반적으로 '종교적이 아닌 것', '비종교성'을 뜻하기도 하지만, 교회 그리고 종교로부터의 국가의 분리, 독립을 지칭하는 것으로 1871년에 공립학교에 처음 쓰였다. Maurice André et Edmond Finck et al., *Histoire de la laïcité*(Paris: Editions PEMF, 1999), p. 1.

사건' 당시에는 장-루이 드브레(Jean-Louis Debré) 당시 하원의장이 구성한 위원회[102]가, 그리고 '부르카 사건' 때에는 상원[103]에서 그 일을 담당하였다.

이러한 자료를 바탕으로 '프랑스적 라이시테'의 특성을 본격적으로 규명하기 위해서는 우선 라이시테의 간단한 개념 및 다른 유럽 국가들과 라이시테와의 관계를 살펴보는 것이 필요할 것이다. 이는 오늘날 프랑스에서 논의되고 있는 라이시테 개념에 대한 논쟁을 이해하는 데 도움을 줄 것이다. 다음으로, 우리는 '히잡 사건'과 '부르카 사건'과 관련하여 조사된 타국의 현황을 분석할 것이다. 프랑스, 독일, 영국 등의 국가들이 무슬림 여성들의 '베일'[104] 착용 문제를 어떻게 처리하고 있는지를 살펴보는 것은 해당 국가들의 '정교분리 문제'뿐만 아니라 각국의 무슬림이민자 통합정책의 특성을 이해하는 데에도 많은 도움이 될 것이다. 유럽의 이민문제를 주로 천착한 크리스챤 욥커(Christian Joppke)는 최근 출간된 그의 저서 『베일: 정체성의 거울』(*Veil: Mirror of Identity*)에서 "베일이 정체성의 거울 역할을 한다"고 주장하였다. 최근의 히잡 논쟁이 "프랑스인이 누구인지, 독일인이 누구인지, 영국인이 누구인지를 재평가하는 일과 일치한다"는 것이다.[105] 이러한 논의는 궁극적으로 '프랑스적 예외'

102 Assemblée Nationale, *Rapport fait au nom de la mission d'information sur la question du port des signes religieux à l'école*, 2 vol. (2003).

103 Les Documents de Travail du Sénat, Série Législation Comparée: Le Port de la Burqa dans Les Lieux Publics, n.LC201, octobre 2009.

104 이 책에서는 히잡과 부르카, 니캅 등을 통칭할 경우 '베일'이라는 용어를 사용하고, 어쩔 수 없이 각각의 명칭을 사용할 수밖에 없는 경우에만 각각의 이름을 사용할 것이다. "굳이 '베일'이라는 개념을 쓰는 이유는 [……] 히잡과 니캅의 구분과 그 차이의 강조가 반이슬람 정서를 구성하는 요소로 작용하고 있기 때문이다." 염운옥, 「영국의 무슬림 '베일' 논쟁」, 『대구사학』 101집(2010. 11), p. 267.

105 Christian Joppke, *Veil: Mirror of Identity*(Cambridge: Polity Press, 2009), p. 2.

로서의 '라이시테'를 이해할 수 있을 뿐만 아니라, 이민자 통합정책에서 라이시테와 관련된 프랑스적 특수성을 이해하는 데에도 많은 도움을 줄 수 있을 것으로 보인다.

2) '라이시테': 서구 사회의 특징? 프랑스적 특수성?

(1) 서구 사회의 한 특징으로서의 라이시테

정밀하지는 않지만, '정교분리' 혹은 '세속화'라고 번역해볼 수 있는 '라이시테'는 프랑스만의 특수성인가? 서구 사회의 일반적인 특징인가? 프랑스의 한 세속주의 전문가의 다음과 같은 문제제기를 들어보자.

일반적으로 서구와 이슬람의 차이 혹은 서구 국가 사이의 공통점을 들라면, '표현의 자유, 민주주의, 정교분리, 인권 그리고 특별히 여성의 권리' 등을 들 수 있다. 혹시 이것들이 기독교적 가치인가? 이슬람과 서구 사이의 대립이 서구가 기독교적이라는 사실로부터 기인하는가? 그렇지 않으면, 오히려 서구가 세속화되었기 때문인가? 서구를 그렇게 특징적으로 만든 것이 기독교 때문인가, 세속주의 때문인가?[106]

이와 같은 문제제기에 전적으로 찬성하는 것은 아니지만, 위의 내용으로부터 우리는 서구와 이슬람 사이의 두드러진 차이점 가운데 하나가 '정교분리'라는 것을 알 수 있다. '표현의 자유, 민주주의, 인권' 등을 오늘날 서구만의 대표적인 특징으로 부각시키기는 어렵다. '여성의 권리' 또한 논란이 있는 부분이다. 하지만, '정교분리'는 이슬람의 특징 가운데 하나인 신정일치제도 때문에 무슬림으로서는 받아들이기 어려운 부분이 있다. 그렇다면, '정교분리'가 서구 사회의 공통된 특징으로

---

106 Olivier Roy, *Secularism Confronts Islam*(N. Y.: Columbia University Press, 2007), p. viii.

간주될 수 있을까? 일반적으로 근대화의 특징 가운데 하나로 정교분리를 꼽는다. 그러다보니 자연스럽게 정교분리의 원칙이 근대 서구 사회의 대표적 특징 가운데 하나로 알려져 있다. 하지만, 서구의 대표 격인 영국만 보더라도, 우리는 이 나라를 완전한 정교분리 국가로 부를 수는 없을 것이다. 또한 프랑스, 독일, 에스파냐, 이탈리아 등을 다 같은 수준의 정교분리 국가로 취급할 수 있겠는가?

이 부분에 대해서는 프랑스의 라이시테 분야 전문가인 클로드 르리에브르(Claude Lelièvre)의 설명을 들어보자.[107] 일반적으로, 프로테스탄트 국가에서는 '라이시테'라는 용어가 존재하지 않는다. 이러한 국가에 존재하는 것은 세속화(sécularisation)의 논리이다. 라이시테는 '분리'(laïcité-séparation)의 의미와 '중립'(laïcité-neutralité)의 의미를 모두 함축한다. 분리와 중립, 이 두 개념 사이의 차이는 그렇게 크지 않을 수 있다. 그러나 두 개념은 같은 의미를 가지지 않으며 다른 결과를 도출한다. '분리'는 종교에 대하여 국가의 독립을 강조하지만, '중립'은 종교적 자유의 존중을 강조한다. 첫 번째 개념은 근대국가의 완성을 가져온 과거의 엄격한 라이시테를 생각하게 하고, 두 번째 개념은 종교적 자유에 대하여 좀 더 부드럽고 열려 있는 새로운 라이시테를 말한다. 그런데 역사적으로 '프랑스의 라이시테'는 첫 번째 개념에 속하는 반면, 두 번째 개념은 다른 유럽 국가들에 적용된다. 일반적으로, 다른 서구 국가들에 의해 공유되는 공통점은 종교적 자유를 인정하는 것이다. 그렇지만, 국가와 종교 사이에 존재하는 관계를 좀 더 면밀하게 검토한다

107 유럽의 라이시테에 대한 설명은 특별한 언급이 없는 한, 르리에브르의 책을 참조하였음을 밝혀둔다. Claude Lelièvre, *L'école "à la française" en danger?*(Paris: Ed. Nathan, 1996), pp. 62~64.

면 그 다양성은 크다고 할 수 있다. 유럽에서 세 개의 나라가 과거의 유산으로 국교 혹은 공식적인 종교를 가지고 있는데, 덴마크가 루터교, 영국이 성공회, 그리스가 정교를 가지고 있는 것이 그것이다. 이 국가들은 모든 종교들에 대하여 중립적이지 않은, '종교국가'(confessionnel)이지만 그럼에도 타종교에 대한 자유를 인정하고 있다. 이 국가들은 특별한 종교에 특권적 지위를 부여하므로 '정교분리 국가'(l'etat laïque)라고 볼 수 없다.

다섯 개의 다른 나라들, 즉 독일, 벨기에, 네덜란드, 룩셈부르크, 아일랜드는 대부분 복수 종교를 유지하는 특징을 갖는다.[108] 즉 '부분 라이시테' 혹은 '반(半)라이시테' 국가들이다. 국가가 '종교국가'가 아니어서 공식종교는 없다. 그렇지만 국가가 종교교육을 위해, 특히 재정적으로 각각의 종교에 도움을 제공하는 식으로 종교와 밀접한 관계를 유지한다. 몇몇 다른 국가들 즉 에스파냐, 이탈리아, 포르투갈 등은 전통적으로 가톨릭 국가인데, 결국은 '유사 라이시테'(quasi-laïcité)로 발전하였다. 왜냐하면 이들 국가는 특정 종교를 공식 종교로 인정하지 않을 뿐만 아니라 국가와 종교가 어느 정도 분리되어 있기 때문이다. 좀 더 구체적으로 말하자면, 포르투갈에서는 분리가 전반적으로 거의 이루어져 있지만, 가톨릭시즘이 특별한 상황에서는 유지되고 있으며, 에스파냐와 이탈리아에서는 가톨릭과 부분적으로만 분리되어 있다. 이들 국가에서는 여전히 국가와 종교 사이에 공식적인 협약이 존재한다.

이렇게 보면, 프랑스만이 '국가와 종교의 분리'라는 의미를 엄격히

108 독일에서 국가의 종교적 중립성의 원칙은 국가와 종교가 분리된다는 정교 분리를 의미하는 것이 아니라 가톨릭과 개신교 사이의 조정자 역할을 하는 것이다. 강태수, 「독일 무슬림의 종교의 자유」, 『세계헌법연구』 제15권 2호(2009. 6), p. 26.

지키는 라이시테, 즉 '프랑스적 라이시테' 국가라고 할 수 있을 것이며, 영국, 독일은 라이시테라는 의미에서 볼 때, 서로 다른 성격을 갖는 국가들로 각각 분류될 수 있을 것이다. 20세기 전체로 볼 때, 라이시테 발전의 주요 방향이 '분리'(laïcité-séparation)에서 '중립'(laïcité-neutralité)으로, 그리고 더 나아가서 '자유'(laïcité-liberté) 쪽으로 흘러간 것으로 보인다.[109] 이러한 추세로 본다면, 본연의 엄격한 라이시테를 고수하는 '프랑스적 라이시테'에도 미묘한 변화가 감지될 수 있을 것이다. 그러면, 프랑스적 라이시테란 구체적으로 무엇을 뜻하는가? 어떻게 라이시테 개념이 프랑스적 특징이 되었는가? 과연 라이시테는 프랑스의 특수성으로 볼 수 있는가?

(2) '프랑스적 예외'로서의 라이시테

프랑스공화국은 라이시테 원칙을 근간으로 한다. 공화국 협약의 초석인 라이시테는 세 가지 불가분의 가치에 기반을 두고 있는데, 첫째는 신앙의 자유이며, 두 번째는 종교선택권의 평등, 그리고 마지막으로 정치권력의 중립이 그것이다. 신앙의 자유 덕분에 모든 시민은 자신의 영적 종교생활을 선택할 수 있다. 종교선택권의 평등은 모든 차별이나 강제를 금지시키며, 국가는 어떠한 종교에도 특권을 부여하지 않는다. 마지막으로 정치권력은 종교 영역에 전혀 간섭하지 않음으로써 그 한계를 인정한다.[110]

위 문구는 '히잡 사건'의 해결을 위하여 2003년에 시라크 대통령이

---

109 Claude Lelièvre, pp. 62~64.

110 Bernard Stasi, *Rapport au Président de la République: Laïcité et République*(Paris: La Documentation Française, décembre 2003) 전문.

구성한 '스타지 위원회'의 보고서 전문(前文)에 나오는 내용이다. 이 내용은 라이시테가 프랑스공화국에 얼마나 중요한 개념인지, 그리고 종교문제와 관련하여 프랑스공화국이 취해야 할 태도가 어떠한지를 명확히 보여주고 있다. 사실, 라이시테의 개념은 프랑스만의 특수성이라고 할 수 없을지도 모른다. 오늘날 모든 민주국가에는 정교분리 정책이 존재한다. 서구 국가는 물론이고, 매년 정부각료의 신사참배 문제가 주요 이슈가 되고 있는 일본이나, '장로 대통령'의 출현으로 불교 탄압 문제가 이슈가 되었던 한국도 모두 정교분리를 표방하고 있는 나라임에는 틀림없다. 한국에서 논란이 되고 있는 '국가의 종교에 대한 중립성' 문제는 앞장에서 서술한 대로 민주국가라면 적어도 거의 모든 나라가 준수하고 있는 기본사항이기도 하다.

그러면 이들 나라들과 프랑스는 무엇이 다른가? 프랑스는 정치 영역과 권력상징으로부터 모든 종교적인 준거 틀을 축출했던 나라이다. 게다가 더욱 특별한 것은 라이시테가 공화국 협약의 초석으로 간주되며, 프랑스의 정체성을 구성하는 주요한 요소로 간주된다는 것이다.[111] 이를 조금 더 명확히 하기 위해서는 1905년 법의 몇 개 조항을 살펴볼 필요가 있다.

1905년 12월 9일의 '국가와 교회의 분리'(Séparation des églises et de l'Etat)는 '라이시테에 대한 프랑스적 개념'을 법적으로 확립했다. 이 법은 오늘날 여전히 살아 있으며, 본질적으로 적용되고 있다고 볼 수 있다. 이 법의 제1조는 "공화국은 신앙의 자유를 보장하며, 자유로운 종교 행사를 보장한다"고 되어 있으며, 제2조는 "공화국은 어떠한 종교도 인정하거나 재정지원하지 않는다"고 되어 있다. 1905년의 법 조항에

111 Nelly Mauchamp, p. 101.

는 '라이시테'라는 용어가 직접적으로 등장하지는 않는다. 이 용어는 1946년이 되어서야 명백하게 헌법적 요소가 되는데, 1946년 헌법의 1조에 "프랑스는 불가분의, 라이크적인, 민주적 그리고 사회적인 공화국이다"(La France est une République indivisible, laïque, démocratique et sociale)라고 적히게 된다. 이 구절은 1958년 10월 4일의 헌법, 즉 제5공화국 헌법에 재인용되고, 지금까지 적용되고 있다.[112]

1905년 법이 적용되는 '라이크 국가' 프랑스가 무신론을 진작시킬 의도가 있는 것은 아니다. 프랑스는 1905년 법에 따라 '모든 사람의 신앙의 자유를 보장'하고 있기 때문이며, 인권선언 10조[113]에서 이미 천명된 권리를 보장하고 있기 때문이다.[114] 그럼에도 불구하고, 국가는 사적인 영역과 공적인 영역을 명확히 구분하였다. 종교는 반드시 사적인 영역에만 머물러야 했다. 국가와 관련되는 장소인 공적 영역, 그 가운데에서도 학교에서는 중립성이 적용될 수밖에 없다. 학생들을 몽매주의(蒙昧主義)로부터, 그리고 가정의 잠재적인 압력으로부터 떼어놓기 위해서 종교는 학교 밖에 놓여 있어야만 한다.

라이시테와 학교 사이의 문제를 이해하기 위해서 조금 더 과거로 돌아가보자. 라이시테가 프랑스공화국의 주요 원칙으로 확고히 자리 잡은 것은 1905년 12월 9일의 법이 제정되면서부터이다. 하지만 공립학교에서의 라이시테 원칙은 1880년대 반교권주의 정책을 적극적으로

112 http://www.assemblee-nationale.fr/site-jeunes/laicite/fiche-dates/fiche-1946/fiche1.pdf (검색일: 2011. 1. 3)

113 제10조. "누구도 자신의 의견표명이 법이 규정한 공공질서를 어지럽히지 않는 한 설사 그것이 종교적인 것일지라도 그 의견 때문에 괴롭힘을 당해서는 안 된다."

114 라이시테와 프랑스혁명의 연관성에 대해서는 Gérard Delfau, *Du principe de laïcité: Un combat pour la République*(Paris: Les Editions de Paris, 2005), pp. 13~32를 참조하라.

편 쥘 페리(Jules Ferry) 이래 이미 자리 잡고 있었다. '무상, 라이크 그리고 의무'(Gratuite, laïque et obligatoire)라는 것이 당시 교육부장관인 페리가 만든 공립학교의 기본 원칙이었던 것이다. 페리에 의해 비로소 '라이크적인 공립학교의 창설'이라는 프랑스에서 '가장 기본적인 민주적 개혁 가운데 하나'가 이루어진 것이다.115

왜 페리와 같은 공화주의자들은 교회로부터 학교를 분리시키려고 했을까? 이들은 교육이 매우 중요한 역할을 한다고 보았는데, 만일 시민들이 '계몽되지 못한다면' 보통선거는 권위주의 정권에 유리하게 돌아갈 것으로 보았던 것이다. 루이 나폴레옹 보나파르트(Louis-Napoléon Bonaparte)가 황제가 되기 전에 공화국 대통령으로 선출된 것은 이를 잘 입증해준다고 할 수 있다. 뿐만 아니라, 만일 민중이 불만을 갖는다면 파리코뮌처럼 소요를 일으킬 수도 있는 것이었다. 이러한 일들을 방지할 수 있는 조처가 1882년 3월 28일의 법으로 마침내 완성되었다. 즉 '의무교육과 교육과정의 라이시테화'가 새로이 추가됨으로써, 기존 초등공립학교에서의 무상교육에 관한 법을 보완할 수 있게 된 것이다. 이로써 도덕 및 종교교육(l'instruction morale et religieuse)이 도덕 및 공민교육(morale et civique)으로 대체되었다. 즉시, 보수 왕당파와 가톨릭 진영은 '불행한 법'(la loi de malheur)이자 '신 없는 학교'(l'école sans Dieu)의 비도덕성을 비난하기 위해 집결하였다.116 19세기 말 프랑스의 교육 분야에서 마침내 라이시테의 원칙은 사고의 영역을 떠나 현실이 되었다.

공화주의자들은 라이시테의 원칙에 맞는 새로운 공민 도덕교육을

115 Yves Déloye, "Une laïcité de combat pour fonder la République: combats d'hier, enjeux d'aujourd'hui?", *L'Ecole en débats* n.1: La Laïcité(1999), p. 3.

116 Yves Déloye, p. 3.

위한 교과서를 출판한 반면, 가톨릭 진영은 개인에 의한 종교 선택의 자유를 주장하면서 이들 교과서를 금서 목록으로 지정하였다. 교실에서 아이들이 이 교과서를 찢거나 교사들에게 야유하는 등의 사고가 일어났다. 이것이 이른바 '교과서 전쟁'(la guerre des manuels)이다. 가톨릭 진영과 공화파 진영의 비타협에 의해 이 전쟁은 지속되었으며, 1909년에는 두 번째 교과서 전쟁이 일어났는데, 이는 주교들이 일부 단체들을 선동함으로써 심화되었다.[117] 시골에서 사제들은 공립학교 교사들에 반대하는 캠페인을 격렬히 벌였다. 공립학교에서 사용되는 교재는 종교적 권위에 의해 비난받았으며, 이 교재를 사용하는 자들은 성사로부터 제외될 것이라고 직간접적으로 협박받았다. 교황 레옹 13세는 가톨릭 신자 부모들에게 아이들을 "신 없는 학교, 사탄의 학교"(l'école sans Dieu, à l'école du diable)에 보내는 것을 금지시켰다.[118] 1904년 7월 7일에 의회는 수도회의 교육을 모두 배제시켰으며, 국가는 피에르 발덱-루소(Pierre Waldeck-Rousseau)와 에밀 콩브(Emile Combes)의 지도력으로 이 문제를 신속히 해결하려고 하였다. 드레퓌스 사건으로 공화국과 가톨릭 사이의 반목이 심화됨으로써, 1880년에 쥘 페리의 공세가 미완성인 채 남아 있던 것이 해결되었다. 그렇지만 그 과정은 때로 급진적이어서 가톨릭 측의 증오를 불러일으켰고, 단기적으로는 공화국의 오랜 강령이었던 국가와 교회의 분리에 이르렀다. 성직자들은 학교와 수도원으로부터 '요란스럽게' 축출되었으며, 또 다른 이들은 추방 길에 올랐고, 그 밖의 일부는 프랑스에 남았지만, 구호활동을 위해 허가된 수도원에 속한 경우뿐이었다.[119] 결과적으로 가톨릭 신자들 대다수가 드레퓌스

117 *Ibid.*

118 Maurice André, Edmond Finck et al., p. 21.

재판의 수정 판결에 적대적이었다는 사실이 '분리' 쪽으로 가는 길을 돌이킬 수 없게 하였다. 이렇게 해서 프랑스에는 다른 나라와 비교해서 가장 급진적인 '분리 규정'이 만들어졌다. 하지만, '분리'는 종교적 자유의 추방이 아니었다. 종교가 사적인 문제가 되는 것이었다. 그 결과, 프랑스에서는 종교장관직(le ministère des Cultes)이 폐지되었다.[120]

1905년의 정교분리법으로 1801년에 나폴레옹 시대의 '정교협약'이 규정한 국가와 가톨릭 사이의 공식적인 관계에 종말이 고해졌다. 이 법은 단지 가톨릭에만 관련되는 것이 아니라 유대교와 프로테스탄트와도 관련되었다. 이 법은 프랑스 사회의 다양한 종교를 인정하는 것이며, '현재 혹은 앞으로 있을 모든 종교는 평등하다'는 것이었다.[121] 가톨릭은 공식적인 역할을 멈출 수밖에 없었다. 하지만, 이로부터 약 한 세기 후, 프랑스공화국은 새로운 도전에 직면해야 했다. 이제는 가톨릭이 아니라 이슬람이 라이시테 원칙을 준수하느냐 하는 문제로 쟁점이 옮겨졌다. 주지하다시피, 이슬람은 오랜 기간 동안, 프랑스에 혼자 살고 있는 이민 독신노동자들의 종교였을 뿐이었으나, 1970년대 중반 이후 가족재결합 정책으로 인해 점차 가족의 종교가 되었다. 처음에는 '조심스럽고 수줍어하는 이슬람'이었으나 이제는 보다 가시적이고, 보다 요구조건이 많은 종교로 발전하였다. 이러한 변화의 상징적인 사건이 1989년 가을에 파리 북부 크레유(Creil)에서 일어난 여중생들의 '히잡 사건'이라고 할 수 있다.[122] 그 결과는 스타지 보고서와 '공립학교에서 가시적인

---

119 Christian Sorrel, *La République contre les congrégations: Histoire d'une passion française 1899～1904*(Paris: Cerf, 2003), p. 8.

120 Gérard Cholvy, *Etre Chrétien en France au XIXe siècle: 1790～1914*(Paris: Seuil, 2000), p. 33.

121 Maurice André, Edmond Finck et al., p. 21.

종교적 상징물 착용을 금지'하는 2004년 3월 15일의 법으로 나타났으며, 2010년에는 부르카 금지법의 통과로 나타났다. 이러한 사건들은 라이시테 원칙에 대한 논쟁을 재점화시켰다. 이러한 환경 하에서, 라이시테의 원칙을 엄격히 고수하려는 '프랑스적 라이시테'에도 미묘한 변화가 감지되고 있다.

3) 베일 착용과 유럽 국가들의 정체성

베일(히잡, 부르카, 니캅, 질밥 등) 착용과 같은 이슬람의 도전은 프랑스에서만 나타나는 현상이 아니다. 그렇다면, 유럽에서 왜 베일 문제가 확산되고 있는가? 또한 왜 베일 문제가 서로 다른 나라에서 서로 다른 이유로, 그리고 서로 다른 정도의 차이를 갖게 되는가? 특히 두 번째 질문은 우리가 이 글에서 목표로 하고 있는 프랑스의 특수성을 잘 보여줄 수 있는 항목이다. 어떤 나라에서는 베일 착용이 허용되고 있기도 하고, 어떤 나라에서는 베일 착용이 금지되기도 한다. 허용되거나 금지되고 있는 나라도 그 이유가 각양각색일 수 있다. 일반적으로 여러 요인이 복합적으로 작용할 수 있겠지만, 프랑스와 같은 '공화국'에서는 무엇보다도 라이시테 문제가 가장 뜨거운 핵심 주제이고, '반(半)라이시테' 국가인 독일에서는 기독교문화가 핵심 주제이다. 베일 착용이 허용되었든, 금지되었든, 혹은 금지의 이유가 무엇이든 베일 착용과 관련된 그들 나라의 정책은 모두 각국의 정체성을 보여주는 데 일조를 하고 있다. 우리는 여기서 베일 논쟁이 벌어지고 있는 국가 가운데, 베일 착용이 허용되고 있는 영국과, 베일 착용이 금지되고 있는 나라 가운데 독일, 프랑스 등의 예를 살펴봄으로써 베일 문제가 각국의 정체성과 연결되어

---

122 박단, 『프랑스의 문화전쟁』.

있고, 특히 프랑스는 그런 나라 가운데 가장 전형적인 예가 될 수 있음을 보여주고자 한다.

(1) '종교 국가 영국'에서의 베일 문제

"공공장소에서 히잡과 부르카 착용을 법률로 규제하고 있는 프랑스나 독일과 달리, 영국은 법적인 규제를 실시하고 있지 않다. 다문화주의를 표방해온 영국에서 거리, 공원, 관공서, 도서관, 학교 등 공적 공간에서 히잡과 니캅을 쓴 여성을 만나는 일은 드물지 않다."[123] 이와 같은 서술에서 알 수 있듯이, 영국에서는 전반적으로 히잡이나 니캅 등의 착용이 허용되고 있다. 하지만, 9·11 그리고 이라크전쟁이나 아프간전쟁 이후 미국뿐만 아니라 유럽에서도 이슬람에 대한 '악마화'는 점차 확산되어갔으며, 이와 함께 무슬림 여성의 베일을 '남녀 불평등, 고립, 교조적 행위'의 표현으로 보는 반(反)이슬람 정서가 이와 함께 짙어져갔다는 것은 말할 나위없다. 이러한 분위기를 영국에서 결정적으로 심화시킨 것이 2005년 7월 7일의 런던테러였다고 볼 수 있다. 그 후, 2006년에 영국 외무장관인 잭 스트로우(Jack Straw)의 니캅 관련 발언, 즉 '니캅이 상호간의 의사소통을 방해하고 있다'는 주장이 이 베일 논쟁에 도화선을 당겼다. 이어 일부 정치인들의 베일에 대한 찬반 논쟁이 있었으며, 급기야 2010년 6월에는 보수당의 한 의원이 부르카 금지법을 의원 개인법안으로 발의할 준비를 하고 있다는 소식도 들렸다. 하지만 영국에서는 법으로 금지해야 한다는 의견이 다수는 아니었다. "길거리에서 무엇을 입어야 하는지에 대해 간섭하는 일은 영국적 정서에 맞지 않는다는 생각이 아직은 지배적으로 보인다."[124]

123 염운옥, p. 268.

그렇다면, 여기서 말하는 '영국적 정서'란 무엇을 말하는 것일까? 엄격한 라이시테 원칙을 추구하는 프랑스와는 달리 영국이 '종교 국가'이기에 그렇다는 말일까? 아니면, 영국은 이미 오래전부터 다문화주의 정책을 취하고 있는 국가여서일까? 사실 영국은 성공회를 국교로 하고 있지만, 모든 종교에 자유를 부여하고 있는 나라임은 주지의 사실이다. 더욱이 영국은 국교도와 비국교도가 오랜 기간 갈등한 경험을 바탕으로 타종교인 이슬람과의 공존에도 커다란 문제를 일으키지 않았다.[125] 당연히 특정 종교의 의상 착용에도 제한이 있을 수는 없다. 더욱이 영국은 '실용주의에 기초한 다문화주의 국가'이기에 한 개인이 '길거리에서 입는 옷에 대해 간섭하는 일', 그것도 법률로 제한한다는 것은 그야말로 영국적 정서에 맞지 않는다고 볼 수 있다.[126]

그렇다고 영국 사회에서 아무런 논란 없이 보편적으로 누구에게나 어디에서든지 베일 착용이 허용되지는 않았다. 프랑스와 같이 베일 착용 논란은 주로 학교에서 발생하였다. 영국에서의 첫 번째 베일 착용 논란은 프랑스처럼 1989년에 맨체스터 근처의 한 여자 그래머 스쿨(Altrincham Girl's Grammar School)에서 일어났다. 교장은 이 학교에 다니는 자매에게 교실에서 히잡을 벗지 않았다는 이유로 퇴학처분을 내렸다. 하지만, 이 사건은 "철저히 영국적 방식"으로 해결되었다. 즉, 히잡의 색깔이 만일 교복 색깔과 동일한 짙은 남색일 경우 그것의 착용이 허용될 수 있다는 것이었다.[127] 같은 해, 같은 이유로 퇴학당한 학생들이

---

124 염운옥, pp. 268～269.

125 정희라, 「영국: 자유방임식 다문화주의」, 박단 (편), 『현대서양사회와 이주민: 갈등과 통합 사이에서』(한성대학교 출판부, 2009), pp. 393～394.

126 염운옥, p. 269.

127 Joppke, Veil, p. 81.

책임지게 되는 결과가 국가에 따라 서로 달랐다. 프랑스에서는 이러한 사건이 극단적인 방식으로 표출되어, 결국 법원의 판단에 맡겨졌을 뿐만 아니라, 라이시테와 관련된 국가위원회의 출현과 법률까지 새로 제정되는 결과를 낳았지만, 영국에서는 히잡 색깔의 변경이라는 '사소한 수정'으로 극적인 타협책이 나올 수 있었다. 비록 '과학실험과 체육시간 동안 위생문제와 안전의 문제'[128]를 야기할 수 있다는 이유들은 무시되었지만 교복정책의 유지라는 명분으로 극단적인 선택까지 가지 않은 것은 실용적 전통의 영국적 정서를 잘 보여준 측면이기도 하다.

그러면, '과도한 히잡'(extrem headscarves)이라고 할 수 있는 질밥(jilbab)이나 니캅(niqab)의 경우는 어떠했는가? 영국 사회는 '일반적인 히잡'과 동일한 반응을 보였는가? 결론부터 말하자면, '과도한 히잡'과 관련해서는 두 건의 소송을 살펴볼 수 있는데, 두 소송 모두 원고가 패소하였다. 두 사건은 2005년 질밥 복장이 교칙에 어긋난다고 해서 등교 거부를 당한 여학생 사비나 베굼(Shabina Begum)과 니캅 착용을 이유로 보조교사 임용을 거부당한 아이샤 아즈미(Aishah Azmi)가 각각 학교 당국을 상대로 낸 소송이다.[129] 비록 두 소송에서 '과도한 히잡'의 착용이 금지되었지만, 교사인 아즈미의 경우 교실에서만, 그것도 학습의 효율성을 이유로 금지된 것이기에 종교적인 이유는 크게 고려되지 않았다고 볼 수 있다. 더욱이 그것이 '과도한 히잡'이어서도 아니었다. 앞에서도 보았듯이 이는 효율성과 관련되었다. 그럼에도 불구하고, 우리는 이 두 사건이 런던테러가 일어난, 2005년에 발생한 사건이라는 것에

---

128 Sevgi Kiliç, "The British Veil Wars", *Oxford Journals*(Winter, 2008), p. 444.

129 이에 대한 구체적 내용은 Joppke, Veil, pp. 94～104와 국내 문헌으로 염운옥의 글(pp. 274～276)을 참조할 수 있다.

주목할 필요가 있다. 이전의 사건들이 재판까지 가지 않고 상대적으로 '무난히' 해결되었다면, 이후의 사건들이 소송까지 갔을 뿐만 아니라 사회적으로 반(反)이슬람 정서가 훨씬 강화된 분위기에서 그와 관련된 논쟁도 훨씬 첨예화될 수 있었다는 점은 당연하다고 할 수 있겠다.

비록 우리가 영국의 '베일 문제'를 체계적으로 고찰해보지는 않았지만, 위의 내용들을 고려할 때, 영국의 베일 문제 해결방식은 프랑스적 방식과는 커다란 차이가 있다는 것을 분명히 알 수 있다. 기존의 영국적 방식이라고 할 수 있는 '종교적 자유주의 및 실용적 다문화주의식 해결방안'[130]이 2005년 런던테러 이후 분명 어려움을 겪는 측면이 있다는 것을 부인하기는 힘들다 할지라도, 여전히 영국에서는 공공장소에서의 베일 착용 금지가 국가가 인위적으로 억제할 수 있는 사안은 아닌 것이다. '세속적인 프랑스'의 베일 금지 방식이 '종교적인 영국'에서도 똑같이 적용되지는 않는다는 것이다.

(2) '반(半)라이시테[131] 국가 독일'에서의 베일 문제

독일은 영국과 같이 공식적인 종교를 갖고 있는 나라가 아니지만, 그렇다고 프랑스처럼 종교와 국가가 완전히 분리된 라이시테 국가도 아니다. 독일은 앞에서도 간단히 살펴보았지만, 종교교육에 국가가 재정을 지원하는, 그렇지만 국교를 갖고 있지 않은 '반(半)라이시테 국가'라고 할 수 있다. 이러한 국가에서 무슬림 여성들이 히잡을 쓰고 학교에 오는 경우 정부는 어떠한 대처를 하였는가? 2004년 이후 독일의 16개

---

130 J. S. Fetzer and J. C. Soper, *Muslims and the State in Britain, France, and Germany*(Cambridge: Cambridge University Press, 2005), p. 34.

131 또 다른 표현으로 '절름발이 분리'라고도 한다. 강태수, p. 3.

주 가운데 8개 주는 소위 '히잡 법'을 만들어 공립학교 교육공무원의 히잡 착용을 금지시켰다.[132] 또한 지방마다 다르지만, 대체로 기독교 상징물의 착용에는 아무런 문제가 없었다. 이러한 행위는 무슬림에 대한 차별행위인가? 히잡을 대하는 방식이 영국이나 프랑스와 다른 것은 독일의 어떠한 전통 혹은 정책에 기초한 것인가?

독일에서 최고법원이 공립학교에서의 기독교 상징물의 사용을 두고 종교의 자유를 침해한 것으로 보아 위헌 결정한 적이 있으나, 주정부는 기독교를 하나의 종교로 간주하지 않고 독일의 전통 혹은 생활양식으로 규정함으로써 이를 무력화시킨 적이 있다. 반면 히잡의 경우는 최고법원이 히잡을 하나의 종교적 상징물이 아니라고 판결한 적이 있으나, 일부 지방정부에서는 '히잡 법'을 제정하여 히잡 착용을 금지시키고 있다.

이처럼 기독교적 상징물에 대해서는 관용적이고, 이슬람의 상징물에 대해서는 적대적인 것을 우리는 어떻게 보아야 하는가? 이는 분명 독일의 이민자에 대한 정서와 맞물려 있다고 할 수 있다. 10여 년 전까지만 해도 독일은 자국이 이민국이 아니라고 선언하였을 뿐만 아니라, 이민자를 통합의 대상으로 보기보다는 주로 통제와 경계의 대상으로 보고 있었다. 이는 독일 내 이민자를 대표하는 사람들이 주로 무슬림인 터키 노동자였기에 그러했을 것이며, 여기에 9·11 사건은 독일인의 무슬림에 대한 경계를 한층 강화시키는 계기가 되었다. 무엇보다 이 사건의 용의자 중 한 명이 독일 거주민이었다는 점은 이러한 점을 크게 부각시켰다. 이러한 요인들은 점차 무슬림들의 명예살인, 강제결혼 등 여성의 인권 문제 등과 결부되었으며, 자연스레 히잡 착용 문제와도 연결되었다.

여기서 독일에서 발생한 '히잡 사건'의 예를 하나 들어보자.[133] 바덴-

---

132 Joppke, Veil, p. 53.

뷔르템베르크 주에 거주하는 페레쉬타 루딘(Fereshta Ludin)이라는 한 아프가니스탄 출신의 독일 국적 여성이 1998년에 히잡 착용을 고집함으로써 초등학교 교사 임용이 거부된 사건이 있었다. 루딘은 행정소송에서부터 최종심에 이르기까지 모두 패소하였으나, 2003년 9월 24일 연방헌법재판소에서는 마침내 승소하였다. 행정법원에서는 히잡 착용을 종교적 소속감을 표시한 것으로, 교사의 종교적 중립성을 위반한 것으로 판시하였으나, 헌법재판소에서는 히잡 착용의 금지가 헌법에 보장된 기본권[134]을 침해한다고 본 것이다. 하지만 이 결정은 다른 불씨를 남겨두었다. 판결문은, 만일 지방정부가 충분한 법적 근거를 갖고 있다면, 교사의 종교 자유가 일부 제한될 수 있음을 내비쳤기 때문이다. 이것은 지방정부에 따라 히잡을 종교적 복장의 하나로 볼 여지를 준 것이었으며, 심지어 히잡 착용을 금지할 수 있는 관련법의 제정 여부를 각 주에 위임한다는 의미라고 볼 수도 있는 것이었다.[135] 이에 따라 교사의 히잡 착용을 달가워하지 않는 일부 지방정부는 신속하게 관련법안의 제정 토의에 들어갔다. 보수 성향의 기민/기사연합이 지배하는 남부의 주들이 앞장섰음은 말할 나위 없다. 이들 주에서는 히잡을 단순한 종교적 상징물을 떠나 사회적 평화를 위협하는 정치적 상징물로 간주하기도 하였다.[136]

앞의 헌법재판소가 교실 내에 부착되어 있는 십자가상을 종교적 상징물로 판단했지만, 독일 내에서 종교적 중립을 내세워 이를 제거한 경우는

133 이 부분은 특별한 전거가 없을 경우 대체로 이철용의 논문 3장, 4장에 의존한다.

134 기본권 제33조 3항: "시민권의 향유, 공직에 취임할 권리는 종교와 무관하다. 어떤 종교나 세계관에 속하거나 속하지 않는다는 것 때문에 누구도 불이익을 받을 수 없다."

135 독일은 연방국가 원리에 의해서 연방과 각 주의 관할권이 구별된다. 학교에서의 종교적 세계관적 중립성의 원칙과 종교의 자유와의 긴장관계는 연방이 아니라 각 주의 의회가 담당해야 하는 권한이다. 강태수, 앞의 논문, p. 21.

136 Joppke, Veil, p. 53.

별로 없었다. 이는 독일이 기독교적 전통에 입각한 국가라고 믿는 사람들이 많기 때문이다. 앙겔라 메르켈(Angela Merkel) 독일 총리도 과거 "십자가를 교실에서 떼어내는 것은 기독교와 독일 문화의 전통을 부정하는 발상"이라고 비판하고, "기독교 문화의 강조는 다른 종교에 대한 차별과는 무관"하다고 밝힌 적이 있다.[137] 이러한 입장을 독일인 다수의 입장으로 받아들인다면, 독일의 히잡 착용에 대한 입장은 프랑스의 라이시테 정신과는 완전히 상치되는 것이며, 더 나아가 종교간 평등을 추구하는 '종교 국가' 영국과도 매우 다른 길을 걷고 있는 것으로 판단할 수 있다. 적어도 히잡 문제에 있어서 독일은 그야말로 기독교라는 특정 종교에 밀접하게 연계된 '반(半)라이시테' 국가이면서, 대표적인 '기독교적 서구국가'(Christian-Occidental Germany)[138]라고 할 수 있겠다. "독일은 공공 영역에서 모든 종교적 상징물이 추방당하는 프랑스식 모델을 따라서는 안 된다"는 선언이 종교와 국가의 분리 문제에 대한 독일의 입장을 잘 나타내준다.[139]

(3) '라이시테 국가 프랑스'에서의 베일 문제

프랑스에서는 '1989년 히잡 사건'[140] 이후 십수 년간의 사회적 논쟁 끝에 2003년, 자크 시라크 대통령의 지시로 스타지 위원회가 창설되었으며, 그 결과 마침내 2004년 3월 15일의 법이 제정되어 '공립학교 내 가시적 종교적 상징물 금지'가 확정되었다. 이 법은 히잡뿐만 아니라

137 이철용, 앞의 논문, pp. 239~240.

138 Joppke, Veil, p. 53.

139 독일가톨릭중앙위원회 의장의 말 http://www.wfn.org/2004/03/msg00096.html. 이철용의 앞의 논문, p. 242에서 재인용.

140 이 부분은 박단, 『프랑스의 문화전쟁: 공화국과 이슬람』을 참조하라.

커다란 십자가나 유대인들이 쓰는 키파 등 '모든 가시적인 종교적 상징물'을 금지했으나, 일반적으로는 '히잡 법'으로 더 잘 알려져 있다. 이 법은 라이시테의 원칙을 다시 한 번 강조하였는데, 공립학교와 같은 공적 영역에서 종교적 상징물의 착용 금지를 나타냈을 뿐만 아니라, 가톨릭, 이슬람, 유대교 모두에게 중립적인 법임을 천명하였다. 하지만, 이 법의 주요 대상이 무슬림 여학생이 됨으로써 무슬림 여학생들이 더 이상 히잡을 착용하고 학교에 올 수 없게 되었고, 이로 인해 무슬림들은 이 법을 자신들에 대한 인종(종교)차별적인 법으로 비난하였다.

프랑스적 라이시테는 종교로부터 국가의 독립을 천명하는 동시에 국가가 모든 종교에 중립적이라는 원칙을 천명한다. 하지만, 2004년 '3월 15일의 법'은 왜 무슬림들에게 편파적인 법으로 간주되고 있으며, 그로 인해 라이시테의 원칙을 훼손한 법으로 비난받고 있는가? 이러한 정책으로 프랑스적 특수성으로 간주되는 라이시테 원칙이 흔들리는 것은 아닌가? 2004년 9월, 앞의 법이 적용됨으로써 실제 퇴학당하는 무슬림 여학생들이 발생하자, 이슬람혐오에 대한 논란이 더욱 거세졌다. 가톨릭, 유대교 학생들이 종교적 상징물을 공립학교 내에서 착용할 때에는 대체로 조용하던 프랑스가 왜 무슬림 학생이 히잡을 착용하고 학교에 왔을 때에 비로소 라이시테에 대한 문제제기를 본격화하느냐가 관건이었다. 이는 20세기 후반, 대규모 무슬림 쇄도에 대한 프랑스인들의 두려움의 표현이라고도 볼 수 있으며, 9·11 테러, 이라크전쟁 등 세계적인 '문명의 충돌' 현상과 무관할 수 없을 것이다. 프랑스는 영국처럼 국교가 있는 것도 아니고, 독일처럼 공개적으로 '기독교국'임을 선언할 수도 없다. 프랑스는 모든 종교에 엄격히 중립을 지켜야 하는 라이시테 국가이기 때문이다.

하지만, 최근의 추세는 프랑스의 라이시테 성격, 그 가운데 모든 종교에 중립적이어야 한다는 원칙을 고수하는 데 어려움이 있는 것으로 보인다. 2009년 이후 국제적 논란이 되고 있는 일명 '부르카 착용 금지'가 대표적 현상이다. 물론 여성의 권리, 여성의 존엄성을 해친다는 주장도 있지만, 사회 안전을 빌미로 이슬람을 폄하하고 악마화한다는 주장도 적지 않다. 이처럼 프랑스 내 무슬림의 증가, 이로 인한 이슬람에 대한 상대적 적대 현상 등은 더욱 가속화되어갔다. 하지만, 역설적으로 이러한 현상으로 인해 프랑스에서는 종교차별에 대한 논의와 함께 라이시테에 대한 논의가 더욱 확산되어갔다. 1989년 히잡 사건이 그 기폭제 역할을 했다면, 2005년은 '1905년 정교분리법' 제정 100주년으로 이 논쟁을 확대 재생산하는 기회가 되었다. 많은 학자들이 라이시테 논쟁에 참여하였고, 그에 대한 찬반 논쟁도 가속화되었다. 이 논쟁에는 현실 정치인들도 참여하였는데, 그 가운데 이 논의에 가장 깊숙이 뛰어든 사람이 니콜라 사르코지 당시 내무부장관이었다. 그는 부족한 무슬림들의 기도소인 모스크의 건설[141]을 위해 국가가 시한부로 재정 지원에 나설 것과 이슬람 지도자라고 할 수 있는 이맘(imām) 양성을 위해 이슬람 신학교 설립을 재정적으로 지원하자고 제안하였는데, 이 제안은 '판도라의 상자'라고 불리는 '1905년 법'의 수정을 상정하는 것이었다.[142]

주지하다시피, '1905년 법'은 프랑스 라이시테의 결정체이다. 이를 수정하자는 사르코지의 제안은 많은 반발을 불러일으켰고, 결국 이 시도는 무산되었다. 하지만, 사르코지는 다른 방식으로 무슬림 문제를 해결하려고 노력하였다. 2008년 말에는 인종에 바탕을 둔 통계 작성의

141 J. Laurence et al., *Intégrer l'islam. La France et ses musulmans: enjeux et réussites*, traduits de l'anglais par J. M. Dreyfus(Paris: Odile Jacob, 2007), p. 112. 홍태영, 『정체성의 정치학』, p. 172에서 재인용.

142 *Le Monde* du 21 octobre 2005.

필요성을 공개적으로 강조함으로써 그동안 법으로 금지된 인종에 따른 통계 조사 가능성 여부를 열어놓았다.[143] 400만 명을 넘어서고 있다고 판단되는 무슬림이민자 문제를 해결하기 위한 사르코지의 시도는 프랑스의 정체성인 라이시테 문제와 충돌하지 않을 수 있을까? 베일 문제에서 가시화된 무슬림이민자 문제는 이제 프랑스의 라이시테 원칙을 시험대에 올려놓고 있다. 21세기 서구 대(對) 이슬람이라는 세계적 차원의 새로운 대립구도는 100년 전 프랑스 내 가톨릭과 세속주의자들의 대결구도보다 한층 더 첨예한 대립을 예고하고 있다고 볼 수 있다. 프랑스는 안팎의 도전을 무릅쓰고 계속 엄격한 '라이시테 원칙'을 자신의 정체성의 일부로 유지해나갈 수 있을까?

4) 라이시테 문제로 본 프랑스의 정체성

프랑스 제5공화국 헌법에서 밝히고 있듯이 "프랑스는 단일하고, 분리될 수 없으며, 라이크적인 사회적 민주 공화국이다." 필자는 이 가운데 '라이크적인 공화국'을 프랑스의 가장 특수한 정체성 가운데 하나로 파악하였다. 이를 입증하기 위하여 필자는 영국, 독일 그리고 프랑스의 '베일 문제'를 비교하면서, 프랑스의 '베일 금지 조치'를 라이시테라는 기준으로 살펴보았다. 그런데, 무슬림이민자와 라이크적 공화국 사이의 갈등에서 우리가 발견할 수 있었던 것은 프랑스가 이론적으로는 라이크적 공화국이면서, 현실적으로는 무슬림이민자에 직면하여 라이시테 원칙을 수호하기 쉽지 않은 처지에 놓여 있다는 점이다.

분명 라이시테 원칙은 지금도 지켜지고 있다. 2004년 3월 15일의 법은 비록 '히잡 금지법'이라고 불리며, 프랑스의 무슬림에게는 차별적

143 *Le Monde* du 7 mars 2009.

인 악법으로 간주되었지만, 이 법의 시행은 분명 라이시테 원칙을 수호하는 데 효과가 있었다. 법 시행 이후 공립학교 내 히잡 착용은 눈에 띄게 줄어들었으며, 히잡을 착용하고 학교에 온 학생들의 퇴학과 관련된 분쟁 건수도 감소되었음에 틀림이 없다. 한편, 프랑스 내 다양한 종교들도 프랑스공화국의 정체성을 대표하는 라이시테 원칙을 점차 받아들이고 있는 것이 사실이다. '교회의 맏딸'을 자처하는 프랑스에서 정교분리법은 가톨릭의 과도한 권력에 균형추 역할을 한 것으로 간주되었고, 프랑스의 가톨릭교회도 한 세기를 거치면서 점차 공화국의 가치를 받아들이기 시작하였으며, 이제는 사실상 라이시테 원칙에 익숙해져 있다. 프로테스탄트와 유대교는 이들 종교의 세속화 때문에 일찍부터 라이시테 원칙에 기초한 프랑스 사회에 충분히 통합될 수 있었다. 최근까지 이슬람의 경우만 라이시테 문제가 완전히 해결되지 않았다고 볼 수 있지만, 사르코지가 내무부장관이었던 2003년 이래 프랑스의 무슬림 공동체를 제도적으로 일원화함으로써 정부와 이슬람 대표체 간에 대화로 그 문제를 풀려는 시도가 있어왔다. 프랑스의 무슬림을 대표하는 '프랑스 무슬림 위원회 CFCM'(Le Conseil Français du Culte Musulman)가 2003년에 확립된 것이다.144 이 위원회는 프랑스 가톨릭 주교회의(Conférence des évêques de France), 프랑스 유대인 중앙위원회(Consistoire central de France pour les juifs), 그리고 프랑스 프로테스탄트 연맹(Fédération protestante de France) 등과 같이 프랑스의 다양한 종교단체들과 구도를 함께하고 있다. 사실, 이러한 종교적 대표성을 인정하는 것도 프랑스의 또 다른 정체성인 '불가분의 원칙'을 침해하는 것으로 볼 수 있지만, 이들 대표단들은

144 http://fr.wikipedia.org/wiki/Conseil_fran%C3%A7ais_du_culte_musulman (검색일: 2010. 12. 20)

프랑스의 라이시테 원칙의 존중을 대외적으로 천명함으로써 프랑스공화국 원칙을 존중한다는 명분을 갖고 있다.

하지만, 프랑스가 이슬람 대표기구의 창립을 위해 이처럼 적극적으로 노력한 것은 오히려 프랑스가 이슬람으로 인해 라이시테 원칙이 위기에 처하고 있음을 느끼고 있기 때문이라고도 볼 수 있다. 프랑스에서는 1989년에 '히잡 문제'가 라이시테에 대한 논쟁에 불을 붙였으며, 여기에 2005년 12월, 프랑스가 라이시테 기본법의 100주년을 기념할 당시, 일부 정치인들은 문화적 다양성의 상황에 적응하기 위해 이 법의 손질을 제안하기까지 했었다. 이처럼 이슬람과 관련된 라이시테에 대한 논쟁 때문에 프랑스인들 사이의 대립이 격화되고 있음은 주지의 사실이다. 일부 프랑스인은 국가가 라이시테 원칙을 유연하게 적용해서라도 프랑스는 앞으로 다른 공동체의 문화적 특수성을 고려해야 한다고 주장하고, 다른 사람들은 라이시테가 보장하고 있는 공화주의적 평등주의에 의미를 확고히 부여해야 한다고 주장하고 있다.[145]

과연, 라이시테 원칙은 미래에도 프랑스의 정체성으로 확고하게 지켜질 수 있겠는가? '1905년 법'의 수정은 그야말로 '판도라의 상자'일 수 있다. 프랑스가 100년 이래 라이시테 원칙을 확고히 지켜왔으며, 또한 지키려고 하는 것은 한편으로는 국가가 종교권력으로부터 독립적이고, 모든 종교로부터 중립을 지킨다는 프랑스공화국의 정체성을 확고히 하는 방법일 수도 있지만, 다른 한편으로는 '새로운 프랑스인' 무슬림 이민자를 맞이하여 프랑스공화국이 펼칠 수 있는 통합정책의 유연성에 발목을 잡는 일이기도 하다. 무슬림이민자 문제가 더욱 심각해진다면, 프랑스는 라이시테라는 프랑스 정체성에 어느 정도 변화를 줄 수밖에

145 Nelly Mauchamp, pp. 106~107.

없을 것이다. 정체성이 영원히 불변할 수는 없지 않은가? 이는 프랑스뿐만 아니라 영국과 독일 그리고 네덜란드 등 무슬림이민자 문제로 적지 않은 고통을 겪고 있는 다른 유럽 국가들에게 있어서도 마찬가지일 것이다. 그런 의미에서 베일 문제는 각 나라마다 전통 및 정체성과 관련된 그들의 통합정책이 얼마나 확고한지를 알아볼 수 있는 리트머스 용지의 역할을 한 것으로 보인다.

지금까지 우리는 프랑스의 민족정체성과 라이시테라는 '프랑스적 예외'로서의 정체성에 대해 살펴보았다. 그럼으로써, '프랑스인은 누구인가?'라는 질문에 간접적으로나마 일정 부분 대답하려고 노력했다. 비록 이슬람의 베일을 통해 프랑스인의 특성을 찾아보려고 하였지만, 우리는 유대인 문제도 라이시테 문제와 뗄 수 없다는 점을 강조하고 싶다. 책 본문 중에 상술되겠지만, 현대 프랑스 사회에서 유대인 문제도 '단일한 프랑스'와 라이시테의 원칙을 상기하게 하는 주요한 문제로 떠오르고 있다.

이제 다음 장부터는 프랑스의 대표적인 이방인들을 역사적 맥락에서 더욱 구체적으로 살펴봄으로써, 이를 통해 프랑스인의 특징을 더 잘 이해하고자 할 것이다. 이방인들에 대한 고찰은 시기적으로 제2차 세계대전 이전, 제2차 세계대전 이후, 그리고 20세기 말 전후로 나뉠 것이며, 그에 따른 우리 연구의 대상도 폴란드를 위시한 유럽계 이민자, 무슬림이민자 그리고 유대인이 될 것이다.

제2장
제2차 세계대전 이전의 프랑스 내 외국인노동자들

많은 사람들이 최근 유럽의 이민자 문제를 1950년 이후 지속된 서유럽의 경제 부흥, 즉 '영광의 30년'의 결과로 나타난, 전후세계의 한 현상으로만 파악하고 있다. 그러나 이와 유사한 이민자 문제가 두 세대 전인 양차 대전 사이(間戰期)에 프랑스에서 이미 일어났었다는 것이 주지의 사실이다. 프랑스는 1920년대에 약 200만 명의 외국인에게 문호를 개방했는데, 이는 서유럽에서도 유일했고 이주를 제한하려는 당시의 전 세계적 추세에도 반하는 것이었다.[1] 이러한 이민의 물결은 1920년대 프랑스 인구성장율의 75%를 차지할 정도로 막강했다. 동시대인들은 대체로 간전기 이민을 전쟁 기간 동안 140만 명의 프랑스 젊은이가

1 제1차 세계대전은 국가 간 자유시장이 국가 통제로 넘어가는 결정적인 전환점이 되었다. 이러한 경향을 보여주는 최초의 징후 중 하나가 제1차 세계대전 이후 많은 국가에서 이루어진 이민에 대한 제한이었다. 1921년과 1924년의 미국의 이민제한, 그중에서도 특히 남유럽과 동유럽으로부터의 이민제한은 가장 널리 알려졌고 또 중요하다. 미국뿐 아니라 독일, 호주 등지에서도 1920년대는 비숙련노동자의 고용 기회의 극적인 증가가 종말을 고하고 이민에 대한 통제가 필요하던 때였다. Gary S. Cross, *Immigrant Workers in Industrial France*(Philadelphia: Temple Univ. Press, 1983), p. 5.

전사했기 때문에 생긴 일시적 현상으로 이해했다. 사실, 1931년에 외국인의 유입이 갑자기 중단되고, 경제공황 시기와 제2차 세계대전 기간 동안 이민자의 수가 줄어들었기 때문에, 1930년대 프랑스에 있었던 약 300만 명의 외국인들은 역사 속에서 쉽게 잊혀졌는지도 모르겠다. 그러나 제2차 세계대전 이후에 출신 지역은 다르지만, 또 다른 외국인노동자들이 프랑스로 들어오고, 다시 프랑스의 사회경제생활에서 외국인 노동자들이 중요해지면서, 사람들은 이전의 이민문제에 다시 관심을 기울이게 되었다. 당시 프랑스의 이민문제를 분석한 몇몇 저작들은 간전기의 이민 유입을 단지 제1차 세계대전 중 사망한 프랑스인에 대한 인구학적 보충으로만 파악했고, 프랑스 경제에서 이민자들이 당시에 겪었던 차별을 이해하는 데에는 소홀하였다. 그러면, 이들은 어떠한 여정을 겪어 '이방인'에서 '프랑스인'이 될 수 있었는가? 이들이 프랑스인이 되어가는 과정, 이들이 겪었던 차별 등을 고찰하면, 오늘날의 이민자문제를 이해하는 데 상당한 시사점을 얻을 수 있지 않을까?

제1차 세계대전 후, 예기치 않았던 프랑스로의 이민물결이 발생하면서, 외국인노동자들을 프랑스 사회에 동화시켜야 할지 아니면 이류시민이라는 하나의 항구적인 하층계급으로 다루면서 그들을 악화일로의 프랑스 경제 상황에 봉사하도록 통제할 것인지 하는 문제가 제기되었다. 양차대전 기간에 프랑스가 직면했던 문제들은 미국을 포함한 여타 산업국가에서 이민자 통합문제와 관련하여 최근에 논의되고 있는 정책상의 딜레마와도 유사하다. 최근 수십 년간 서유럽 각국에서는 불법 이민의 증가로 인해 국경 개방에서부터 입국금지 및 일시적인 이민통제에 이르는 수많은 정책 선택에 대한 논의가 활발했다. 1920년대 프랑스는 그러한 수많은 논쟁의 상당 부분을 이미 경험했기 때문에 프랑스의 경험을 연구한다면 서유럽 국가뿐만 아니라 미국과 같은 선진산업국가가 직면하고 있는 이민자문제에도 어느 정도 도움이 될 수 있을 것이다.

프랑스와 같은 유럽의 국가들은 외국인이주자들에게 일시적으로 직업을 제공하긴 했지만, 주로 고급 노동력에 대한 보조수단으로서의 역할을 했을 뿐이다. 물론 이런 이주자들이 때로는 숙련노동으로 이들 국가의 중요한 공백을 메우기도 했지만, 그들에게는 사회적 이동의 기회나 일부 해외 이주자들이 얻을 수 있었던 재산 획득의 가능성이 크게 주어지지는 않았다. 요컨대 유럽인의 대규모 아메리카 정착과는 달리, 프랑스와 여타 유럽지역으로의 이주는 그들에게 단지 직업을 얻을 수 있는 수단이었을 뿐이다. 노동력의 차별은 결국 이들 '이방인들'이 진정한 '프랑스인'으로 탈바꿈하는 데에도 많은 어려움을 주었음은 물론이다.

크게 보아, 제2차 세계대전 이전에는 외국인노동자들로서 벨기에, 이탈리아, 스위스, 독일, 에스파냐, 포르투갈, 폴란드 등의 유럽계 이민자들이 대다수였다. 하지만, 그 수는 적더라도 알제리인, 블랙아프리카인, 그리고 동부유럽에서부터 온 유대인들도 이주민 내에 섞여 있었음에 주목할 필요가 있다. 전자의 이주민들은 대체로 종교나 문화에서 프랑스 사회에 동화되기 쉬운 편에 속했으나, 후자는 그야말로 '이방인'에 속한다고 해도 과언이 아니다. 이곳에서 이들 모두를 다루는 데에는 한계가 있다. 본 장에서는 전반적인 개관과 함께 유럽계 이민자 중 프랑스와 멀리 떨어져 있고, 관계도 소원했던, 대표적 '이방인'이라고 할 수 있는 폴란드인들을 집중적으로 살펴보고자 한다. 이에 앞서 프랑스에서 외국인 노동력이 필요했던 이유와 외국인노동자 수, 그리고 그들에 대한 차별 등을 간단하게나마 고찰해볼 것이다.

1. 프랑스 내 최초의 외국인노동자들

1) 외국인노동자의 필요성

프랑스 밖에서 들어온 이주자들이 오늘날의 프랑스를 이루는 데 커다란 기여를 했다는 점에 대해서는 이제 더 이상 이론의 여지가 없을 것이다. 더 구체적으로 말하자면, 산업화 초기부터 이들의 노동력 없이는 프랑스의 산업화가 이루어지기는 어려웠을 것이라는 것이 명백하다. 최근까지 프랑스에서는 농민들의 이농현상이 산업화에 필요한 노동력의 한몫을 담당하였다고 마치 당연하게 생각해왔다. 사실, 다른 국가들의 경우에는 이러한 일이 일반적으로 해당이 되는 사항이지만 프랑스의 경우에는 반드시 그렇지는 않았다. 프랑스 농민들은 자신들이 공장노동자가 되는 것에 대해 격렬히 저항했으며, 19세기 말까지 기껏해야 3차 산업에 일부가 종사하는 정도에 불과했기 때문이다. 또한 다른 유럽인들과는 달리, 대부분의 프랑스인들이 국내 이주조차도 의식적으로 피해왔다는 점도 지적되어야 할 것 같다. 이러한 사실은 노동력 문제에서 프랑스의 산업화를 심각하게 위협했다. 프랑스 농민과 소매상, 그리고 장인들은 산아제한을 철저히 함으로써 자녀의 수가 매우 적었고, 그러하다 보니, 자녀가 상속에서 배제되는 경우는 드문 경우였다.[2] 결과적으로, 한 가족의 재산과 기술이 대대손손 전달될 수 있었기 때문에, 상대적으로 극소수의 젊은이들만이 일거리를 찾아 이주했다고 볼 수 있다. 즉, 가족 수의 제한을 통해서 프랑스인들은 자신들이 프롤레타리아화되는 것을 피할 수 있었던 것이다. 하지만, 인구학자 알프레드 소비

---

2 이 부분에 대해서는 임마뉘엘 토드, 『유럽의 발견: 인류학적 유럽사』, 김경근 역(까치, 1997)을 참조할 것.

(Alfred Sauvy)의 말처럼, 인구의 정체는 직업구조를 비탄력적으로 만듦으로써 경제성장을 방해할 수도 있었다. 젊고 미혼이며 이동 가능한 노동력이 충분하지 않으면, 새롭고 보다 생산적인 산업의 발전에 장애가 올 수 있었다. 이러한 사실은 19세기 후반의 프랑스에서 보듯이, 농촌에서 인구 증가가 활발하지 않아 도시 산업의 팽창에 노동력을 충분히 공급하지 못했던 경우에, 특히 부합한다고 볼 수 있다.[3]

이와 같은 산아제한을 통해서 프랑스 노동자들은 힘들고 사회적으로 환영받지 못하는 일자리를 피할 수 있었다.[4] 이러한 이유가 외국인노동자의 도입에 매우 중요한 역할을 했다. 이러한 상황에서는 이민을 '단순히 태어나지 않은 프랑스인을 외국인으로 대체하는 것', 혹은 '부족한 국내 이주를 국제적인 방법으로 확충하는 것'으로 이해할 수도 있다. 그러나 이민자들이 인구 공백을 메우진 못했다. 이민자들은 부차적인 노동시장이 필요로 했던 프랑스 사회의 특수한 요구를 만족시켰을 뿐이다. 이는 프랑스 국내노동자들과 일자리를 두고 경쟁하지 않으면서, 사업주를 괴롭히고 있던 노동력 부족을 해결하는 데 도움이 되었다. 이민의 결과, 1880년대 초엽에 이원화된 노동시장의 전조가 프랑스에서 나타났다. 이원화된 노동시장은 건설, 계절농업과 같은 직종 및 여러 종류의 비교적

---

3 Alfred Sauvy, *The General Theory of Population*(N. Y.: Basic Books, 1969), p. 484. Gary S. Cross, p. 7에서 재인용.

4 일찍이 1888년에 자유주의 경제학자 폴 르루아-보리유(Paul Leroy-Beaulieu)는 다음과 같이 불평했다. "프랑스인들은 여간해서는 단순노무자나 환경미화원이 되지 않으려고 한다. 또 북부지역의 섬유공장, 남부지역의 올리브유 제조공장이나 정제공장과 같이 심신을 지치게 하는 힘든 특정 일거리들을 좀처럼 하지 않으려고 한다. [……] 필수 노역을 위해서는 벨기에인이나 이탈리아인들, 그리고 때때로 독일인들이 필요하다. 프랑스 인민들은, 그들보다 '원시적인' 유럽 민족들 사이에서 일종의 귀족계급이 되어가고 있다. 프랑스인들을 귀족계급으로 만든 것은 대체로 출생률의 조기통제였고 이것은 프랑스보다 '원시적인' 민족들이 배워야 할 것이었다." Gary S. Cross, p. 7.

힘든 일거리에 종사하는 외국인노동자에 의해 지배되는 이차 부문과, 더 좋은 환경에 더 많은 급여가 주어지는 업무에 종사하는 프랑스 노동자들에 의해 지배되는 일차 부문으로 구성되어 있었다. "외국인노동자들은 가장 환경이 열악하고 가장 힘들며 거의 기술이 필요 없는 직무에 한정되었고, 이러한 상황으로 인해서, 자국노동자들은 다행스럽게도 단순한 비숙련 노동으로부터 벗어나 기술적이고 더 지적인 숙련이 필요한 일자리로 옮아가게 되었다."[5]

이처럼 이민자들은 주로 프랑스인들이 잘 찾지 않는 소위 3D 업종의 일자리나 혹은 중공업 분야 등에 근무했다. 1906년, 이민자들은 총경제활동인구의 3%를 차지할 뿐이었지만, 화학산업에 종사하는 총노동인구의 10%, 금속산업에서는 18%, 건설업에서는 9%를 차지하고 있었다. 프랑스 노동자들이 열악한 업종에서는 점점 일하지 않게 되면서, 더 나은 일자리를 얻기 위해서 없어서는 안 될 기술을 획득하게 되었다. 결과적으로 이민은 프랑스 총노동력이 더디게 증가한다는 경제적 딜레마에 대해 비교적 간단한 해결책을 제공한 것으로 보인다. 프랑스 노동자들이 구직을 위한 이주를 거부하고 심지어 구직시장의 바깥에 있는 동안, 이민자들이 그 빈자리를 차지한 것이다. 이것이 이원화된 노동시장을 만들었기 때문에, 이민자들이 일자리를 놓고 프랑스 노동자들과 직접 경쟁하는 일은 좀처럼 없었다. 물론 이러한 사실은 이민에 대한 프랑스 노동자들의 대대적인 반대를 완화시키는 데에도 도움이 되었다.[6]

5 Gaeton Piou, "La main d'oeuvre étrangère en France", *Revue Socialiste*, 51(le 15 mai 1912), p. 413.

6 Gary S. Cross, p. 9.

프랑스에서의 두 번째 광범위한 사회적 재편, 즉 전통적인 경제 분야와 근대화된 경제 분야 간의 긴장 고조 또한 이민을 통해서 완화되었다. 농업, 건설업, 의류업, 식품업을 포괄하는 전통적인 경제 분야들의 특징은 비교적 생산성이 낮다는 데 있다. 이들 분야들은 생산성을 향상시킬 수 있는 기계설비나 기술개량에 좀처럼 투자하지 않으려고 했고, 또 할 수도 없었다. 이들 분야들은 관습적인 저임금과 낮은 노동기준을 통해서 이윤을 확보하려고 하였다. 노동력 공급이 달리는 상황에서 이들 산업은 노동자를 유인하거나 유지하기가 어려웠다. 게다가 이들 분야들은 어쩔 수 없이 근대화된 산업분야들과 경쟁해야 했다. 세기의 전환기에는 철강, 화학, 금속산업이 근대화된 산업집단이라고 할 수 있었다. 이들 산업의 특징은 생산성 향상을 위해 투자가 가능할 정도로 자본집중이 이루어졌다는 점에 있다. 다시 말하면, 이 산업들은 전통적인 산업분야들로부터 노동자들을 빼내오기 위해 더 높은 임금과 많은 혜택을 제안할 수 있을 정도로 여유가 있었다. 그러나 이들 산업 역시 노동력을 유치하기는 쉽지 않았다. 왜냐하면, 이러한 산업이 운영하는 공장에서 근무하는 노동자들은 엄격한 규율에 복종하고 열악한 작업환경을 참아내야 했기에, 이러한 근무 환경에 순종할 수 있는 노동자를 찾기가 쉽지 않았기 때문이었다. 사실, 당시 유럽 노동자들은 19세기 후반까지도 대체로 이러한 유형의 직업들을 피하는 것이 일반적 경향이었다.[7]

이러한 상황에서 이민은 두 산업분야 모두에 일종의 안전판 구실을 하였다. 먼저 전통적 산업들, 특히 농촌지역에 있는 전통적인 산업들은, 노동자들이 다른 직업을 찾아 파리나 여타 대도시로 떠나는 것을 막기 위해 임금을 올리거나 삶의 조건과 작업조건을 만족할 정도로 개선시키

7 *Ibid.*, p. 10.

는 것을 거부했다. 다른 한편, 근대화된 산업들, 특히 철강산업 역시 강도 높은 공장의 작업환경으로 인해서 지방농민의 노동력을 끌어 모으는 데 실패했다. 만약 이민을 통해 노동력 공급을 확대하여 그 부담을 경감시키지 않았다면, 이러한 노동력 경쟁은 프랑스의 지배계층에게 큰 부담이 되었을 것이다.[8] 이민은 일부 전통산업들이 관습적인 저비용으로 노동력을 구할 수 있도록 해주었고, 그럼으로써 노동력을 대체하기 위해서 비용이 많이 드는 자본재 개선을 하지 않아도 되게끔 하였다. 이민은 오늘날에도 그러하듯이, 점점 집중화되는 경제시스템 속에서 살아남기 위해 필요한 재원이나 기술을 가지지 못한 기업체가 생존할 수 있게 해준다. 이러한 산업의 사용자들은 임금수준이나 작업조건을 개선시키기보다는 자국노동자를 더 매력적인 산업이나 지역(특히 파리)에 빼앗기는 것을 체념한 채 받아들이고, 그런 프랑스 노동자를 대신해서 가능한 한 저임금을 지불해도 되는 이민자들을 고용했다. 이민은 또한 근대화된 기업체에게도 도움이 되었는데, 적절한 노동력의 공급은 이들 기업체들이 빠르게 확장할 수 있도록 했다. 그리하여 이민은 노동시장의 긴장을 제거함으로써 자본주의 산업 간의 갈등을 줄이는 데 기여했다. 그렇지 않았다면 프랑스 지배계층의 헤게모니는 약화되었을 것이다. 프랑스 노동자들은 자기 고향을 등지는 일과 힘겨운 노동을 피하려고 했고, 프랑스의 자본가계급은 자신들의 손실을 회피하려고 했다.[9] 이러한 이해관계 속에서 프랑스에는 이민노동자들이 상대적으로 용이하게 들어올 수 있었다.

8 *Ibid.*

9 *Ibid.*, p. 11.

2) 프랑스 내 외국인노동자 수

이제 제1차 세계대전 이전 프랑스 인구문제를 구체적으로 살펴보자. 프랑스 인구는 1801년에서 1860년 사이에 900만 명이나 증가했지만, 1861년에서 1913년 사이에는 단지 250만 명 정도 증가하는 데 그쳤다.[10] 인구 천 명당 사망자 대비 출생인구 초과분은 1821~1830년 동안 5.8명으로 절정을 이루다가 1891~1900년 동안 0.7명이라는 저점으로 급락했다. 프랑스만 유일하게 이러한 출생률 하락의 상황에 처했다. 대조적으로 독일의 출생률은 1841~1850년 10년 동안 9.3명에서 1891~1900년 10년 동안은 13.9명이라는 최고점으로 증가했다. 영국과 비교하면, 19세기 한 세기 동안 프랑스의 인구증가가 41%라면, 영국은 282%에 달한다.[11] 특히 세기의 전환기에 프랑스의 출산율 하락은 대체로 고의적인 제한, 즉 산아제한의 실시가 가져온 결과로 이해되었다. 인구학자 알프레드 랜드리(Alfred Landry)에 따르면, 1900년경에 프랑스인의 첫 번째 자녀는 평균 결혼 5년 후에 출생했고, 결혼 당 평균 자녀수도 절정기였던 1770년의 평균 4.5명과 비교하면 1911~1913년경에는 2.4명으로 급락했다.[12]

기업가들은 필요한 노동력을 대대적으로 외부에서 찾아야 했는데,

---

10 참고로 프랑스 인구는 1800년에 약 2.700만 명, 1900년에 약 3.800만 명으로 추산된다. http://tnhistoirexix.tableau-noir.net/pages/population_de_la_france_au_xix_siecle.html (검색일: 2011. 6. 22)

11 http://www.univ-paris1.fr/IMG/pdf/ch1population.pdf (검색일: 2011. 6. 22)

12 이러한 현상의 원인에 대해서 매우 다양한 이유를 거론할 수 있는데 나폴레옹 법전, 프랑스혁명 이후 나타난 합리적인 태도, 프랑스인들의 저축에 대한 강박관념, 인구학적으로 다산지역인 산악지역의 남벌, 그리고 자식들의 삶의 기회를 향상시키기 위해 자녀의 숫자를 제한하려는 욕망 등이 그러한 이유들이다. 어떠한 이유였던지 간에 재생산에 대한 이러한 통제의 결과로 인해, 노동자풀이나 산업예비군의 잠재적 규모가 축소되었다. Gary S. Cross, p. 6.

이때 프랑스에 오게 된 이민노동자들은 대체로 프랑스와 경계한 국가들, 예컨대 우선적으로는 벨기에, 이탈리아, 그리고 룩셈부르크, 영국, 스위스, 독일, 에스파냐 출신이었다. 프랑스에서는 1800년에서 1851년(최초의 공식적인 인구센서스의 해) 사이에 외국인들의 수가 100,000명에서 378,561명을 넘어섰다. 그러나 1851년부터는 그 수가 크게 증가하여, 예컨대 벨기에인이 128,103명, 이탈리아인이 63,307명, 독일-오스트리아인이 57,000명에 이르렀다. 제1차 세계대전까지 이민은 거의 전적으로 프랑스 국경과 인접한 국가에서만 유입되었다. 1861년에 약 497,091명의 외국인이 프랑스에 있었는데, 그 가운데 벨기에인은 204,399명, 독일-오스트리아인이 84,958명, 이탈리아인이 76,539명이었으며, 그 수는 계속 증가하였다. 예컨대 1866년에는 635,490명, 1872년에 732,507명의 외국인이 집계되었고, 1881년에는 마침내 100만 명을 돌파하였다. 개략적으로, 이들 가운데 벨기에인이 약 50만 명, 이탈리아인이 약 30만 명, 그리고 독일인, 에스파냐인, 스위스인, 영국인이 합쳐서 대략 25만 명 정도 되었다. 이 이민들 가운데 많은 수가 세느(Seine) 도(道), 북동부 지역 및 지중해 지역에 자리 잡았다.[13]

하지만, 이 시기부터 1918년까지 외국인 수는 답보상태가 되었다. 그 이유는 여러 가지가 있겠지만, 대체적으로 외국인혐오 분위기와 외국인들의 프랑스인으로의 귀화에 우호적인 입법들 때문이었다. 예를 들어, 인구센서스를 보면 1891년에는 171,000명이 프랑스에 귀화하였고, 1896년에는 203,000명, 1901년에는 222,000명, 1906년에 222,000명, 1911년에 253,000명의 귀화자가 있었다. 1901년의 인구센서스를 보게

---

13 David Assouline et Mehdi Lallaoui, *Un Siècle d'immigrations en France(1851 ~1918): De la mine au champ de bataille*(Paris: Syros, 1996), pp. 10~11.

되면, 프랑스 내에 1,034,000명의 외국인이 존재하는데, 그 가운데 이탈리아인이 33만 명으로, 처음으로 벨기에인 32만 명을 추월하였다. 독일인은 89,700명, 에스파냐가 8만 명, 그리고 스위스인이 72,000명이었다. 이 시기부터 알제리 출신이 서서히 프랑스 본토에 나타나기 시작하였다. 그리고 1908년부터 폴란드인들이 집단적으로 이주해 오지만, 1920년대의 대규모 이주에 비하면 제한된 수에 불과했다. 1920년대에 폴란드인들은 주로 노르(Nord) 도(道)와 파드칼래(Pas-de-Calais) 도(道)의 탄광노동자로 계약해서 입국하였다. 제1차 세계대전 이전 마지막 인구센서스에 따르면, 프랑스에는 1,132,696명의 외국인이 존재한 것으로 파악된다.[14]

3) 이민자의 차별구조와 '프랑스적 용광로'

실제, 낮은 출생률로 인구감소를 겪던 프랑스는 제2차 세계대전 이전까지는 외국이민자를 통제하거나 통합시키기 위한 특정한 정책을 사용하지는 않았었다. 그럼에도 불구하고 이 시기 이민자의 대부분을 차지하고 있던 유럽계 이민자들은 쉽지 않은 정착과정을 겪어야 했다. 제3공화국은 사회경제적 측면에서 자국인과 외국인을 차별하는 분위기가 역력했으며, 정서적인 측면에서 일반 프랑스인의 외국인혐오 감정 또한 적지 않게 작용하였다. 이러한 상황은 비록 유럽계 이민자들이라고 할지라도 프랑스 사회에 통합되는 것이 그리 쉽지 않았음을 보여준다.

프랑스 제3공화국(1870~1940년) 아래에서 드디어 한 개인이 프랑스 국가에 속한다는 사실만으로 자신의 사회적 권리를 획득하게 되었다. 공화국은 점차 사회적 권리를 확대시켜나가면서 노동계급을 국가 안으로 통합시켜나갔다. 사실, 프랑스에서 제2제국(1852~1870년)까지 근본

14 *Ibid.*, p. 11.

적인 분절선은 명사계층과 '위험한 노동계급'[15]의 대립이었다. 노동계급은 실제로 어떠한 권리도 없었고, 그 구성원이 프랑스인이거나 외국인이라는 사실은 아무런 중요성도 없었다. 그러나 민중이 정치, 사회적 권리를 행사할 수 있는 순간부터 프랑스에 속하는 것(프랑스인)과 그렇지 않은 것(외국인) 사이에는 커다란 차이가 있었다. 외국인은 부정적으로 인식되었고, 이들은 프랑스 국민들에게 부여된 권리를 행사하지 못하였다.[16]

프랑스 제3공화국은 매우 엄격하게 자국민과 외국인을 분리하였다. 19세기 말부터 시작되는 대규모 이민은 바로 이러한 상황에서 시작되었고, 이들은 잠재적인 분열 가능성에 고스란히 노출될 수밖에 없었다. 더욱이, 제3공화국 하에서 프랑스의 노동계급은 매우 투쟁적이어서 그렇지 않아도 인구 부족으로 필요한 노동력을 국내에서 쉽게 구할 수 없었던 대기업들은 이탈리아, 폴란드, 그리고 식민지 등으로 노동력을 구하러 갔다. 그들이 데려오는 노동자들은 프랑스인들에게 부여되는 사회적 권리도 없었고, 집단적으로 저항할 가능성도 없었다.[17] 한편, 이 시기 외국인노동자들과 프랑스 노동자 사이에는 적지 않은 분쟁이 있었다. 특히 19세기 말에는 가장 심각한 폭력이 수반되었는데, 한 연구에 따르면 1867~1893년 사이에 89건의 사망자를 동반한 사고가 있었으며, 특히 1881~1893년 사이에 남프랑스에서 일어난 반(反)이탈리아 폭력은 30여 명의 사상자를 내기도 하였다.[18]

---

15 Louis Chevalier의 1958년 작, *Classes laborieuses et classes dangereuses à Paris, pendant la première moitié du XIXe siècle*을 상기하라.

16 Gérard Noiriel, "La République et ses immigrés: Petite histoire de l'intégration à la française", *Le Monde Diplomatique*(janvier, 2002), pp. 4~5.

17 *Ibid.*

18 Ralph Schor, *Histoire de l'immigration en France de la fin du XIXe siècle à nos jours*(Paris: Armand Colin, 1996), p. 24.

이와 같은 상황을 고려해볼 때 프랑스 노동자들의 사회적 통합[19]과 이민노동자들의 배제는 동전의 양면이었다. 이 둘 사이의 유기적인 연결을 이해하기 위하여 프랑스가 경제위기를 맞았던 1880년대와, 또 다른 경제위기의 시대인 1930년대 사이에 적용되었던 노동시장 보호정책을 살펴보는 것이 좋을 것이다. 이 당시 프랑스에서는 외국인들이 국가의 공식적인 허가 없이 노동하는 것이 금지되었다. 국가는 이민 물결을 제어하였고, 특히 경기 침체기에는 프랑스에 이민자들이 들어오는 것을 엄격히 금지하였다. 또한 프랑스인들이 주로 일하기 원하는 분야에서는 외국인이 일할 수 없도록 하기도 하였다. 이처럼 자국민/외국인 분리가 뚜렷한 '차별적인 구조'에서는 자연스럽게 프랑스 국적 문제가 늘 민감한 정치적 쟁점이 되었다.

이와 같이 외국인에게 차별적인 구조 하에서 1889년의 국적법은 외국인을 이전보다 상대적으로 더 쉽게 프랑스인이 될 수 있게 하였고, 이민자 통합에서 중요한 역할을 했다고 볼 수 있다.[20] 물론 이 법안으로 프랑스의 외국이민자 통합정책이 확고하게 마련되었다고 보는 것은 부적절할 것이다. 실제로 모든 조치는 국가의 이익에 달려 있었다. 이 법안 제정의 배경에는 출산율 위기, 국가의 힘이 그 인구의 과다에 달려 있다는 지도부의 확고한 생각, 징병자의 수를 늘리려는 욕망 등이

19 통합이라는 용어는 반드시 외국이민자에게만 적용되는 것이 아니다. '소외된 계층의 사회통합'과 같이 한 국가 내 배제된 자들에게도 적용된다. 슈나페르가 강조하듯이, "[……] 진정한 국민 통합문제가 존재하고, 이민자들은 하나의 차원일 뿐이다. 그것은 프랑스 사회 전체의 문제이다." D. Schnapper, "Intégration des immigrés et intégration nationale", *Migrants-Formations*, n.95(décembre 1993), p. 19. in Manuel Boucher, *Les théories de l'intégration entre universalisme et différentialisme*(Paris: L'Harmattan, 2000), p. 39.

20 국적에 관한 1889년 6월 26일의 법. Janine Ponty, *L'immigration dans les textes: France, 1789~2002*(Paris: Belin, 2003), pp. 72~75.

있었고, 그러한 것들이 프랑스 민족공동체의 문을 반쯤 열도록 공화국 지도자들을 부추긴 주요 이유였다고 볼 수 있다. 하지만, 국적에 관한 법안으로 새로이 '프랑스인'이 된 자들이 주류 프랑스인들로부터 소외되기도 하였다는 것을 잊어서는 안 될 것이다. 1889년부터 이 법[21]에 따라 귀화한 사람들은 사실상 프랑스의 '두 번째 시민'이 되었다.[22]

결국, 크게 보아 제3공화국 아래에서는 그 이전에 비해 자국민과 외국인이 엄격히 분리되었고, 그들에 대한 차별구조가 확고히 적용되었다고 볼 수 있다. 이와 같은 배경을 고려할 때, 제2차 세계대전 이전에 프랑스에서 이민자들에게 적용된 것은 특정한 통합모델이라기보다는 자국민에 대해서 외국인을 차별하는 방식의 구조라고 할 수 있을 것이다. 사실 '모델'이라는 용어는 프랑스공화국이 이미 이민자 통합정책을 가졌을 것이라고 잘못 생각하게 만드는 측면이 있다. 실제로, 무슬림이민자의 사회통합이 문제가 된 1970~1980년대 이전에, 프랑스의 어떠한 정부도 진정으로 이 문제에 관심을 가진 적이 없었다.[23]

그러면, 이러한 차별구조는 이들 이민자들에게 어떠한 결과를 가져왔

---

21 1889년 6월 26일의 법에 따르면, 프랑스 땅에서 태어나 성인이 될 때까지 프랑스에 머문 모든 외국인들에게 프랑스 국적이 부여된다. http://fr.wikipedia.org/wiki/Nationalit%C3%A9_fran%C3%A7aise (검색일: 2011. 5. 30)

22 이처럼 자국민/외국인의 구분은 더 나아가 프랑스인을 여러 카테고리로 나누는 데에도 사용되었다. 예를 들어, 비시정권 하에서 페탱과 그 동조자들이 만들어놓은 나쁜 선례로, 반유대주의와 외국인혐오 강령을 적용하기 위해 민족 기원에 기반한 차별구조가 도입되기도 하였는데, 이는 공화국의 균열을 가져오는 것이었다. Gérard Noiriel, "La République et ses immigrés...", pp. 4~5.

23 '이민자 통합'이라는 주제는 1980년대 초에 갑작스레 공적 담론으로 등장하였으며, 주요 정치 쟁점이 되었다. Vincent Ferry, Oreste Sacchelli, "20 ans de discours sur l'intégration", in Vincent Ferry; Piero-D. Galloro et Gérard Noiriel, *20 ans de discours sur l'intégration*(Paris: L'Harmattan, 2005), p. 12.

을까? 2차 산업혁명이 한창이던 19세기 말부터 벨기에, 이탈리아 등에서 프랑스에 이주해 온 사람들은 일반적으로 프랑스 사회에 무난하게 동화된 것으로 여겨지지만,[24] 그렇다고 이러한 과정이 모든 이민자들에게 해당된 것은 아니다. 많은 사람들은 외국인 차별구조로 인한, 혹은 그와 무관하게 경제적 어려움을 극복하지 못하고 이런저런 이유로 프랑스를 떠났다.[25] 사실, 프랑스의 이민자 수는 양차 대전 사이 기간에 많게는 약 300만에 이르렀는데, 1930년대와 같은 경제위기 시에 이들 이민노동자들은 자국노동자들보다 몇 배의 고통을 겪게 되었으며, 흔히 실업에 처하거나 강제 귀국할 수밖에 없는 처지에 놓이게 되었다.[26]

19세기 이래 프랑스로 온 유럽계 이주민 상당수는 현재 프랑스에 남아있지 않다. 천만 명 이상의 사람들이 제3공화국의 외국이민자 정책에 대하여 자신들의 의견을 이미 표시했다고 볼 수 있다. 즉, 그들은 더 환영받는 곳으로, 혹은 자신들이 떠나온 고국으로 돌아감으로써 프랑스의 정책에 반대하는 뜻을 나타냈다.[27] 프랑스에 계속해서 남아있는 '일부' 이민자들을 고려한다고 할지라도, 직업적 불안정성 때문에 이들의 항구적인 정착이 쉽지 않았을 뿐만 아니라,[28] 제3공화국의 정책 또한 이들에게 그리 우호적이지 못했다. 이민자들의 일자리는 프랑스인

---

24 Gérard Noiriel, *Le Creuset français*(Paris, 1998), pp. 211~230.

25 예를 들어, 파드칼래 도(道)의 광부 가운데 1931년에 귀국한 수가 5만을 넘는다. Dominique Borne et Henri Dubief, *La Crise des années trente: 1929~1938*, Nouvelle Histoire de la France 13(Paris: Ed. du Seuil, 1976), p. 26.

26 예를 들어, 폴란드 노동자의 경우 다음 장을 참조할 수 있다.

27 1870년부터 1940년 사이에 이탈리아인 350만 명 정도가 프랑스로 건너왔는데, 이들 중 1/3만이 프랑스에 계속 머물렀을 뿐이다. Ralph Schor, *Histoire de l'immigration en France*, p. 23.

28 *Ibid*.

들이 거의 원하지 않는 분야에만 국한되었고, 이들은 노동 재해에 과다하게 노출되었다. 또 그들은 인종(민족)차별과 경찰폭력 및 추방의 대상이 됨으로써 프랑스 사회로의 통합비용을 비싸게 치렀다.[29] 물론, 경제적 상황에 따라 이들 가운데 일부가 '성공적으로' 정착한 경우도 있다. 1860년대부터 1970년대까지 경제 호황기에 프랑스로 이주해 온 사람들은 용이하게 사회적 상승의 기쁨을 맛보기도 하였다. 이러한 사회적 구조가 가능할 수 있었던 것은 유럽계 이민자의 경우 당사자와 그 후손들이 즉시는 아니더라도 단기간 내에 다른 거주자와 그런대로 동등하게 취급되었기 때문일 것이다.[30]

그렇다면, 남은 사람들은 프랑스인과 동등하게 취급되기 위하여 자신들의 출신 국가와의 관계를 완전히 끊었는가? 그렇지는 않았다. 이들은 자신들의 모국어를 지속적으로 사용하였으며, 교우관계 혹은 문화적 종교적 전통을 계속 유지하였다.[31] 예를 들어, 이탈리아인의 경우, 심지어 방언, 음식, 의복, 축제 등을 유지하며, 고유 상품을 파는 상점까지 운영함으로써 프랑스 사회에 통합되지 않으려고 한다는 의심을 받았고, 일부 주류 프랑스인의 외국인 적대감정을 불러일으키기까지 하였다.[32]

그럼에도 불구하고, 이들이 '프랑스적 용광로'에 녹아들 수 있었던 원인은 무엇일까? 유럽계 이민자들이 프랑스 사회에 무난히 정착할 수 있게 된 데에는 적어도 몇 가지 원인이 있다. 우선 이들은 프랑스와

29 후에 상술되는 프랑스 북부 광산에서의 폴란드 노동자의 경우를 보라.

30 Gérard Noiriel, "La République et ses immigrés...", pp. 4～5.

31 Patrick Weil, *La République et sa diversité*(Paris: Seuil, 2005), p. 48.

32 이민자들은 국적별로 특수한 지역에 몰려 살았다. 예를 들어, 19세기 말 파리의 이탈리아인들은 11,12,18,19구에 주로 모여 살았다. Ralph Schor, *Histoire de l'immigration en France*, p. 24.

같은 종교, 같은 문화를 공유하고 있다는 점이다. 오늘날 무슬림이민자들이 프랑스 사회로 통합되는 데 가장 커다란 걸림돌 가운데 하나가 종교 및 문화문제라고 한다면, 이민을 받아들이는 국가의 종교와 문화를 공유한다는 것은 원활한 사회통합에 절대적 요인으로 작용할 수 있다. 그 외에도 프랑스에는 이민자들을 프랑스 사회로 원활하게 통합시킬 수 있는 몇 가지 기구가 존재하였다. 예를 들면, 의무교육 기관인 초등학교를 들 수 있는데, 이주해 온 아이들이 프랑스인들과 접촉할 수 있는 거의 유일한 장소가 이곳이다. 학교에서 이주자들은 프랑스의 역사와 문화를 배우고 프랑스인으로 동화되어갈 수 있다.[33] 자식들과 달리, 부모들은 외국인들에게도 가입이 허용된 정당이나 노조에 가입함으로써 프랑스인들과 좀 더 밀접한 유대관계를 가질 수 있었으며, 이를 통해 프랑스인들과의 접촉을 늘려갈 수 있었다. 그렇지만 이들에게 가장 중요한 통합 수단은 역시 가톨릭 교회였다. 앞에서 언급한 대로 이 당시 대다수 이민은 가톨릭 문화권 출신들이었기 때문에 교회는 이들을 자연스럽게 동화시킬 수 있는 좋은 수단이 되었다. 교리문답 교육 등은 특히 2세대의 경우 학교에서의 통합 역할을 보완해줄 수 있는 좋은 기회였다. 또 2세대의 경우 군복무를 통해서도 프랑스의 가치를 배울 수 있는 좋은 경험을 하게 된다. 특히 군대에서는 프랑스 각지 사람들과 어울릴 기회를 갖게 됨으로써 프랑스의 문화를 몸소 체험하는 것이 가능하였다. 마지막으로 들 수 있는 예가 스포츠와 여가활동이다. 이러한 활동은 정기적으로 프랑스인과 이국인을 모이게 하고, 문화의 혼합, 수용에 크게 기여할 수 있었다.[34]

33 일반적으로 학교는 공화국의 '통합기구'(instrument d'intégration)라고 불린다. Ralph Schor, *Histoire de l'immigration en France*, p. 302.

이렇게 볼 때, 유럽계 이민자들이라고 프랑스 사회에 쉽게, 그리고 완전히 동화되었다고는 볼 수 없다. 그들은 우선 제3공화국 하의 외국인에 대한 차별적 구조로 사회경제적인 어려움을 겪었으며, 그 결과 상당수가 다른 나라 혹은 자신들의 고향으로 귀국할 수밖에 없었다. 특히 1930년대 경제위기 시에는 프랑스인들에 대한 수많은 적대감을 표출하기도 하였다. '살아남은 자'들 또한 프랑스를 모국으로 생각할 수는 없었다. 그들 가운데 상당수는 여전히 사적으로 자신들의 모국어를 사용하고 있었으며, 모국과 지속적인 교류를 하고 있었다. 어디까지를 동화되었다고 하고, 어디까지를 동화되지 않았다고 할 수 있을까? 이에 대해 명확하게 대답하는 것 또한 쉽지 않다.

2. 간전기의 프랑스 내 외국인노동자들

1) 제1차 세계대전 전후 유럽계 노동자

20세기 초가 지나자 프랑스 국경에서 가장 가까웠던 이민노동자 공급원, 예를 들면 벨기에 출신 노동자들이 점차 고갈되어갔다. 자국의 상황이 더 이상 이주할 필요가 없을 정도로 충분히 개선되었고, 무엇보다도 이민자 자신들이 점점 더 지나친 요구를 했다. 이러한 일들이 일어나자, 사업주들은 외국인노동자들이 별로 이익이 되지 않는다는 것을 깨닫게 되었다. 그 결과 사용자들은 프랑스에서 더 멀리 떨어져 있는 국가 출신의 노동자들을 모집할 수밖에 없었다. 스위스 노동자, 벨기에 노동

---

34 L. Gervereau, P. Milza et E. Temime(s.d.), *Toute la France: Histoire de l'immigration en France au XXe siècle*(Paris: Somogy, 1998), pp. 18~19.

자, 독일 노동자들은 에스파냐, 포르투갈, 그리고 마침내 폴란드, 체코 노동자들, 심지어 북아프리카 출신 노동자들로 대체되어야 했던 것이다.

이런 문제들 중에 가장 중요한 문제는 노동력을 수출하는 국가들의 지배엘리트들이 점차 어떤 보상도 없이 자국민을 프랑스로 보내는 것은 경제적으로 불합리하다는 것을 깨닫게 되었다는 점이다. 노동력을 수입하는 쪽에서, 노동자를 훈련시키는 비용을 부담하지 않으면서 노동력의 이득을 취한다는 것이 지적되었다. 노동력 유입국은 대체로 가장 활동적인 시기에 있는 젊은 성인 노동자들을 받아들였는데, 노동력 유출국은 상대적으로 거의 얻는 것이 없다는 것이다. 즉, 노동력을 공급하는 국가들이 자국 노동력의 이주에 어느 정도의 조건과 제한을 부과하려는 것은 크게 놀랄 일은 아니다. 이들 국가들은 노동력을 수입하는 국가들이 이들의 양육과 교육에 들어가는 비용의 일정 부분을 분담하길 바랄 뿐만 아니라, 이들이 생산한 것의 일정 부분을 공유하길 바랐다. 이러한 경향은 아주 점진적으로, 그리고 이민을 보내는 국가에 따라 매우 상이한 비율로 전개되었다. 우선적으로 1910년대에 벨기에, 스위스, 독일, 그리고 이탈리아와 같은 국가에서 이런 경향이 명확하게 나타났다.[35]

전후 이민은 보다 멀리 떨어진 국가들로부터 이민을 받아들인다는 점에서 1914년 이전의 유입과 구분되었다. 플랑드르, 독일, 스위스 노동자들이 국경을 넘어오는 경우는 극소수였고, 보다 많은 폴란드인, 이탈리아인들, 그리스인들이 전통적인 이주 경로와는 다른 방법으로 여러 직업 혹은 지역에 채용되었다. 이 새로운 이민은 고도의 조직과 통제를 반영하는 형태로 이루어졌다. 개별적인 이민자들의 동기와 이해관계가 여전히 이민의 형태를 결정하는 데 중요한 역할을 했지만, 외국이민자의

35 *Ibid.*, pp. 13~14.

자유의지는 정부의 규제와 사용자의 채용조직에 의해 제한되었다. 그 결과, 외국인노동자는 프랑스에서 완전히 별개의 계급이 되었다. 이민자들은 단순히 눈에 띄게 재산이 없고 숙련되지 않은 것이 아니라, 그들은 시민이 아니었다. 이러한 정치적 권리의 결여는 이민자들이 정부와 사적인 조직에 의해 통제될수록, 점점 더 중요해졌다. 즉 이민노동자는 이전의 프랑스 노동자처럼 사용자의 헤게모니 아래로 들어간 것이다. 새로운 통제수단은 프랑스 노동계급이 시민권과 시민권에 수반하는 사회적 권리를 획득하기 이전에 겪었던 노동시스템을 사실상 다시 시행하는 것과 마찬가지였다.[36] 한마디로 외국인노동자들은 프랑스 노동자 아래 위치한 노동자로 여겨졌다.

2) 경제위기와 유럽계 노동자들

간전기는 확실히 프랑스 이민사에서 그 내용이 가장 풍성한 시기였다. 가장 많은 수의 외국인들이 프랑스에 정착하러 들어온 것이 바로 이 시기였다. 일부는 아르메니아인, 동유럽의 유대인, 러시아인들처럼 박해나 체제 변화의 희생자들이었고, 일부는 프랑스가 제1차 세계대전으로 인한 출혈 이후 엄청나게 필요했던 노동력을 만족시키기 위해서 모집된 사람들이었다. 1919년부터 프랑스는 해당 이민노동자의 출신국 정부와의 협약을 통해 백 수십만 명의 폴란드인과 이탈리아인들의 이주를 조직하였다. 1921년 총인구센서스의 결과 약 100만 명의 외국인들이 프랑스에 거주하는 것으로 나타났으며, 1931년에 그 숫자는 300만 명으로 늘어났는데, 그 가운데는 폴란드인 50만 명과 이탈리아인 100만 명이 있었다. 가난한 농부들이거나 파시즘을 피해 온 사람들로, 그들은

---

36 *Ibid.*, p. 16.

가족이나 마을 단위로 모여서 집단적으로 조국을 떠나왔다. 이들 숫자는 1934년에 마르세유에서는 공식적으로 117,000명 정도로 집계되었으나, 만일 우리가 귀화자나 혹은 프랑스에서 태어난 아이들까지 포함시킨다면 그 수는 훨씬 더 많을 것이다. 그리하여 이곳에는 전형적인 나폴리, 피에몬테 혹은 토스카나 형태의 거리와 마을이 형성되었다. 이탈리아인들이 이처럼 한 곳에 집결했다고 해서, 프랑스의 공화국 학교 내에서 이들이 다른 민족공동체와 전혀 교류를 하지 않았다고는 말할 수 없다. 이탈리아 이민 출신의 프랑스 유명 가수 고(故) 이브 몽탕(Yves Montand)의 회고에 따르면, "학교에는 온통 이민자의 아이들뿐이었다." 선생님은 "여기에서 프랑스인은 누구니? 모든 이름들이 외국식이구나……." "내가 볼 때 인종주의는 사실상 아무런 의미가 없었으며, 위협적이지도 않았다. 왜냐하면 내 친구 모두가 이탈리아인, 아르메니아인, 그리스인 혹은 에스파냐인들이었으니까."37

1924년에는 제철소 업주들, 농부들과 석탄회사들의 주도하에 외국인 노동자의 모집 문제에 정치력을 행사할 수 있는 전직 고급 공무원들과 의원들에 의해 지휘되는 총 이민자협회(Société générale d'immigration)라는 것이 만들어졌다. 바로 이와 같이 하여 이민들의 대량 유입이 공식적으로 조직되었으며, 프랑스는 노동력의 진정한 저장고를 확보할 수 있게 되었다. 1920년대 말에 경제 영역의 주요 부문을 이처럼 외국인들이 차지하였는데, 이는 유리제조업에서 노동력의 22%, 석탄과 제철업 부문에서 33%, 시멘트와 제조업에서 50%, 인견제조업에서 50~70%, 철광산업에서는 그 비율이 70%나 되었다. 일부 도시에서는 특정 이주민

37 David Assouline et Mehdi Lallaoui, *Un Siècle d'immigrations en France(1919~1945): De l'usine au maquis*(Paris: Syros, 1996), pp. 9~10.

공동체가 다수를 차지하기도 하였다. 세 가지의 예만 들어본다면, 로렌지역의 빌뤼트(Villerupt)에는 이탈리아인이, 노르 도의 오스트리쿠르(Ostricourt)에는 폴란드인이, 이제르(Isère) 도의 데시느(Décines)에는 아르메니아인들이 다수를 차지하였다.

이러한 상황에서 1929년에는 뉴욕의 월스트리트에서 경제공황이 발생하였고 그 엄청난 영향이 세계 경제에 직격탄을 날렸는데, 이는 프랑스에서 외국인혐오증을 배가시켰다. 외국인노동자들은 프랑스인들에 의해 손가락질 받았으며, 이들 사이에 긴장과 갈등이 고조되면서 수천 명씩 추방되기에 이르렀다. 그래서 1936년에는 1931년보다 프랑스에 40만 명이나 더 적은 이민자가 존재하게 되었다. 이 시기는 또한 인민전선의 출현과 이민자들이 대규모로 참석했던 1936년 6월 파업의 결과로 인한 사회보장의 현저한 진전, 그리고 노동조건의 개선이 일어난 시기이기도 하다. 일련의 경제위기 때문에 외국인 관련 입법에도 일부 변화가 있었다. 최소 3년 거주와 18세 나이라는 조건으로 귀화의 조건을 완화시킴으로써 경제위기 이전의 1927년 8월 10일의 법보다 그 조건이 진보한 것이라면, 일부 조건은 퇴보하였다. 예컨대 1932년 8월 10일 법은 직종 분야에 따라 외국인 노동력의 할당을 미리 정했다. 1935년 2월 6일의 법령들에 따르면 외국인의 경우 신분증 발급보다 노동계약서가 우선되는 것을 조건으로 하여, 이들의 지역 간 이동이나 가족재집결의 자유에 제한을 두게 되었다.

한편, 1929년의 경제공황은 외국인혐오와 함께, 외국인노동자들의 일자리에 직접적인 타격을 가져왔다. 경제위기는 노동력에 대한 수요 감소를 초래하였고, 이민자들 특히 폴란드인들은 이로 인해 일자리 부족을 심하게 겪었다. 1934년 봄에 탄전에서 해고된 7,000명의 이민노동자들 가운데 6,000명이 폴란드인[38]이었다. 긴장과 충돌이 증가했고,

1934년 8월에 파드칼래 도의 르포레(Leforest) 광산 파업이 초래한 것처럼 수많은 폴란드인들의 추방이 발생하였다. 추방 기차에 동승했던 한 작가의 증언이 남아 있다.[39] 야간열차 안을 묘사한 장면이다. "첫째 열차 칸은 비어 있었다. 그러나 세 번째 열차 칸에는 프랑스에서 해고당해서 폴란드로 돌아가는 수백 명의 폴란드인 노동자들이 있었다. 나는 사람들의 몸 사이를 성큼성큼 뛰어넘으며 복도로 올라갔다. 그 화물칸은 칸이 나뉘어져 있지도 않았고 한 개의 방 같았으며, 군대 병영이나 혹은 경찰서처럼 느껴지고, 기차의 빠른 속도 때문에 그 안에 있는 모든 사람들이 마치 교유기에서 휘저어지는 것처럼 느껴졌다. [……] 남자들, 여자들, 아이들 다 모든 소음들과 망각 속에서 위협적인 충격들에 의해 공격당한 것처럼 오른쪽에서 왼쪽으로 뒤집어졌다. 그들은 편안히 잠잘 수 있는 피난처를 찾지 못했다. [……]"[40] 이처럼 외국인노동자, 그들 가운데에서도 특히 폴란드 노동자들은 경제위기의 최대 희생자였다.

3) 유럽계 이민자 내의 '소수자', 폴란드 노동자들[41]

프랑스 내 유럽계 이민자들 가운데에서도 폴란드 노동자들은 특히 소수자에 해당된다. 수적으로 소수라기보다는 다른 이민노동자에 비해 프랑스에서 상대적으로 멀리 떨어진 나라에서 왔으며, 그만큼 프랑스인

---

38 노동부 통계자료에 따르면 1931년에서 1936년 사이에 129,819명의 폴란드인 본국송환 노동자들이 있었다.

39 *Terre des Hommes*(Paris: Gallimard, 1939).

40 David Assouline et Mehdi Lallaoui, *Un Siècle d'immigrations en France(1919～1945): De l'usine au maquis*(Paris: Syros, 1996), pp. 9～10.

41 편의상, 폴란드 노동자들에 대해서는 제1차 세계대전 이전부터의 이주문제를 다룬다.

들에게 낯선 사람들이었다는 의미이다. 처음에는 벨기에, 이탈리아, 독일, 스위스 등 국경을 맞닿고 있는 국가들에서 노동자들이 프랑스로 건너왔지만, 상황이 바뀌면서 유럽 내이기는 하지만, 프랑스에서 상대적으로 멀리 떨어져 있는 체코, 폴란드 노동자들 혹은 심지어 북아프리카 쪽에서도 오기 시작했다. 우리는 이제 같은 유럽인이기는 하지만, 프랑스인들에게 상대적으로 낯선 이방인으로 여겨지던 폴란드인 이민자들에 대해 살펴보고자 한다.

제1차 세계대전 이전에는, 약 50만 명의 폴란드인들이 독일의 베스트팔렌 지역에 거주하였다. 당시, 다수의 프랑스 탄전회사들이 폴란드인을 광산에 고용하기 위해 이 지역으로 직원들을 파견하였다. 폴란드인들에 대한 독일의 박해 때문에 이들을 고용하기 위한 프랑스인들의 작업은 상대적으로 용이하였다. 폴란드인 상당수가 프랑스인의 요청에 긍정적으로 응답하였고, 그 결과 광부로써 첫 번째 입국한 자들이 1909년에 파드칼레 도(道)의 뇌(Noeux)에 도착하였고, 같은 도(道)의 바를랭(Barlin)에 첫 번째 프랑스 내 폴란드 집단촌이 설립되었다. 뒤이어 인근 지역 도처에 폴란드 집단촌이 만들어졌다. 마침내, 제1차 세계대전 전, 두 명의 사제와 세 명의 교사가 관리하는 3천 명 규모의 폴란드 광산마을이 프랑스에 형성되었다. 이들은 이곳에서 자신들의 민족적 삶을 어느 정도 영위할 수 있었다.[42]

처음 프랑스에 왔을 때, 프랑스인들의 눈에 이들은 다른 외국인노동자들에 비해 상대적으로 친근하게 느껴졌던 것 같다. "누가 그러던데, 노르 도(道)의 두오(Douau) 인근 라랭(Lallaing)에 가면, 외국인들을 볼

42 David Assouline et Mehdi Lallaoui, *Un Siècle d'immigrations en France(1851 ~1918): De la mine au champ de bataille*(Paris: Syros, 1996), p. 66.

수 있다고 하네. 그들은 소란스러운 독일인도 아니고, 싸우기 좋아하는 카빌리아(La Kabylie) 사람들도 아니야. 그들은 충성스러운 폴란드인으로 프랑스인들의 친구들이지."[43] 당시의 한 신문에 따르면, 1910년 이래 폴란드인들이 노르 도의 광산지역에 정착했고, 라랭에는 대략 1,400명 정도 되는 폴란드인 120가구가 거주하고 있었다. 이들 가운데 남성들은 주로 아니시(Aniche) 회사의 데자르댕 & 베르나르(Déjardin et Bernard) 광산에 근무하고 있었다. 또한 게냉(Gesnain)에도 폴란드인 60가구 900명이 거주하고 있었다. 파드칼래 도 역시 폴란드 이민자들을 받아들였으며, 약 100여 가구 1,000여 명이 바를랭 인근에 정착하였다. 랑스(Lens)와 베튄(Béthune)에도 약 200여 명의 폴란드인이 광산촌에 흩어져 살고 있는 것으로 파악되었다.

폴란드 출신 광부들은 이미 탄전에서 일한 경험이 있어서 터키 노동자나 이탈리아 노동자들처럼 따로 견습할 필요가 없을 것으로 보였다. 폴란드에 광산이 있고, 그들이 베스트팔렌의 탄광지역에서 거주하다가 프랑스에 왔기 때문에 그들은 자신들이 할 일을 잘 알고 있었고, 회사로부터 유리한 평가를 받았다. 게다가 그들은 조용한 성품의 소유자였고, 고유의 가부장적 전통을 보유하고 있었다. "폴란드인처럼 술 취한"이라는 속담과는 완전히 반대로, '폴란드 노동자들은 절제된 사람들이었다'는 것이 당시 언론의 보도였다.[44]

폴란드인들에 대해 긍정적 평가를 내린 당시 언론의 보도는 다음과 같이 계속된다. "폴란드인들은 프랑스인이 되고 싶어 하였는데, 그 이유는 이들이 독일 정권 하에서 매우 어려운 삶을 살았기 때문이다. 이들은

---

43 1914년 신문 *Le Réveil du Nord*에 실린 기사의 일부. *Ibid.*, p. 67에서 재인용.
44 *Ibid.*, p. 67.

매우 정직하고 올곧은 사람으로, 프랑스 광부들과의 관계도 아주 좋은 편이어서, 최근에는 폴란드 남성과 프랑스 여자 사이에 4건의 결혼도 있었다. 그들의 행동거지는 매우 착실하며, 가족 간의 정도 매우 깊어 10명에서 12명의 자식을 가진 가족이 드물지 않았다. 한편, 폴란드인들이 거주하는 광산촌을 돌아다녀보면, 그들이 매우 청결하고 질서정연한 데 놀라게 될 것이다. 지난 파업 때, 폴란드인 광부들의 태도는 프랑스 노동자들의 대의에 매우 동조적이었다. 아니시 광산에서 우리는 그들을 잊을 수 없다."[45] 이처럼 제1차 세계대전 이전, 폴란드인들에 대한 프랑스인들의 평가는 상대적으로 우호적이었던 것으로 보인다. 그렇지만, 양차 대전 사이, 특히 1930년대 경제위기가 발생한 후에는 이들에 대한 태도도 돌변한다. 그러면, 간전기에는 폴란드인의 모습이 어떠하였을까?

앞에서 언급했듯이, 폴란드인들은 이 당시에도 여전히 탄전지역에 주로 자리를 잡았다. 그들이 가장 많이 종사한 곳은 파드칼래 도의 채굴산업이었다. 1921년에 3,371명에서 5년 후에는 10만 명이 넘었다. 이러한 숫자는 프랑스에 정착한 폴란드 전체 공동체의 29%에 해당하는 수치였다. 노르 도에서는 1926년에 49,581명의 폴란드인이 거주하였는데, 그들 가운데 73%가 광산업에 종사하였으며, 이들 상당수가 발랑시엔느(Valenciennes)와 두에(Douai)에 거주하였다. 베튄탄전에 있는 바지에(Wazier)에는 인구의 25%가 폴란드인이었고, 릴(Lille) 소재의 오스트리쿠르(Ostricourt)에는 폴란드인이 전체 거주민의 40%에 이르렀다.[46]

노동력이 필요한 곳은 제1차 세계대전 기간 동안 그 인원의 20%를 상실한 프랑스 농업 부분에도 마찬가지였다.[47] 농업 노동자 모집에서

---

45 1914년 신문 *Le Réveil du Nord*에 실린 기사의 일부. *Ibid.*, p. 67에서 재인용.
46 *Ibid.*, p. 31.

우선순위는 전쟁에 의해 황폐화된 지역에 주어졌다. 그리하여 1920년에 <황폐화된 지역의 농업총협회>로 번역될 수 있는 CARD[48]의 프랑스 대표단이 폴란드를 방문하였는데, 폴란드가 프랑스 농업 노동력 확보를 위한 좋은 저수지로 보였기 때문이다. 귀국길에 프랑스 대표단은 "겸소하고 순종적이며 성실한" 폴란드 농민들의 채용이 가져오는 장점을 칭찬하는 도표를 작성하였으며, 신문들은 프랑스 농촌에 그와 같은 소문을 널리 퍼뜨렸다.[49]

1926년에 일부 지역을 제외하고 거의 모든 도(道)에 폴란드 농업 노동자들이 고용되었다. 이 해에 폴란드 농업 노동자들은 외국인 농업 노동자들 가운데 약 30%(19,200명)를 차지하였는데, 1920년에는 그 비율이 5%(3,600명)도 채 되지 않았다. 엔느(Aisne) 도, 솜므(Somme) 도, 우아즈(Oise) 도에는 대략 2,500명에서 3,000명 정도의 폴란드 농업 노동자가 있었고, 센-에-마른느, 마른느, 센-에-우아즈, 루아레(Loiret), 노르, 파드칼래 도 등에는 1,000에서 2,000명 정도의 농업 노동자가 있었다.[50]

이들 폴란드인들은 폴란드 내에서 어떠한 처지에 있었으며, 어떠한 여정을 겪어 프랑스에 오게 되었을까? 이에 대해 이해하는 것은 폴란드인들이 왜 프랑스 내에서 엄청난 차별을 받으면서도 그 고통을 참아낼 수밖에 없었는지를 알 수 있게 한다. 한 폴란드 농업 노동자의 다음과 같은 술회를 조금은 길더라도 들어보자.

---

47 1914년에 520만 명의 농업 노동자들 가운데 350만 명이 동원되었으며 그들 가운에 67만 명이 사망하였으며, 약 50만 명 정도가 부상당하거나 혹은 다시 노동하기에 부적합한 상태로 귀향했다.

48 Confédération générale des Associations Agricoles des Régions Dévastées.

49 David Assouline et Mehdi Lallaoui, *Un Siècle d'immigrations en France(1919~1945)*, p. 31.

50 *Ibid.*

“내 아버지는 재산이 거의 없었다. 13명의 아이들 가운데, 11명이 남자아이였고 2명은 여자아이였는데, 그 가운데 3명의 남자아이는 죽었다. 나는 가족에서 맏이다. [……] 아버지가 우리 모두를 부양할 수 없었기 때문에 나는 13세 나이에 남의 집에서 일을 해야만 했다. 1915년에 내 아버지는 전선으로 떠났으며 나는 내 어머니와 함께 집안을 돌보아야 했다. 우리의 상황은 그야말로 비참했다. 1918년 11월 16일에 아버지가 전쟁터에서 돌아오셨으며, 1919년 7월 5일에는 내가 군복무를 하러 가야 했다.” 1921년에 귀향한 21살의 폴란드인은 실업과 가난을 겪었다. 이러한 상황에서 그는 “프랑스에 밥벌이를 하러 가기 위한” 시도를 하였으며, 그때 그는 다른 어떤 구체적인 생각을 하기 힘들었다. 마침내, 이 젊은이는 농사에 관한 모든 일을 하는 대가로, 한 달에 125프랑을 받기로 하고 1년 계약하는 것에 서명했다. “1923년 6월 27일 밤 10시에 우리는 폴란드를 떠났다. 우리 그룹은 29명이었다. 나이 어린 동생들과 사랑하는 약혼녀를 놓아두고 떠난다는 생각에 눈물이 흘러내렸다. 우리는 3년 혹은 기껏 해봐야 5년 후에는 우리나라 폴란드로 돌아올 것”이라고 생각했다. “1923년 7월 5일 우리는 노르 도의 덩케르크(Dunkerque) 항에 내렸다. 우리 그룹의 책임자들은 입국서류 문제를 해결했다. 그들은 우리가 가야 할 장소의 주소가 적힌 두꺼운 종이들을 준비하였으며 그것을 우리 겉옷 안쪽에 붙였다. 프랑스인들은 우리가 마치 한 무리의 양떼인 양 쳐다보았다. 전체 1,200명 가운데 절반은 그 카드를 겁 없이 떼어내어 버렸다. 다음 날 밤 우리는 마치 큰 통에 담긴 청어들처럼 서로 바짝 몸을 기댄 채 기차를 탔다. 매우 더웠으며 목이 말랐고, 돈은 한 푼도 없었다. 우리가 엔느 도의 랑(Laon)에 도착하던 날 저녁에 그곳에서는 우리 서류를 다시 검사했다. 확인 절차가 끝나자 내 주위에는 3명밖에 남지 않았다. 루아르(Loire) 도의 로안(Roanne)에 와서는 결국 나 혼자만이 남았다. 사부아(Savoie) 도의 엑스-레-뱅(Aix-les-Bains) 역에서 주인이 나를 기다리고 있었다. 나는 적어도 이틀은 쉬기를 기대했으나 머리 짓으로 그는 나에게 내가 배가 고픈지

물었다. 밥을 먹고 난 후에는 바로 일을 시작해야만 했다. 그 경작지에는 이미 폴란드인들이 있었다. 일은 무척 힘들었다. 아침 6시에서 8시까지는 돼지와 양들 곁에서, 그리고 점심 후에는 들판에서 저녁 10시까지 있었다."[51]

한 명의 수기를 통해 알아본 폴란드 노동자의 프랑스 정착기는 그야말로 고난의 여정이었다. 타향살이에 눈물 마를 일이 없었을 이 폴란드인들은 대체 어떻게 살아갔을까? 이들 노동자들은 주로 가톨릭 축제와 종교적 세레모니를 위한 행진 등이 있을 때나 거리에 나갈 수 있었다. 이들이 종교행사에 적극적으로 참여한 것은 대부분 가톨릭 신자였던 폴란드 노동자들이 자신들의 영적 욕구를 해소하기 위한 것이었다고 볼 수 있다. 이 폴란드 가톨릭 공동체는 "민족적 감정과 종교적 감정 사이의 일체감을 불러일으키는 곳"이었다.[52]

폴란드로부터 온 사제들은 대부분의 경우 탄광회사에서 그 비용을 부담하였다. 1926년에 파드칼래 도에만 12명의 폴란드 사제들이 있었다.[53] 어린아이들의 폴란드어 교육은 공립학교에 있는 프랑스 초등학교 교사의 책임 하에 세속학교와 사립학교 모두에서 이루어졌다. 폴란드인 협회들이 폴란드에 존재하던 생활과 활동들을 재현하였다. 프랑스에 있는 모든 폴란드 이주민 집단에는 합창단이 있었다. 또한 소콜(les Sokols)이라고 불리는 체육단체를 통한 스포츠 활동이 매우 널리 퍼져

---

51 *Ibid.*, p. 32.

52 "특히 (폴란드의) 분할 시대가 끝난 후에 그 과정에서 교회는 종종 저항(resistance)의 정신을 대표했다. 국가가 거의 부재한 상태에서 애국적 사상을 구현했던 것은 바로 교회였으며, 교회가 바로 폴란드의 독일화 혹은 러시아화의 시도에 대항하여 모국어 사용을 보호하기도 하였다." *Ibid.*, p. 33.

53 타국가의 경우와 비교하자면, 5만 명 정도가 거주했던 로렌(Lorraine) 지방의 이탈리아 공동체에는 단지 2명의 부속사제가 있었다. *Ibid.*, p. 34.

있었는데, 예를 들어, 1924년에는 이 단체에 108개 섹션과 3,300명의 가입자가 있었다. 폴란드인들은 노조에도 합류하였으며, 그 외에도 다양한 단체에 참여하였다. 한편, 1920년대에 프랑스에는 폴란드 신문들이 많이 창간되었는데, 그 가운데 가장 잘 알려진 일간지가 1924년에 파드칼래 도의 랑스(Lens)에서 만들어진 ≪나로도비에츠≫(*Narodowiec*)[54]와 1924년부터 릴(Lille)에서 인쇄된 폴란드 노병이라는 뜻의 ≪비아루스 폴스키≫(*Wiarus Polski*)였다. 그 신문의 사설들은 프랑스에서 폴란드 이주민 집단들의 상황보다는 폴란드 자체 내의 생활과 사건들을 한층 더 많이 다루었다.[55]

다음으로는, 베스트팔렌에서 광부가 되어 1923년에 프랑스에 가족과 함께 이주한 1872년생 폴란드 농업 노동자의 증언[56]을 소개하겠다.

> "나는 베스트팔렌 두이스부르크(Duisbourg)의 프랑스 영사관에 있는 의사에게 출두했다. 건강문제 때문이었다. 17세 된 나의 맏아들을 데리고 갔는데, 의사는 내 정맥류 문제 때문에 나를 이민노동자로서 인가해줄 수는 없었지만 아들은 이민노동자로 받아주었다. 결국, 아들 덕분에 모든 가족이 함께 떠날 수 있었다. [……] 나는 서둘러 염소, 닭, 그리고 우리가 갖고 갈 수 없는 것들을 팔았다. 그러고 나서 나는 프랑스 군 당국에 가구들을 운반하기 위한 화물자동차를 요청했다. [……] 그날 저녁 650명에서 700명 정도를

---

54 원래 폴란드에서 1909년에 Michal Franciszek Kwiatkowski에 의해 창간된 신문. 제호는 '민족주의자'라는 뜻이다. http://fr.wikipedia.org/wiki/Narodowiec (검색일: 2011. 6. 23)

55 David Assouline et Mehdi Lallaoui, *Un Siècle d'immigrations en France*(1919~1945), p. 33.

56 Extrait de ≪Mémoires des émigrants polonais≫ publié à Varsovie et traduit en Français dans l'ouvrage de Janine Ponty, *Polonais méconnu*(Paris: Publication de la Sorbonne, 1988), pp. 113~115.

위한 특별 기차가 편성되었다. 로렌지방의 툴(Toul)에서 우리는 이틀을 머물렀다. 우리에게 먹을 것과 한 가족 당 10프랑이 주어졌다. 그리고 또 한 번의 신체검사와 예방접종이 있었다. 바로 이곳에서 우리는 필요한 서류를 받았고, 우리가 배속될 곳을 알았다. 우리 가족과 우리가 알고 지내던 몇몇 가족들이 파드칼래 도의 브뤼에(Bruay) 탄전 회사로 배당되었다. 그날 저녁 침울하고 슬픈 도시 툴을 떠나며 우리는 기차를 다시 탔고, 그 기차는 밤새 달려 다음날 정오경에 탄전에 도착했다. 매번 역에 설 때마다 일가족 몇몇이 내렸고, 마침내 우리가 내릴 차례가 되었다. 우리는 역에서 우리를 거대한 막사로 데려갈 트럭 두 대가 도착하기를 오랫동안 기다려야만 했다. 시간이 많이 늦었기 때문에 우리는 한 침대에 두 명씩 누워 서둘러 잠을 청했다. 다음날 우리는 의사에게 보내졌으며 이어서 각자 번호를 받고 난 후 탄광으로 가게 되었다. 문제는 거주지였다. 우리는 벽에 칠해진 도료의 염소 성분 때문에 숨 막히는 분위기였던 막사에 머무르고 싶지 않았다. 결국 폴란드 통역관 가운데 한 명이 우리가 일하는 장소에서 9km 떨어진 곳에 있는 집을 찾아주었다. 일하러 가기 위해서는 기차를 타야 했지만 우리는 그 끔찍한 막사에 있는 것보다는 이곳을 선호했다. 각 가족은 방 세 개와 돼지, 가금류를 위한 축사와 작은 정원이 있는 집에 자리를 잡았다. 다 해서 60여 채의 노동자 주거단지가 있었다. 프랑스인 광부 중 한 명이 가게를 가지고 있었고, 통역관이 그에게 우리가 돈이 없으니 급료 날까지 우리에게 외상으로 물건을 주도록 부탁했다. 2주가 지나자 베스트팔렌에서 보낸 우리 가구가 도착했다. [……] 매일 회사의 기차가 우리를 광산이 있는 브뤼에로 데려갔고, 우리를 다시 집까지 데려다주었다. 그러나 번호 순서에 따라 갱에서 나와야 했기 때문에 때로 늦을 수가 있었는데, 그럴 때는 다음 기차를 기다려야 했다. 그것은 끔찍한 일이었는데, 특히 겨울에 눈이 몰아치거나 비가 오는 시기에 그러했다. 나는 채굴하는 곳에서 일을 하였고, 나의 두 아들(15세와 17세)은 석탄 운반차를 밀었다. [……]"[57]

이들의 삶이 얼마나 고된 삶이었는지 상상이 갈 것이다. 우리는 여기서 또 다른 회고록을 살펴볼 수 있다. 이들은 기차가 아니라 배로 프랑스에 도착한 이주민들이다. 1925년에 폴란드에서 배로 파리 서쪽 르 아브르(Le Havre)항에 도착한 폴란드 이주민(미혼, 1902년생)의 증언을 들어보자. 이 사람은 로렌의 철광산으로 이주하였는데, 얼마 안 있어 1921년쯤 파드칼래 도에 정착하여 광부로 일하고 있던 자신의 두 형제와 합류하게 된 사람이다.

> 철광산에 도착한 날, "모든 이주민 집단 지역에는 이탈리아인들이 살고 있었다. 이들 이탈리아인들은 약간은 체념한 채 자기 집의 세입자로 한 명에서 세 명 정도의 남성들을 들이려고 기다리고 있었다. [……] 여행에서 친해진 한 동료와 함께 우리는 방을 얻기 위해 집을 들여다보았다. 이미 그 집에는 여섯 명의 폴란드인이 있었다. 다 해서 우리는 이제 8명이 되었다. 그들은 나에게 광산업체가 이 지역 사람들에게 독신 노동자들을 집에 들이도록 강요한다고 설명해주었다." "독일에서처럼 세면대가 갖추어진 방이 없었다. 각자는 작업복을 집에 두어야만 했고 각자 집에서 빨아서 와야만 했다. [……] 나는 카바이드 등(燈) 한 개를 받았는데, 그것에 대한 값을 지불해야 했다. 카바이드 역시 내 돈으로 구입해야 했던 것이다. 나는 불이 켜진 등과 파이프와 담배들을 피우고 있던 사람들을 보고 놀랐다. 갱내 감독은 우리에게 할당된 장소까지 우리를 데리고 갔다. 한 이탈리아인 광부가 광석에 구멍을 뚫었고, 우리 둘은 커다란 운반차에 광석을 실어야 했다. 한 가득 광석이 실린 운반차의 무게는 2톤 정도였다. 15일 동안 매일 광석을 싣고 20개의 운반차를 옮긴 사람은 하루 일당으로 20프랑을 받았다. 그러나 우리는 결코 그 20개의 운반차를 실어 옮긴 적이 없었다." "그래서 내가 받는 액수는

---

57 *Ibid.*

항상 17프랑을 넘지 못하였다. 그 돈으로는 그 누구도 제대로 된 삶을 살 수 없었다. 나는 저녁식사, 침대 사용, 그리고 마른 빵과 커피 한 잔으로 이루어진 아침식사 비용으로 안주인에게 매일 8프랑을 주었다. 아침에 한 시간만 지나면 배가 고팠다. [……] 저녁에는 마카로니를 먹거나 더 흔하게는 조미된 토마토를 먹었다. [……] 이 음식으로 배를 가득 채웠다. 일당 17프랑 가운데, 프랑스로 오는데 든 비용으로 10%를 제하고 의료보험, 퇴직보험 비용으로 9%를 제했다. 램프 비용도 또한 지불해야 했는데, 각각의 광부가 소비하는 카바이드는 매 4일마다 1킬로가 소모되었다. [……] 장화는 이틀에 하나씩 닳아 떨어져나갔고, 그러면 나는 눈 속을 맨발로 돌아와야 했다. 나는 안주인에게 신발을 살 수 있도록 돈을 빌려야 했다. 광산에는 자신들의 빚을 청산하지 못한 채 10개월 전부터 일해 온 폴란드인들이 있었다. 처음에 나는 그것을 믿으려고 하지 않았다." 철광산에서의 계약을 해지하고, 갚아야 할 돈을 형제들이 보내준 600프랑으로 갚고 나서 그는 노르 도에 있는 형제들과 합류하였다. "나는 릴을 향하는 [……] 그리고 브뤼에로 가는 기차를 잡아탔다. 나는 여러 번 길이 맞는지 물어보았으나 사람들이 이해를 하지 못했는데, 왜냐하면 내가 마를르-레-민느(Marles-les-Mines)라는 이름을 정확하게 발음하지 못했기 때문이었다. [……] 마침내 나는 내 형제들의 집을 찾을 수 있었다. 우리는 서로 만나게 된 것을 상당히 기뻐하였다. 맏형은 3명의 아이가 있었다. [……] 그는 폴란드로 돌아가서 아내와 아들을 프랑스로 데려올 것이다. 그는 광산에서 광부로 남을 생각이었다."[58]

지금까지 우리는 몇 가지 사례를 통해 '이방인'으로서의 폴란드인들의 삶이 얼마나 고난한지 살펴보았다. 사실 프랑스에서의 삶보다도, 그들이 폴란드를 떠날 수밖에 없었던 이유를 아는 것이 더 중요할지도 모른다. 당시 이민자 쿼터제를 도입한 미국이나 패전으로 일자리를 구할 수

58 *Ibid.*

없었던 독일, 그 어느 나라로도 갈 수 없었던 폴란드인들은 생지옥이나 다름없던 자신들의 나라를 떠나, 갈 수 있었던 유일한 나라가 프랑스였다. 왜냐하면, 프랑스가 거의 유일하게 그들의 노동력을 원했기 때문이었다. 다음 장에서는 폴란드 노동자가 일으킨 파업을 다룬 영화 한 편을 통해, 차별받는 이방인으로서의 폴란드인을 그릴 것이다. 앞에서 살펴본 폴란드의 국내 사정이 이들이 차별받으면서도 프랑스에 머물 수밖에 없었던 이유를 설명해줄 수 있을 것이다. 과연 유럽계 이민자인 폴란드 노동자들이 '동화되지 못한' 무슬림이민자와 비교할 때, '별 문제없이' 프랑스인으로 통합되었다고 평가할 수 있을까?

3. 프랑스 노동자 속의 '이방인': 폴란드 광산노동자들

1) 「하얀 외침, 검은 태양」

프랑스 영화 가운데 노동운동과 관련된 영화를 생각한다면 우리는 「제르미날」(Germinal, 1994)을 우선 떠올릴 것이다. 「제르미날」은 19세기 자연주의 소설가 에밀 졸라(Emile Zola)의 작품을 영화화한 것으로 촬영 당시 집권하고 있던 사회당 정부의 전폭적인 지원 하에 제작된 대작이다. 이 영화는 작품의 원작자인 에밀 졸라나, 그것을 영화화한 클로드 베리(Claude Berri)의 명성뿐만 아니라, 프랑스 국민배우라고 할 수 있는 제라르 드 파르듀(Gérard Depardieu), 미우미우(Miou-Miou), 그리고 광부 출신 가수 르노(Renaud) 등 출연진의 명성만으로도 개봉 전부터 이미 관객들의 커다란 관심의 대상이 되었다. 더욱이 「제르미날」은 당시 세계적 붐을 일으켰던 「쥬라기 공원」에 대응하기 위해 모든 프랑스인의 기대를 한 몸에 받고 태어난 영화이기도 했다. 이에 비하면, 「하얀 외침, 검은 태양」(원제: *Le Brasier* 벌겋게 단 숯불; 정열; 열정)은 에릭 바르비에(Eric Barbier) 감독이 1992년에 만든 영화로서, 감독의 명성이나 출연진, 흥행 등의 측면에서 상대적으로 규모가 작은 영화라고 할 수 있다. 하지만 이 영화는 무엇보다도 우리가 관심을 갖고 있는 프랑스 노동계의 '이방인'인 폴란드 노동자 세계를 잘 보여주는 기록물로 평가받을 수 있다. 「제르미날」이 19세기 중엽의 프랑스 노동세계를 잘 보여주고 있는 걸작이라고 한다면, 「하얀 외침, 검은 태양」도 그만큼의, 혹은 그 이상의 모습을 우리에게 제공한 것으로 판단된다.

「하얀 외침, 검은 태양」(이하 「하얀 외침」)은 「제르미날」이 나타내는 노동자와 자본가 사이의 대립보다는 국적이 서로 다른 노동자들 사이의 대립을 주요 테마로 하고 있다. 특히 이 영화에서 부각되는 점은 그동안 전통적인 노동운동사에서 제외시켰던 소수민족에 대한 이해이다. 즉, "정통 마르크스주의의 노동사 서술에서 헤게모니를 장악하도록 운명지어진" 지배 민족의 프롤레타리아와 "주변부의 식민화된 '하위주체'"[59]와의 대립인 것이다. 「제르미날」이 프랑스 제2제정 시기 북부 광산도시에서 '막 싹트는'(Germinal) 원초적인 노동운동의 모습을 리얼하게 잘 묘사하고 있다면, 「하얀 외침」은 노동운동이 절정기에 있었던 1930년대 프랑스 노동운동의 복잡한 정황을 잘 그리고 있다. 이 영화가 그리는 경제공황 하의 프랑스 노동자 모습에서 우리는 그들의 전통적인 반부르주아적 성격뿐만 아니라 반국제주의적인 성향까지도 읽을 수 있다. 특히 후자는 공식적인 사료에서는 잘 읽을 수 없던 부분으로, 비록 길지 않은 한 편의 영화를 통해서이지만, 우리에게 새로운 모습의 노동자

59 임지현, 「마르크스주의 역사학의 중심이동」, 『역사와 문화』 창간호, p. 43.

세계를 보여준다고 하겠다. 프랑스 노동자뿐만 아니라 프랑스에 거주하던 이민노동자들이 가지고 있던 이중, 삼중으로 짜인 망탈리테를 감추고 있는 이 「하얀 외침」은 그만큼 '두터운' 영화로 평가될 수도 있을 것이다.

2) '20세기 제르미날'

"여기는 신도 외면한 곳." 「하얀 외침」의 첫 자막이다. 굴착기의 굉음과 지하 300~400미터 아래 있는 막장으로 내려가는 데 사용되는 엘리베이터의 질주. 땅속에서 '검은 태양'을 바라보며 자신의 슬픈 일생을 아는지 모르는지 눈만 깜박이는 말. 여기에 새까만 얼굴에 눈만 초롱초롱 빛나는 '밤 노동자.'[60] 약 70년의 시차를 두고 있는 「제르미날」의 탄광과 「하얀 외침」의 탄광에서 서로 다른 점이 있다면 단지 "하강"이라는 불을 반짝이며 쏜살같이 달려 내려가는 기계식 엘리베이터와 곡괭이 대신 굉음을 토해내는 굴착기뿐이다. '진정한 노동자'로서 자부심을 갖고 있는 막장의 광부들은 세월이 흘러도 여전히 자신들의 힘든 작업을 근거로 '노동자 중의 노동자'라는 자부심을 갖기는 마찬가지이다. 조상 대대로 물려받은 천직이어서인지, 아니면 다른 곳에서는 받아주지 않지만 이곳만은 자신에게 유일하게 일자리를 부여하였기 때문인지, 이들은 검은 탄가루를 토해내며 10세도 채 안 돼서부터 자신들이 평생을 보내온 막장으로 새벽 별빛을 뒤로하며 무거운 발걸음을 옮기고 있다.

영화 「하얀 외침」은 분명 이곳 광산촌이 「제르미날」의 비참함과 마찬

60 일반적으로 밖에서 채탄을 선별하는 '낮' 노동자(mineur du jour)와 달리 막장에서 탄을 캐는 노동자들은 '밤' 노동자(mineur du fond)로 불리며, 이들의 자부심은 특별나다. Rolande Trempé, "Le rôle de la législation minière dans la structuration professionnelle de la fédération du sous-sol", in *Technologies, Idéologies, Pratiques*, Vol. IX, n.3-4, 1990, pp. 108~109.

가지 의미에서 '신도 외면한 곳'이라는 메시지를 강하게 전달하고 있다. 10세 전후의 파블락의 아들 매츄는 프랑스에 도착하여, 아버지, 형과 재회의 기쁨을 충분히 나누지도 못한 채 막장으로 일을 하러 가게 된다. 이제는 하나의 전통이 되어버린 듯한, "행복이여 안녕!"이라는 말을 억지로 크게 따라 부르며 자신의 무덤이 되어버릴 막장을 향하고 있다. 먹고살기 위해 위험이 도처에 도사린 막장으로 내몰려 아직 제대로 피어나지도 못한 채 갱내 사고로 숨져버리는 매츄를 보면서 우리는 70년 전의 '제르미날'의 탐욕스런 광산주와 비참한 노동환경을 떠올릴 수 있다. 20세기 중반의 매츄와 「제르미날」의 광산에서 일하던 마외의 아들들은 무엇이 다른가? 세상은 더욱 부유해지고, 노동조건은 훨씬 개선되었다고 하지만 여전히 이들에게는 인간다운 삶의 보장이란 공허한 외침일 뿐이었다.

20세기 중반에도 여전히 이곳이 '신이 외면한 땅'으로 남아 있는 이유가 어디 이것뿐인가? 에밀 졸라의 『제르미날』에서는 찾아볼 수 없었던, 이민노동자들이 겪는 진폐(塵肺)보다 더 무서운 프랑스인들의 외국인 차별정책이 '20세기의 제르미날'에도 도사리고 있었다.[61]

3) 또 하나의 차별

영화 「하얀 외침」의 전편에 강하게 흐르는 메시지는 프랑스 노동자들의 폴란드 노동자에 대한 차별이다. 주인공인 폴란드 이민노동자 빅토르가 자신의 친구이자 권투선수인 옥타브에게 술에 취해 던지는 질문, "프랑스인은 뭐가 그리 잘난 거지?"라는 말이 이러한 민족차별을 함축적으로 표현하고 있다. 경제적으로 발전된 국가의 노동자가 그렇지 않은

61 물론 '제르미날'에서도 파업 대체 노동력으로서 벨기에 광부의 모습이 잠시 소개된다.

국가의 노동자를 왜, 어떤 식으로 차별하게 되는지, 그리고 후자는 전자에게 어떤 식으로 대항하는지를 보여주는 것이 바로 이 「하얀 외침」의 메아리이다.

(1) 민족차별

제1차 세계대전 동안 프랑스는 전쟁으로 인하여 사망자와 부상자를 합쳐 약 400만의 노동력을 상실하였다. 가뜩이나 19세기 이래 출산율의 저하로 노동력의 부족을 상쇄할 수 없었던 프랑스로서는 적극적으로 외국 노동자의 수입을 고려하지 않을 수 없었다. 특히 탄광은 전쟁에서 돌아오지 않은 프랑스 광부들을 대체할 뿐 아니라, 안정적인 노동력의 수급을 원했다. 이는 1920년 내내 프랑스 제강산업이 석탄 부족을 불평하며 40%까지의 증산을 요구했을 때 더욱 그러하였다. 이러한 문제를 해결하기 위한 조처로서 1919년부터 폴란드 노동자들은 프랑스-폴란드 협약(la convention franco-polonaise, 1919년 9월 3일)에 의해 집단적으로 프랑스 탄광, 특히 노르 도, 파드칼래 도에 정착하게 되었다.[62] 그것이 가능했던 이유를 폴란드 쪽에서 찾는다면, 이 불행한 국가가 당시 극심한 실업에 시달리고 있었으며, 앞에서 살펴본 바와 같이 그동안의 '출구'였던 미국과 독일이 이민을 제한하였기 때문이다. 특히 1922년과 1926년 사이 폴란드인들은 자신들의 '출구'로서 프랑스에 크게 의존하였다.[63] 이제 폴란드 이민은 프랑스-폴란드 국가 간의 협약 아래 정부차원에서 조직되었으며, 마침내 그 수는 「하얀 외침」의 시대배경인 1931년에 50만 명을 넘게 되었다.[64]

---

62 David Assouline et Mehdi Lallaoui, p. 30.

63 Gary Cross, p. 59.

왜 프랑스인 노동자들은 폴란드인을 차별, 혐오하는가? 50만 명의 폴란드 노동자 가운데 상당수가 북부 광산지역에 밀집되어 있었기 때문에 프랑스인들은 우선 수적인 면에서 폴란드인들이 점차 두려워졌다. 영화의 배경인 에스카르펠 탄광(l'Escarpelle)은 이민노동자가 전체 인구의 반을 차지하는 곳으로 이 문제를 더욱 극적으로 몰고 갔다. 영화가 시작되는 1931년도 매우 의미가 깊은 시점이다. 1929년에 미국에서 시작된 세계경제 공황의 여파가 프랑스에 미치게 되는 시점이 1931년인 것이다. 사실 프랑스를 제외한 대부분의 국가들은 미국의 경제공황에 직격탄을 맞았지만, 프랑스만 유일하게 '행복한 섬'(l'île heureuse)으로 남아 있었다. 그러나 프랑스도 더 이상 세계 체제에서 고립된 섬으로 남아 있을 수는 없었다. 무엇보다도 경제위기는 실업률의 증가에서부터 나타났다. 영화 속 주인공인 폴란드 출신 광부노동자 빅토르의 가족들이 폴란드로부터 온다65는 말에, "이러다 프랑스를 집어삼키는 것 아냐?"라는 한 프랑스 노동자의 반응은 당시 이들의 입장을 단적으로 대변해준다고 할 수 있다. 프랑스인들은 계속해서 쏟아져 들어오는 외국인들 앞에서 이제 자신들의 일자리를 걱정하지 않을 수 없게 되었다. 그렇지 않아도, 이민노동자의 증가는 프랑스 노동자들의 노동조건을 악화시키고 있었

64 정확한 수치는 50만 7천 811명이다. 이 중 37.5%가 탄광지대에, 16.8%가 금속 및 건설 부문에, 그리고 18.3%가 농촌에 거주한다. David Assouline et Mehdi Lallaoui, p. 30.

65 앞 절에서도 일부 살펴보았듯이, 폴란드 노동자들의 가족이 프랑스에 오게 되는 데에는 프랑스 고용주들의 숨은 의도가 있었다. 당시 폴란드 노동자들은 직업을 쉽게 바꾸는 경향이 많았는데, 이러한 점을 예방하기 위해서는 사택을 제공하고, 가족 이주를 용인하며, 회사보조금을 지원하여 이들이 문화적, 종교적 활동을 하게 하는 것이 필요하였다. 특히 가족 이주는 광산노동자의 안정적인 공급을 위해 절대적으로 필요하였으며 문화, 종교 활동의 배려는 이들을 말썽 없이 지내게 하는 데 필요하였다. 탄광 소유주들은 기혼자들이 석탄보다는 자녀를 더 생산하기를 기대하였다. G. Cross, pp. 87~89.

다. 이민노동자들은 프랑스인들보다 훨씬 나쁜 노동조건과 적은 임금을 감내하였던 것이다.[66] 그런데 경제위기로 일자리까지 부족하게 되었으니 프랑스 노동자로서는 또 다른 차원에서 적대감을 가질 수밖에 없게 되었고, 마침내 고용주 차원에서도 폴란드 노동자들이 반갑지만은 않게 되었다. 몇 년 전만 해도 열광적으로 환영받았던 이민노동자들이 이제는 오히려 수천 명씩 강제 귀국 당하게 되었던 것이다.

폴란드인에 대한 프랑스인들의 적대감은 이처럼 노동자로서의 문제에 그치지 않았다. 우리는 여기에서 프랑스인의 배타적인 민족감정을 또한 읽을 수 있다. 빅토르가 프랑스인 알리스를 사랑하며 벌어지는 한 편의 러브스토리는 폴란드인과 프랑스인 사이의 대립되는 감정을 잘 드러내고 있다. 공회당에서 열린 축제에서 알리스를 보고 사랑의 노예가 된 빅토르는 비에 젖은 장미 한 송이를 그녀에게 건네며 춤을 출 것을 제안하지만, 같이 있던 프랑스인들이 내뱉는 한마디, "감히 여기가 어딘 줄 알고 [……]"라는 말이 빅토르의 가슴을 찢어놓았다. "프랑스인은 뭐가 잘난 거지?" 술 취한 빅토르는 이 말을 되새긴다. 폴란드인에 대한 프랑스인의 감정은 알리스를 수중에 넣고 싶어 하는 프랑스인 에밀의 입을 통하여 주로 표현되었다. "더러운 폴란드 놈과 놀아날 거야, 지저분한 계집애. 레두! 당신의 귀여운 조카딸이 폴란드 놈하고 놀아난다면서요?" "폴란드 놈들, 쓰레기 같은 놈들" "언젠가는 폴란드 놈들을 모두 박살내고 말 테야, 두고 보자고." 자신이 좋아하는

---

66 예를 들면, 1928년에 숙련된 폴란드 석탄광부는 프랑스인이 하루 평균 40프랑을 버는 데 비하여 23~26프랑 정도를 벌었다. 이 차이는 폴란드인들이 자신들의 기량이나 경험에 관계없이 각 직종 내에서 최저 급여수준의 급여계약을 받아들이고 광산에 들어갔다는 사실을 보여준다. 이러한 이유로, 프랑스인 광부들은 더 높은 임금을 위하여 광산 소유주들을 압박하는 데 어려움을 겪었다. G. Cross, p. 86.

알리스가 폴란드인인 빅토르를 사랑하는 것을 보고 폴란드인에 대한 증오를 더욱 키워가는 에밀의 말 속에서 우리는 프랑스인의 폴란드인에 대한 적대감정을 충분히 읽을 수 있다. 또한 알리스의 삼촌인 레두가 한 "폴란드 놈하고 춤도 췄잖아, 밥도 주지 마!"라는 말에서 이런 감정이 어느 한 개인만의 일은 아님을 알 수 있다. 물론 이러한 외국인에 대한 배척 감정이 당시의 경제 상황과 밀접한 연관성을 갖고 있음은 주지의 사실이다.

그렇다면, 폴란드인은 프랑스인에 대하여 배타적인 감정을 갖고 있지는 않은가? 이에 대한 이해를 돕기 위하여 폴란드 이민 1세대와 1.5세대 간의 갈등을 먼저 살펴보자. 이를 통하여 폴란드 공동체 내에서 현실 생활에 안주하려는 1세대와, 그보다는 프랑스인의 차별에 적극적으로 대응하려는 1.5세대 사이의 차이를 읽을 수 있을 것이다. 아버지 파블락은 이민 1세대를 대표하는 전형적인 수동적 인간이다. 여기서 잠시 아들 빅토르의 아버지에 대한 평가를 들어보자. "속으로 경멸하는 (프랑스) 사람한테 비위 맞추면서 일을 구걸하고, 권투를 부끄러워하면서 그들이 시키는 건 무엇이든 다 하잖아요. 전 아버지 같은 희생자가 아니에요." 이는 전형적인 우리들의 아버지 상, 즉, 가족의 생계를 책임지고 있는 가장으로서 다른 나라에 와서 온갖 수모를 겪으면서도 어쩔 수 없이 삶을 영위해야 하는 아버지 상을 보여주는 동시에 이민 1.5세대 혹은 2세대인 아들의 반발을 겪을 수밖에 없는 모습을 보여준다. 아버지 세대의 폴란드인들은 전형적인 가톨릭 신자로서 폴란드로부터 온 사제의 규율통제에 순종하며, 보수적인 사고방식을 유지한다. 프랑스의 회사와 정부는 폴란드 노동자들의 규율을 통제하기 위하여 폴란드 사제들을 이들 이민노동자들과 함께 '초대'한 것이다.[67]

빅토르가 임신까지 한 자신의 폴란드인 여자 친구 크리스티나를 버린

행위는 이민 1세대와 1.5세대와의 갈등을 극명하게 보여주는 역할을 한다. 빅토르가 프랑스 여자 노동자 알리스를 사랑하게 되었을 때, 크리스티나는 비록 임신까지 했지만, 더 이상 빅토르의 마음을 자신에게로 돌리지 못하였다. 이 일로 인해, 폴란드인인 빅토르는 폴란드인에게는 배신자가 되었고, 프랑스인에게는 주제넘게 넘보지 못할 프랑스인을 범한 자가 되었다. 마침내 빅토르는 자신의 동포인 폴란드 공동체로부터 완전히 소외되는 주변인이 되었다. 폴란드 성직자가 빅토르의 문제에 대하여 언급했다는 것은 그 상징성을 더한다고 하겠다. 아버지 파블락과 빅토르 사이의 대화 또한 두 세대 사이의 단절을 강하게 나타내고 있다.

> "둘 사이에 무슨 일이 있니?"
> "제 일이니 상관 마세요. 여기는 폴란드가 아니에요."
> "버릇없이 굴면 혼내주겠다."
> "어쨌든 제 일이에요."
> "잘 생각해, 그런 애는 흔치 않다. 일 잘하고, 예의 바르고, ……"
> "그래요, 대단한 성녀지요. 하지만 이건 제 일이에요."
> "그 이전에 가족 문제야!"

아버지 파블락의 간절한 호소—"아기를 가졌대. 우리는 그 애를 며느리로 받아들이기로 하였다"—와 빅토르의 마지막 대답—"내 애라는 것을 어떻게

---

67 폴란드 교회는 프랑스 교회와는 명확하게 구별되는 민족의식을 존중하는 요소들, 즉 민족의상, 전통적인 노래, 많은 축제와 순례 등을 강조하였다. 그러한 결과, 적어도 16명의 폴란드 성직자들이 1927년에 북부 탄전에서 프랑스 성직 위계조직에서 완전히 독립하여 일하였는데, 한 폴란드인 옵서버는, 만일 이 교회가 없었다면, 폴란드인이 안고 있는 모든 억압이 폭발하였을 것이라고 말할 정도였다. David Assouline et Mehdi Lallaoui, p. 29; G. Cross, p. 91.

믿죠?"[68]—은 더 이상 어쩔 수 없는 돌아오지 못할 강을 건너는 것과 같다. 1.5세대로서의 빅토르는 1세대의 아버지와 프랑스 당국이 원하는 규율, 즉 폴란드 공동체 내에서만 활동하고 프랑스인 사회에 해를 끼치지 않기를 바라는 규율을 벗어나려고 안간힘을 썼다. 동생의 일은 빅토르를 더욱 힘들게 하였다. 동생 매츄가 동족 또래 아이들로부터 "네 형은 배신자야, 네 형 대신 맞아봐라"라는 말을 들으며 흠씬 두들겨 맞는 일이 일어난 것이다. 그런 동생이 막장 속에서의 사고로 형 빅토르의 이름을 불러가며 숨을 거둔 것은 다시 폴란드인의 공동체로 돌아오라는, 더 이상 아버지를 위시한 폴란드 공동체로부터 버림을 받지 말라는 애절한 호소로 보였다. 빅토르는 훗날 매츄의 이 애절한 호소에 화답한다. 그러나 그것은 아버지와 매츄가 원하던 방식과는 차원이 달랐다. 폴란드 노동자들이 주축이 되어 프랑스인을 인질로 삼은 파업에 주동인물로 나선 것이다.

빅토르는 왜 이러한 방식을 택하는가? 그는 자신이 그토록 사랑했던 프랑스 여인 알리스를 프랑스인 노동자 에밀에게 빼앗기는 아픔을 맛보았다. 오해에서 빚어진 일이지만, 빅토르에게는 참기 힘든, 사랑하는 이의 배신이었다. 아니 그것은 프랑스인의 배신이었다. 프랑스인을 대하는 빅토르의 태도가 완전히 달라졌다. 빅토르의 화두는 이제 프랑스인에 대한 회피가 아니라 저항이었다. 아버지 파블락이 바라는 폴란드 공동체[69] 운영방식이 다른 민족에 대해서 견고한 울타리를 치는 것으로 만족하는 것이라면, 빅토르의 방식은 프랑스인들의 차별에 몸소 행동으

---

68 이 말은 크리스티나 부모가 빅토르의 행실을 추궁하자 빅토르가 한 대답이다.

69 폴란드인들이 자연스럽게 공동체를 유지할 수 있게 된 것은 프랑스 고용주들이 폴란드인들을 분리된 신축 사택 울타리 내로 거주를 제한하였기 때문이기도 하다. G. Cross, p. 89.

로 저항하는 것이었다. 소극적 자기 방어에서 적극적 투쟁으로의 전환인 것이다.

(2) 파업

프랑스인의 차별에 대한 폴란드인의 대응은 파업이라는 극적인 형태로 표출되었다. 「제르미날」이 부르주아지에 대한 투쟁의 일환으로서 광산노동자들의 파업을 그리고 있다면, 「하얀 외침」에서의 파업은 그 주된 원인이 민족차별에 있다고 볼 수 있다. 즉 「하얀 외침」의 파업은 당시 폴란드 노동자들이 광산노동자로서, 더 나아가 이민노동자로서 겪는 이중의 어려움을 표현하고 있다.

일반적으로 파업은 노동자들이 자신들의 임금과 노동조건을 개선하기 위해, 매우 드물게는 체제 변혁을 위하여 벌이는 노동자들의 최후의 선택이자 노동자 투쟁의 결정체이다. 그러나 「하얀 외침」의 파업은 일반적인 성격의 파업이 아니다. 파업은 어떤 종류의 노동자 투쟁보다도 경제적인 성격을 띠는 것이 보통이다. 임금상승(혹은 임금감소 반대), 노동조건의 개선, 해고의 문제 등이 이러한 파업의 요구사항들일 수 있으며, 그 대결구도는 노동자와 고용주로서의 회사이다. 그러나 「하얀 외침」에서의 파업은 여기에 맞물려 공권력이 행한 폴란드 노동자들의 추방이라는 문제가 주요 원인으로서, 그 대결구도가 노동자, 그중에서도 이민노동자와 공권력인 것이다. 이러한 정치적 성격의 파업 근저에는 앞서 지적한 프랑스인의 폴란드인에 대한 멸시감이 짙게 깔려 있다. 경제위기의 상황 하에서 본다면, 이러한 파업의 성격이 경제적인 요구사항이 아니라는 점에서, 또 프랑스인을 인질로 했다는 점에서 매우 특별한 경우라고 할 수 있으며, 더욱이 당시 프랑스 전체 산업을 통해서 보더라도 흔치 않은 양상을 보여주고 있는 파업이라고 할 수 있겠다. 이제 파업을 둘러싸고 논쟁을 벌이고 있는 이들 광부들, 그 가운데에서도 프랑스 광부들의 목소리를 들어보자.

> "동무들, 해고도 부족해서 추방을 했어. 이건 심각한 일이야, 폴란드인들은 광산 때문에 왔어."
>
> "우리들은 모두 광부야, 우리들도 언제 해고될지 몰라, 자끄 너도 모르고, 너도 몰라……."
>
> "헤이, 앙투안, 하지만 외국인들 때문에 일자리가 부족하잖아."
>
> "동무들, 그들은 우리 형제야."
>
> "난 몰라, 모두들 돌려보내."
>
> "두 사람을 우리가 돌봐야 해, 둘은 용감히 맞서 싸웠어. 우리가 할 일은 파업을 하는 것뿐이야." [한 폴란드 노동자의 개입]
>
> "그건 안 돼, 파업했다간 월급도 없어. 이건 그들 문제야. 왜 우리가 희생해야 해? 그들은 말썽꾼이야." [박수]

이러한 일련의 대화들은 계급과 민족 간의 이중성을 표현하고 있다. 국적에 관계없이 노동자 계급의 단결을 생각하는 이와, 우선 프랑스인의 일자리를 생각하는 이들로 프랑스 노동자들의 생각이 분리되고 있음을 잘 보여준다고 하겠다. 마침내 폴란드 노동자들은 프랑스 노동자들을 인질로 삼고 파업을 시작하게 된다.

4) 1930년대 노동운동과 좌파의 통합

지금까지 우리는 노동자의 일상생활과 파업이라는 운동을 통해서 당시 프랑스에 거주하는 프랑스 노동자와 폴란드 노동자의 모습을 읽었다. 이제는 「하얀 외침」의 파업을 입구로 하여 당시 노동조합운동의 특징적인 면을 살펴보면서, 동시에 전국적인 차원에서 이루어지고 있는 정국형세를 엿보고자 한다.

우선 파업현장으로 달려가 보자. 파업을 할 것인가 말 것인가에 대한 열띤 토론 끝에, 한 노동자가 제안한다. "잠깐 노조위원장의 말을 들어봅시다." 일반적으로 노동자들—그들이 노조원이건 아니건 간에—에게 있어서 노조위원장의 의견은 상당한 권위를 갖는다. 그러나 모두가 기대하는 위원장의 입에서 파업을 시작하고자 하는 노동자들의 열기에 찬물을 끼얹는 뜻밖의 말이 나온다.

> "[파업을 시작하기보다] 항의서한을 먼저 보내자. 추방에 관한 강력한 항의 말이야."
>
> "소용없어."
>
> "노조대표단이 직접 전하겠어."
>
> "고작 편지 갖고는 부질없는 짓이야. 소용없다는 걸 당신도 잘 알잖아!"
>
> "그 편지 갖고 밑이나 닦으라고 해!" [빅토르]

누구보다도 노동자의 권익에 앞장서야 할 노조위원장이 파업을 두려워하는가, 아니면 폴란드인을 위한 파업에는 동조하지 않겠다는 것인가? 이 상황을 좀 더 잘 이해하기 위하여 영화의 시간 속으로 들어가 보자.

우리는 우선 이 노조위원장을 당시 개량주의 노조라고 할 수 있는 노동총연맹(Confédération Générale du Travail, 이하 CGT) 소속 노조위원장으로 생각할 수 있다. 프랑스 사회당은 1920년에 레닌의 입장을 추종하는 공산주의자들의 탈당으로 사회당과 공산당으로 분리되었다. 이와 마찬가지 입장에서 1921년, 노동조합 역시 하나의 노동총연맹이 공산계열에 반대하는 CGT과 친공산계열의 통일노동총연맹(Confédération Générale du Travail Unitaire, 이하 CGTU)으로 나뉨으로써 '형제의 의'를 끊게 된다. 1920년대 “계급 대 계급” 정책을 줄곧 유지해온 프랑스 공산당과 CGTU는 소련의 정책을 한 치의 오차도 없이 추종함으로써 파업을 위한 파업, 때로는 정치적 이유에서 파업을 강행해왔다. 또한 이민 정책에 있어서도, 적어도 공식적으로는 국제주의적 이상에 충실함으로써 이민노동자에게 우호적이었다. 반면에, CGT는 노동자 정당을 포함한 어떠한 정당과의 연계에도 적극적으로 반대하였다. 이는 제1차 세계대전 이전 혁명적 생디칼리슴의 대전제를 계승한 것이다.[70] 또한 CGT는 CGTU와는 달리 ‘절제 있는’ 파업을 하였으며, 정치적인 이유에서는 거의 파업을 수행하지 않았다. 이민노동자 문제에 대해서도 CGT는 그들에 대한 우호적인 입장을 대외에 표명하는 것과는 달리 실제 행동으로는 그러한 입장을 보여주지 못하였다.

그러면 왜 「하얀 외침」의 광산에 CGTU의 노조가 아닌 CGT 소속의 노조가 자리 잡고 있는가? 프랑스 당국이 광부들을 공산당 및 CGTU에 접근하지 못하도록 하는 데 성공했기 때문만은 아닐 것이다.[71] 그 이유를 광산이라는 특징 자체에서 찾아보자.

---

70 1906년의 ‘아미앵 선언’(Charte d’Amiens)에서 이 원칙이 천명된다. CGT의 일반적인 입장이 이 선언에 따라 노조가 어느 정당으로부터도 독립되어 있어야 한다는 것이지만, 광산노조의 정당과의 연계는 그 세력의 중요성으로 인하여 인정하지 않을 수 없었다. 그러나 여기에서 염두에 두어야 할 것은 광산노조 지도자들이 비록 당에 소속되어 있지만, 당으로부터 노조의 독립을 여전히 표명한다는 점이다. 즉, 당에 비하여 자신들의 직업공동체를 훨씬 우월하게 생각하였음을 보여준다. Joël Michel, Le Mouvement ouvrier chez les mineurs d’Europe occidentale. G. B., Belgique, *France, Allemagne: Etude comparative des années 1880~1914, Thèse d’Etat*(Université de Lyon II, 1987), p. 796.

71 예를 들어 노르 도의 도지사 알프레드 모랭(Alfred Morain)은 CGTU의 세력이 확대되는 것을 미연에 방지하기 위하여 폴란드인들을 위한 여러 가지 활동, 즉 음악과 스포츠 등을 광산 소유주들이 장려할 것을 주장하였다. 또한 프랑스 경찰들이 민족주의 폴란드 언론인들을 반공 스파이와 반공 선동가로 고용하였다는 일부 증거도 있다. G. Cross, pp. 90~91.

광업은 다른 산업과 비교할 때 두 가지 특징적인 성격을 갖고 있다. 하나는 이곳에서의 작업이 매우 힘든 일인 동시에 많은 사고를 유발한다는 점이고, 다른 하나는 채굴권이 국가에 속해 있어서 국가는 광산사업주에 채굴권을 단순히 양도할 뿐이고, 감독 및 개입권은 계속 간직하고 있다는 점이다.[72] 이 두 가지 점은 결국 광산노동자들이 국가권력과 무관할래야 무관할 수 없다는 점을 상기시킨다.[73] 그런 이유로, 19세기 말부터 광산에서는 의원인 동시에 광부(députés-mineurs)인 사람들이 나타나게 된다. 이들은 모든 탄광회사에 강제 적용되는 사회 법안들(lois sociales)을 획득하기 위하여 정부에서 적극적으로 노력하였으며, 이 가운데 대표적인 사람이 노르-파드칼래 도의 바슬리(Emile Basly)와 라망댕(Arthur Lamendin)[74]이었다. 일반적으로 광산이 있는 마을은 대부분의 사람들이 이 산업과 관련된 일을 직업으로 삼고 있는 관계로, 동일한 이해관계를 갖고 있는 이들이 국회의원이나 지방자치단체장을 선출할 때 자신들의 대표로서 광부들을 선호하는 것은 당연하다고 하겠

---

72 이러한 이유로 광산의 국유화라는 명제가 계속해서 제기되었으며, 인민전선 시기 뱅상 오리올(Vincent Auriol)은 철도, 보험, 배전회사 등과 함께 광산의 국유화 요구를 주장한다. A. Sauvy, *Histoire économique de la France entre les deux guerres*, Vol. 1(Economica, 1984), p. 234.

73 1899년에 '무소속' 사회주의자인 밀르랑이 '부르주아 공화국'인 발데크-루소정부에 입각했을 당시 노동계 내에서 이에 대한 많은 논란이 있었지만, 광산노조가 이 문제에 대해 확고하게 입각주의(ministérialisme)를 취하였던 것도 마찬가지 입장에서였다. Joël Michel, p. 810.

74 파드칼래 도 광산노조의 창립자인 라망댕이 1890년 메이데이 때 붙인 벽보에서 이러한 모습이 잘 나타난다. "우리는 우리가 신뢰하는 공화국 정부가 우리의 정신적, 물질적 상황을 개선하기 위하여 노력을 기울이는 것을 자신의 의무로 생각하기 바란다." Jean-Claude Poitou, *Nous les Mineurs: 1883~1983*(Paris: Fédération Nationale des Travailleurs du Sous-Sol CGT, 1989), pp. 42~43.

다. 그러므로 노조위원장이 이들 선출직을 겸하는 경우가 비일비재하였다.[75]

광산노조는 이처럼 그들의 지도부를 의회에 진출시키는 이외에 일상적인 요구조건을 통해서도 자신들의 개량적 성격을 뚜렷이 보여주고 있다. 대체로 광부들은 노조활동을 사회질서를 전복시키는 데까지 나가지 않고, 단지 임금이나 노동조건 등에 국한된 자신들의 요구조건을 관철시키는 데 그친다. 또한 '직접행동'에 있어서도 지역주의, 개인주의가 강하여 전국적으로 연계된 활동을 하는 경우가 드물다.[76] 이는 직업이기주의(égoïsme corporatif)를 반영하는 동시에 이들이 혁명적이라기보다는 개량적일 수밖에 없음을 보여준다.[77] 이와 같은 광산노조의 특징으로 인하여, 결국 혁명적 성향을 띠는 공산당 계열의 노동조합인 CGTU측 노조는 덜 선호되었으며,[78] 에스카르펠 광산의 '특별한 파업'에 왜 프랑스인 광부가 수동적이었는지도 어느 정도 이해될 수 있다.

이제 전국적인 정황을 읽어보자. 이 영화가 시작되는 시점인 1931년의 의미에 대해서는 이미 앞에서 언급하였다. 끝나는 시점인 1934년 또한 상당한 의미를 지닌다. 1934년은 프랑스 파시즘의 활동이 절정에 도달함으로써, 당시 분열·대립하고 있던 두 노동총연맹(CGT-CGTU)뿐만 아니

75 예를 들어, 1935년 CGT-CGTU 광산노조의 통합회담 당시 이들 지역 CGT 전직 노조위원장은 대다수가 하원의원 혹은 상원의원에 속해 있었다. 이들의 겸임문제에 대하여는 다음의 논문을 참조할 수 있다. 박단, 「1930년대 프랑스 노동조합의 정당에 대한 독립성 문제」, 『서양사론』 제58호(1998년 9월), pp. 100~106.

76 1902년 총파업 당시 노르-파드칼래도 노조의 행동. R. Trempé, "Le réformisme des mineurs français à la fin du XIXe siècle", *Le Mouvement Social*, n.65(oct.-déc. 1968), pp. 93~94.

77 이들이 유일하게 이끈 8시간 노동을 위한 투쟁도 막장에서 일하는 탄광노동자를 위한 것이었다는 측면에서 그 의미가 남다르다. R. Trempé, p. 93.

78 참고로 이 지역 광산노동자들은 절대다수가 CGTU보다는 CGT를 선택하였다.

라 사회당, 공산당까지 각각 파시즘의 발호에 대응하여 연대를 모색하는 결정적인 시기이다. 이러한 시점 설정은 우연의 일치인가, 제작자의 의도인가? 선불리 단정 지을 수는 없다. 그러나 분명한 것은 노동자들의 마을인 이곳에까지 우파(공산당의 입장에서는 파시즘)[79] 정치가의 선전활동이 들어 먹혀 마침내 그가 선거에서 승리하게 된다는 점이 이 영화의 전반에 걸쳐 짙게 깔린 복선으로 이해될 수 있다는 것이다.

영화 초반, 파블락의 가족을 포함한 폴란드 이민들이 기차로 도착한 다음 날 베택스로 대변되는 한 우파 정치인의 지시 하에 이 모습이 신문 1면 톱기사로 실린다. "쏟아지는 부랑 이민: 불행은 결코 혼자 오지 않는다." 베택스가 이민노동자를 선거의 쟁점으로 활용하겠다는 의도를 보인 것이다. 더 나아가 우리는 신문에 기고된 베택스의 글을 통하여 당시 우파의 생각을 명확하게 읽을 수 있다.

> 사회주의자들이 나라를 망치고 있다. 급변하는 세계정세 속에서 우리만 쇠퇴하고 있다. 그들을 그냥 둬서는 안 된다. 떨어진 도덕을 되찾고 질서, 정치적 조화를 위해서는 먼저 근거지를 확보하고 빨갱이들을 몰아내야 한다. 실업을 막고 프랑스를 부강하게 하려면, 노동자들에게 우리들의 생각을 전해야 한다. 사고와 행동력을 갖춘 지도자가 필요한 때이다. 우리에게는 힘이 필요하다. 먼저 이 마을부터 시작하자.

여기에 두 가지 변수가 보태어진다. 하나는 앞서 언급한 프랑스인을 인질로 삼은 폴란드 광부들의 파업이다. 이는 평소 폴란드인에 대해 적대적이지 않았던 프랑스인들까지 이민노동자에 반대하는 입장에 서

79 당시까지만 해도, 프랑스 공산당은 우파는 물론 심지어 사회당까지 파시즘(사회파시스트)으로 부르는 '계급 대 계급' 정책의 기조를 유지하고 있었다.

게 하였다. "대다수 군중들은 아직도 격한 분노를 보이고 있습니다. 우리 프랑스인들은 끝까지 냉정을 유지하고 우호정신을 [……]"이라는 뉴스 해설자의 말이 이를 하나의 사실로서 승격시킨다. 갑자기 삽입되는 다큐멘터리식 기법은 이를 훨씬 설득력 있게 만들고 있는 것이다.[80]

또 하나는 폴란드를 대표하는 파블락과 프랑스를 대표하는 옥타브의 선거 전날의 권투시합이다. 베택스는 파블락을 돈으로 매수하여 프랑스인이 권투에서 승리하는 것을 군중들에게 보여줌으로써 이민노동자에 반대하는 마을의 분위기를 선거에서 이용, 승리할 수 있는 기틀을 마련하려는 것이다. 민족감정의 이용이다. 그런데 우리는 여기서 뜻밖의 한 장면을 보게 된다. 사회당 집회에서 "우리는 파블락을 지지해야 합니다. 그는 우리 이상을 상징합니다. 만일 베택스가 링에서 선거를 벌이려 한다면, 우리도 글러브를 끼어야 합니다"라는 말을 듣는다. 반전이다. 이는 사회당과 공산당의 연대를 뜻한다고 볼 수 있다. 영화를 통하여 사회당과 공산당의 입장이 뚜렷하게 대비되고 있지는 않지만, 이는 분명 평소에 공산당과의 행동통일에 유보적이었던 사회당이 이제 파시즘에 공동으로 대항할 준비가 되어 있음을 강하게 암시한다고 볼 수 있다. "폴란드 놈 박살내!"라는 함성과 함께, 권투 경기장에 울려 퍼지는 친폴란드 노동자들의 '인터내셔널' 그리고 반대파의 프랑스 국가 '마르세예즈'의 합창은 하나가 된 좌파와 우파의 대립을 웅변적으로 대변한다. 이제 사회당과 공산당, CGT와 CGTU는 하나가 될 마음의 준비가 되었다.

80 필자가 개인적으로 프랑스 노동자 인명사전(약 11만 명 수록)을 통해 확인한 바에 의하면, 이 파업이 실제 일어난 사건일 개연성이 높다. 인명사전의 한 기사에 따르면, "1934년에 에스카르펠 탄광 10번 갱에서 폴란드 광부들이 파업"을 일으켰다고 적고 있다. "LEPAPE Jean-Baptiste", in *Dictionnaire Biographique du Mouvement Ouvrier Français, publié sous la direction de Jean Maitron*, Tome 34(Ed. Ouvrières, 1989).

억지 판정으로 프랑스인인 옥타브가 승리한 후, 베텍스는 다시 한 번 이민노동자와 그들의 후원자인 좌파세력을 향하여 일갈한다. "빨갱이들의 음모를 좌시하지 않을 것입니다. 내일 우리의 승리는 확실합니다." 우파는 승리했다. 그러나 비로소 좌파도 분열을 끝냈다. 점점 그들 앞으로 다가오는 파시즘을 타도하기 위해서는 일치된 투쟁만이 필요하다. 1934년[81]이 바로 그 시발점이었던 것이다.

5) 국제주의, 그 실상과 허상

본 영화의 가장 큰 주제어 가운데 하나라고 할 수 있는 배타적 민족주의에 관하여 「하얀 외침」이 보여주는 것은 상반된 두 가지 점이다. 하나는 폴란드인에 대한 프랑스인의 배타적 감정이며, 다른 하나는 이를 이용하는 우파 정치인에 대항하여 이민노동자의 편에 서는 좌파의 모습, 즉 폴란드 이민노동자와 프랑스 노동자가 연대하는 모습이다. 어느 모습이 당시의 진정한 모습인가?

우선, 폴란드인에 대한 프랑스인의 배타적 감정을 알아보자. 프랑스인은 경제위기로 인하여 자신들이 일자리를 빼앗길 수도 있다는 염려에서 이민노동자의 하나로서 폴란드 노동자를 분명 배척한다. 그러나 그뿐인가? 이들이 특히 폴란드인이기 때문에 그렇지는 않은가? 우리는 이에 대한 확실한 근거를 제시할 수는 없다. 역사적으로 폴란드와 프랑스 사이에 특별히 원한관계를 가진 적은 없는 것으로 보인다. 오히려 그 반대의 예는 존재한다. 1848년 6월 봉기의 원인이 되었던 5월 15일

---

81 1934년 2월 6일에 파리 의사당 앞에서 있었던 극우파(파시즘) 세력의 시위에 대응하여, 같은 달 12일 CGT와 CGTU는 처음으로 총파업을 함께 시행하였다. 이후, 이들 두 노총은 물론 사회당과 공산당은 통합의 길로 매진하게 된다.

파리 민중의 시위는 프랑스 정부에게 폴란드 민중을 지원할 것을 요구하는 시위였다. 또한 앞 장에서 언급하였다시피 제1차 세계대전 이전 프랑스인들은 폴란드인들을 다른 나라 사람들과 비교할 때 매우 '충직한 사람들'로 보아왔다. 그렇다면, 전쟁 이후 수적으로 늘어난 폴란드 이민자들의 배타적 민족주의 때문에 그러한가? 우리는 분명 영화에서 폴란드인들만의 폐쇄적인 공동체 생활을 엿볼 수 있었다. 프랑스인으로 동화하려는 모습은 찾기 어려웠다. 폴란드어로 된 신문들만 1920년대에 37개 종이 된다는 것은 그 좋은 예일 수도 있다.**82** 이들 신문 가운데 일부는 노골적으로 프랑스 당국이나 프랑스 노동조합에 반감을 표시하기도 하였다.**83** 여기에 광산회사들이 폴란드 공동체를 폐쇄적으로 유지, 안정시키기 위해 이들의 종교 및 민족주의 단체들을 적극 이용하였다는 사실도 지적될 수 있다.**84** 그러나 이러한 사실도 다른 이민 공동체와 비교될 때만이 설득력이 있을 것이다.

다음으로 언급되어야 할 사항은 프랑스 노동자와 이민노동자의 연대이다. 이 시기에 정말 국제주의적 이상은 가능하였는가? 사실, "혁명적 전투원들"의 집단이라고 할 수 있는 프랑스 공산당에서도 경제위기를

---

82 물론 폴란드어 신문이 많았다는 것과 그들이 배타적 공동체를 형성하였다는 것을 동일시할 수는 없을 것이다. 더욱이 폴란드 이민이 대부분 노동자임을 상기한다면, 이들에게서 단시일 내에 프랑스어 사용을 기대하는 것은 어렵기 때문이다. 폴란드 노동자들은 항상 집회에서 그들 통역관을 대동하였고, 폴란드어로 된 팸플릿을 읽었다. 그런 면에서 파블락이 프랑스어 신문을 쉽게 읽어 내려가는 영화의 한 장면은 이해하기 어려운 모습이다. 한편, 전설적인 폴란드인 노동운동가로서, 그리고 CGTU 노조의 대표적인 통역관으로서 일한 토마스 올잔스키(Thomas Olszanski)에 대해서는 다음을 참고할 수 있다. Mylène Mihout(Texte traduit et commenté par), *Un Militant Syndicaliste Franco-Polonais: ≪la vie errante≫ de Thomas Olszanski 1886~1959*(Presses Univ. de Lille), 1993.

83 G. Cross, pp. 93~94, 97.

84 *Ibid*., p. 94.

전후하여 이민노동자들에 대한 무관심과 심지어는 적대감이 드물지 않았다는 것을 인정해야 할 것이다. 특히 이러한 적대감은 지도부의 국제주의적인 입장과 달리 하부조직에서는 더 일반적이었다. 경제가 점점 악화됨에 따라 프랑스 공산당의 지도부마저 마침내 "프랑스는 프랑스인들에게"(La France aux Français)라는 슬로건을 채택하게 됨을 고려해야 한다. 즉, 이들은 이민노동자들의 절대적인 지원자에서 이제 방관자로 바뀌게 된 것이다. 그렇다면, 「하얀 외침」에서 보여주는 동료 폴란드 노동자의 추방에 반대한 프랑스 노동자들을 우리는 어떻게 보아야 하는가? 물론 예외가 없을 수는 없지만, 당시의 전반적인 정황을 통해서 볼 때 이러한 사실을 일반화시키기에는 어려움이 많을 것 같다. 필자에게는 파업이 끝난 후 빅토르가 폴란드로 추방되고, 그의 프랑스 애인 알리스는 파리로 떠났다는 마지막 자막이 폴란드와 프랑스의 노동자가 하나로 될 수 없으며, 그들이 연대한다는 것은 하나의 이상에 불과하다는 메타포로 보일 뿐이었다.

마지막으로 지적할 것은 「하얀 외침」의 클라이맥스인 프랑스인 20명을 인질로 삼은 에스카르펠 광산의 파업은 하나의 역사적 사실로 판단되지만, 이는 지극히 '비정상적인 정상'이라는 것이다. 민족차별에 대한 분노의 감정을 숨기지 않고, 추방을 감수한 채 벌이는 폴란드 이민노동자들의 파업, 이는 바로 경제위기가 한창인 프랑스의 1930년대가 아니면 찾아보기 힘든 그러한 종류의 파업이다.[85] 이러한 지극히 예외적일 수 있는 소재를 영화로 만든 「하얀 외침」은 그러한 의미에서 '유럽계 이방인'으로서의 폴란드인을 이해하는 데 있어서 오히려 어느 역사책보

---

85 앞에서 소개한 프랑스 노동자 인명사전을 통해 볼 때, 폴란드 광산노동자의 파업은 이것이 유일하다고 할 수 있다. (CD-Rom에 의한 검색 결과)

다도 우리에게 그 모습을 잘 보여주고 있다고 하겠다.

지금까지 살펴본 유럽계 이방인들의 구체적 상황을 보자면, 이들 역시 알려진 바와 같이 무난히 프랑스공화국 시민이 되었다고 할 수는 없다. 많은 사람들이 간전기에 자의 혹은 타의로 프랑스를 떠났으며, 이는 이미 프랑스가 동화주의 정책에 실패했음을 보여준다고도 할 수 있다. 최근 무슬림이민자의 동화 문제를 이야기하면서 유럽계 이민자들의 동화가 상대적으로 용이했다고 판단하는 데 있어서, 이는 그 문제를 다시 생각해보게 할 것이다. 물론 '상대적'이라는 단서가 붙는다고는 하지만, 유럽계 이민자들도 출신 국가에 따라 편차가 있을 것이며, 이민 온 시기 혹은 지역에 따라 그들의 동화 여건도 매우 달라질 수 있음을 고려해야 할 것이다. 우리는 앞에서 프랑스의 바로 이웃 국가인 이탈리아 이민자들조차, 그리고 그들 나라와 '역사'를 공유한 남불 지역에서조차 생존하는 데 있어서 많은 어려움을 겪었으며, 또한 자신들의 고유한 문화와 전통을 이어가려고 노력하였음을 볼 수 있었다. 하물며 상당한 거리를 두고 있었고, 프랑스와 활발한 교류가 없었던 폴란드인들의 동화 문제는 더욱 어려울 수밖에 없었다. 여기에 종교는 커다란 역할을 하지 못했다. 물론 이는 무슬림이민자들과 비교할 때 상대적인 평가이기는 하다. 하지만 폴란드 이민자들이 아무리 프랑스인들과 같은 종교를 갖고 있다고 하더라도, 1930년대가 갖는 특수한 상황, 즉 경제공황 시기에 이들은 프랑스 노동자들 사이에서조차 철저히 배척당하며 프랑스 사회에 성공적으로 발붙이기 어려웠다. 많은 사람들이 떠났고, 남은 자들도 힘들기는 매한가지였다. 이러한 면을 고려할 때, 이방인들의 성공적인 동화에는 종교, 문화적인 요인 이외에도 경제적 조건이 매우 중요한 역할을 한다고 생각할 수 있을 것이다. 이러한 면을 알제리 이주민을 통하여 다음 장에서 조금 더 구체적으로 살펴볼 수 있을 것이다.

제3장

제2차 세계대전 이후 프랑스 내 무슬림이민자들

제2차 세계대전 이후 프랑스 내 '이방인'은 내용상으로나 질적인 차원에서 커다란 변화가 있었다. 양차 대전 기간 중 유럽계 이민자들이 프랑스 내 주요 이방인의 자리를 차지하고 있었다고 한다면, 제2차 세계대전 이후에는 마그레브인으로 대표되는 무슬림이민자들이 그 자리를 차지하게 되었다. 점차 수적으로도 프랑스 내 이민자의 위상을 압도하게 되고, 질적인 차원에서도 완전히 다른 구도를 보여주었다.

제3장에서는 우선 알제리전쟁(1954~1962)을 전후로 프랑스에 이주해 온 알제리이주민의 프랑스 내 정착에 관한 내용과 이들 무슬림이민자에 대한 프랑인들의 시각 변화를 다루었다. 특히 전반부의 내용이 보여주는 관점은 기존의 주류사회와 마그레브 이민자 사이에서 벌어지고 있는 문화갈등도 이들의 통합문제에 어려움을 주는 중요한 요인이 될 수 있지만, 마그레브 이주민들의 사회경제적 문제, 특히 고용과 거주문제는 이들이 프랑스 사회에 통합되는 데 어려움을 주는 주요 원인으로 간주될 수 있다는 점을 보여주고 있다.

3장 후반부에서는 1989년의 소위 '히잡 사건'이 발생한 뒤 프랑스 사회가 점차 보수화되었음을 보여주고 있다. 그 예로서, '히잡 사건'을 해결하기 위하여 마련된 '스타지 보고서'와 2010년에 제출된 '부르카 금지 법안'을 비교해볼 수 있다. 스타지 보고서만 하더라도 프랑스 주류층은 '다를 권리', 심지어는 다문화주의에 대해 나름 어느 정도 용인하는 분위기를 보여주고 있지만, 부르카 금지를 둘러싼 논쟁에서 보여준 프랑스 정계의 태도는 안전문제와 관련된 국제정세와 맞물려, 이슬람 문화에 대해 매우 단호한 입장을 보이고 있다. 이러한 시각은 특히 사르코지 대통령이 강조하는 사회 안전, 여성의 인권 등과도 깊은 연관성이 있으며, 이와 같은 사회 주도층의 분위기에 힘입어 프랑스 사회는 무슬림에 대하여 점차 보수화되고 있다고 판단된다.

결국 이 장에서는 프랑스에 거주하고 있는 무슬림이민자들이 사회경제적인 측면에서 어려움을 겪고 있을 뿐만 아니라, 점차 보수화되고 있는 프랑스 주류사회의 무슬림에 대한 편견 때문에 이들이 프랑스 사회에 통합되는 데 매우 커다란 어려움을 겪고 있음을 보여주고 있다. 이는 이들 이방인들이 프랑스공화국 시민이 되는 데 어려움을 겪는 것이 흔히 주장되듯이 본인들의 책임만이 아니라는 점을 보여줄 수 있다. 이 문제에 프랑스 국가의 책임은 없는가?

1. 알제리전쟁과 알제리이주민

1) 프랑스공화국과 알제리이주민

수십 년 이래로 이민문제는 프랑스인들이 가지고 있는 가장 커다란 관심사 가운데 하나이다. 현재 프랑스 내 이민자 가운데 유럽 출신의 비율이 비유럽 출신, 특히 마그레브 출신 이민자보다 수적으로 다수를 차지하고 있음에도 불구하고 프랑스인들은 이민하면 흔히 마그레브인들을 떠올린다.[1] 이는 다른 여러 이유가 있겠지만 무엇보다도 최근 30~40년 사이에 마그레브인들의 이주가 급작스런 증가세를 보임과 동시에 이들이 '프랑스인'으로 더디게 통합되는 문제와 관계가 깊다고 할 수 있다.

마그레브인들은 19세기 후반부터 프랑스에 이주해 온 유럽계 이민자보다 비교적 최근에 급속히 증가했다. 특히 '영광의 30년' 동안 그들의 수적 증가율은 괄목하다고 하겠다. 이와 더불어 이들이 프랑스 사회로 통합되는 과정에서 여러 마찰음을 빚은 것도 이들을 '이민자'의 대표격으로 인식하게 하는 주요 원인으로 볼 수 있다.[2] 1989년 이래 최근까지 프랑스를 떠들썩하게 한 무슬림 여학생들의 '히잡 사건'에서도 볼 수 있듯이, 마그레브 이주민들의 프랑스 사회로의 통합문제는 종교 문화적 이질성과 관련되어 빈번히 사회문제화되고 있다. 이슬람을 신봉하는 마그레브 출신 이주민이 정교분리 원칙에 기초한 프랑스공화국의 '세속문화'에 상대적으로 동화되기 어려울 것이라는 것은 주지의 사실이다.[3]

---

1 알제리전쟁에 대한 나쁜 기억으로 프랑스 여론에는 다음과 같은 방정식이 혼돈, 사용되고 있다. étranger(외국인)=immigré(이민자)=Arab(아랍인)=Maghrébin 혹은 Nord-Africain(북아프리카인)=Algérien(알제리인). Yvan Gastaut, *L'immigration et l'opinion en France sous la Ve République*(Paris: Seuil, 2000), p. 71.

2 Benjamin Stora, *La gangrène et l'oubli: La mémoire de la guerre d'Algérie*(Paris: La Découverte, 1998), p. 286.

3 과거 알제리 총독이었던 수스텔(Jacques Soustelle)은 한 잡지에 "[이슬람이라는] 정치-종교 지도자의 영향 하에서 [알제리이주민들이] 개인별로는 동화가 가능할 수 있지만 대규모 집단으로는 가능하지 않다"고 말한 바 있다. *Le Figaro Magazine* du 14 mars 1990. Benjamin Stora, p. 286에서 재인용.

그렇다고 마그레브인들이 프랑스 사회에 더디게, 혹은 통합되지 않으려는 것을 단순히 종교 문화적 이질성으로만 설명할 수 있을까?

이러한 문제에 일단의 해답을 얻기 위해 필자는 프랑스 내 대표적인 마그레브 이민인 알제리이민자들의 경우를 예로 들어 그들의 특수성을 살펴보고자 한다. 흔히 한 나라에서 이민 문제에 대한 관심 혹은 이민자에 대한 거부감이 주요 사안으로 떠오르는 것은 이민을 받아들이는 나라의 경제상황과 밀접하게 연관되어 있다.[4] 하지만 이민자들의 통합문제는 이민자 자신의 사회경제적 상황과도 매우 깊은 관련을 갖고 있다. 이민자들은 경제적으로 그 사회에 얼마나 편입 혹은 배제되고 있는가? 이러한 사회경제적 문제가 모든 이민자들에게 해당되는 일이라고 한다면, 필자가 선택한 알제리이민자의 경우에는 이러한 보편적 특성에 프랑스의 과거 식민지인이라는 특수한 경험이 한 가지 더 추가된다. 게다가 알제리는 근래 프랑스로부터 독립하기 위해 8년간의 전쟁(1954~1962)을 겪기도 했다. 이처럼, 알제리이민자들의 새로운 사회로의 통합문제를 이해하기 위해서는 단지 상이한 종교적, 문화적 배경에 대한 고찰뿐만 아니라 해방 전쟁에 따른 알제리-프랑스 양국 국민 간의 반감, 그리고 알제리인의 높은 실업률, 열악한 주거환경 등 경제적 조건도 함께 검토되어야 할 것이다.

이러한 상황을 염두에 두고, 먼저 알제리전쟁이 알제리인의 프랑스 이주에 미친 영향을 살펴보자. 이를 위해서는 제2차 세계대전 이후 프랑스의 이민 정책이라는 커다란 틀 내에서 알제리이주민의 이주 성격을 검토해보는 것이 좋겠다. 일반적으로 1970년대 초에 갑자기 닥쳐온

---

4 Jean-Pierre Obin et Annette Obin-Coulon, *Immigration et Intégration* (Paris: Hachette, 1999), p. 27.

석유파동이 프랑스 이민정책에 한 획을 긋는 커다란 사건으로 평가되는데, 알제리이민자에게는 8년간의 전쟁도 이들의 이주 성격을 변화시키는 커다란 분기점이 되었음을 볼 수 있을 것이다. 노동력 위주의 일시적인 이민에서 대규모 난민의 성격을 띠는 항구적 이민은 그렇지 않아도 알제리전쟁으로 반감이 쌓여가던 일반 프랑스인에게는 '가까이 하고 싶지 않은' 이웃이 되었는데, 이는 이들 알제리인이 프랑스 사회로 통합되는 데 커다란 걸림돌이 된다. 이렇게 급작스럽게 증가한 알제리이주민은 사회경제적으로도 많은 어려움을 겪었다.

두 번째 장에서는 이들의 사회경제적 조건을 고용 및 거주문제를 통하여 살펴봄으로써 '준비되지 않은 이민'이 새로운 사회에서 겪게 되는 어려움을 검토해보고자 한다. 애초부터 대다수 농촌 출신이면서 문맹률이 높았던 이들 이민자들은 거의 미숙련 노동자였을 뿐만 아니라 거주 지역 및 환경이 열악하여 프랑스인들과의 접촉이 용이하지 않았다. 이들이 처한 이러한 경제적 현실은 2세대의 진학률에도 결정적으로 영향을 미친 것으로 보이는데, 이는 흔히 이민자의 '통합기구'(instrument d'intégration)[5]라고 불리는 공화국 학교의 기능을 무용화시키는 것이었다.

결국 이 절에서는 알제리이주민이 프랑스 사회에 통합되는 데 어려움을 겪는 것이 단순히 종교 문화적 차이에서만 기인하는 것이 아니라는 것을 밝히고자 한다. 필자는 알제리전쟁을 계기로 야기된 프랑스 내의 반(反)알제리 감정은 별도의 문제라고 하더라도, 알제리전쟁 후 대규모로 쇄도한 이들 '준비되지 않은' 이주민의 사회경제적 어려움이 그들뿐만 아니라 2세대가 새로운 사회에 통합되는 데 커다란 어려움을 초래했음을

5 Ralph Schor, *Histoire de l'immigration en France: de la fin du XIXe siècle à nos jours*(Paris: Armand Colin, 1996), p. 302.

드러내보이고자 한다. 이는 2005년 가을에 발생한 프랑스에서의 소요사태[6]에 대한 원인 분석에도 커다란 도움을 줄 수 있을 것이며, 더 근본적으로는 프랑스 내 주요 '이방인'으로서 마그레브 이주민 2세대의 프랑스 사회로의 통합 연구에 중요한 시금석이 될 것이다.

2) 알제리전쟁과 알제리인의 프랑스로의 이주

(1) 알제리전쟁 이전의 이주

1830년 이래 프랑스의 식민지였던 알제리인들이 프랑스로 이주하기 시작한 것은 20세기 초부터였는데, 이들의 이주 물결이 대규모로[7] 목격되는 것은 제1차 세계대전 때부터이다.[8] 이들은 때로는 전쟁터의 군인으로서, 때로는 '국토방위'를 위한 작업장의 노동자로서 동원되었다.[9] 그렇지

6 언론에 나타난 사건 개황을 살펴보면, 소요가 진정 국면에 접어들었다고 선언된 11월 17일 현재, 2921명이 체포(최연소 피검자 10세)되었고, 민간인 1명이 사망하였으며 장애인 1명이 중화상을 입었다. 공권력 측의 피해도 만만치 않았는데, 경찰 및 소방관 115명이 부상당하였고, 시위자로 오인하여 한 청년을 집단 구타한 경찰 5명이 정직당하였으며, 그 가운데 1명이 구금당하는 사태까지 벌어졌다. 약 20여 일에 걸친 소요로 차량 9,071대가 불탔으며, 지금 예상 보험료만 최소 2억 유로(2,500억 원)로 추측되고 있다. 이 소요의 자세한 사항에 대해서는 박단, 「2005년 프랑스 '소요사태'와 무슬림이민자 통합문제」 참조.

7 식민지인 신분으로서 이주할 경우 행정당국의 허가를 얻어야 했다. 제1차 세계대전으로 인해 대규모 이주가 가능해졌다. Benjamin Stora et Emile Temime, "L'immigration algérienne", in Laurent Gervereau, Pierre Milza et Emile Temime(sous la direction de), *Histoire de l'immigration en France au XXe siècle*(Paris: Editions d'Art, 1998), p. 125.

8 1914년 프랑스에 거주한 알제리인 노동자는 약 1만 3천 명으로, 이탈리아인 41만 9천 명(1911년), 벨기에인 28만 7천 명(1911년), 스페인인 10만 5천 명(1911년) 등에 비하면 미미한 수준이었다. 알제리인의 수는 제1차 세계대전, 30년대 경제위기, 제2차 세계대전을 겪으면서 증감을 반복하는데, 그 위상에 있어서 커다란 변화는 없다. Ralph Schor, p. 14.

9 Ahsène Zehraoui, "Les Algériens, de l'immigration à l'installation", Philippe Dewitte(s.d.), *Immigration et intégration l'état des savoirs*(Paris: Editions la Découverte, 1999), p. 121.

만 전후 1920~1930년대를 지나면서 이들 알제리인은 본국으로 귀환하게 되었으며, 제2차 세계대전 직후에는 프랑스 체류 이주민 비율로는 매우 적은 몫을 차지할 뿐이었다.[10]

그러면 알제리인들이 프랑스에 다시 오게 된 계기는 무엇이었을까? 알제리인들이 프랑스에 발을 다시 딛게 되는 것은 프랑스가 제2차 세계대전 이후인 1947년부터 경제재건을 위해 노력하면서 노동력이 많이 필요한 기초산업의 육성을 강조하면서부터였다. 한편, 이 시기의 대규모 건설공사, 주택건설, 제철, 화학, 자동차, 가전산업의 발달로 많은 일자리가 창출되었으므로 노동력의 수입은 불가피하였다. 당시 여러 가지 정황으로 유럽 이민을 대규모로 받아들이기 쉽지 않았던 프랑스는 자연스레 식민지로 눈을 돌리게 되었고, 알제리인들이 프랑스로 건너오게 되었던 것이다. 사실 알제리는 당시 프랑스의 한 개의 도(道)였기 때문에, 외국인에게 관련되는 규정에 얽매일 필요가 없었으며 그들의 자유로운 이동에 공식적인 장애물도 존재하지 않았다. 결국 이들의 대규모 유입은 국가에서 용인한 것이나 마찬가지였다.[11] 이 당시 알제리도 몇 년 동안의 흉작으로 매우 어려운 시기였으며,[12] 그러한 이유로 알제리이민자들은 이 당시 '수입'된 30만 명 가운데 이탈리아인[13]과 함께 프랑스이민자의

10 1946년 기준으로, 프랑스에 거주하는 이민 가운데, 유럽 출신이 88.7%, 아프리카 출신이 3.1인데, 그 가운데 알제리 이민은 1.3%에 불과하다. Patrick Weil, *La France et ses étrangers*(Paris: Gallimard, 1991), annexes.

11 Yvan Gastaut, "Des Trente Glorieuses à la crise des banlieues", in *L'Histoire*, n.229(février, 1999), pp. 49~50.

12 Benjamin Stora et Emile Temime, p. 126.

13 이 당시에 프랑스에 온 이탈리아인은 북부 이탈리아인이 아니라 대다수 남부 이탈리아 출신이다. 북부 이탈리아인들에게는 스위스나 동유럽이 더 매력적이었다. Patrick Weil, pp. 63~64.

대다수를 차지하였다.[14] 좀 더 구체적으로 이야기하면, 1947년부터 1953년까지 프랑스에 발을 디딘 알제리인은 740,000명인데, 그 가운데 561,000명이 고국 알제리로 되돌아갔으며, 약 185,000여 명만이 프랑스에 계속 남았다.[15] 전간기에는 알제리인들이 주로 카빌리아 출신이었는데 비하여, 전쟁 이후에는 알제리 대부분 지역, 특히 오랑(Oran), 콩스탕틴(Constantine), 심지어 남쪽의 사하라에서조차 프랑스로 이주를 해온 것도 이 시기 이주의 한 특징이라고 할 수 있겠다.[16]

이렇게 볼 때, 알제리전쟁 이전 알제리 노동자들의 프랑스 도착 혹은 귀국은 프랑스의 경제성장 혹은 노동시장의 변화에 따라 결정되었다고 할 수 있다. 이는 다른 말로 하면, 프랑스 당국이 자신들 마음대로 알제리 노동자들을 프랑스로 '불러들였다-내보냈다' 할 수 있었음을 보여주는 것이며, 알제리 노동자도 다른 나라의 노동자와 비교할 때 법률적, 행정적으로 프랑스에 오갈 수 있는 만반의 준비태세를 항상 갖추고 있었음을 의미한다.[17] 그렇지만 알제리가 독립되기 이전에는 이들 노동자들의 이주는 매우 불안정한 상태에서 이루어졌다. 이들은 프랑스에 체류하더라도 1년 혹은 2~3년을 넘지 않은 채 양국 사이를 '왔다-갔다' 하는 것이 일반적이었으며, 이주 형태도 독신이 대부분이었다.[18] 결국 이 시기의 알제리 이민은 '귀국한다는 생각'을 늘 갖고 있었던,

14 Ralph Schor, p. 198.

15 David Assouline, Mehdi Lallaoui(s.d.), *Un siècle d'immigrations en France: 1945 à nos jours*(Paris: Syros, 1997), p .14.

16 *Ibid.*

17 즉 이들은 프랑스의 국민인 동시에 외국인이었던 셈으로, 모든 사람에게 인정되는 권리가 완전히 적용될 수는 없었다. Ahsène Zehraoui, p. 121.

18 알제리인들은 독립 이전에는 외국인으로 계산되지 않았고 끊임없이 알제리와 프랑스를 '왔다-갔다' 하였기 때문에 그들 숫자를 정확하게 계산해내기 어려웠다. Benjamin Stora

일시적으로 정착한 노동이민이었다.[19]

(2) 알제리전쟁과 이주 성격의 변화

그러면, 알제리전쟁은 알제리인의 프랑스로의 이주에 어떠한 영향을 미쳤으며, 어느 정도 이주 성격을 변화시켰을까? 우선 이 전쟁이 이민자 숫자의 증감에 미친 영향을 살펴보자. 프랑스 내 알제리인은 1954년에 211,000명이었고, 전쟁이 끝난 해인 1962년에는 350,000명으로 집계되는데, 내무부는 같은 시기 436,000명으로 집계하였다.[20] 즉, 알제리이주민의 수는 전쟁 기간 중인 1954년에서 1962년 사이에 배가 되었다고도 볼 수 있다.[21]

1954년에서 1962년의 알제리전쟁 기간 알제리이주민이 급증한 것은 그 시기가 프랑스로서는 '현기증 날 정도'의 경제적 호황기였기 때문인 것은 분명했다. 50여만 젊은이의 징집으로 프랑스로서는 외부 노동력이 계속 필요했고, 특히 값싼 임금으로 이용할 수 있는 "알제리인의 조력"(les bras algériens)이 반드시 필요했다.[22] 그렇지만 알제리인의 이주에는 알제리전쟁도 커다란 영향을 미쳤다. 일단 알제리인의 이주가 더 이상 프랑스의 경제호황으로만 설명되지는 않는다. 알제리전쟁이 야기한 많은 폐해들로 인해 모국을 어쩔 수 없이 떠나야만 하는 사람들이

et Emile Temime, p. 125.

19 Ahsène Zehraoui, p. 122.

20 알제리가 독립한 해인 1962년 인구조사 때에는 누가 알제리인인가의 문제, 즉 알제리인은 '알제리인'인가, '프랑스인'인가와 같은 매우 미묘한 문제가 발생했다. David Assouline, Mehdi Lallaoui(s.d.), p. 16.

21 비록 알제리인이 늘었다고는 하지만 프랑스는 알제리전쟁 때문에 알제리 이민을 제한하려는 의도를 가지고 있었다. Patrick Weil, p. 65.

22 Benjamin Stora et Emile Temime, p. 128.

많았다. 그들이 조국을 등진다면, 이들이 향해야 할 곳은 명백했다. 그렇지만 이들의 프랑스행은 전쟁 전과 달리 그렇게 우호적인 분위기에서 이루어지지 않았다. 알제리전쟁으로 인해 많은 프랑스인들이 알제리인에 대해 적대감을 갖게 되었고, 프랑스 정부도 가능한 한 알제리 이외의 다른 노동력 공급처를 알아보려고 노력했다. 노동력의 수급을 유럽인 혹은 그마저도 어려우면 다른 마그레브 국가 출신으로 다변화시키려고 했던 것이다. 그 결과가 포르투갈인의 대거 유입이나 이 시기에 모로코, 튀니지 이주민의 급증으로 나타났다. 1962년에 5만여 명에 불과하던 포르투갈 이주자들은 1968년에는 296,448명, 1975년에는 758,925명으로 급격히 증가하였다. 이와 같은 포르투갈 이주민의 증가는 포르투갈의 국내 사정도 있었지만 알제리인 대신 이들을 노동력으로 맞이하고 싶어 했던 프랑스의 정책과도 부합하였음은 물론이다.[23] 그밖에 같은 마그레브 국가로 모로코인들이 1975년에 25만여 명, 튀니지인들이 14만 명, 블랙아프리카인들이 8만 명에 이르렀다는 것도 주목할 만하다.[24] 그렇다고 알제리인 이주자가 줄어들지는 않았다. 알제리이주민은 알제리전쟁이 끝난 직후인 1962년에 35만여 명에서, 1975년에는 그 수가 71만여 명으로 배에 달하였다.[25]

이러한 알제리이주민 수의 증가는 어떻게 설명될 수 있을까? 알제리인의 이주를 제한하려는 프랑스 정부의 일련의 움직임에도 불구하고, 1962년 여름부터 알제리인의 프랑스로의 이주가 오히려 증가하게 되었

23 포르투갈인은 여권 없이도 자유롭게 프랑스에 들어올 수 있었다. Patrick Weil, p. 68.

24 Yvan Gastaut, "Des Trente Glorieuses à la crise des banlieues", p. 51.

25 *Ibid.* 1975년의 알제리이주민 수는 필자에 따라 차이가 있다. 이들의 평가는 대략 70~90만 명 사이를 오간다. 벤자맹 스토라와 에밀 테밈은 1975년에 프랑스에 거주하는 알제리인을 대략 90만 정도로 파악하고 있다. Benjamin Stora et Emile Temime, p. 128.

다. 이는 여러 요인으로 설명될 수 있겠지만, 특히 알제리 측 원인이 결정적이었다. '비밀군사조직'(Organisation de l'Armée Secrète, OAS)에 의한 알제리 영토 내 기반시설의 철저한 파괴, 그 결과 알제리의 심각한 해체, 그리고 수만 명의 해방된 알제리인 죄수와 퇴역군인들이 노동시장에 갑작스럽게 들어오게 된 것이 이민자 수에 커다란 영향을 미쳤다.[26] 뿐만 아니라, 그동안 계속되어온 것이기는 하지만 알제리 농민층의 프롤레타리아화, 전쟁으로 인해 황폐화된 농토의 포기 등 알제리 사회의 구조적 동요, 그리고 수많은 소기업들의 폐쇄조치 등도 주요 원인이었다.[27] 이는 다음과 같은 통계로도 입증된다. 1962년 9월 1일부터 11월 11일까지 91,744명의 알제리인이 프랑스에 입국했으며,[28] 45,043명이 출국했다는 기록이 남아 있다. 즉 프랑스 내 알제리이민자 수는 이 짧은 기간에 46,000명 이상이 증가했다고 볼 수 있다.[29] 이후에도 이러한 현상은 계속되었다. 1963년에는 262,000명이 들어옴으로써 5만여 명이 증가하였고, 1964년에는 269,000여 명이 들어옴으로써, 귀국자 수보다 44,000여 명이 초과 입국했다. 이러한 현상은 프랑스 정부가 의도한 바는 아니지만, 8년간의 전쟁이 가져온 결과라고 볼 수 있겠다.[30]

그러면 프랑스는 알제리이민자 수를 줄이기 위하여 어떠한 노력을 기울였는가? 프랑스의 이민정책은 알제리가 독립한 시점인 1962년이 중요한 분기점이 된다. 알제리의 독립 후에 프랑스와 알제리 두 국가는

---

26 David Assouline, Mehdi Lallaoui(s.d.), p. 22.

27 Benjamin Stora et Emile Temime, p. 128, p. 130.

28 프랑스 당국은 이 시기에 위생검사를 통해 장애인이나 환자를 국경에서 들어오지 못하게 함으로써 알제리 측이나 언론의 항의를 받았다. Patrick Weil, p. 66.

29 David Assouline, Mehdi Lallaoui(s.d.), p. 22.

30 Benjamin Stora et Emile Temime, p. 130.

프랑스에 이미 들어와 있는 '알제리인들'이 프랑스 국내에 거주하는 것에는 합의하려고 노력했다. 이 1962년의 협약은 특히 두 나라 거류민의 권리와 의무를 세심하게 정의했다. 이 협약 가운데 14개 조항이 알제리에 있는 프랑스인의 권리와 관련되며, 단 두 개의 조항만이 프랑스에 있는 알제리인에 관한 것이었다. 이 두 조항인 7조와 11조에 따르면, '알제리인들, 특히 노동자들은 정치적 권리를 제외하고는 프랑스인들과 동등한 권리를 가지며, 두 나라 간을 자유롭게 이동할 수 있다.'[31] 이 협약에서 '두 나라 간을 자유롭게 이동할 수 있다'는 것은 프랑스 입장에서는 알제리이주민의 상당수가 귀국할 것이라는 것을 가정한 것이었다.[32] 그렇지만 이는 프랑스의 기대에 불과했다. 전쟁의 여파에 따른 새로운 이주 압력이 1962년의 합의, 즉 "[……] 두 나라 간을 자유롭게 이동할 수 있다"는 합의의 프랑스 측 기대를 산산조각 냈다. 또다시 새로운 합의가 나와야 했다. 두 나라는 합리적인 선에서 이주를 유지하기 위해 이민자의 쇄도를 제한할 장치를 생각하였다. 1964년 1월 9일에 알제리 정부의 사회부장관과 프랑스의 노동부장관 사이에 다음의 사항이 합의되었다.

1) 두 정부는 두 국가 사이의 노동력의 흐름을 정상화하는 것이 두 국가의 이익에 부합되는 것으로 평가한다.

2) 즉시, 그리고 7월 1일까지, 알제리 국민이 새로이 프랑스에 유입되는 것은 두 국가의 경제에 실질적으로 제기되는 문제에 따라서 결정될 것이다.

3) 7월 1일부터 알제리 노동자들의 이주는 알제리의 노동력의 가용성과

---

31 David Assouline, Mehdi Lallaoui(s.d.), p. 22.

32 Benjamin Stora et Emile Temime, p. 130.

프랑스 노동시장의 여력에 따라서 결정될 것이다. 이 사실은 프랑스 정부가 알제리 정부에게 사분기마다 통보할 것이다.

4) 알제리 노동자의 가정이 프랑스에 정착하는 것은 미래 주거시설의 존재 여부에 따라 조정되어야 한다.[33]

이 협약은 기존과 같은 대규모의 이주는 제한하겠지만, 프랑스의 경제사정이 변수가 될 수 있음을 뜻하였다. 프랑스는 여전히 노동력이 필요한 나라였으므로 이 협약은 알제리 노동자의 이주가 엄격히 통제되기는 힘들다는 것을 보여주고 있다. 프랑스는 (노동력) '안정화 계획'의 일환으로, 모로코, 튀니지, 포르투갈 등과 1963년 9월에 새로운 노동력 협약에 서명한 것과 별도로, 1965년에는 유고슬라비아 및 터키와의 협약에 서명하기까지 했다.[34] 알제리이주민도 앞선 합의에서는 예상되는 평균 입국자 수가 연간 12,000명 정도였지만, 이 수는 곧 초과되었다.[35] 프랑스로의 계속되는 알제리인의 이주 압력으로 그 진행을 예측하고 조절하기 위한 새로운 합의가 요구되었다. 프랑스는 결국 1968년 12월 27일에 이주민의 수와 관련하여 알제리와 새로운 협약을 맺을 수밖에 없었다. 이 협약에 따라 알제리인의 프랑스로의 연간 입국자 수는 향후 2년간 25,000명으로 합의되었다.

프랑스는 알제리 이민을 제한하는 방법의 하나로 비(非)마그레브인의 이주를 권장하였을 뿐만 아니라, 국경에서의 불법 이주자 제한을 더 엄격히 하여, 불법 입국자들을 처벌하기 시작했다.[36] 법의 효과적 집행을

33 David Assouline, Mehdi Lallaoui(s.d.), p. 23.

34 Yvan Gastaut, "Des Trente Glorieuses à la crise des banlieues", p. 50.

35 Benjamin Stora et Emile Temime, p. 131.

36 Patrick Weil, pp. 67~68; Yvan Gastaut, "Des Trente Glorieuses à la crise des banlieues",

위해 1969년에 프랑스는 이민 관련규정을 노동부에서 내무부로 이전시켰다. 이는 이민자들을 경찰의 손에 맡긴 것과 다름없는데, 사실 그것은 이민자들, 특히 알제리인들을 의심스러운 인물로 보기 시작한 것이나 다름없었다.[37]

이외에도 알제리인들의 이주 제한을 겨냥한 프랑스 측의 정책은 계속되었다. 프랑스 정부는 1974년 7월에 가족이민을 포함한 모든 이민을 중단하기로 결정하였다. 1974년에 새로이 권좌에 오른 지스카르 데스탱 대통령이 '이민제로'를 선언한 후, 7월 5일의 규정에서 모든 이민의 중지와 국경 폐쇄를 결정한 것이다. 즉 프랑스 정부는 유럽공동체 소속 국민을 제외하고는 일체 외국인에게 노동 허가를 내주지 않았다. 1977년에 노동부장관 리오넬 스톨레뤼(Lionel Stoléru)가 '귀국 보조금 정책'을 발의한 것도 이러한 정책의 연장선상에 있다고 말할 수 있다. 완전히 귀국하는 이민자에게 1만 프랑의 보조금이 제공되었지만, 결과는 실망스러운 것이었다. 1977년에서 1981년 사이에 6만 명의 외국인이 귀국했지만 알제리인은 4%에 불과했고 대부분 포르투갈인(40%), 에스파냐인(25%)이었다. 거의 동시에 가족이민이 재개되었다.[38] 이 가족재결합 정책은 독신 노동력 형태의 이민을 가족이민 형태로 바꾸었는데, 귀국 보조금 정책과는 명백히 모순된 정책으로 보였다.[39] 이처럼 일부 귀국 움직임에도 불구하고 알제리이민자 수는 내무부가 공표한 통계에서 보듯이 1975년까지 계속해서 늘어났다(1973년 12월 31일에 845,000명, 1974년 12월 31일에 871,000명, 1975년 12월 31일에 884,320명). 이러한 성장은

p. 50.

37 David Assouline, Mehdi Lallaoui(s.d.), p. 23.

38 Circulaire Dijoud de 1974 et 1975.

39 Yvan Gastaut, "Des Trente Glorieuses à la crise des banlieues", p. 50.

일반적으로 알제리인 가정에서의 높은 출산율과 가족이민으로 설명될 수 있겠다.[40]

이제 알제리 이민의 평균나이는 젊어졌다. 1990년에는 20세 이하가 알제리 이민 총인구의 32%를 차지하고, 40세 이하가 55.8%를 차지하였다. 이민은 일시적이라기보다는 항구적이고 구조적이 된 것이다. 이 이민자들은 세대에 따른 의미 있는 변화에도 불구하고 여전히 그 출신 국가가 프랑스의 옛 식민지 출신이라는 것과 그들이 대부분 노동계층에 속한다는 것은 변하지 않았다.[41]

그렇다면, 알제리 이민자는 프랑스 정부의 이주 제한조치에도 불구하고 시간이 갈수록 계속해서 증가하였는가? 그렇지 않다. 1980년대 이래 알제리이민자의 수가 통계상 줄어들게 되는데, 이는 이민자의 수가 줄어든 것도 한 이유가 되겠지만 프랑스의 국적법 개정과도 무관하지 않다. 프랑스 정부는 모든 이민을 중단시키는 것과 함께 국적법 개정을 통해 기존에 프랑스에 들어와 있는 구(舊)식민지인들에게 '프랑스인'이 될 수 있는 가능성을 열어놓았다. 1973년의 법은 구(舊)식민지 출신의 사람들이 프랑스 시민이 되는 데 우호적인 조항을 포함하고 있었다. 구(舊)프랑스 식민지에서 태어난 부모로부터 프랑스에서 태어난 아이들에게는 출생 때부터 국적이 주어진다는 법조항이었다. 그렇지만 이 조항은 1993년의 법(메에뉴리법, loi Méhaignerie)에 의해 일부 조항이 삭제되었는데, 이는 외국인 부모로부터 프랑스에서 태어난 미성년자가 부모가 단순히 의사표명을 함으로써 그 미성년자가 성인이 되었을 때

40 국립이민청(l'Office des migrations internationales, OMI)에 따르면, 1969년과 1990년 사이에 알제리인 이주자 140,635명이 가족재결합의 범주에 들어가는 이민에 속한다. David Assouline, Mehdi Lallaoui(s.d.), p. 24.

41 Ahsène Zehraoui, p. 122.

프랑스 국적을 얻을 가능성이 사라졌음을 의미한다. 이 미성년자는 16세에서 21세 사이에 자신이 프랑스인이 되겠다는 의사표명을 하는 단계를 거쳐야만 했다. 하지만 1998년에 사회당 의원인 엘리자베스 기구가 발의한 법(la loi Guigou)은 다시 이들 이주민들에게 국적 취득을 용이하게 해주었다.[42] 이와 같은 일련의 국적법 개정으로 인해 프랑스에 거주하는 알제리이민자에 관한 통계도 그 의미를 잘 파악해야 할 필요성이 생겼다. 예를 들어 1982년의 공식 통계에 따르면, 알제리이민자 수는 795,920명으로 이는 1975년의 884,320명에 비하여 거의 10만 명 가까이 줄어든 것으로 볼 수 있다. 또한 1990년에는 프랑스에 거주하는 알제리인이 615,000여 명으로 알제리이민자 수가 현격하게 감소한 채로 집계되었다. 이는 알제리 출신 이민자 가운데 프랑스 국적을 취득한 자가 그만큼 늘어났다는 사실을 고려해야 이해할 수 있을 것이다. 프랑스 국적을 가진 알제리 출신이 1980년대에 400,000명으로 집계되는데, 이들 가운데 3분의 2는 프랑스에서 태어난 2세대들이었다.[43]

3) 항구적 정착의 어려움

이민자가 그들이 새로이 정착한 사회에 잘 적응하기 위해서는 여러 문제 가운데에서도 고용문제와 주거문제를 우선적으로 해결해야 했다. 2005년 11월의 프랑스에서의 소요사태는 무엇보다도 이 문제를 전

42 1998년 3월 16일의 기구법은 국적 취득 과정을 다시 세 단계로 나누었다. 즉 이 법에 따르면, 13세에 부모의 동의 아래 프랑스인이 될 수 있고, 16세에는 부모의 동의가 필요 없고, 18세에는 완전한 권리를 갖는 프랑스인이 될 수 있다. Jean-Pierre Obin et Annette Obin-Coulon, p. 40. 이는 프랑스에서 태어난 외국인의 아이들에게 프랑스 국적을 자동적으로 부여함을 의미한다. *L'Histoire*, n.229(février, 1999), p. 40.

43 Benjamin Stora et Emile Temime, p. 131.

세계에 상기시켰다. 알제리이민자들은 이 두 문제를 어떻게 해결하고 있는가? 이 문제의 해결이 그들의 프랑스 사회의 항구적 정착과 통합에 필수불가결함은 명백하다. 알제리전쟁 직후 대규모로 이주한 세대와 그들 2세대 간에는 이러한 문제에 있어서 어떠한 차이가 있는가? 이들의 상황이 계속해서 열악하다면, 프랑스 사회로의 통합은 그만큼 어려워질 수밖에 없을 것이다. 2세대의 취학률, 실업률이 이들의 경제적 상황, 그리고 그로 인한 사회통합문제와 직결되기 때문이다.

(1) 고용문제

프랑스는 제2차 세계대전 이후 경제재건을 위하여 이민노동자를 적극적으로 불러들였다. 이 시기 알제리인들도 이 재건사업에 참여하기 위해 프랑스에 도착하였지만, 프랑스인들이 경제호황의 결실을 누린 데 비하여, 알제리인들의 경제적 현실은 상대적으로 비참했다. 이들 이민자들은 이른바 '소비사회로부터 잊혀진 자들'[44]이었다.

무엇보다도 이들이 소비사회로부터 소외된 것은 그들의 이주 목적이 프랑스인들이 원하지 않는 일을 하기 위해 왔기 때문이다. 이는 그 직업이 소위 '3D 업종'에 속하기 때문인 것은 명확하다. 당시 이러한 직종에 속한 것으로는 건축업, 광산업, 화학산업, 금속업 등이 있으며, 프랑스의 많은 기업들이 반복적이며 단순작업을 하는 단순전문노동자(ouvriers spécialisés)로서 저임금을 줄 수 있는 이들 이민자들을 주로 채용했음은 물론이다.[45]

알제리전쟁이 시작되는 1954년의 통계로 볼 때, 프랑스에 거주하는

44 Ralph Schor, p. 212.

45 *Ibid.*, p. 213.

알제리인들의 약 60%가 건축업에, 그리고 33%가 기계 및 금속업에, 6%가 광산업에 종사하였다.[46] 이러한 추세는 시간이 지나도 크게 변하지 않았다. 1970년에 나온 한 자료에 따르면, 알제리인 노동자 가운데, 179,000여 명이 단순육체노동자, 131,000여 명은 단순전문노동자이고, 숙련노동자는 전체 알제리 노동자의 10%밖에 안 되는 39,000여 명이었다.[47] 알제리전쟁 후 프랑스에 도착한 이민자들은 대체로 농촌 출신이면서 문맹이라는 것도 이들이 단순노동을 할 수밖에 없었던 이유 가운데 하나였다. 게다가 알제리인의 경우 프랑스 고용주들이 그들의 교육수준이나 기술수준을 무시하는 것이 일반적이었던 것도 사실이다. 비록 이들이 전문 학위를 소유하고 있다고 할지라도 프랑스 고용주들은 그것을 전혀 인정하지 않았다.[48]

실업률도 매우 높았다.[49] 1975년의 통계에 따르면, 프랑스에 거주하는 884,000명의 알제리인 가운데, 단지 467,500명만이 일자리를 갖고 있었다. 게다가 이 노동력의 반 정도(41.6%)가 당시 '3D 업종'의 하나인

---

46 이 당시 이들이 선호하던 기업은 프랑스석탄공사(les Charbonnages de France)와 르노(la régie Renault) 등이었다. Benjamin Stora et Emile Temime, p. 127.

47 Comité d'Etablissement de Billancourt, Procès-Verbal de la commission de la formation professionnelle(9 octobre 1970) Archives de Renault; 은은기, 「르노 자동차 공장 알제리인 이민노동자」, ≪경대사론≫ 10집(1997. 12), p. 469에서 재인용.

48 Yvan Gastaut, "Des Trente Glorieuses à la crise des banlieues", p. 49; 1960년대 알제리 이민노동자의 문맹률을 조사한 결과에 따르면, 이들의 74%는 문맹이었고, 5.5%는 아랍어만, 8.9%는 프랑스어만, 그리고 10.6%는 프랑스어와 아랍어를 모두 구사할 수 있었다. "Points de repère pour une alphabétisation fonctionnelle des travailleurs étrangers", *Hommes et Migrations*, n.114(1969), p. 25. 은은기, p. 471에서 재인용.

49 실업은 통합을 거스르는 공동체주의의 온상이다. Catherine Withol de Wenden, "Les Jeunes issus de l'immigration, entre intégration culturelle et exclusion sociale", Philippe Dewitte(s.d.), *Immigration et intégration l'état des savoirs*(Paris: Editions la Découverte, 1999), p. 236.

건축분야에서 일하고 있는데, 이것은 전체 외국인 노동력의 3분의 1을 차지하는 것이다. 알제리인들이 사람들이 꺼리는 위험한 일에 주로 종사하고 있음은 알제리 노동자의 병원 입원자 수가 매우 많다는 데에서도 잘 나타나고 있다. 파리경찰청의 통계에 따르면 1969년 12월 31일 기준으로 병원에 입원한 외국인 4,269명 가운데 1,616명이 알제리인이었으며, 이는 전체 이민자 가운데 37.8%나 차지하는 것이었다.[50] 크게 보아 1970년대까지도 프랑스에 있는 알제리 노동자의 4분의 3은 비전문적인 일자리에 종사하고 있었다.[51]

그렇다면 이들 이주민 2세대가 취업인구로 활동할 1980~1990년대에는 상황이 어떠한가? 몇몇 연구조사에 따르면, 알제리이민자들의 취업분야에 어느 정도의 변화가 관찰된다. 1990년의 인구조사에서 211,578명의 알제리인 취업 남성을 대상으로 보았을 때, 비숙련공인 단순전문노동자의 비율이 여전히 상당(38.1%)하지만, 이는 1975년의 조사(68.5%)를 고려하면 현저하게 감소한 것이었다. 반면 숙련노동자의 비율은 같은 기간의 19.2%에서 36.5%로 현격히 증가하였으며, 중간간부, 십장, 기술자, 사무직 노동자들도 일정 비율 높아졌다.[52]

1998년의 한 통계치를 살펴보면 이러한 변화는 더욱 뚜렷하다. 알제리인들은 농수산 및 임업에는 0.8%(프랑스 전체 4.4%, 이민인구 전체의 2.6%)가 종사하였고, 산업에는 18.2%(각각 18.7%, 20.1%), 건설업에는 10.6%(각각 6.2%, 14.1%) 그리고 서비스업에는 70.5%(각각 70.7%, 63.2%) 등이 종사하였다.[53] 이를 볼 때, 20세기 말에 와서는 모든 분야에 있어서

50 Ahsène Zehraoui, p. 123.

51 David Assouline, Mehdi Lallaoui(s.d.), p. 25.

52 그렇다 하더라도 이 범주의 어떤 것도 임금노동자 전체의 5%에는 달하지 못한다. Ahsène Zehraoui, p. 123.

알제리 이민의 직업분포도가 전체 이민 혹은 전체 프랑스 인구의 직업분포와 비교해서 커다란 특이점을 찾기 힘들다. 단지, 상대적으로 농수산 및 임업에 있어서 그 비율이 매우 낮다고 하겠는데, 이는 이민자의 특성상 이해할 만한 일이다. 한편 다른 자료에 따르면, 알제리 출신 남성은 대다수 제조업과 건축분야에, 여성은 대부분 서비스 분야에 종사하고 있다.[54] 그렇지만 비숙련분야에 종사하는 자의 수도 시간이 지남에 따라 크게 감소하고 있다.[55] 1980년대 이래로 비숙련노동자가 명백히 감소한 것은 한 세대의 마감을 뜻하며, 일부 특정분야(건축분야와 기계, 금속분야)에 고용된 비숙련 알제리 노동자의 종식을 뜻한다고 볼 수 있다.[56] 그들 대다수의 부모와는 달리, 아이들은 학교에 다녔고 결과적으로 더 높아진 수준의 질을 소유하고 있었다. 그렇지만 이러한 현상이 그들 취업률이 프랑스 평균취업률과 비슷하다고 말하는 것은 아니다. 알제리인들은 여전히 일자리를 구하는 데 있어서 그들의 아랍식 이름이나 거주지역 등 경제 외적인 요인에 의해 많은 차별을 받고 있다. 결국, 이민 2세대의 경우 그들 부모세대보다 경제적 여건이 반드시 더 나아졌다고 볼 수는 없으며, 이는 그들 주거환경이 여전히 매우 열악한 데에서도 찾아볼 수 있다. 이는 알제리인들이 여전히 프랑스인이 아니라 프랑스 내 '식민지인'으로 남아 있음을 보여준다.

---

53 출처 INSEE, 1998년 취업조사 Philippe Dewitte(s.d.), *Immigration et intégration l'état des savoirs*(Paris: Editions la Découverte, 1999), p. 433 부록.

54 Ahsène Zehraoui, p. 123.

55 Raphaël-Emmanuel Verhaeren, "Les travailleurs algériens dans le B.T.P.", in Jacqueline Costa-lascoux et Emile Temime, *Les Algériens en France: genèse et devenir d'une migration*(Paris: Publisud, 1985), pp. 69~70.

56 Ahsène Zehraoui, p. 123.

(2) 주거문제

주거환경은 고용과 함께 특정 인구의 사회적 통합의 적절한 지표 가운데 하나이다. 한 가정의 거주지가 매우 열악하다는 것은 그들의 생활수준이 매우 낮다는 것으로 그 구성원이 실업상태에 있거나 비록 취업상태에 있다고 하더라도 저임금을 받는 상황에 머물고 있음을 뜻한다. 다른 한편으로 이러한 주거환경은 거주지역과 맞물려 프랑스인들과의 접촉 기회를 거의 갖지 못할 가능성이 높다는 것을 의미하기도 한다. 결국 이주민들의 주거환경이 열악하다는 것은 그들이 그만큼 새로운 사회에 통합되는 데 어려움을 겪을 수 있다는 말이다. 이는 2005년 11월의 무슬림이민자 소요사태의 한 원인으로도 잘 알려진 바 있다. 알제리이주민들은 처음에는 독신으로, 알제리전쟁 이후에는 일반적으로 가족형태의 이민이었다. 독신에서 가족형태로 바뀜에 따라 주거형태에 발전적인 변화가 있었는가?

알제리이주민은 이주 초기에는 독신 노동자로서 가족 없이 주로 지냈기 때문에 대부분 주택에 큰 관심을 기울이지 않았다.[57] 설사 적절한 거주지를 얻기 위해 이들이 노력을 기울였다고 하더라도 흔히 수포로 돌아갔다. 상대적으로 열악한 임금으로는 집주인의 마음을 사로잡기가 어려웠으며 알제리에 있는 가족들에게 송금을 해야 하는 일들도 그들의 주택 마련을 어렵게 했다.[58] 이들은 흔히 공장에서 숙소를 제공받는 경우도 있었지만 그 비율은 매우 낮았고, 건축공사장에서 천막 등으로 생활해야 했다. 심지어 일부 이민노동자들의 경우 거주할 곳은 못 되고

---

57 Ralph Schor, p. 213.

58 Benjamin Stora et Emile Temime, p. 126.

단지 잠만 자고 나올 수 있는 저급한 '호텔'로 불리는 곳에서 지내는 경우도 있었는데, 이러한 곳은 위생시설이 거의 갖추어 있지 못하였다.[59] 이러한 현실이 프랑스 사회와의 접촉을 어렵게 했음은 물론이다.

알제리전쟁 이전 프랑스에 거주하는 알제리이주민들이 대체로 독신이었다고 하지만 가족형태의 이주도 있었다. 알제리이민자 가정은 처음에는 남부 프랑스에서, 그리고 점차 전국적으로 확산되었는데, 1953년에 내무부의 한 조사에 따르면, 약 11,000명의 자식을 둔 5,000여 알제리 가정이 이 시기에 프랑스에 존재하였다.[60] 프랑스 정부로서는 알제리이민자들이 가정을 갖는 것은 이들이 정치화되는 것을 막을 수 있으며, 동시에 이들을 더 잘 장악할 수 있는 것이었다. 특히 1961년 10월에 파리에서의 알제리인 소요사태 이후에는 이들에 대한 통제가 더욱 필요해졌다. 따라서 알제리이주민들이 가정을 갖는 것이 필요하다고 생각되었는데, 이는 자연적으로 빈민촌과 같은 임시 숙소의 증가를 예상케 하는 일이었다.

1966년 6월의 내무부 통계에 따르면, 당시 알제리인의 42.8%가 판자촌에 거주하고 있었는데, 이 판자촌이 철거되기 시작하면서 1970년대 초부터 알제리인들의 거주여건도 변화되기 시작하였다.[61] 공영임대주택인 HLM(Habitation à loyer modéré)의 6.5% 정도가 이민자들에게 할당되었는데,[62] 이는 프랑스에 10년 이상 거주한 자나 아이들이 있는 자에게 유리하였다. 1960~1970년대에 들어와서는 프랑스인들의 수입이 증가하면서 이들이 더 나은 주거지를 향해 HLM을 떠남에 따라 이민자들이

59 Ralph Schor, pp. 213~214.

60 Benjamin Stora et Emile Temime, p. 127.

61 David Assouline, Mehdi Lallaoui(s.d.), p. 25.

62 Ralph Schor, pp. 215~216.

이 주거지를 차지하는 비율이 높아갔는데,[63] 이러한 현상은 이민자들과 프랑스인들 사이의 접촉 기회를 더욱 감소시켰다고 볼 수 있다.[64]

1980년대에 발표된 한 논문에 따르면, 이 시기에도 마그레브이민자와 프랑스인 혹은 유럽계 이민자의 거주지에는 여전히 커다란 차이가 있었다. 지속적인 거주를 위해 지어진 주택을 '정상적 주거지'(logements ordinaires), 그렇지 않은 주거지, 즉 임시 숙소를 '비정상적 주거지'(logements non-ordinaires)라고 했을 때, 주류 프랑스인의 96%는 '정상적 주거지'에서 살고 있었고, 이탈리아나 에스파냐와 같은 유럽계 이민자들, 그리고 상대적으로 최근에 이주해 온 포르투갈 이민자도 90% 이상이 그러하였다. 그렇지만 마그레브이민자는 그들 가운데 3/4만이 '정상적 주거지'에 살고 있었다. 마그레브인을 더 구체적으로 살펴보면, 튀니지인은 약 80%, 모로코인은 70% 그리고 알제리인은 그 중간 정도가 정상적인 주거지에 머물고 있다고 볼 수 있다. 주거지와 관련해서 알제리인의 처지가 모로코인보다 나은 이유는 여러 가지가 있을 수 있겠으나 무엇보다도 그들 이민자가 모로코인들보다 프랑스에 더 일찍 도착했다는 것과 관련될 수 있겠다.[65]

1990년대의 통계도 알제리인의 주거환경이 특별히 더 나아졌음을 보여주지 못한다. 알제리이민자의 약 70~80%가 '정상적 주거지'에서 살고 있다고 하더라도, 1990년의 인구조사에 따르면, 이 주거지의 편의시설은 매우 낙후되어 있음을 보여준다. 편의성 차원에서 볼 때, 알제리

63 Véronique de Rudder, "Le logement des maghrébins", in *Les Temps Modernes*, n.452-453-454(Mars-Avril-Mai 1984), p. 1964.

64 "Les mal-logés", Hommes et Migrations, n.117(1971), pp. 45~49. 은은기, p. 477에서 재인용.

65 Véronique de Rudder, pp. 1957~1959.

가정의 10.8%는 목욕탕, 샤워장, 화장실이 없는 주거지에 살고 있었다.[66] 그 주거지의 16.5%는 중앙난방이 없고, 옥내 화장실이 없었다.[67] 게다가, 알제리인으로서 자기 집을 소유한 자는 매우 드물었으며, 이러한 처지는 프랑스인뿐만 아니라 다른 외국인과 비교할 때도 매우 높은 수치여서 알제리인의 주거조건이 대단히 열악했음을 보여준다.[68]

이러한 열악함으로 인해 이들이 프랑스인들과 같이 지낼 기회는 거의 없었던 것으로 보인다. 알제리인의 71.5%는 집단 주거지에 살고 있었던 반면, 외국인은 평균 57.5%가 그러하다[69]는 통계는 알제리 공동체가 그만큼 게토화되었음을 보여준다고 하겠다.[70] 1990년의 인구조사에 따르면, 이 시기 알제리이주민의 49.6%는 파리지역에 거주하며, 16.5%는 론-알프(Rhône-Alpes), 10.9%는 PACA지역에 거주하였는데[71] 이는 이주민들이 일반적으로 국경, 산업지대, 대도시 근교 등에 몰려 거주한다는 것을 인정한다고 하더라도 그 비율이 매우 높다고 할 수 있겠다.

4) 사회통합의 어려움

지금까지 살펴본 바에 따르면, 알제리이민자와 그들의 자식들은 최근

66 또 다른 통계에 따르면, 부엌을 다른 용도와 함께 사용하는 비율이 알제리인의 경우 프랑스인보다는 4배, 다른 외국인보다는 2배 높다. 이는 아마도 가구 내 인구수 비율이 알제리인이 가장 높기 때문인 것으로 보인다. *Ibid.*, pp. 1959~1960.

67 *Ibid.*, p. 1960.

68 또 다른 수치도 흥미롭다. 일반적으로 이민의 경우 프랑스인보다 자기가 살고 있는 집의 소유주인 경우가 2배 정도 적으며, 가구가 갖추어진 집의 세입자인 경우는 5배 정도 많다. 이 비율은 마그레브인의 경우로 한정하면 10배 이상 많으며, 알제리인으로 국한하면 13배 정도 많다. *Ibid.*, p. 1960.

69 *Ibid.*

70 Ahsène Zehraoui, p. 124.

71 *Ibid.*, p. 122.

까지 계속해서 경제적으로 불안정한 조건에서 생활하고 있으며, 이것이 프랑스 사회로의 통합에 커다란 장애가 되고 있다. 이들은 종교 문화적 정체성의 갈등과 함께 취업 등에서 차별을 겪기에 진정한 '프랑스공화국 시민'이 되기 쉽지 않다. 특히 알제리인들은 마땅한 직업을 얻을 능력도 없고, 취학률도 상대적으로 낮기에 당연히 실업률도 높다. 1995년의 취업 가능 인구 가운데 26.5%의 남성과 36%의 여성은 실업상태에 있었다.[72] 이는 프랑스 전체 인구의 남성 실업률 9.8% 및 이민자 실업률 18.8%, 프랑스 전체 인구의 여성 실업률 13.9% 및 이민자 실업률 21.8%를 훨씬 상회하는 수치이다.[73] 게다가 알제리 출신 이민자 가운데 15세 이상의 70.8%는 어떠한 학위도 없고 3.1%가 고등학교 졸업증(bac ou un brevet professionel)이 있을 뿐이었다.[74] 이는 다음의 통계로도 보완될 수 있다. 알제리이민자는 학생 수가 마그레브인인 모로코인, 튀니지인, 심지어 블랙아프리카 이민자보다도 비율적으로 훨씬 적다. 즉, 1992~1993년의 경우 모로코 이민 가운데 학생 수는 256,000명(이민자 수는 446,872명, 학생 수의 비율은 57%), 튀니지 이민 가운데 학생 수는 75,000명(이민자 수는 182,478명, 학생 수의 비율은 41%), 블랙아프리카 이민의 학생 수는 93,000명(이민자 수는 182,479명, 학생 수의 비율은 51%)인 데 비해 알제리이민자 가운데 학생 수는 205,000명(이민자 수는 571,997명, 학생 수의 비율은 36%)이다.

일반적으로 학교는 마그레브 이민 2세대와 프랑스공화국 사이의 중요한 연결고리[75]로 간주되는데, 이처럼 낮은 진학률은 알제리이주민의

---

72 *Ibid.*, p. 124.

73 출전 INSEE, Jean-Pierre Obin et Annette Obin-Coulon, p. 41.

74 Ahsène Zehraoui, p. 124.

프랑스 사회로의 통합문제와도 직결될 수 있다. 이러한 현실은 그들이 새로운 사회에 적응하는 데 전혀 도움이 되지 않았다. 그렇지 않아도 무슬림이라는 이들의 정체성이 프랑스 사회로의 통합에 장애가 되는 현실에서 이와 같은 경제적 어려움은 그러한 측면을 배가시켰다고 볼 수 있다.[76] 특히 높은 실업률이 개선되고 있지 않은 현실에서, 일자리를 찾아 헤매는 이민자들은 프랑스인들에게는 극우파의 표현대로 '사회 안전을 해치는 이들'로서 '가까이 하고 싶지 않은 자'가 되어가고 있는 것은 아닌가?[77] 더 심각한 것은 여론이 여전히 이러한 이민자들을 주로 알제리이주민으로 생각하는 데 있다.[78]

결국, 알제리이민자들이 프랑스 사회에 효과적으로 통합되기 위해서는 위에서 살펴본 대로 고용 및 거주지 문제 등과 같은 사회경제적 문제가 해결되고, '히잡 사건', 식민지 유산의 후유증 등에서 볼 수 있는 이슬람혐오주의 문제가 해소되어야 할 것 같다. 그렇지만 이것으로 충분하지는 않다. 우리가 여전히 생각해봐야 하는 것은 프랑스의 사회통합모델이 순조롭게 기능하고 있는가이다. 이 '보편적 동화주의'를 표방하는 프랑스의 통합모델이 무슬림이민자들을 '평등 국가'의 2등 시민으로 만드는 데 또 다른 역할을 하고 있지는 않은가? 무슬림이민자들이 진정 '프랑스공화국 시민'이 되는 길은 여전히 멀기만 하다.

지금까지 우리는 프랑스 내 '대표적 이방인'이라고 할 수 있는 알제리

75 Abdel Aïssou, *Les Beurs, l'Ecole et la France*(Paris: L'Harmattan, 1987), p. 7.

76 경제적 배제가 심해질수록, 이들은 공화국의 시민이라는 의식이 낮아진다. Catherine Withol de Wenden, p. 236.

77 박단, 『프랑스의 문화전쟁: 공화국과 이슬람』, p. 23. 이들은 더 이상 노동계급이 아니라 위험한 계급이라고 표현되기도 한다. Catherine Withol de Wenden, p. 232.

78 Benjamin Stora, p. 286; Yvan Gastaut, p. 72.

이주민을 위시한 무슬림이민자들의 프랑스로의 이주와 정착에 대하여 살펴보았다. 이제 시각을 달리하여, 프랑스인들이 무슬림이민자를 바라보는 시각과 그에 대한 변화 추이를 살펴보자. 이를 위하여, 우리는 사회적으로 크게 논란이 된 무슬림 여성들의 히잡 착용과 부르카 착용을 그 사례로 들 것이다.

2. 무슬림을 바라보는 프랑스인들의 시선: 변화와 지속

1) 히잡과 부르카

1989년에 프랑스 우아즈 도(道)의 한 공립중학교에서 시작된 '히잡 사건'은 20년이 지난 2009년에 '부르카 사건'으로 '진화'하였으며, 2010년 7월에 하원에서, 그리고 같은 해 9월에 마침내 상원에서 부르카와 니캅 착용을 금지하는 법안이 통과되었다.[79] 프랑스공화국에서 무슬림 여성의 전통복장 착용을 금지하는 이유도 처음에는 라이시테(laïcité) 원칙의 준수라는 측면에서, 그리고 차후에는 '여성의 존엄성', 심지어는 공공안전(sécurité publique) 문제로 변모하고 있다. 이는 문화전쟁 혹은 문명충돌과 관련하여 21세기에 들어와 벌어지고 있는 전지구적 현상과 크게 달라 보이지 않는다.

호미 바바(Homi K. Bhabah)는 2009년에 「전지구적 기억에 대하여」라는 강연에서 9·11 테러 이후 "폭력과 테러로부터 안전을 확보하는 것이 감시와 통치의 핵심 목표가 되면서 정치는 사라지고, '안보'가 다른

79 *Le Monde* du 14 septembre 2010.

나라와 문화를 바라보고 평가하는 프레임이 되고 있다"고 진단했다.[80] 2010년에 프랑스에서 일어나고 있는 부르카 착용 금지법의 통과나 집시라고 불리는 로마(Roma)의 대규모 추방 등도 공공안전이라는 측면을 강조하면서 나타난 프랑스 정부의 일련의 조치들이다.

한편, 2009년에 사르코지 대통령은 부르카 착용에 대하여 여성의 굴종이라는 측면을 전면에 내세우며, 부르카 착용이 "프랑스공화국 영토에서는 환영받지 못 한다"는 입장을 밝혔다. 더 나아가 그는 "우리는 우리나라에서 여성이 철창 뒤의 죄수가 되면서, 모든 사회생활에서 단절되고, 모든 정체성을 박탈당하는 것을 받아들일 수 없다. 그것은 프랑스공화국이 '여성의 존엄성'을 중요시한다는 사상과 일치하지 않는다"고 상하원 의원들 앞에서 강조한 바 있다.[81]

이처럼 프랑스 정치권은 부르카를 언급하면서 '히잡 사건' 당시 논쟁의 핵심이었던 라이시테뿐만 아니라 여성의 존엄성 그리고 공공안전을 이야기하고 있다. 물론 온몸을 휘감으며 눈 부위마저 망사로 가리고 있는 부르카는 최근까지 논쟁의 대상이 되었던 히잡과는 분명 차이가 있다. 사실, 히잡 논쟁 당시 불거졌던 라이시테의 규범으로는 공공장소(l'espace public)에서 성인의 옷차림을 규제하기 쉽지 않다. 성인 여성의 부르카 착용은 라이시테와는 직접적으로 관련되지 않아 보이기 때문이다. 그러므로 부르카의 착용 금지를 법으로 규제하는 것은 어려워 보였지만, 그럼에도 불구하고 집권 보수여당은 중도파와 더불어 공공장소에서의 '부르카 금지 법안'을 통과시켰다.[82] 좌파급진당 의원들과 로베르

---

80 ≪한겨레≫, 2009년 9월 5일.

81 *Le Figaro* du 25 juin 2009.

82 보수 여당은 사회당과 달리 길거리에서조차 부르카 착용을 단속해야 한다고 주장하였다. 사회당은 정부청사, 병원, 공공교통수단 등 일부 장소에서만 금지시키기를 원하였다.

바댕테르(Robert Badinter) 의원 등 일부 사회당 의원, 그리고 앙드레 제렝(André Gerin) 의원을 포함한 일부 공산당 의원들이 이 법안에 찬성표를 던졌지만, 대부분의 사회당, 공산당 의원들은 표결에 불참했다.[83]

이 표결에 찬성표를 던진 의원들은 부르카의 착용이 더 이상 라이시테 문제에만 해당되는 것이 아니라 공공안전의 문제와도 밀접하게 관련되고 있음을 강조하였다. 즉, 시청이나 기차역 혹은 은행과 같은 일부 보호받아야 할 건물에서 신원을 확인할 필요가 있는 보안상의 문제가 가장 명백한 이유가 될 것이다.[84] 이들이 무슬림에 대해 갖는 의식은 무슬림을 전쟁, 테러의 주범으로 인식하는 일반적인 서구인과 다르지 않은 것이다. 결국, 이 법은 6개월의 계도기간을 거쳐 2011년부터 시행에 들어갈 것이며, 그 전에는 일단 부르카를 입은 채로 운전하는 것을 금지시킴으로써 일정 부분 효과를 거두려고 하였다.

이러한 일련의 논쟁을 보면서, 우리는 1989년 이래 야기되었던 히잡 논쟁과 2009년 이래 논의되고 있는 부르카 논쟁을 비교 분석할 필요성을 느낀다. 히잡 논쟁은 2004년 3월 15일의 법, 즉 '공립학교 내 종교적 상징물 착용 금지법'으로 사실상 종결되었다고 볼 수 있다. 그러면 불과 6년 남짓한 시간이 흘렀는데, 왜 지금 부르카가 프랑스 내에서 새로운 사회적 이슈가 되었을까? 지난 6년간 프랑스 대내외적으로 무슬림 문제와 관련하여 어떠한 새로운 상황이 전개되었기에 이 문제가 프랑스를 넘어 국제사회의 이목을 집중시키는 문제가 되었는가? 일단 우리는 첫 장에서 살펴보았듯이 프랑스에서 사르코지가 2007년에 대통

http://www.huffingtonpost.com/2010/07/13/france-burqa-ban-french-p_n_644433.html (검색일: 2010. 10. 19)

83 *Le Monde* du 14 septembre 2010.

84 *Le Figaro* du 25 juin 2009.

령에 당선되었으며, 그 이후 '민족정체성'에 대한 문제가 이슈가 되어왔음을 알고 있다. 또한 국제적으로는 이라크전쟁에 이어 아프간 문제가 심화되었고, 알카에다(Al-Qaeda) 문제가 여전히 식지 않는 뜨거운 주제라는 것, 그리고 미국에서 간혹 무슬림으로 오해받고 있는 흑인 오바마가 대통령에 당선되었다는 사실을 알고 있다. 아울러 최근 현안으로 부각되고 있는 프랑스 정부의 로마 강제추방 정책과 이 문제와 관련된 EU 집행부와의 갈등은 프랑스의 불관용 이민자 정책을 전 세계적으로 각인시키는 계기가 되고 있다. 사르코지는 이들의 추방 조치를 프랑스 내 치안문제와 연계시키고 있고, 심지어 이른바 '집시촌'을 범죄의 천국이라고까지 부르고 있다. 더욱이 세계를 놀라게 한 2005년 가을에 파리 근교의 이민자 소요사태 또한 사르코지가 내무부장관 재직 당시 발생한 사건이며, 그 확산에도 일조한 것으로 알려진 점은 최근의 문제와 관련하여 상기되어야 할 일임에 틀림없다.[85]

이러한 시대적 배경의 변화에 주목하면서, 우리는 히잡 사건에 대한 프랑스 정부의 공식 입장이라고 할 수 있는 2003년의 스타지 보고서와 2009년의 부르카 착용금지의 제안서 및 하원과 상원에서 통과된 법안을 비교 검토함으로써 사르코지 대통령 당선 전후 프랑스 정부의 이민자 정책 및 여론 주도층의 무슬림이민자 관련 입장에 어떠한 변화가 있었는지 살펴보고자 한다.

우리는 두 시기 및 두 주요 자료의 비교를 통해 다음의 문제들을 알아볼 것이다. 첫째로는 라이시테 문제와 공공안전 문제가 두 문건에 어떤 식으로 반영되고 있는지를 검토할 것이다. 스타지 보고서는 비록 '히잡 사건'을 해결하기 위해 만들어졌지만, 그 안에는 (무슬림)이민자

85 박단, 「2005년 프랑스 '소요 사태'와 무슬림이민자 통합문제」, p. 228.

문제를 해결하기 위한 다양한 방안들이 제시되어 있다. 이를 통해, 단순히 히잡뿐만 아니라 무슬림의 권리와 관련된 프랑스의 공식적 입장을 확인할 수 있을 것이다. 두 번째로는 둘 사이에 나타나고 있는 타문화 용인에 대한 입장 차이를 분석할 것이다. 단순히 우리가 초점을 맞추고 있는 히잡이나 부르카 혹은 여성의 권리뿐만 아니라 타문화 자체에 대한 '보고서들'의 관점을 파악하는 것도 놓쳐서는 안 될 점이다. 마지막으로는 두 텍스트가 만들어질 당시의 프랑스적 상황, 즉 콘텍스트를 이해하는 일이다. 이는 앞에서도 지적하였듯이 대체로 사르코지가 대통령직을 수행하기 전 혹은 후의 시기가 될 것이다. 2007년 집권 후, 이민관련부처 신설부터 시작하여 가족재결합 신청자의 DNA 검사, 선택적 이민자 수용, 인종별 인구조사 시도 등 이민문제와 관련하여 많은 논란이 있었음은 주지의 사실이다.

프랑스 사회가 이민자에게 '다를 권리'를 인정하기 위해 다문화사회로 나아가고 있다는 일각의 주장과 그러면서도 한편으로는 반(反)이민자정책으로 나아가고 있다는 주장을 우리는 어떻게 해석해야 하는가? 앞에서 언급한 사르코지 정부의 다양한 이민자 관련 정책도 우리를 혼돈스럽게 하기는 마찬가지이다. '히잡 및 부르카 금지'와 관련된 스타지 보고서와 부르카 금지법안 등은 정부 및 여론 주도층의 입장을 대변하는 것으로 볼 수 있는 만큼, 이를 상세히 검토하는 것은 무슬림이민자와 관련된 프랑스 정부의 공식적 입장을, 그것도 시기별로 파악할 수 있는 유용한 방법이 될 것으로 판단된다. 이러한 접근은 결국 프랑스 사회가 이민자 문제, 특히 무슬림이민자에 대해 어떠한 측면에서는 변화된 입장을 보여주고 있고, 어떠한 측면에서는 지속적인 입장을 보여주고 있는지 탐색해볼 수 있는 단초를 제공할 수 있을 것이다.

2) '히잡 사건'과 스타지 보고서

1989년 가을, 파리 북쪽 우아즈 도(道)의 크레유(Creil)에 위치한 한 중학교에서 공화국의 주요 원칙 가운데 하나인 라이시테 문제와 관련하여 많은 논쟁을 불러일으킨 소위 '히잡 사건'이 발생했다. 이 사건으로 프랑스 주류사회와 무슬림이민자 사이에 종교 문화적 갈등이 표면화되었을 뿐만 아니라 주류사회 내에서도 이 사건을 어떻게 바라보느냐에 따라 심각한 의견 갈등이 표출되었다. 의견 대립의 핵심은 라이시테 원칙의 준수 문제였다.

우리는 기존 연구에서 여중생들의 공립학교 내 히잡 착용에 관한 여러 쟁점을 이미 소개한 바 있다. 여기에서는 우선, 2004년 3월 15일의 법이라고 일컫는 '공립학교 내 종교적 상징물 착용 금지법'이 의회에서 채택되는 데 결정적 역할을 한 스타지 보고서가 나오게 된 시대적 배경과 보고서의 내용을 구체적으로 분석하고자 한다. 이 보고서는 2003년 7월 3일에 대통령 자크 시라크(Jacques Chirac)의 주도로, 베르나르 스타지(Bernard Stasi)가 이끈 스타지 위원회의 산물이다.[86] 전반적으로 볼 때, 스타지 보고서는 비록 히잡과 같은 종교적 상징물의 가시적 착용은 공공장소에서 금지시키더라도 "많은 다문화적 내용들을 제시함으로써, 앞으로 프랑스 정부가 이민자들이 '다를 권리'를 시행할 수 있도록 정부에게 나아갈 방향을 제시하고 있는 것"[87]으로 보인다.

한편, 스타지 보고서를 분석하는 데 있어서 우리는 장-루이 드브레(Jean-Louis Debré) 당시 하원의장의 책임 하에 구성된 위원들의 보고서

86 *Le Monde* du 10 septembre 2003.

87 스타지 보고서의 다문화주의적 성격에 관한 내용은 김정희의 글에서 시사 받은 바 크다. 김정희, 「히잡 사건을 통해 본 프랑스의 보편주의와 다문화주의」, 『불어불문학연구』 76집(2008년 겨울).

(이하 하원 보고서),[88] 그리고 2004년 5월 18일에 교육부가 내놓은 3월 15일 법의 시행세칙[89]도 함께 고려하고자 한다. 이는 프랑스 정부뿐만 아니라 이 분야에 관한 프랑스의 최고 지성들이 교내에서의 히잡 착용 문제와 라이시테라는 문제를 어떻게 생각하고, 어떻게 해결하려고 하였는지 보여주는 주요 공식문서라고 할 수 있기 때문이다.

(1) 스타지 위원회의 설립배경과 구성

스타지 위원회는 어떠한 배경 하에서 구성되었을까? '히잡 사건'과 관련된 논쟁에서 가장 강력한 이슈로 떠오른 것이 '프랑스공화국과 라이시테 원칙'의 관계였음은 잘 알려진 사실이다. 또한 이 당시는 1905년에 제정된 정교분리법의 100주년이 다가올 때이기도 하였다. 자연스레 많은 사람들이 라이시테의 이름으로 히잡 착용을 금지시켜야 한다는 논리에 찬성하였고, 다양한 입장에서 이를 지지하는 글들이 나오기도 하였다. 하지만, 모든 것이 명쾌하게 결론지어지지는 않았다. 학교 내에서 히잡을 벗으려 하지 않는 학생들의 경우, 이들의 행동을 종교와 관련된 선동행위로 볼 것인지, 혹은 그렇지 않은지, '선동'에 대한 해석이 학교를 책임지고 있는 교장에 따라 다르게 나타나고 있었다. 자크 시라크 대통령은 이러한 법적용의 모호함을 줄이는 데 적극 나서라는 여론의 압박을 받았고, 마침내 이 문제를 해결하기 위해 단일한 법안이 필요하다는 제의에 동의하게 되었다. 대통령은 '공화국의 원칙'에 관한 문제는 "타협의 대상이 될 수 없다"고 판단하였다.[90] 이렇게

---

88 Assemblée Nationale, *Rapport fait au nom de la mission d'information sur la question du port des signes religieux à l'école*, 2 vols(2003).

89 *Journal Officiel* 118, 22 mai 2004.

90 *Le Monde* du 5 novembre 2003.

하여 스타지 위원회가 태어나게 되었다.

이렇게 태어난 스타지 위원회의 권고에 따라 대통령은 2003년 12월에 '종교적 상징물을 학교 내에서 드러내놓는 것을 금지'하는 법안(이하 '종교적 상징 착용 금지' 법)의 작성을 지지하였으며, 이 법안은 2004년에 프랑스 상하원에서 각각 여야 의원들의 대다수 찬성으로 채택되었다. 이로 인해 10여 년 이래 계속되어온 무슬림 여학생들의 공립학교 내 히잡 착용 문제에 대한 논란은 일단락 지어졌다. 그러나 스타지 보고서가 '히잡 사건'을 해결하기 위해 만들어졌지만, 이 보고서에 히잡 문제만이 기술되지는 않았다. 20인의 위원들은 당시 프랑스가 겪고 있는 문제들, 특히 무슬림이민자들과 관련해서 프랑스의 보편주의적 동화주의가 겪고 있는 다양한 문제들에 대해 언급하였다. 심지어, 보고서는 이들 문제에 대해서 보기에 따라서는 상당히 '진보적인' 해결책을 제시하기까지 하였다. 이러한 내용들은 어떠한 상황에서 도출된 것일까? 이민자 문제와 관련하여 당시 프랑스적 상황을 좀 더 알아보자.

스타지 위원회의 '진보적' 의견들은 당시의 상황적 요인과 무관하지 않을 것으로 보인다. 주지하다시피, 1980년대 초에 사회당 정권이 들어선 이후 일부 지식인들로부터 시작된 이민자들의 '다를 권리'에 대한 견해는 점차 프랑스의 정책에도 스며들기 시작했다.[91] 1981년의 대통령선거에서 프랑수아 미테랑이 대통령에 당선되면서 그동안 진행되어왔던 차별적 이민정책이 조금씩이나마 바뀌게 되었다. 좌파연합정부는 1981년 5월말부터, '체류증 없는 불법체류 외국인들'(sans-papiers)에게 대규모 사면을 시행하였다. 이후 비록 우파 정부의 반이민자 정책, 극우파의 반이민자 선동으로 어려움이 없지는 않았지만, 1988년에 미테랑이 재선

91 박단(편), 『현대서양사회와 이주민: 갈등과 통합 사이에서』, pp. 367~368.

되면서 사회당 정부는 1989년 12월 19일의 시행령으로 1990년에 통합고위위원회(Haut Conseil à l'Intégration)를 조직하였다. 이 위원회는 이민, 특히 무슬림 이민이 프랑스 사회에 쟁점이 되면서 이에 대하여 여러 가지 정책 제안을 할 목적으로 설립되었다. 이 위원회는 통합의 목적에 대하여 "통합은 모든 사회분야에서 모든 사람이 활발히 참여할 수 있도록 해야 한다. 사회결속이 보장되도록 [……] 문화적 특수성이 여전히 지속될 수 있다는 것이 진정으로 받아들여져야 한다"[92]고 정의를 내렸다. 이 정의는 '차이'에 대한 톨레랑스와 '사회결속'에 대한 필요성을 강조한 것이었다. 이는 '집단의 차이에 대한 공적인 인정은 보장될 수 없으며', 통합이 되고 안 되고는 개인에게 달린 문제라는 것[93]으로 '공화국 통합모델'을 완전히 벗어난 것으로 볼 수는 없다.[94]

이러한 입장은 1990년대에 들어와 무슬림이민자들과의 갈등 그리고 차별 현상이 가속화됨으로써 더욱 강화되었다. 프랑스 정부는 무슬림이민자에 대한 지속적인 사회통합을 위해 차별에 대한 투쟁을 우선순위로 둘 수밖에 없었다.[95] 1997년에 사회당이 다시 정권을 차지함으로써 좌파정권은 '차별에 맞선 투쟁'을 구호로 하는 통합정책을 펴기 시작하였다. 리오넬 조스팽 정부는 이러한 정책이야말로 이민자들을 차별하지 않고 모든 사람에게 동등한 기회를 제공할 수 있는 유일한 방법이라고 주장하였다.[96] 2002년에 좌파의 지지로 대통령에 재당선된 시라크는

92 Virginie Gauiraudon, "Immigration Politics and Policies", Alistair Cole(ed.), *Developments in French Politics 3*(New York: Palgrave MacMillan, 2005), p. 159.

93 *Ibid.*

94 박단(편), 『현대서양사회와 이주민: 갈등과 통합 사이에서』, p. 368.

95 Jean-Luc Richard, *Les immigrés dans la société française*(Paris: La Documentation frnaçaise, 2005), p. 7.

96 Mattias Guyomar, "La politique d'immigration française depuis 1945", Philippe

극우정파인 민족전선에 맞서, 외국인혐오 경향에 대해 투쟁하기로 결의하였지만, 실제 그의 정책은 '다를 권리'를 인정하는 방향으로 가지는 않았다. 하지만, 한 번 불었던 '다를 권리'에 대한 여론은 다양한 방향으로 흘러들어갔다. 이러한 추세가 스타지 위원회의 활동에도 어느 정도 영향을 미쳤을 것으로 보는 것이 타당할 것이다.

스타지 위원회의 위원은 총 20명으로 다양한 부류의 인사들로 구성되어 있다. 정치인으로는 프랑스 북부 도시인 덩케르크의 시장이자 사회당 하원의원인 미셸 들르바르(Michel Delebarre), 대중운동연합의 상원의원인 넬리 올랭(Nelly Olin) 등이 있고, 학자로는 프랑스의 대표적 이슬람 연구가인 질 케펠(Gilles Kepel)과 파리 1대학의 이민사 교수인 파트릭 베이(Patrick Weil), 교육부 대표로 모리스 크네(Maurice Quenet), 통합고위위원회 회원인 아니파 쉐리피(Hanifa Chérifi), 종교문화 연구가로서 파리 10대학 총장을 역임한 가톨릭 대표 르네 레몽(René Rémond), 프로테스탄트 대표로 장 보베로(Jean Baubérot), 이슬람 대표로 모아메드 아르쿤(Mohamed Arkoun), 그 외에 철학자 앙리 페나-뤼즈(Henri Péna-Ruiz), 사회학자 알랭 투렌(Alain Touraine), 그리고 최고행정재판소 재판관 레미 슈바르츠(Rémi Schwartz), 마지막으로 이 위원회의 위원장인 베르나르 스타지 등이 그들이다.[97]

본 위원회는 청문회에서 본 주제와 관련된 의견을 개진할 인사들의 명단을 우선 작성했다. 그 대상은 정당인, 노조운동가, 성직자, 프리메이슨 단원(fran-maçonnerie), 인권수호단체 대표자들, 그리고 주로 교육계

Dewitte(ed.), *Immigration et intégration l'état des savoirs*(Paris: Editions la Découverte, 1999), p. 306.

97 *Le Monde* du 10 septembre 2003.

인사들이었고, 지식인들과 현장에서 활동하는 사람들, 즉 학교장, 병원장, 교도소장, 여성운동가 등을 청문하는 것도 필요했다.[98] 이러한 기준으로 위원회가 청문한 140여 명의 인사들은 매우 다양하였고, 그들은 라이시테에 대한 자신들의 다양한 견해를 표출하였다.[99] 이들 인사들의 견해가 본 위원회의 보고서에 반영될 수밖에 없다는 것은 당연하였다. 최고행정재판소 재판관이자 본 위원회의 보고책임자 역할을 한 레미 슈바르츠는 한 학술지와의 인터뷰에서, "우리 위원들 각자가 프랑스 사회에 대한 확실한 자기 관점을 가지고 있는 것은 사실이다"[100]라고 말함으로써, 청문회 리스트에 오른 사람들의 성향과 스타지 위원회 위원들의 성향이 상호 연관될 수 있음을 암시하였다.

슈바르츠의 생각에, 청문회에 나온 사람들 가운데 문제해결에 가장 "효과가 있었던 인물"은 유럽인권재판소(Cour européenne des droits de l'homme) 부소장인 장-폴 코스타(Jean-Paul Costa)였다. 혹시라도 있을 유럽재판소에 의한 (히잡 금지)법에 대한 검열의 두려움을 해소시킨 인물이 바로 코스타였다. 유럽인권재판소는 2004년 6월 29일에 이 문제와 관련된 한 사건에서, 다원주의의 가치, 타인의 권리에 대한 존중, 그리고 특별히 법 앞에 남녀가 평등하다는 것을 고려한다면, 공립학교에서의 종교적 상징물 착용금지는 정당화될 수 있다고 판시했던 것이다.[101] 이 판결에 따르면, 사회가 '다원주의의 가치, 타인의 권리'를 존중하는 것과 '공립학교에서 히잡 착용을 금지'시키는 것은 별개의 문제라는

98 Alain Seksig et Marie Lazaridis, "Le travail de la commission Stasi", *Hommes & Migrations*, n. 1258(2005), p. 28.

99 이 위원회는 약 3개월에 걸쳐 140여 명을 청문(聽聞)했다. *Ibid.*

100 *Ibid.*

101 *Ibid.*

것이다. 즉 라이시테의 원칙을 지키는 것이 다원주의의 가치를 부정하는 것도, 타인의 권리를 훼손하는 것도 아니라는 것이다.

이렇게 본다면 스타지 보고서가 시대적 흐름과 맥을 같이하여, 미테랑 이후 가시화되어온 프랑스 사회에서의 '다를 권리'에 관한 내용을 충분히 반영한 것과, 라이시테 문제와 관련하여 '공립학교에서의 종교적 상징물 착용금지'라는 의견을 제시한 것이 모순되지 않을 수도 있다. 이제 '보고서'에 나타난 라이시테 원칙의 문제와 다원주의 문제를 우리가 어떻게 보아야 할지 조금 더 구체적으로 살펴보자.

(2) 스타지 보고서에 나타난 라이시테 원칙과 다원주의 문제

'히잡 사건'의 해결책으로 스타지 위원회가 해야 할 일은 '프랑스공화국과 라이시테'의 관계를 명쾌히 밝히는 것이었다. 일부에서 스타지 보고서는 "한편으로 다문화주의에 반대하는 프랑스의 입장을 재확인한 것으로 보이지만, 다른 한편으로는 문화다양성의 고려, 가톨릭 이외의 타종교에 대한 배려라는 측면에서 상당히 획기적인 제안을 내놓았다는 점에 주목할 필요가 있으며", "비록 제안에 그치고 정책으로 실현되지는 않았지만, 프랑스 사회의 여론 주도층이라고 할 수 있는 스타지 위원회에 의해 이것들이 공론화되었다는 점을 중요시해야 한다"**102**는 주장이 있다. 사실, 이것은 앞에서 살펴본 대로 1980년대 이래 프랑스에서 제기되었던 '다를 권리'의 흐름을 고려한다면, 그리 새로운 주장은 아니지만 일종의 정부 공식문서라고 할 수 있는 스타지 보고서가 이러한 내용을 명시적으로 제시했다는 점에서 분명 나름대로 의미가 있어 보인다. 특히 2009년의 부르카 금지 결의안이나 법안의 '보수성'을 고려한다

---

102 김정희, 「히잡 사건을 통해 본 프랑스의 보편주의와 다문화주의」, p. 564.

면, 문화다양성을 공개적으로 언급한 측면은 더욱 선명히 부각된다. 이러한 점을 고려하여, 이 장에서는 프랑스공화국이 '히잡 문제'의 해결책을 찾는 과정에서 라이시테 원칙을 교조적으로 적용하기보다 유연하게 적용하고 있는 모습을 보여주려고 한다.

스타지 보고서는 총 78쪽의 4부로 구성되어 있으며, 구체적으로 제1부는 <라이시테, 보편적 원칙, 공화주의적 가치>, 제2부는 <프랑스적 라이시테, 경험주의가 적용된 사법원칙>, 제3부는 <라이시테에 대한 도전>, 그리고 제4부는 <통합을 위한 단호한 라이시테의 확인>이다. 제목에서 보는 바와 같이 스타지 보고서는 라이시테에 대한 원칙에서부터 그에 대한 도전, 그리고 프랑스가 라이시테 원칙에 대해 취해야 할 태도 등을 설명하고 있다. 즉, 이 보고서는 2009~2010년 현재 부르카 착용 금지를 주장하는 결의안에서 나타나는 공공안전 문제나 여성의 존엄성 문제를 본격적으로 다루고 있지 않다. 나아가 장-루이 드브레 하원의장이 주도한 하원 보고서에서도 이 문제는 거의 거론되지 않는다. 하원 보고서의 1부는 <학교에서 종교적 상징물의 착용이 프랑스의 라이시테 원칙과 병행될 수 있는가?>, 2부는 <종교적, 정치적 소속의 표시는 학교에서의 통합 사명의 어려움을 보여준다>, 3부는 <학교에서 종교적 상징물 착용에 대한 법적 규제가 학교건물 내에서 라이시테에 대한 존중을 충분히 보장하지 못한다>, 제4부는 <학교에서의 라이시테 원칙을 법에 재천명하기 위하여>이다. 제목에서 보듯이 하원 보고서 역시 전체적인 내용이 공공안전 문제나 여성의 존엄성 문제와는 거리가 있다.[103]

이제 스타지 보고서의 라이시테에 대한 입장을 좀 더 구체적으로

103 Assemblée Nationale, *Rapport fait au nom de la mission d'information sur la question du port des signes religieux à l'école*, 2 vols(Paris: Le Kiosque de l'Assemblée).

살펴보자. 주지하다시피, 히잡 사건의 주요 논쟁점이 되고 있는 것은 라이시테의 적용 가능성의 문제이다. 이 보고서의 전문(préambule)에서는 우선 프랑스공화국이 라이시테를 기반으로 구성되었고, 라이시테는 프랑스의 기본적 가치 가운데 하나가 되었으며, 이것은 오늘날 프랑스에서 대다수 사람의 동의를 얻고 있음을 밝히고 있다. 그러나 동시에, 전문은 라이시테라는 같은 단어 안에서도 이해 정도의 차이가 존재하여, 그 의미나 영향력 정도가 불명확함을 명시하고 있다. 그러므로, 그 원칙을 명백히 밝히는 것이 매우 중요하다고 주장한다.[104] 스타지 보고서가 규정하는 '공화국 협정의 초석으로서의 라이시테'란 세 가지의 불가분의 관계에 기반을 두고 있다. 첫 번째는 양심의 자유이고, 두 번째는 종교선택권의 평등이며, 그리고 세 번째는 정치권력의 중립이다. 양심의 자유 덕분에 모든 시민은 자신의 신앙생활을 선택할 수 있다. 종교선택권의 평등은 모든 차별이나 강제를 금지시키며, 국가는 어떠한 선택에도 특권을 부여하지 않는다. 마지막으로 정치권력은 종교영역에 전혀 간섭하지 않음으로써 그 한계를 인정한다.

이처럼 얼핏 보기에 스타지 보고서는 라이시테를 확고하게 강조하는 하나의 보고서임에 틀림없다. 하지만 조금 더 꼼꼼히 읽어보면, 우리는 이 보고서에서 '교조적인' 프랑스 동화주의의 원칙에서 벗어난 문화의 다양성을 강조하는 측면 또한 읽어낼 수 있다. 특히 4부의 4.1.2.3 항목의 제목은 '다양성을 존중할 것'이다. 더욱이 4.3은 '신앙의 다양성을 충분히 존중할 것'이라는 제목 하에 '학교에서 종교를 가르칠 것'(4.3.1) '이슬람에 대한 고등교육을 발전시킬 것'(4.3.2) '무슬림사제직도 다른 종교의

104 Bernard Stasi, *Rapport au Président de la République*: *Laïcité et République*(Paris: La Documentation française, 2004), p. 9.

사제직과 같은 조건으로 이용될 수 있도록 할 것'(4.3.3) '모든 신앙의 완전한 존중을 보장할 것'(4.3.4) 등이다.

이러한 내용들이 라이시테의 원칙과 충돌하지 않는가? 이제 이들에 대해 간단히 부연 설명해보자. 우선 4.1.2.3의 '다양성을 존중할 것'에서 보고서는 위원회가 청문한 경고 형태의 감탄문, "적어도 모스크에서 나는 존재한다!"를 직접 인용하는데, 이것이 바로 20여 년간의 동화정책이 진정 실패했다는 경종을 울린 것으로 여겨졌다는 것이다. 위원회는 "서로 다른 구성원들이 프랑스 역사를 구성하고 있다는 사실과 이주라는 현상에 대해 무지하고 편견을 갖고 있는 것에 맞닥뜨려 싸워야 한다"는 것을 강조한다. 그러면서 위원회는 노예에 대한 역사교육이 교과 프로그램에 없으며, 식민지, 탈식민지 및 이민 역사교육이 충분한 자리를 차지하지 못하고 있으므로, 이들에 대한 교육이 중고등학교에서 필요하다는 것을 지적한다.[105]

4.3 '신앙의 다양성을 충분히 존중할 것'이라는 항목에서는 프랑스식 라이시테에 대해 설명한다. 이에 따르면, 프랑스의 특징을 구성하는 라이시테는 신앙의 자유와 모든 영적 선택에 대한 표현의 자유를 충분히 보장한다. 오늘날 프랑스는 영적, 종교적 다원주의에 의해 특징지어진다고 할 수 있는 것이다. 이러한 대전제 하에 몇 가지 항목이 서술되어 있다. 그 가운데 가장 우리의 눈을 끄는 항목은 '학교에서 종교를 가르칠 것'이다. 사실 지금까지 프랑스 공립학교에서 종교를 가르치는 일은 금지되어왔다. 가톨릭이나 유대교 등의 지도자들이 학교에서 종교교육을 시킬 수 있도록 할 것을 끊임없이 주창해왔고, 심지어 1989년에 히잡 사건이 일어난 후에 파리 주교인 뤼스티제(Jean-Marie Lustiger)가

105 *Ibid.*, p. 55.

'학교에서 종교의 위치를 다시 고려할 필요성'을 제기한 것을 상기해볼 수 있다. 추기경은 심지어 히잡을 일반화하면서, "히잡을 쓰는 것은 아마도 외국인의 머리 모양과 같을 것"이라고 강조하기까지 하였었다.[106] 그럼에도 불구하고, 라이시테 원칙을 중요시하는 프랑스 정부의 입장은 단호하지 않았는가.

그런데 스타지 위원회의 보고서에서는 학교에서의 종교교육(4.3.1)을 언급하고 있다. 사실 정교협약에 속해 있는 도(départements concordataires)[107] 외의 다른 지역에서는 교육이 세속적인 공공서비스의 범위 내에 있기 때문에 종교교육이 실시되어서는 안 된다. 하지만 종교를 체계적으로 교육시킬 것을 요구하는 데에는 많은 이유들이 있다. 마치 문명에 관한 것을 교육시키는 것이 당연한 것처럼 말이다. 오늘날 서로 다른 문화, 종교사상의 전통을 더 잘 이해하는 것은 매우 중요하다. 국어교육과 역사교육에 종교 학습이 더 잘 녹아들어가게 하기 위해서, 교육프로그램이 최근 재검토되었다는 사실이 스타지 위원회로서는 축하할 만한 일이었다. 더욱이 위원회는 새로운 학제 간 교육방법을 수단으로 해서 종교 현상에 대해 다방면적으로 접근할 것을 기대하였다. 이러한 위원회의 제안은 공립학교의 교육에 관한 기존의 엄격한 기준에 비한다면 한층

---

106 Françoise Gaspard et Farhad Khosrokhavar, *Le Foulard et la République*(Paris: La Découverte, 1995), pp. 14~15.

107 1801년 나폴레옹 통령정부 시기 정교협약이 맺어졌으나, 1905년 정교분리법에 의해 프랑스는 정교분리 국가가 된다. 단지 알자스와 로렌 지방의 일부는 1905년 당시 독일 치하에 있었기에, 정교분리가 적용되지 않았고, 그 이후에도 여전히 정교협약에 속해 있는 도로 남아 있었으나, 논란은 최근까지도 계속되고 있다. 2006년에는 이슬람을 가톨릭, 유대교, 루터교, 프로테스탄트와 함께 정교협약의 대상에 포함시킬 것을 주장하는 법안이 제시된 적이 있다. 또한, 2012년 대선 후보인 사회당의 프랑수아 올랑드(François Hollande)는 일부 지역에 남아 있는 정교협약을 폐지할 것을 주장했다. http://fr.wikipedia.org/wiki/R%C3%A9gime_concordataire_fran%C3%A7ais (검색일: 2012. 2. 4)

유연한 자세를 제안한 것으로 판단된다.

다음으로 살펴볼 것은 '이슬람에 대한 고등교육을 발전시키는 문제'(4.3.2)이다. 이는 지금까지 프랑스에서 일어났던 여러 가지 형태의 '문화전쟁'의 원인이 타문화에 대한 무지에서 비롯되었음을 인정하는 것이다. 사실 상대 문화에 대한 무지와 편견은 둘 사이의 갈등을 유발시킨다. 스타지 위원회는 이러한 문제를 해결하기 위해 이슬람 연구를 전문으로 하는 국립이슬람연구학교(Ecole nationale d'études islamiques)의 설립을 제안하였다. 이 학교의 구체적인 설립 목적으로 제시된 것은, '이슬람을 모델로 하는 사회, 사상, 문화에 대한 과학적 연구를 수행하기', '세계에 걸친 다양한 문화, 사상의 전통, 종교로서의 이슬람을 비판적으로 표현할 수 있는 공간을 제공하기', '모든 수준의 공공교육에서 종교적 사실을 가르칠 수 있는 교사의 양성에 공헌하기', '학습자료 센터의 창설', '현대 무슬림 세계에서 교사와 연구자들 사이의 관계 조성', '마그레브나 아프리카, 중동 출신 프랑스권 학생들의 영입 구조 조성' 등이었다. 이러한 면을 볼 때, 스타지 위원회는 프랑스가 앞으로 이슬람권에 대해 더 문호를 개방하고 이슬람의 문화와 전통을 이해하는 방향으로 나아갈 것을 권고하는 것으로 판단할 수 있다. 위원회의 이러한 방향 제시는 그동안 타문화와 종교에 폐쇄적이었던 것으로 여겨졌던 프랑스의 무슬림이민자 정책을 재설정하는 계기로 볼 수도 있을 것이다.

그 외 사제직(4.3.3)과 관련해서 위원회는 모든 종교가 법이 부여하는 장점들을 누리지 못함을 개탄한다. 특히 병원이나 감옥처럼 공공서비스 기관에 이슬람지도자인 이맘들이 부족하고, 군대에도 이맘들이 없으며, 무슬림 군인들을 때로 유대교 랍비가 책임지는 일까지 있다. 그런 이유로 위원회는 다른 종교와 마찬가지 조건으로 이슬람 종교지도자(aumônier général musulman)가 파견될 것을 제안한다.[108]

이러한 내용은 자연스럽게 '모든 신앙의 완전한 존중을 보장할 것'(4.3.4)으로 이어지며,[109] 마지막 항목에 오면, '가장 대표적인 종교들의 가장 장엄한 축제들을 고려할 것'(4.4)이라는 항목에 도달한다. 이 항목에 따르면, 위원회는 11일의 휴일 가운데 대략 4일을 차지하고 있는 가톨릭 축일을 담고 있는 캘린더를 재검토하는 것을 문제 삼을 수는 없다고 판단하지만 프랑스의 영적 풍경이 백년에 걸쳐 변화되었음을 인정한다. 그러므로 공화국은 프랑스에 현존하는 두 개의 대(大)종교, 즉 유대교와 이슬람의 가장 신성한 날을 인정하고, 불교도들이 5월의 '어느 일요일'(석가탄신일)에 자신들의 주요 축제를 조직하는 것을 영광스러워할 것으로 판단한다. 그러므로, 학교에서는 학생 전체가 유대교의 대속죄의 날(Kippour)과 이슬람 세계의 대축제인 아이드-엘-케비르(Aïd-el-Kébir)[110]에 휴교할 것을 권고하는 것이다. 이틀간의 보충 휴일로 종교 간 불균형이 어느 정도 상쇄될 수 있음에 틀림없을 것이다. 한편, 위원회는 기업에서도 대속죄의 날과 아이드-엘-케비르, 동방정교의 크리스마스가 공휴일로 인정될 수 있게 하고, 이날을 노동자가 재량으로 다른 공휴일과 대체하여 사용하는 것이 가능하도록 제안하고 있다.[111]

또한 이 보고서의 결론 부분을 보면, 라이시테와 관련해 몇 가지 의미심장한 구절들을 발견할 수 있다. 위원회는 우선 1905년에 정교분리법이 제정될 당시와 한 세기가 지난 오늘날은 많은 측면에서 다를 수 있음을 인정한다. 특히 프랑스 사회가 종교적 차원에서 다양한 이민자의 영향 하에 놓여 있음을 인정하고 있다. 여기서 중요한 것이 국민통합과

---

108 Bernard Stasi, *Rapport au Président de la République*, p. 64.

109 *Ibid.*

110 양의 날, 라마단 마지막 날을 지칭.

111 *Ibid.*, p. 65.

다양성의 존중이라는 것이다. 그러기 위해서는 보고서 전문에서 언급한 대로, 양심의 자유, 권리의 평등 그리고 정치권력의 중립이 그들의 종교적 선택이 무엇이건 간에 모든 사람에게 도움이 되어야 한다는 것이다. 여기서 국가가 엄격한 규칙을 재확인하는 것이 물론 중요하다.[112]

이렇게 본다면, 스타지 보고서는 라이시테에 대해 매우 유연한 선택을 한 셈이다. 뿐만 아니라, '공립학교 내 종교적 상징물 금지'에 관한 사항만 아니라면, 이 보고서는 프랑스의 '다문화주의 정책을 위한 교범'이라고 해도 그다지 지나친 말이 아닐 수 있을 것이다. 필자가 판단할 때, 스타지 보고서는 '히잡 금지'라는 불가피한 결정사항 때문에 프랑스 사회의 다양성에 대해 많은 양보를 내비쳤는지도 모르겠다. 하지만, 우리가 여기서 말하고자 하는 것은 다른 데 있다. 이 글의 서두에서 제기했듯이, 우리가 판단하기에 스타지 보고서가 쓰인 2004년의 시점과 부르카 금지 법안이 통과된 2010년의 시점 사이에, 무슬림이민자와 관련된 여론 주도층의 입장에 많은 변화가 있다는 것이다. 이에 대한 고찰을 위해서는 지금까지 살펴본 스타지 보고서의 내용과 부르카 금지와 관련된 의회 차원의 결의안, 보고서들이 보여주고 있는 내용을 비교 분석할 필요성이 제기된다.

3) '부르카 금지'와 금지 결의안

(1) 부르카 금지: 문제제기에서 입법까지[113]

비록 스타지 보고서가 문화적 다양성에 대해 상당히 전향적인 내용들

112 *Ibid.*, pp. 66~69.

113 '부르카 사건의 전개'에 대해서는 강진희가 정리해 놓은 글(「부르카: 공화국을 분열시키는 새로운 잣대?」, 『통신원 브리프(프랑스)』, vol. 4[2010])을 주로 참조, 보완하였다.

을 포함하고 있지만, 무슬림 여중생들이 공립학교 내에서 더 이상 히잡을 쓰지 못하게 된 것이 스타지 위원회가 내린 결론 때문이라는 것은 의심의 여지가 없다. 이 위원회가 내린 무슬림 여학생 관련 내용은 당시 여론의 지지를 받고 있었고, 앞서 언급한 대로, 프랑스 여야 의원들의 대다수 찬성으로 채택되었다. 하지만, 2010년 프랑스 상하원에서 채택된 '부르카 금지 법안'은 이와는 조금 달랐다. 야당인 사회당, 공산당 의원 대다수는 이 표결에 참석하지 않았으며, 대외적으로도 프랑스의 조처를 비난하는 여론이 압도적이었다. 이는 분명 두 법안이 내포하고 있는 내용과 그 법안이 가져올 결과에 있어서 뚜렷한 차이가 있기 때문일 것이다. 과연 두 법안은 어떠한 차이를 보이고 있는가? 1989년의 '히잡 사건'과 직접적으로 관련된 스타지 보고서의 내용은 앞서 살펴보았다. 이제 '부르카 사건'의 전개와 추이를 알아보고, 이와 관련된 보고서, 안건 등을 추적하여, '부르카 금지법'의 성격을 분석해보자. 물론, 이를 명확히 보여주기 위해서는 앞서 언급한 스타지 보고서의 내용과 비교하는 것이 불가피할 것이다.

부르카 사건은 2010년에 갑자기 일어난 사건이 아니다. 이 사건의 기원은 2008년에 32세의 한 모로코 여성이 프랑스 국적 취득을 거부당한 것에서 찾아볼 수 있다.[114] 2000년에 프랑스에 입국한 그녀는 프랑스 국적자와 결혼해 세 명의 자녀를 두었으나, 부르카를 착용한다는 점이 급진적 종교행위자로 간주되어 국적 취득이 거부되었다. 2008년 6월 27일에 최고행정재판소(Conseil d'Etat)는 그녀의 청원을 기각했고, 같은 해 7월에 이블린 도(道)(Département d'Yvelines) 출신 대중운동연합의 자크 미아르(Jacques Myard) 의원은 부르카 및 니캅 금지법이 필요하다며

---

114 *Le Monde* du 11 juillet 2010.

2008년 9월 23일에 상대적으로 엄격한 법안(loi n. 1121)을 내놓았지만, 당시 그다지 커다란 반향을 일으키지는 못했다. 미아르 의원은 이미 2006년에도 공공도로에서 얼굴을 가리는 베일 착용을 금지하는 법안을 내놓은 적이 있었다.[115] 뿐만 아니라 그는 2010년 6월에는 ≪르피가로≫가 주관한 한 대담에서 부르카 착용 여성을 "길거리에서 자유롭게 손님을 끄는 창녀"와 동일시하기까지 하였다.[116] 한편, 2007년 대통령선거 당시 사회당에서 우파 대중운동연합으로 옮겨간 에릭 베송(Eric Besson) 당시 이민부장관은 2009년 봄까지만 해도 "매우 조심스러운 입장"이었으나, 그 후 입장을 선회했다. 즉, 부르카 착용 금지 법안이 처음 거론되었을 때에는, 그런 법안은 "무용하며, 괜한 긴장관계만 조성할 것"이라며, "프랑스에서는 이미 우리가 매우 멀리 나아갔기에, 공무원들은 히잡을 착용하지 못하며, 학생들도 히잡을 쓰고는 학교도 가지 못한다"라고 말하며 다른 장관들과 입장을 달리했었다.[117] 그러나 대통령인 니콜라 사르코지가 2009년 6월 22일에 "부르카 착용은 종교문제가 아니라, 자유와 여성의 존엄성의 문제다. 부르카 착용은 공화국 영토에서 환영받지 못한다"[118]는 발언을 한 후, 그것도 베르사유에서 열린 상하원 합동회의에서의 발언 이후 입장을 바꾸었다. 그는 공개적으로, 본인의 입장이 "몇 주 사이에" 바뀌었음을 표명한 후, 이때부터 "참을 수 없는", "민족정체성에 반하고, 공화국 원칙에 반하는", 특히 "남녀평등에 반하는"[119]

115 강진희, 「부르카: 공화국을 분열시키는 새로운 잣대?」, 『통신원 브리프(프랑스)』. vol. 4(2010).

116 http://videos.lefigaro.fr/video/iLyROoafMUIK.html (검색일: 2010. 12. 6)

117 *Le Figaro* du 14 septembre 2009.

118 *Le Monde* du 23 juin 2010.

119 *Le Figaro* du 14 septembre 2009.

부르카라는 말을 남발했다. 대중운동연합의 원내총무인 장-프랑수아 코페(Jean-François Copé) 또한 부르카 금지법에 매우 적극적인 사람이다. 그는 "부르카는 부차적인 문제가 아니다. 일부 극단주의자들이 공화국을 시험하려는 것이다. 그것은 종교문제가 아니라 공화국 존중의 문제"이며 "부르카 착용을 금지시키는 것이 우리의 의무다"[120]라고 부르카 금지에 대한 강경 발언을 쏟아내었다.

부르카 금지 법안에 적극적이었던 사람은 프랑스 보수 우파 정치인뿐만이 아니었다. 이미 2009년 6월 16일, 앙드레 제렝 프랑스 공산당 의원은 "프랑스 전역의 부르카와 니캅 착용 조사위원회"(commission d'enquête sur la pratique du port du niqab et de la burqa sur le territoire national)를 설치해줄 것을 하원에 요청하였으며, 이것이 마침내 전신 베일(le voile intégral)에 대한 "의회 정보위원회"(mission d'information parlementaire)로 전환되었다.[121] 제렝 의원은 자신의 블로그에 자신을 공산당원이면서 동시에 공화주의자라고 표시할 정도로 공화국의 가치를 '위협'하는 이슬람세력에 대한 반대운동을 중요한 정치의제로 삼고 있는 인물이다.[122] 제렝이 위원장인 이 "의회 정보위원회"는 2010년 1월 21일에 6개월간의 조사를 마쳤다. 조사에 따르면, 각 정당 대표자들 모두가 전면적이고 절대적인 부르카 착용금지안의 채택을 찬성하는 것은 아니지만 "공화국의 가치가 공동체주의자들의 관습보다 우위에 있다"는 점을 확신했기에, 위원회는 "공화국의 가치를 저해하는 전신 베일 착용에 대해서는 처벌을 가해야 한다"는 결론을 도출했다.[123] 이러

---

120 *Le Figaro* du 14 septembre 2009.

121 *Le Monde* du 23 avril 2010.

122 그는 심지어, 자신의 블로그 상단에 "나는 흰색과 푸른색을 존중하면서 붉은색을 사랑한다"라고 적고 있다. http://www.blogandregerin.fr/ (검색일: 2010. 12. 6)

한 배경 하에서, 프랑스 정부는 프랑스 영토 전역에서 부르카의 착용을 금지해야 하며, 그것도 일반적으로 공립학교, 우체국, 경찰서 등으로 대변되는 공공장소에서의 금지뿐만 아니라, 심지어 공공도로까지도 포함시켜야 한다는 코페의 제안을 받아들이는 쪽으로 선회하였다.[124]

결국, 5월 19일, "공공장소에서 얼굴을 가리는 것을 금지하는" 법안이 각료회의에 제출됐고, 7월 13일에 집권당 대중운동연합의 압도적인 지지와 부르카 금지안의 의제를 선점했던 제렝 의원을 비롯한 조사단의 원 약 20명가량의 야당의원의 지지로 '부르카 금지법'은 하원에서 335 대 1로 통과됐다. 투표에 참여해, 반대표를 던진 유일한 의원은 2010년 6월에 도미니크 드 빌팽(Dominique de Villepin) 전임총리가 창설한 '공화국연대'(République Solidaire) 운동의 일원으로 무소속 의원인 다니엘 가리그(Daniel Garrigue)였다. 그는 ≪라 크루아≫(십자가)와의 대담에서, "극단주의자들의 행위를 저지하기 위해, 우리가 전체주의 사회로 미끄러질 위험이 있다"고 말했다.[125] 그의 판단으로는, 프랑스가 잘못하면 이 문제로 유럽인권재판소에 소송을 제기당할 위험이 있었다. 한편, 사회당, 공산당, 녹색당 의원들이 표결에 불참한 것은 자신들의 지역구민 기분을 상하지 않게 하기 위한 것이라고 비판하였다. 본 법안을 준비한 당시 법무부장관 미셸 알리오-마리(Michèle Alliot-Marie)는 이 법안의 통과가 민주주의의 승리이자 공화국의 승리라고 논평하였다.[126] 이 법안

---

123 전신 이슬람 베일 착용에 관한 의회조사단 보고서 전문, 2010년 1월 26일자, "La mission d'information sur la pratique du port du voile intégral sur le territoire national." http://www.assemblee-nationale.fr/13/rap-info/i2262.asp 강진희(2010)에서 재인용.

124 강진희, 「부르카: 공화국을 분열시키는 새로운 잣대?」.

125 *Le Monde* du 13 juillet 2010.

126 http://www.lejdd.fr/Politique/Actualite/L-Assemblee-interdit-la-burqa-207226/ (검색일: 2010. 12. 10)

은 알려진 대로, 2010년 9월에 상원에서 수정 없이 표결에 부쳐져 246 대 1로 통과되었다. 헌법위원회 또한 2010년 10월 7일에 이 법안을 승인함으로써, 이 법안은 6개월 안에 발효될 수 있게 되었다. 단지, 헌법위원회는 전신 베일 금지가 종교의 자유에 위배될 수 있기 때문에 공공 예배장소에서는 적용되지 않는다고 판시했다.[127]

(2) 부르카 금지 법안의 내용

앞에서 우리는 '히잡 금지법'이 가능하도록 했던 스타지 보고서를 분석했다. 스타지 보고서에서 기술하고 있는 라이시테의 성격은 뜻밖에 그리 엄격하지 않았다. 오히려 문화적 다양성을 강조하기까지 하였다. 그러면 공산당 의원 제렝이 주축이 되어 작성한 '부르카 금지 결의안'(이하 '결의안')과 상원에서 표결로 확정된 일명 '부르카 금지 법안'(이하 '법안')에 나타난 라이시테의 성격은 어떠할까? 스타지 보고서와 '법안' 사이에는 시기적으로 약 6년 정도밖에 차이가 없지만 그간 프랑스 주류사회가 무슬림을 바라보는 시각이 더 보수화되었음을 찾아볼 수 있을 것으로 보인다.

우리가 판단하기에, 프랑스 정치권이 바라보는 부르카 착용에 대한 더 솔직한 입장을 알기 위해서는 '법안'을 살펴보는 것보다는 '결의안'을 고찰하는 것이 더 바람직하다. '결의안'이 '법안'보다 그만큼 자발적인 성격을 띤다고 하겠다. 2009년 6월 9일에 제출된 '결의안'에는 제목에 부르카와 니캅이라는 명칭이 공개적으로 드러나 있다. '결의안'은 「프랑스에서 부르카와 니캅의 착용 행위에 대한 조사위원회의 창설」(*Tendant à la création d'une commission d'enquête sur la pratique du port de la*

---

127 *Le Monde* du 7 octobre 2010.

burqa ou du niqab sur le territoire national)을 제안하고 있다.[128] 이 결의안에 참여하고 있는 의원들은 앙드레 제렝 의원 및 자크 미아르 의원을 위시하여 58명이나 된다. 이는 총 577명의 의원 가운데 10%를 상회하는 숫자로 결코 적은 수가 아니라고 할 것이다.

이 '결의안'의 가장 명백한 특징은 라이시테의 엄격한 적용을 강조한 것이다. 이는 스타지 보고서와 비교한다면 더욱 명료하다. '결의안'을 주도한 사람들은 프랑스혁명기의 1789년의 인권선언문, 1905년의 정교분리법, 1946년의 제4공화국 헌법과 1958년의 제5공화국 헌법, 그리고 스타지 위원회의 스타지 보고서 등에 나타난 라이시테 원칙을 거론하며 철저한 라이시테의 적용을 주장하고 나섰다. '결의안'은 먼저 라이시테 원칙이 프랑스 사회에 어떻게 태어났는가를 상기시키고, 라이시테의 의미를 반복해서 설명한다. "라이시테의 근간은 같은 신앙을 공유하지 않는 남녀에게 같은 나라에서 공존할 수 있는 수단과 가능성을 제공한다. [……] 그러한 의미에서 라이시테는 사회 내 모든 사람들을 통합시킬 수 있는 매개체이다. 라이시테는 고유한 정체성에 대한 권리의 인정, 개인 신앙의 존중 그리고 사회적 관계 사이의 균형을 만들어낸다."[129] '결의안'이 다양성의 인정을 완전히 무시하는 내용으로만 채워져 있지는 않다. 하지만 그 중심 논조는 '공화국의 권리와 의무'를 강조하는 데 있는 것이 명확하다. "국민통합, 공화국의 중립성, 다양성의 인정을

---

128 해당 법안에서는 부르카 혹은 니캅이라는 표현을 쓰지 않고, '공공장소에서 얼굴 가리는 것을 금지한다'고 하였다. 하지만, 이것이 부르카 혹은 니캅의 착용 금지를 나타낸다는 것은 누구나 다 알고 있다(Loi n. 2010-1192 du 11 octobre 2010 interdisant la dissimulation du visage dans l'espace public).

129 *Proposition de Résolution* tendant à la création d'une commission d'enquête sur la pratique du port de la burqa ou du niqab sur le territoire national, présnetée par Mesdames et Messieurs André Gérin, etc.(2009).

단언함으로써, 라이시테는 각각의 전통적 공동체를 넘어서 공동의 가치, 함께 살려는 의사와 욕망에 기초한 운명 공동체를 구축한다. 그것은 공화국과 권리와 의무를 갖는 시민들을 함축한다." 이렇게 볼 때, '결의안'에서 표명하는 '다양성의 인정'은 그야말로 구색 맞추기일 따름이다. 뒤이어 나오는 "라이시테가 위험에 처할 때, 프랑스 사회는 그 단일성과 공동운명을 부여하는 능력에 있어서 위험에 처한다"는 말이 그것을 입증한다고 할 수 있다.

'결의안'은 부르카를 법으로 금지하는 것에 대한 정당화도 잊지 않는다. "역사를 돌이켜볼 때, 여러 법들이 라이시테의 원칙을 사법적으로 확인한 것을 알 수 있다. 라이시테가 위험에 빠져 있을 때에는 법이 필요했었다. [……] 2004년 3월 15일의 n. 2004-228법이 그랬다. 이 법은 학생들이 학교 내에서 종교적 외양을 가시적으로 드러내는 상징이나 옷의 착용을 금하는 것이다."[130]

심지어 '결의안'은 더 나아가 부르카 착용이 종교적 상징과 관련이 없으며, 여성의 존엄성에 대한 침해임을 강조한다. "오늘날 우리는 마을 여기저기에서 부르카를 착용함으로써 몸과 얼굴을 완전히 가린, 이동하는 감옥에 있는 일부 무슬림 여성과 오직 눈만을 나오게 하는 니캅을 착용한 여성과 마주친다. 이슬람 히잡이 종교를 드러내는 뚜렷한 상징이라 하더라도, 그 착용 행위는 종교의 극단에 있다고 할 수 있다. 이는 더 이상 종교의 가시적인 표시와는 관련이 없으며, 여성의 존엄성과 긍정적 여성성에 대한 침해일 뿐이다. 즉, 부르카나 니캅을 착용한 여성은 참을 수 없는 굴욕과 칩거 및 배제의 상황에 있는 것이다. 그 존재 자체가 부정되는 것이다." 마침내 '결의안'은 더 이상 이러한 의상을

130 *Ibid.*

프랑스에서 용인할 수 없다고 선포한다. "이러한 모습은 프랑스공화국 땅에서는 절대로 받아들여질 수 없다. 감옥에 있는 이러한 여성의 모습은 이란, 아프가니스탄, 사우디아라비아 및 다른 아랍 국가에서부터 프랑스로 왔을 때 이미 용인될 수 없었다"는 것이다. 사실, 이와 같은 타종교 의상에 대해서는 더 이상 용납할 수 없음을 선언하는 것이다.

'결의안'은 이러한 옷차림이 단순히 해당 여성에게만 국한되는 것이 아니라고 보고 있다. "남편에 대한 굴종, 가정 내 남성에 대한 굴종, 그 시민성(citoyennté)의 부인 등"이 바로 이 옷차림에서부터 기인한다는 것이다. '결의안'은 여기서 그치지 않는다. '결의안'은 2004년 4월에 있었던 부지안느(Bouziane)라고 하는 한 이슬람 지도자(이맘)의 신앙고백을 거론한다. 그 이맘은 간통한 부인네들에게 체벌을 하는 데 찬성한다고 신앙고백을 했는데, 이 언행이 바로 반(反)서구적이다 못해 반(反)백인인종주의, 반(反)프랑스적 비판을 기반으로 한다는 것이다. 이러한 '결의안'의 논리를 따라가 보면, 처음에는 라이시테 문제를 거론하고, 점차 무슬림 여성의 인권 등에 대해 언급하다가 결국은 이를 반(反)서구, 반(反)백인인종주의, 반(反)프랑스로 연결시킨다. 이는 프랑스의 대표적인 극우정파인 민족전선의 논리와 매우 유사하다고 할 수 있다.

'결의안' 말미에 차별반대 및 평등수호 투쟁 고위위원회(la Haute autorité de lutte contre les discriminations et pour l'égalité)가 2008년 9월 15일에 의결했다는 내용이 제시된다. 이 두 의결사항은 58명의 의원이 서명한 '결의안'이 추구하는 성격이 무엇인지를 잘 보여준다. 의결안 두 가지는 다음과 같다.

첫째, "부르카는 종교적 범위를 넘어서는 여성 굴종의 상징이며, 공화국 가치를 침해하는 것으로 여겨질 수 있다."

둘째, "니캅이나 부르카를 벗을 것을 강요하는 것은 공공안전(la

sécurité publique)상 필요한 경우, 신분 확인, 타인의 자유 및 권리 보호를 요청하는 적법한 목적에 의한 경우에 정당화될 수 있다."[131]

이러한 설명은 마치 이민자들이 프랑스 사회의 안전을 해치고 있다고 주장하는 민족전선의 논리와 매우 유사한 것으로 판단된다. 사르코지가 내무부장관을 맡고부터 지속적으로 강조한 '공공안전'이 사르코지가 대통령이 되어 부르카 금지 법안을 통과시킴으로써 그 한 단계에 방점을 찍는 듯하다. 스타지 보고서와 '결의안' 사이에 시기적으로 약 6년 정도 차이가 있지만 그간 프랑스 주류사회가 무슬림을 바라보는 시각의 변화를 미묘하게나마 찾아볼 수 있다. 사실 히잡과 부르카는 이슬람 의상을 착용한다는 의미에서 커다란 차이가 없다. 하지만 이번 프랑스 의회의 결의안 등을 통해 볼 때 프랑스 정치계가 무슬림이민자의 확대에 대해 느끼는 공포감은 매우 큰 것으로 보인다.

4) '히잡 금지'에서 '부르카 금지'로: 라이시테(Laïcité)에서 세큐리테(Sécurité)로?

1989년에 소위 '히잡 사건'이 일어난 지 어언 20년이 지나고 있다. 프랑스혁명 200주년 행사가 성대하게 치러지고, 독일의 베를린 장벽이 무너지자마자, 프랑스에서는 새로운 이데올로기 전쟁이라고 할 수 있는 이슬람과 서구사회 간의 '문화전쟁'이 일어났다. 공립학교 내 무슬림 여중생들의 히잡 착용 문제를 두고 라이시테에 관한 논쟁이 매우 뜨거웠다. 일부 무슬림에 대한 인종차별 논란도 있었지만, 주요 논쟁은 어디까지나 프랑스공화국의 라이시테 원칙과 관련되었다. 외국인의 눈에 차별의 냄새가 없지 않았지만, 19세기 이후 프랑스공화국의 역사를 따라 읽어본

131 *Ibid.*

사람들은 프랑스의 라이시테 원칙 수호의 중요성을 무시할 수 없었다.

그로부터 약 20년 후, 프랑스 사회는 다시 무슬림 여성들의 '부르카 금지' 문제로 세계의 주목을 받고 있다. 지난번 '히잡 사건'과 비교할 때 무엇이 변화하였고, 무엇이 지속되고 있는가? 20년 전 '히잡 사건' 때만 하더라도, 무슬림 여학생의 공립학교 내 히잡 착용 반대에 여야를 뚜렷이 구분하기 어려웠다. 물론 일부 종교세력, 진보적 지식인, 그리고 진보적 의원들이 무슬림 여학생의 입장에 우호적이었다. 그렇지만 대표적 좌파 의원인 자크 랑(Jack Lang) 장관을 비롯하여 상당수 의원들이 공개적으로 히잡 착용 반대의사를 명확히 하였었다. 그런데 이번 '부르카 금지'는 이전과 조금 달랐다. 이번의 금지 조치는 많은 사람들이 보기에도 너무 엄격한 측면이 있으며, 심지어 인종차별적 흔적이 있다고 볼 수 있다. 단순히 라이시테 문제의 적용을 위한 조치로는 부르카 금지 조치가 설득력이 없어 보였다. 프랑스 전체 인구 가운데 극소수라고 할 수 있는 약 1,900여 명을 대상으로 법을 제정했다는 문제부터, '길거리에서조차' 부르카 착용을 금지시키자는 극단적 입장들은 분명 받아들이기 힘든 측면들이 있다. 이는 많은 언론에서 토론된 내용들이나, 야당 의원들 대다수가 표결에 참가하지 않았다는 면에서 대변되었다고 할 수 있겠다. 이러한 측면은 우리가 스타지 보고서와 '결의안'을 비교 분석한 데에서도 충분히 드러났다. 스타지 보고서가 라이시테의 원칙을 강조하면서도 문화의 다양성을 함께 강조한 진정한 사회통합보고서의 역할을 하였다면, '결의안'에서 라이시테는 하나의 명분일 뿐이었고, 사회 안전을 강조한 반(反)이슬람, 반(反)이민자정책의 선언문을 방불케 한 측면이 있다.

그러면 우리는 프랑스 사회가 길게는 20여 년, 짧게는 두 문건 출현의 간극인 6년 정도 사이에 이민자문제에 있어서 상당히 보수화되었다고 말할 수 있을까? '부르카 금지'와 관련해서 우리는 프랑스공화국 대통령인 사르코지의 정책기조를 고려하지 않을 수 없다. 필자가 생각하기에 사르코지의 입장은 2002년에 민족전선의 예상치 못한 득표율과 2005년의 이민자 소요사태를 빼놓고 설명하기 어려워 보인다. 사르코지가 판단할 때, 사르코지의 대통령선거 성공은 사회당보다 민족전선의 득표율과 매우 밀접한 관련이 있으며, 이는 다시 이민문제와 긴밀한 연관관계를 가질 수밖에 없는 것이다. 사르코지는 자크 시라크 대통령 아래에서 경제부장관, 내무부장관을 거쳐 대통령이 되면서 이민문제가 정치, 사회, 경제 문제와 매우 밀접한 관계가 있다는 것을 누구보다도 더 잘 이해하고 있었던 것이다.

이러한 의미에서, 이민문제와 관련된 프랑스 사회의 보수성을 논하기 위해서는, 프랑스 사회에서의 공공안전 개념과 사르코지의 관계를 살펴보는 것이 중요할 것으로 보인다. 사실 치안에 관한 담론은 이민문제가 가시화된 1980년대 중반 이후 이미 정치권의 의제가 되었다고 해도 과언은 아니다. 지난 30여 년 동안 실제 프랑스에서는 폭력, 청소년 비행 등이 늘 언론의 주요 기사로 등장했었다. 우리는 이와 관련하여 1995년에 개봉된 「증오」(La Haine)를 쉽게 떠올릴 수 있다. 그렇지만 여기서 눈여겨볼 것은 그동안의 이민자 관련 치안 담론은 항상 극우정당인 민족전선의 의제였지, 공화국연합 혹은 그의 후신인 대중운동연합의 주요 의제는 아니었다는 점이다. 이들이 이 문제에 민감하게 반응한 계기가 민족전선이 대약진한 2002년의 대통령선거 이후였으며, 사르코지가 자신의 의제로 만든 것이 바로 2005년 가을의 이민자 소요사태였던 것이다. 이민자 소요사태는 "쓰레기를 진공청소기로 쓸어버리자!"라는 모토가 이를 대변했으며, 이후 민족전선의 가입 예정자들은 대거 대중운동연합에 가입하게 되었던 것이다. 장-마리 사르코지라는 신조어가 이러한 현상을 잘 대변한다고 하겠다. 사르코지는 바로 이러한 보수적 치안문제를 바탕으로 2007년 대권에 도전, 성공하였다. 이민문제에 대해 그가 제시한 첫 번째 가시적 시도는 이 책의 첫머리에서도 살펴보았듯이 이민 및 민족정체성부의 창설이었으며, '민족정체성' 대토론회가 연이어 기획되었다. 사실, 이러한 추세는 치안 관련 통계로도 입증된다. 2002년 이후 치안 관련 사안들은 대중운동연합에 매우 유리하게 전개된 측면이 있는데, 그 예로, 2002년부터 2010년까지 13건이 넘는 치안 특별법이 통과됐으며, 형사소송법 40여 개와 형법 30여 개가 개정되었다는 면을 들 수 있다.[132] 이러한 일련의 추이를 따라가다 보면, '히잡 금지에서 출발하여 부르카 금지에 도달한' 현재의 국면이 우리에게 자연스럽게 보일지도 모르겠다.

2004년 1월 17일 오후 2시, 파리 공화국광장 앞에 많은 시위대들이 모여들었다. 같은 해 3월 의회에서 통과될 예정인 '공립학교 내 종교상징물 착용금지법'의 반대자들이었다. 공화국광장에서 국민광장으로 시위대들이 행진하는 가운데, 한 명의 시위자가 자신의 등 뒤에 이슬람의 상징인 초승달과 함께 다음과 같이 쓴 글귀가 눈에 띄었다. "A quand notre déportation?"(우리는 언제 아우슈비츠와 같은 강제수용소로 보내지는가?). 당시 시위에 동참했던 필자에게 이 글귀는 좀 과도하다는 생각이 들었었다. 하지만, '히잡 금지'에서 '부르카 금지'로 향하고 있는 현재의 프랑스 사회를 보고 있자면, 위의 항의성 글귀가 그리 억지스러워 보이지는 않다. '인권의 나라 프랑스'에서 라이시테 원칙 수호가 아니라 공공안전을 위한다는 명목으로 언젠가 무슬림이민자들이 집단수용소로 가는 모습을 상상해보는 것이 지나친 억지일까?

---

132 로랑 보넬리, pp. 8~9.

지금까지 우리는 프랑스의 대표적 이방인으로서 무슬림이민자들에 대하여 살펴보았다. 이슬람이라는 데서 오는 종교적 차이, 대부분 북아프리카 사람이라는 데서 오는 문화적 차이, 그리고 대부분 프랑스의 식민지 출신이라는 데서 오는 주류 프랑스인들의 멸시, 마지막으로 다양한 이유로부터 파생되는 경제적 어려움, 이 모든 것으로부터 '차별'을 받고 있는 무슬림이민자들은 프랑스의 대표적 이방인임에 틀림이 없다. 그 가운데에서도 특히 알제리 출신 이민자들은 그 대표성이 더욱 부각된다고 하겠다. 다른 무슬림계통의 이방인들과 달리, 이들은 양국 간의 전쟁과 '1961년 10월의 사건'[133]을 통해 프랑스인들로부터 더 커다란 적개심의 대상이 되었고, 이는 이들의 구직활동 등 다양한 사회활동에 영향을 미쳤을 것으로 보인다.

특히 냉전의 종식 이후 발생한 구(舊)유고 내전, 걸프전, 이라크전쟁 등 다양한 이슬람 관련 전쟁, 테러행위들은 프랑스에서도 무슬림을 문명충돌의 희생자로 보기보다는 테러리스트로 보기에 충분했다. 그렇지 않아도 다양한 이유로 주류사회에서 배제당하고 있는 이방인으로서, 이러한 국제환경은 이들을 더욱 곤혹스런 처지로 몰아넣었다. 게다가 2002년의 프랑스 대통령선거에서 극우파의 약진 등은 기존의 이민자문제를 다시 한 번 정치권의 주요 의제로 만드는 데 기여하였다. 여기에서 이민자문제는 당연히 무슬림이민자일 것이며, 이들의 '악마화'는 지속될 수밖에 없었다.

---

133 이에 대해서는 김용우, 「식민의 기억, 점령의 기억: 1961년 10월 사건과 모리스 파퐁 재판」, 『서양사론』 108호(2011. 3); 노서경, 「식민지배의 기억: 알제리전쟁과 프랑스사회」, 안병직 외 10인, 『세계의 과거사 청산』(푸른역사, 2005)을 참조하시오.

한편 프랑스 사회에서 이들의 카운터 파트는 프랑스 주류사회만이 아니다. 이들은 비록 자신들이 프랑스인으로 살고 있고, 대부분 북아프리카 출신이기도 하지만 중동분쟁과도 떼려야 뗄 수 없는 상황에 놓여 있다. 중동전쟁의 부정적 영향은 고스란히 프랑스 내 유대인과 무슬림이 받고 있기 때문이다. 이제 이 둘의 관계에서 파생하는 또 다른 프랑스 내 이방인, 유대인에 대하여 살펴보도록 하자.

제4장

20세기 말의 프랑스 내 유대인들

'영원한 이방인'이라고 불리는 유대인은 프랑스에서도 예로부터 현재까지 주요 이방인들 중 한 부류였다. 비록 1789년 프랑스대혁명 이래 정식으로 프랑스 국민으로 인정받았다고는 하나 19세기 말 드레퓌스 사건에서 보았듯이 프랑스의 반유대주의 전통은 쉽게 사그라질 수 있는 성질의 것이 아니었다. 20세기 후반부에 들어와서는 무슬림이민자들이 프랑스의 대표적인 이방인으로 간주되지만, 여전히 반유대주의에 기초한 유대인에 대한 혐오감은 지속되고 있다고 볼 수 있다. 즉, 비록 반유대주의의 주체에 일부 변화가 있다하더라도, "더러운 유대인!"(Sale Juif!)이라는 말은 사적으로나마 지금도 가끔 들을 수 있는 표현이다.

반유대주의의 근대적 형태는 단적으로 말하여 과거의 종교적 편견(유대인, 選民)과 경제적 편견(유대인, 금융가 및 고리대금업자)에 특히 18~19세기에 만들어진 식민제국주의와 연계된 민족주의적 인종주의를 통해 만들어졌다고 볼 수 있다. 사실, 오랫동안 반유대주의 행위자들은 선민(選民)에 대한 가톨릭의 적대감을 이용하였다. 기독교의 오래된 반유대주의와 경제적인 반유대주의적 편견이 확고하게 입증된 것은 19세기 말에 출판된 에두아르 드뤼몽(Edouard Drumont)[1]의 저서 『유대인의 프랑스』(*La France juive*, 1886) 출간에 의해서였다. 드뤼몽이 자신의 저서에서 밝힌, '유대인이 프랑스를 정복했다'는 입장에 대해 프랑스인들은 폭발적인 단결력을 보여주었다고 할 수 있다. 이것은 드레퓌스 사건(1894~1906년)으로 더욱 구체화되었다. 이 사건의 정면에 드러난 것은 애국주의, 군대의 명예, 진실의 추구, 정의 등이었다. 그러나 우리는 이 사건의 배경이 된 시대적 환경을 고려하지 않을 수 없다. 1880~1890년대는 대공황으로 각국에서 자유무역의 꿈이 사그라지고, 보호무역주의가 앞설 수밖에 없는 상황이었다. 자연스레, 외국인에 비해 자국민에 우호적인 환경이 조성되었으며, 이러한 가치는 프랑스에서도 민족주의적 이데올로기를 강화시켰다. 민족통일 전쟁을 수행한 독일과 이탈리아, 1870년 전쟁의 패배로 굴욕을 참지 못하고 있는 프랑스에서 특히 이 이데올로기가 활발했다고 볼 수 있다. 한편, 이 시기는 식민제국이 확대되는 시기이기도 했다. 선발 제국주의 국가인 영국, 프랑스, 벨기에 등에게는 경쟁이 강화되는 시기였으며, 세계를 분할하는 데 뒤쳐진 독일, 이탈리아는 식민지 경쟁을 열망하는 시기였다.[2]

이러한 상황에서 금융경제가 비약적으로 발전하였는데, 유대인의 역할도 상대적으로 증가하였다. 예를 들어, 사람들은 봉투(P. E. Bontoux)가 1878년에 세운 대규모 가톨릭 은행인 유니옹 제네랄(Union générale)이 파산한 것을 유대 금융가인 로스차일드(Rothschild) 가문의 탓으로

1 그가 발간한 반유대주의 신문 ≪자유 발언≫(La Libre Parole)의 10만 6천 명의 구독자 가운데서 3만 명이 가톨릭 사제였다. 필립 아리에스, 조르주 뒤비 책임편집, 앙투안 프로, 제라르 뱅상 편집, pp. 668~669.

2 *Regards sur l'actualité: Racisme et antisémitisme*, n.305(novembre 2004), La documentation Française, p. 23.

돌리기도 하였다. 즉, 사람들은 유대인 은행이 자신의 경쟁 상대를 '목졸라 죽였다'고 비난했다. 반유대주의가 심화될 수 있는 자연스런 환경이 조성되었다고 볼 수 있다.

한편, 제1차 세계대전에서 패배한 독일에서는 전쟁의 패배에 실망한 내셔널리즘과 사이비과학의 위험한 일탈이 결합되어 히틀러의 생물학적 인종주의가 기승을 부리게 되었다. 이로 인하여 히틀러의 집권 이후 나치즘이 유대인을 점차 절멸 상태로 몰아넣게 되었다는 점은 잘 알려져 있다. 그런데 문제는 프랑스에서도 비시정권 하에서의 유대인 문제에 관한 한 프랑스인들이 나치의 공범자라는 것은 부인하기 어렵다는 점이다.[3] 사실, 프랑스의 경우 반유대주의는 독창적인 면이 있다. 프랑스의 종교적 색채는 독일보다 더 뚜렷하여, ≪라 크루아≫(La Croix) 같은 신문은 가톨릭 세력의 지속적인 반유대주의 감정을 민중들 사이에 영속화시킨 측면이 있다. 뿐만 아니라 양차 대전 사이에 경제문제와 관련된 또 다른 형태의 반유대주의 운동들이 나타났다. 양차 대전 사이 기간의 경제위기, 유대인들이 연루된 금융스캔들(대표적인 것이 1933년의 스타비스키[Stavisky] 사건)과 중부유럽에서 파시즘의 등장을 피해온 외국인들의 대량 유입은 드레퓌스 사건으로 야기된 민족주의적 인종주의와 반유대주의를 확대시킨 측면이 있다. 유대인이든 유대인이 아니든 모든 외국인들은 '바람직하지 않은 외국인'들이며, 극단적인 경우에 모든 외국인은 유대인으로 통하고, 모든 유대인은 외국인으로 통하였다. 이 시기에 자비에 발라(Xavier Vallat)는 1936년 6월 6일에 유대계 출신의 행정수반 레옹 블룸(Léon Blum)에게 다음과 같은 말로 공격한 적이 있다. "처음으로 이 오래된 갈로-로만 국가가 한 명의 유대인에 의해

3 *Ibid.*, p. 17.

지배될 것이다. 나는 이 나라가 양심적으로 판단한 것을 감히 소리 높여 말하려고 한다. 이 나라의 최고 지도자에 있을 사람은 그 출신이 미묘한 탈무드 연구학자가 아니라 오히려 이 땅에 속한 사람인 것이 더 바람직할 것으로 보인다.” 페탱의 정책도 비시정권에 참여했었던 발라의 담화가 담고 있는 본질에서 멀리 떨어져 있지 않았다.[4]

이와 같은 반유대주의 역사를 갖고 있는 프랑스에 20세기 말, 21세기 초에 ‘새로운 유대인’, ‘새로운 반유대주의’가 등장하였다. 그 ‘이방인’의 모습은 어떠한가, 또 그 이방인에 대한 혐오주의는 어떻게 나타나는가? 그들이 진정한 프랑스인이 되는 데에는 어떠한 어려움이 존재하는가? 오히려 홀로코스트에 대한 부담 때문에 주어지는 주류사회의 긍정적 차별로 인하여 이들이 프랑스공화국의 진정한 시민으로 자리매김되기가 어려운 것은 아닌가? 여기에서는 이 책의 첫머리에서 제기하였던 프랑스인의 정체성을 규정하는 라이시테 문제나 단일한 프랑스공화국의 문제가 무슬림뿐만 아니라 유대인 문제에서도 제기될 수 있음을 보여줄 것이다.

1. ‘새로운 반유대주의’의 등장

1) 이방인으로서의 유대인

프랑스 사회에서 유대인은 오늘날에도 여전히 이방인인가?[5] 그렇다.

4 *Ibid.*, p. 25.

5 프랑스의 유대인은 오늘날 대략 53만~70만 명 정도로 추정된다. 필립 아리에스, 조르주 뒤비 책임편집, 앙투안 프로, 제라르 뱅상 편집, 김기림 역, 『사생활의 역사 5: 제1차 세계대전

그렇지만 현대 프랑스 유대인은 이방인이라는 단어에 일반적으로 내포되어 있는 의미, 즉 억압받는 대상이 더 이상 아니다. 그들은 오늘날 다른 사람들이 쉽게 범할 수 없는 '특별한' 이방인으로 보인다. 그들에 대한 차별행위는 단순한 인종차별 행위로 비난받지 않는다. 인종주의(racisme)와 별개로 반유대주의(anti-sémitisme)라는 또 다른 명칭이 따라붙는다. 반유대주의는 인종주의에 포함되지 않는가? 왜 다른 이방인들과는 달리 유대인에게만 특별한 취급을 하는가? 제2차 세계대전 당시 서구인들이 저지른 유대인 절멸 혹은 차별정책에 대한 별도의 보상인가?

일반적으로 볼 때, 유대인들은 과거에도 이방인이었고, 오늘날에도 이방인이다. 그렇지만 제2차 세계대전 이후 유대인들은 수많은 다른 이방인에 비해 특별한 대우와 조명을 받아왔다.[6] 한 가지 예를 들어보자. 2008년에 한 유대인 청년이 파리 시내 길거리에서 유대인 특유의 모자인 키파를 쓰고 지나가다가 아랍계 및 흑인 청년에게 구타당하는 일이 생겼다. 이 사건은 언론에서 특별하게 취급되었으며, 금세 반유대주의 논쟁에 불을 당겼다. 이 폭행사건이 반유대적 성격을 띤다면 가해자는 엄청난 비난을 받을 것이다. 같은 주먹이라도 누구를 때렸느냐에 따라 차이가 있다. 만일 맞은 자가 아랍계 청년이었다면, 이 사건이 언론의 집중적인 조명을 받으며, 인종차별 행위의 일환으로 부각되었을까?[7]

부터 현재까지』(새물결, 2006), p. 650.

6 Paula E. Hyman, *The Jews of Modern France*(University of California Press, 1998), pp. 193~194.

7 실제 피네아스(Phineas)라는 가명을 사용하는 미카엘 트랑숑(Michaël Tranchon)은 극우 이데올로기에 경도된 인물로, 도끼로 한 아랍인을 공격하였지만 미디어에서 이 사건을 거의 다루지 않아, 악명을 높이기 위해 유대인들을 공격한 적이 있다. Mateo Alaluf, "Judéophobie", *Politique*, n.36(octobre 2004). http://politique.eu.org/archives/2004/10/135.html (검색일: 2008. 12. 20)

이렇게 볼 때, 적어도 프랑스에서는 이 '특별한 이방인'에게 '반유대주의적 행위 절대금지'라는 보호막이 덮여진다. 유대인에게는 특수한 '혜택'이 부여되는 것이다. 하지만 이러한 혜택이 계속 혜택으로 남아 있게 될지, 아니면 오히려 그들의 행동반경을 더욱 좁히게 될지는 알 수 없다.

이 절에서는 오늘날에도 여전히 일어나고 있는 '반유대주의 행위'의 성격과 기존의 반유대주의와의 차이점 그리고 그에 대한 사회적 반응을 살펴봄으로써 프랑스 내 이방인으로서 유대인의 현 위상을 고찰하고자 한다. 우리는 먼저, 위에서 언급된 2008년에 프랑스에서 일어난 '유대인 청년 폭행사건'의 내용을 개략적으로 소개하면서 이 사건의 특징과 그에 대한 프랑스 사회의 반응을 알아볼 것이다. 다음으로, 최근 10여 년간 프랑스에서 일어난 반유대주의 행동에 대한 통계를 이용하여, 2000년 이래 일어나고 있는 프랑스 내 반유대주의 활동의 특수한 성격을 고찰함으로써, 기존 반유대주의와의 차별성을 부각시킬 것이다. 마지막으로, 유대인과 관련된 기존의 역사적 사실을 검토하여 프랑스에서는 어떤 경우에 반유대주의 활동이 활발했으며, 일반적인 인종주의와 어떻게 차별화되어왔는지를 살펴볼 것이다. 특히 오늘날, 왜 반유대주의는 인종주의와 별개로 취급되어야 하는지, 과연 오늘날에도 유대인을 '특별한 이방인'으로 취급해야 하는지에 대해 언급할 것이다. 그렇게 해야만 오늘날 프랑스 유대인이 과연 다른 이방인들과 비교할 때 어떤 면이 특별한지 밝혀질 것이며, 궁극적으로는 현대의 반유대주의, 반시오니즘(antizionism)[8], 유대인혐오주의(judéophobie)[9], 즉 '반유대주의의 다양한

8 오늘날의 반시오니즘은 특히 이스라엘의 중동 패권주의와 주로 관련되어 있다. Alexis Rosenbaum, *L'antisémitisme: thèmes & débats*(Paris: Bréal, 2006), p. 91.

새로운 얼굴'[10]을 밝히는 데에도 도움이 될 수 있을 것이다.

2) '유대인 청년 폭행사건': 반유대주의 사건인가?

(1) 사건 개요와 두 가지 해석

2008년 6월에 발생한 '유대인 청년 폭행사건'은 기존의 반유대주의 행위와 차이가 있다. 일반적으로 반유대주의 행위는 주류 프랑스인, 특히 극우파에 의해 행해진 반면, 본 사건은 가해자가 아랍계 및 흑인 청년으로 가해자 자체의 성격이 다르다. 그럼에도 불구하고, 이 사건은 최근 프랑스에서 반유대주의 논쟁을 불러일으킨 대표적 사건이 되었다. 본 사건의 전말과 함께, 이 사건들이 과연 고전적 의미에서의 반유대주의 행위와 어떤 면에서 차이가 있는지 살펴보자.

> 2008년 6월 21일 토요일 저녁 7시경 파리에서 한 유대계 청년에게 가해진 폭력으로 유대인 공동체뿐만 아니라 프랑스 주요 정당 및 주요 인사들이 커다란 분노를 느꼈다. 이 청년은 갈비뼈에 몇 군데 금이 갔으며, 두개골 골절을 당하여 코생 병원 응급실로 실려 갔다. 혼수상태에 있었던 이 청년은 다음날인 일요일 저녁에 정상으로 돌아왔다. 이날 저녁, 사건 현장에서 시위가 예정되었다. 경찰에 따르면, 이 사건과 관련하여 5명의 미성년자가 소환되었다. 그렇지만 목격자들은 이들을 관련자로 지목하지 않았다. 폭력 상황과 폭력의 반유대주의적 성격에 대한 주장이 대립되었다. 유대 종교단체들은 격리된 개인에 대한 '반유대적 공격'에 대해 주로 이야기하였다. 반대로

---

9 반(反)유대공동체를 지칭하는 것으로 반유대주의, 반시오니즘과 유사하게 사용되며 1990년에 들어와 사용되기 시작한 표현이다. 이 용어는 특히 타기에프(Pierre-André Taguieff)의 저서 『새로운 유대인혐오주의』(*La Nouvelle Judéophobie*, 2002)가 인기를 끌면서 대중화되었다.

10 이 구절은 타기에프가 9·11 테러 이후 ≪르피가로≫ 2001년 10월 8일에 게재한 기사의 제목이기도 하다.

신분 노출을 꺼리는 경찰 소식통들은 다른 시나리오를 주장하였다. 즉, 유대 청년조직과 아프리카 출신 청년조직 사이에 여러 차례 충돌로 이어진 '담배가게 길목' 시나리오가 그것이다.[11]

이것이 우리가 소개하고자 하는 '유대인 청년 폭행사건'에 대해 ≪르몽드≫(Le Monde)가 전하는 사건의 전말이다. 신문에 따르면, 유대 청년은 우연히 아프리카 출신 청년 30여 명과 19구(區)의 프티 거리(rue Petit)에서 조우했고, 이들에게 집단으로 두들겨 맞았다. 이 버전에 따르면, 이 유대 청년은 키파를 썼기 때문에 유대인임이 드러나 폭행을 당했을 것이고, 이것이 유대단체들과 그 청년의 아버지가 라디오 방송인 RTL의 인터뷰에서 주장한 시나리오였다. 이렇게 반유대주의 행위로 단정 짓고, 그러한 방향으로 몰고 가려는 사회 분위기는 쉽게 감지된다. 유대공동체 조직들은 이 폭력에 반유대주의적 동기가 있다고 확신했다. 유대공동체가 내릴 수 있는 자연스런 해석일 것이다. 그런데 이들뿐만 아니라 중립적이어야 할 정치인, 정부관료들도 이들의 견해에 매우 쉽게 동조했다. 이스라엘 공식 방문을 마치고 일요일 저녁(6월 22일)에 귀국한 사르코지 대통령도 사건의 전말을 보고받자마자 자신의 깊은 분노를 표출했다. 그는 "모든 인종주의 및 반유대주의에 맞서 투쟁할 결연한 의지"를 반복적으로 표현했다. 프랑수아 피용(François Fillon) 총리 또한 이 폭력을 비난했으며, 미셸 알리오-마리(Michèle Alliot-Marie) 내무부장관과 라시다 다티(Rachida Dati) 법무부장관, 여당인 대중운동연합(UMP)과 제1야당인 사회당 모두 인종주의적 폭력에 대해 비판적 태도를 보였다.[12]

11 *Le Monde* du 22 juin 2008.
12 *Le Monde* du 22 juin 2008.

제라르 가셰(Gérard Gachet) 내무부 대변인 또한 피해자 및 그 가족, 그리고 유대공동체에 대한 지지와 반유대적 폭력에 분노를 표현함으로써,[13] 이 사건을 반유대주의적 사건으로 단정 지었다.

그렇지만 이와 다른 버전에 따르면, 이 사건은 유대청년 조직과 북아프리카 청년조직 사이에 일어난 '소규모 전투'에 불과했다. 이 폭력은 '본격적인 전투' 직전에 일어난 하나의 다툼일 뿐이라는 것이다.[14] 여기에서 주목할 것은 이 두 번째 버전을 제시하는 사람들은 자신의 신원을 밝히고 싶어 하지 않는다는 점이다. "자신의 신원을 밝히고 싶어 하지 않는 경찰 측 증언"[15]이 이러한 버전을 제시하였다. 왜 이들은 신원을 밝히고 싶어 하지 않는가? 잘못하다가는 자신들이 바로 반유대주의에 동조하는 자로 낙인찍힐 위험 때문은 아닌가? 이러한 것이 오늘날 유대인 문제와 관련된 프랑스의 사회분위기를 단적으로 보여준다고 하겠다.

이처럼 단순 폭력사건일 수도 있다는 입장에서 이 사건을 바라보면 어떻게 될까? 사후(事後)에 밝혀진 바에 따르면, 피해 당사자는 루디 하다드(Rudy Haddad)라는 이름의 17세 청년으로 이날 시나고그(유대회당)에 가던 길이었다.[16] 이 사건이 있었던 당일 오후 1시 30분, 19구 구청 근처에서 흑인 청년들과 유대 청년들 사이에 싸움이 일어났었고, 4시 30분에는 같은 구역에서 20세의 유대 청년 한 명이 친구 집에 가다가

---

13 *Libération* du 22 juin 2008. 유대인을 제외하고, 어느 누가 다쳤다고 그 가족뿐만 아니라 그가 속한 공동체에게까지 정치인과 관료들이 모두 나서 유감을 표시하는 일은 매우 드물다.

14 *Le Monde* du 22 juin 2008.

15 *L'Express* du 23 juin 2008.

16 *Le Monde* du 23 juin 2008.

공격을 당하였다. 이러한 법률자료를 검토해본다면, 이 사건은 조직들 사이의 투쟁 쪽으로 방향이 잡힐 수도 있다.[17] 게다가 희생자인 루디는 2007년 12월에 파리지역 시위 당시 '무력에 의한 폭행상해'로 이미 경찰에 의해 감치(監置)된 적이 있었다.[18] 한 언론은 이러한 정황으로 볼 때, 유대인 개인에 대한 공격과는 무관하였을 것 같다는 분석을 내놓기도 하였다.[19]

(2) 반유대주의 사건인가? 반유대주의 행위로 보려는 사건인가?

그렇지만 이러한 사건의 경우 한 가지 방향으로 해석하기 애매한 측면이 분명 존재한다. 19구 구청장 로제 마덱(Roger Madec)은 "이 사건을 어떻게 규정해야 할지 모르겠지만, 아무튼 이 지역 공동체 사이에 긴장이 높아져가는 상황이며, (당시) 인종주의적 성격이 담긴 말들이 오갔다"는 것을 인정했다. 한편, 19구 의원인 사회당 소속의 장-크리스토프 캉바델리스(Jean-Christophe Cambadélis)는 "현재 종교적, 인종적 성격이 매우 강한 조직들 사이의 긴장감이 높다. 모든 공동체 책임자들, 가족, 공권력이 함께 그 긴장을 다시 낮추도록 노력하고, 반유대주의, 반아랍 청년, 반흑인 청년의 분위기를 종식시켜야 한다"고 주장하였다.[20] 이처럼 공동체 사이의 높은 긴장 탓으로 이 사건을 보려는 시각이 분명 존재한다. 이렇게 볼 때, 어느 쪽 버전이 더 타당한지 구분하기는 더욱 쉽지 않아 보인다. 이 일이 일어난 지 며칠이 지난 후에도 유대공동체 내에서조차

---

17 *Ibid.*

18 *Le Figaro* du 23 juin 2008.

19 *L'Express* du 23 juin 2008. 그럼에도 이 잡지는 표제 앞에 '반유대주의', 혹은 '반유대주의적 공격'이라는 부제를 달고 있다. 프랑스인들의 시각을 보여준다고 하겠다.

20 *Le Monde* du 23 juin 2008.

계속해서 이 사건의 입장을 둘러싼 논의들이 그치질 않았다. 사건 발생 이틀 후인 23일 월요일 아침에 RTL에서 인터뷰한 프랑스의 대랍비(Grand rabbin)인 질 베르넴(Gilles Bernheim)은 이 사건을 평가함에 있어서 매우 신중했다. 루디 하다드에게 가해진 공격이 반유대주의 성격을 띨 수도 있지만 확실하지는 않다는 것이다. 반유대주의적 행동들이 있지만 또한 마약을 팔거나 기타 폭력 등이 목적인 조직폭력배들의 활동도 개입될 수 있다는 것이 이 사건에 대한 그의 판단이었다.[21]

이렇게 볼 때, 어느 쪽 생각이 옳다고 단정 짓기는 매우 힘들다. 그럼에도 불구하고, 앞에서 보았듯이, 유대인 조직과 특히 정부책임자 등은 이 사건을 전형적인 반유대주의 행위로 몰고 가려는 경향이 있다. 즉, 밖으로 드러나 보이는 키파의 착용 때문에 유대 청년이 공격당했을 것이므로, 본 사건은 반유대주의 성격을 띠는 것으로 규정되어야 한다는 것이다. 심지어, 아리엘 골드만(Ariel Goldman)과 같은 프랑스 유대제도 위원회 부위원장(vice-président du Conseil représentatif des institutions juives de France, CRIF)은 이 사건이 "반유대주의 행동과 관련된 것이 틀림없다"고 다양한 통계를 내보이며 단정 지어 주장했다.[22] 그는 "반유대주의 행위가 2007년 이래 프랑스에서 전반적으로 감소한 반면, 파리의 19구는 여전히 다발지역으로 남아 있다"고 분석했다. 그 구체적인 근거로, 유대인 공동체 보호국(le Service de protection de la Communauté juive, SPCJ)의 조사에 따르면, 프랑스 전체로는 2007년 1월과 5월 사이에 121건, 2008년 현재 106건이 집계되었는데, 그 가운데 대부분은 단순한

21 *Ibid.* ≪렉스프레스≫도 대랍비가 이 부분에 있어서 매우 신중한 표현을 하고 있다는 사실을 지적하고 있다.

22 *Ibid.* ≪르피가로≫에서도 이 구절을 인용하고 있다. *Le Figaro* du 23 juin 2008.

위협으로 끝났지만, 62건은 직접행동으로 나타났으며, 이러한 행위 가운데, 특히 파리 19구에서 많은 사건이 발생했다는 것은 주목할 만하다는 것이다.[23] 프랑스 유대학생연합회(UEJF)도 "최근 몇 달간 19구에서 반유대주의적 시위가 다수 발생한 것"에 대해 우려하였다. 이 연합회의 회장인 라파엘 하다드(Raphaël Haddad)는 "지역 책임자 및 유지들이 구체적인 조치를 취하고 범죄자들을 체포할 것"을 주장하였다. 이들에게는 본 사건이 전형적인 반유대주의적 범죄인 것이다.

그런데 여기서 우리가 눈여겨보고자 하는 것은 공화국의 라이시테 원칙에 따라 종교적 중립을 엄격히 지켜야 할 프랑스 정부가 왜 유대인 조직의 주장과 궤를 함께하느냐 하는 것이다. 프랑스의 내무부장관인 미셸 알리오-마리는 이 사건과 연계하여 "공화국의 가치를 무시하는 인종주의, 반유대주의, 외국인혐오주의의 모든 언행에 대하여 결연히 투쟁할 것"을 재차 확인[24]한 바 있다. 이러한 언사는 분명 반유대주의 행동에 대한 프랑스 당국의 단호한 경고를 담고 있는 한편, 이 사건을 반유대주의 사건으로 단정 짓고 있으며, 이는 자연적으로 프랑스 정부의 판단이 사건에 대해 객관적이라기보다 친유대인 입장에 서게 되는 것이라고 할 수 있다. 다른 공동체의 피해에 대해서도 프랑스 공권력이 이처럼 단호할까 하는 의문이 남는다.

이와 관련하여 공화국의 종교에 대한 중립적 원칙을 강조하며 최근의 반유대주의와 관련된 정부 당국자들의 '과도한 언사'들을 분명히 짚고 넘어가야 한다는 주장이 제기되었다. 유대 청년 사건에 대한 원로 정치인 장-피에르 슈벤느망(공화국시민운동[Mouvement Républicain et Citoyen]

---

23 *Ibid.*

24 *Le Monde* du 23 juin 2008.

의장, 사회당 정권에서 교육부, 국방부, 내무부장관 역임)의 비판이 그것이다. 그는 정치인들이 과도하게 반유대주의를 언급한 것에 대해, 공동체주의에 대한 "국가 차원에서의 가장 높은 수준의 아첨"이라고 비난하였다. 6월 23일, LCI 방송에서 슈벤느망은 "대통령이 모든 종파에 대해 예외 없이 계속 아첨하고 있다"고 비난한 것이다.[25] 그에 따르면, "이러한 방식은 프랑스공화국의 정체성을 해체시키는 가장 확실한 방법이 될 것이다." 유대 청년이 공격을 당해 부상 입은 것에 대해 "수년 전 이래로, 이 구역은 4개의 조직, 즉 흑인, 마그레브인, 유대인 그리고 투르크인 조직에 의해 장악되어 있다. 이것이 바로 현 공화국의 주소이다." "이민자들이 과도하게 특정 공동체에 소속됨으로써 우리가 공유하는 공화국의 시민성은 결국 말살되게 될 것이다. 국가 차원에서 이러한 현상에 대해 아첨하는 것을 나는 비난한다"라고 슈벤느망은 덧붙였다.[26]

이에 대해 여당인 대중운동연합(UMP)은 이러한 언사는 "스캔들"이며 "완전히 중상모략"이라고 규정했다. 대중운동연합의 대변인 가운데 한 명인 도미니크 파이에(Dominique Paillé)는 이 발언을 "전적으로 받아들일 수 없는 무책임한 발언"이라고 주장했다. 그는 덧붙이기를 "이 발언은 거짓이기 때문에, 그리고 공동체주의적 일탈이라고 할 만한 사항이 없었기 때문에 받아들일 수 없을 뿐만 아니라, 정치계에서 여전히 영향력 있는 책임자가 발언한 것으로는 너무 무책임하다"고 덧붙였다. 대중운동연합은 슈벤느망에게 프랑스 정치계에 남아 있기 위해 부적합한 포퓰리즘의 길을 찾지 말라고 요구했다.[27]

---

25 사르코지는 이미 2007년 대통령선거 전, 이슬람, 가톨릭에 우호적인 발언을 한 바 있다. 박단, 「2005년 프랑스 '소요사태'와 무슬림이민자 통합문제」, pp. 245~247 참조.

26 *Chevenement.fr*–le blog de Jean–Pierre Chevènement 2008. 10. 4. 검색.

27 *NouvelObs.com* du 08 juillet 2008.

이처럼 프랑스 사회는 한 유대 청년의 폭행사건을 두고 반유대주의 및 공화국의 정체성에 관한 많은 논쟁을 펼치고 있다. 분명한 것은 유대 청년이 폭행을 당한 것이다. 누가, 무엇 때문에 한 유대 청년을 폭행했느냐가 명확히 규명되기 위해서는 그 시대적 배경도 함께 고려되어야 할 것이다.

3) 새로운 형태의 반유대주의, 그 성격과 현황

(1) 현대 프랑스에서의 반유대주의 성격

현대 프랑스에서 일어났거나 일어나고 있는 유대인에 대한 적대행위들을 적절하게 이해하기 위해 우리는 우선 인종주의와 반유대주의 그리고 외국인혐오의 차이점을 살펴볼 필요가 있다. 단지 용어상의 차이뿐만 아니라 실제 프랑스에서 이러한 용어들이 어떻게 적용되고 있느냐 하는 문제를 고찰하는 것이 중요할 것이다. 반유대주의를 인종주의와 흔히 별개로 표시하면서도 여전히 내용상으로는 '인종'(race)을 언급하고 있는 경우가 많은데 그 이유는 무엇인가? 그렇다면 어떠한 이유로 그 둘을 별개로 표시하는가? 일단 이들 용어에 대한 프랑스 국가인권위원회의 공식적인 설명을 들여다보자.

- 인종주의(racisme): 인종주의는 다른 국제법과 마찬가지로 프랑스의 법에 따르면, 특정 종교, 인종, 민족, 국민에 실제 혹은 가상으로 속해 있다는 이유로, 한 개인이나 한 그룹에 행해지는 폭력, 증오, 차별로 정의된다. 비록 그것이 모든 텍스트에 존재한다고 할지라도, '인종'(race)이라는 용어는 과학적 인류학적으로 타당하지 않다.
- 외국인혐오(xénophobie): 어휘상의 정의에 따르면, 외국인혐오는 외국인 그리고 그것이 확대된 이민자에 대한 증오 혹은 거부를 지칭한다.

– 반유대주의(anti-sémitisme): 반유대주의는 특별한 형태의 인종주의로 지칭된다. 그 이유는 일반적으로 유대인인 그 희생자의 특수성 때문이고, 역사, 각별히는 중세 이래로 구체화된 형태 때문이기도 한데, 그 형태는 나치에 의한 유럽 유대인들의 절멸(Shoah)과 같은 극적인 형태로 나타나기도 한다.[28]

이러한 정의를 통해 볼 때, 반유대주의는 분명 인종주의의 한 형태이지만 쇼아(Shoah)와 같은 극적인 핍박을 고려할 때 이를 따로 떼어내어 지칭할 수도 있겠다는 것이다. 어쩌면, 이는 좁게는 프랑스인, 넓게는 유럽인들의 유대인에 대한 죄의식을 보여주는 것이다. 이러한 점을 고려할 때만이 앞에서 언급한 사르코지를 위시한 프랑스 정치인들의 반응을 이해할 수 있다.

하지만 유대인들이 그 반유대주의라는 용어의 개별적 쓰임과 상관없이 인종주의 희생자 가운데 특권을 누리는 특별한 존재가 아니라는 주장도 있다. 프랑스의 대표적 역사가 가운데 한 명이었던 마들렌느 르베리유(Madeleine Rebérioux)는 "감히 말하지만, 유대인들은 인종주의 희생자들의 지위에 있어서 '특권'을 갖고 있지는 않다"고 강조한 바 있다.[29] 르베리유에 따르면, 오늘날 프랑스에서 '백인의 보호', '좋은 유럽인 보호', 그리고 '민족우선주의'라는 미명 하에서 주류가 아닌 사람은 모두가 희생양이 될 수 있다. 이민자에 반대하는 인종주의(le

28 Gérard Fellous, "Les actes racistes et antisémites, aujourd'hui, en France", *Regards sur l'actualité: Racisme et antisémitisme*, n.305(novembre 2004), La documentation Française, p. 7. 제라르 펠루(Gérard Fellous)는 국가인권위원회 사무총장이다.

29 Entretien avec Madeleine Rebérioux, "Histoire de l'antisémitisme en France", *Regards sur l'actualité*, p. 33.

racisme anti-immigrés)도 분명 존재하고 있다는 것이다. 그렇기에, 오늘날 정말 중요한 것은 반유대주의와 인종주의가 구체적인 행동으로 전환되는 것을 막는 그러한 조건들을 만들어내는 것이다.[30] 하지만, 그녀의 주장대로 과연 유대인은 '특권'을 갖고 있지 않은가? 유대인은 그녀의 말대로 다른 이방인들과 같은 처지에 있는가, 아니면 다른 이방인들과 달리 상대적으로 주류 백인과 같은 입장에 있지는 않은가? 이는 시기에 따라 분명 달라질 수 있다.

2000년 이후 반유대주의와 관련하여 뚜렷한 변화가 생긴다. 반유대주의의 주체가 백인 극우파에서, 같은 희생자로 분류될 수 있는 아랍계로 넘어가는 것이다. 가해자가 더 이상 기존의 주류 백인이 아니라 또 다른 인종주의 희생자들인 아랍계 이민자, 흑인들이다. 백인이 가해자인 반유대주의와 아랍계가 가해자인 반유대주의 행위는 어떤 차이, 어떤 의미가 있는가?

앞에서 언급한 유대인 청년 폭행사건에서 보듯이, 주류 백인들은 단순 폭행사건으로 볼 수도 있는 사건을 반유대주의 행위라는 버전으로 단정 짓고, 그에 대한 비판을 더욱 강화하였다. 반유대주의 행위로부터 주류 백인이 이제 자유로워서일까? 그렇다면, 이들 아랍인들의 반유대주의 활동은 과연 '반유대주의적'인가? 즉, 고전적 의미의 반유대주의 활동처럼 유대인이라는 특정 인종에 대한 증오에서 발생한 것인가? 그 성격은 분명 다를 것으로 보인다. 무엇보다도 아랍인들에 의한 반유대주의 활동은 국제정세와 밀접하다. 특히 2000년 가을에 일어난 두 번째 인티파다[31]의 발발로 프랑스에서의 반유대주의 행위가 급격히 증가하

30 *Ibid.*

31 인티파다(intifada)는 봉기, 반란, 각성 등을 뜻하는 아랍어이다. 제2차 세계대전 후 국제연합

게 되었다.[32] 그렇다면 우리는 이를 유대인이라는 특정 인종에 대한 혐오라기보다, 유대 국가 이스라엘에 대한 증오,[33] 자신들을 위협하는 이스라엘 국민에 대한 증오로 해석할 수 있을 것이다. 더 넓게 본다고 해도, 이는 상호 동등한 인종 간의 분쟁으로 해석해야지, 다수가 소수를 핍박하는 형태는 아닐 것이다.[34]

사실, 이처럼 국제정세와 연관된 반유대주의는 시대를 더 거슬러 올라갈 수 있다. 중동전쟁 초기인 1967년에 이미 프랑스 대통령 드골은 이스라엘이라는 국가와 관련하여 프랑스 유대인을 비난한 바 있다. 6일 전쟁 당시 드골은 프랑스 유대인들이 이스라엘을 지지하는 것에 대해 분노를 느꼈고, 1967년 11월 27일에 개최된 한 프레스 컨퍼런스에서 이 분노를 표현하였다. 그는, 유대인들은 "엘리트 민족이고, 자신들에 대해 자존심이 강하며, 오만하다"고 선언하였다. 6일 전쟁 동안 프랑스의 유대인들이 이스라엘과 자신들을 가시적으로 동일시한 것에 분개한 드골은 유대민족을 비판하면서 프랑스의 유대인들이 프랑스와 이스라엘에 대한 이중 충성의 죄의식을 갖고 있다고 지적했다.[35] 드골의 이러한 판단이 크게 틀린 것은 아니었다. 6일 전쟁으로 약 6,852명의 프랑스 유대인이 1965년과 1971년 사이에 이스라엘로 이주했으며, 이들 일부가

이 이스라엘만 국가로 인정함에 따라 요르단강 서안, 가자지구, 동예루살렘 등지에서만 살게 된 팔레스타인들이 이스라엘의 통치에 저항하여 봉기를 일으킨 것을 말한다. 1차 인티파다는 1987년에, 2차는 2000년 9월에 발생했다.

32 Nicolas Weill, *La République et les antisémites*(Paris: Grasset, 2004), p. 15.

33 만일 유대인 자체에 대한 증오가 아니고 유대인 75%가 살고 있는 이스라엘이라는 국가의 정책에 대한 반대라면 우리는 이를 반유대주의적이라고 하기 어렵다. Alexis Rosenbaum, p. 91.

34 필립 아리에스, 조르주 뒤비 책임편집, 앙투안 프로, 제라르 뱅상 편집, p. 689.

35 Paula E. Hyman, pp. 201~202.

비록 시오니즘 이데올로기 그 자체를 전부 받아들이지는 않았다고 하더라도, 대다수 프랑스 유대인이 이스라엘을 지지하는 데 자부심을 갖는다고 결론짓는 것이 과장된 것은 아니었다. 그럼에도 불구하고, 드골의 이와 같은 언급으로 인하여, 프랑스 사회는 유대인의 입장과 반유대주의의 정치적 이용에 관한 토론으로 뜨겁게 달아올랐다. 몇몇 유대인 비평가들은 드골의 코멘트가 상투적인 반유대주의를 합법화시켰다고 지적했으며, 또 다른 한 그룹의 지식인들은 ≪르몽드≫ 1967년 12월 2일자에서 "유대인에 대한 이러한 역사적 판단은 욕설에 가까우며, 반유대주의를 부활시킬 수도 있다. [……] 수세기에 걸친 대량학살과 수백만의 학살을 그들이 정당화할 수도 있는데, 이것은 반동적이다." 이스라엘 만국연합(Alliance Israélite Universelle)이 발행하는 유대 저널 ≪레 누보 카이에≫(Les Nouveaux Cahiers)도 드골의 발언과 관련된 사설에서 이스라엘의 존재가 "절대적으로 필요"하다고 선언하고, 유대인이 이스라엘과 연대하는 것은 적법하다고 주장했다. 이 신문은 프랑스 국가, 프랑스 민족에 속하는 것과 이스라엘과 연대하는 것 사이에는 어떠한 모순도 없다고 선언했으며, 그 이유는, "프랑스의 다원적 공존은 현실이고, 다원적 공존을 부인하는 것은 프랑스를 전체주의 국가로 만드는 것"이기 때문이라고 주장했다.36

드골의 '반유대주의 정책'이 중동정세와 관련되었듯이 오늘날 프랑스에서 나타나는 아랍계 이민자들의 반유대주의 활동도 중동정세와 관련이 깊다는 것은 알려진 사실이다. 하지만, 드골 시기 혹은 그 이후 상당기간 동안 유대인에 대한 물리적 폭력은 일어나지 않았다. 비록 반유대주의가 결코 프랑스 정치생활에서 없어지지는 않았지만, 1970~1980년대

---

36 *Ibid.*

까지는 적어도 반유대주의 폭력행위가 사회문제화되지는 않았다.[37] 반유대주의 폭력행위는 아랍계 이민자의 2~3세대가 성장하여 유대인들과 어느 정도 세력균형이 이루어진 다음에야 일어날 수 있는 일이었다. 그러한 의미에서 현대 프랑스의 유대인들은 더 이상 '인종'문제로 차별받는 특별한 이방인이 아니다. 이는 분명 과거의 반유대주의 행위와는 다르다. 앞에서 서술한 용어 정의에서도 중세 이래의 탄압 및 쇼아 등이 인용되었는데, 이제 그 상황이 완전히 달라졌기에 더 이상 특별한 조건으로서의 반유대주의라는 용어를 사용하지 않아도 될 것 같다. 이러한 면에서 일부 학자들은 반유대주의(antisémitisme)라는 용어를 유대인혐오주의(judéophobie)[38]로 대체할 것을 주장하기도 한다.[39]

(2) 새로운 형태의 반유대주의 현상

그렇다면, 오늘날 프랑스에서 '반유대주의 행위'는 어떻게, 얼마나 빈번하게 나타나고 있는가? 제2차 세계대전 이후 과학적 인종주의가 부정되고, 반유대주의에 대한 처벌이 어느 때보다 강화되었음에도 여전히 프랑스에서는 '반유대주의' 활동이 증가하고 있는가?

통계에 따르면, 2000년 이래 프랑스에서 모든 형태의 인종주의 활동이 크게 증가하였다. 이는 1990년대와 비교할 때 더욱 뚜렷하다. 예를 들어, 1993년에 비해 2003년은 3배 반 정도 증가하였다. 비록 이러한

37 판에 박힌 반유대주의는 멩데스-프랑스(Pierre Mendès France) 시절 동안 흔히 주요 프랑스 신문에서 나타났었는데, 이제는 쇠퇴했다. Paula E. Hyman, pp. 209~210.

38 타기에프 같은 학자는 유대인에 대한 새로운 형태의 증오가 전 세계를 통해 확산되고 있다고 주장한다. Pierre-André Taguieff, *La Nouvelle Judéophobie*(Paris: Mille et une nuits, 2002).

39 Nicolas Weill, p. 17.

현상이 다른 유럽 국가에서도 나타나고 있다고 할지라도, 프랑스에서는 이 현상이 특히 새롭다. 프랑스에서는 다른 나라에 비해 인종주의 활동에 폭력행위가 수반되어, 부상당하는 사람이 증가할 뿐만 아니라 재산상의 손실도 상당하다.[40]

프랑스에서 인종주의적 발언은 이제 보편화된 편이다. 2000년대에 들어와 이는 학교에서 새로운 현상이 되었는데, 특히 반유대주의적 발언이 그러하다. 유럽에서 수적으로 가장 많은 유대공동체가 존재하는 프랑스에서 반유대주의 활동이 활발할 수 있는 여지가 많아 보이는 것은 자연스런 현상일 수 있다. 통계로 보면, 특히 2000년 이래 반유대주의 활동이 급증하였는데, 그 비율은 전체 인종주의 활동 가운데 72%를 차지한다. 그런데 흥미로운 것은 앞에서도 지적했듯이 반유대주의 활동의 주인공들이 줄곧 극우파들이었지만 최근에는 그들의 반유대주의 활동이 상대적으로 감소하고, 새로운 주인공들이 나타났는데, 이들은 도시 근교의 젊은이들 가운데, 특히 불량 청소년 혹은 소외된 자들이라고 할 수 있다. 이들이 주인공이 될 수 있었던 환경적 요인 가운데 하나가 국제관계 특히 중동의 위기이다. 중동정세의 불안과 프랑스에서 반유대주의 활동이 절정에 이르는 시기가 연관성이 있다는 것은 익히 알려진 사실이다.[41] 물론 이것으로 모든 것을 설명할 수는 없다. 이민자들과 방리유에 사는 사람들에 가해지는 주류사회의 차별이 이러한 국제관계 현상에 더해진다고 볼 수 있을 것이다.

수치를 통해 이를 구체화해보자.[42] 프랑스 경찰의 추산에 따르면,

---

40 *Regards sur l'actualité*, p. 5.

41 Michel Winock, *La France et les juifs: De 1789 à nos jours*(Paris: Editions du Seuil, 2004), p. 351.

42 이하 통계와 관련된 정보는 모두 다음의 글을 따르며, 따로 이를 밝히지 않겠다. *Ibid.*,

2002년에 인종주의 및 반유대주의 행위가 1,313건, 2003년에는 817건, 2004년 상반기에만 766건이 발생하였다. 1995년(614건)만 제외하고는 2000년에서 2003년의 통계는 1990년부터 1999년까지 발생한 건수보다 월등히 많다. 이렇게 볼 때, 2000년 이래 인종주의 행위가 두 배 이상 증가하였고, 1999년(189건)에 비해서는 6배나 많아졌다고 할 수 있겠다.

그러면, 반유대주의 활동은 어떠한가? 2000년대에 들어와 반유대주의는 프랑스에서 인종주의의 주요 형태로 자리 잡았다고 할 수 있다. 모든 형태(폭력, 위협, 언어 등)의 반유대주의 활동을 합쳤을 때 그 수는 2000년에 743건, 2002년에 932건이었다. 2001년에는 216건, 2003년에는 588건으로 상대적으로 감소되었다고 볼 수 있으나, 2004년에 들어서는 전반기에만 510건으로 증가했다. 우리는 2000년 이래 발생한 현상 가운데 두 가지 특징을 지적할 수 있는데, 우선 1990년대와 비교할 때 엄청난 증가, 예를 들어 1999년과 2000년 사이에 13배, 1997년과 2000년 사이에만 8배 이상이 증가하였음을 지적할 수 있다. 두 번째로는, 인종주의와 외국인혐오(여기에 반[反]마그레브인 포함)가 1990년대에 가장 높은 비율을 차지했으나, 그 경향이 2000년에 들어서 바뀌었다는 점이다. 다른 형태의 인종주의와 비교해서 반유대주의 활동이 완전히 다수가 되었다. 예를 들어, 2002년에는 반유대주의 활동이 다른 형태의 인종주의에 비해서 2.4배나 많았다. 프랑스 경찰이 이에 관해 조사한 개요를 몇 가지 살펴보자.

- 2003년 1월 24일, 파리 13구에서 키파를 쓴 3명의 유대 청년이 구타당함.
- 2003년 2월 26일, 파리 13구에서 두 명의 고등학생이 두 명의 아랍계

---

pp. 5～10.

학생이 낀 7명의 청년에게 폭행당함.

– 2003년 3월 22일, 사르셀르(Sarcelles)(95)[43]에서 시나고그를 가던 한 유대교 신자가 아프리카인으로 보이는 두 명에게 폭행당함.

– 2003년 4월 21일, 클리쉬–수–부아(Clichy–sous–Bois)에서 한 운전자가 시나고그에서 나오는 여러 명의 유대교 신자를 치려고 시도함.

– 2003년 5월 28일, 파리 12구의 한 전철역에서 한 명의 유대인 고등학생에게 두 명의 사람이 폭행, 모욕을 받고 귀중품을 절도 당함.

– 2003년 6월 12일, 니스(06)에서 버스에 있던 부부와 아이를 마그레브 출신 10여 명의 청년들이 폭행함.

– 2003년 7월 3일, 스트라스부르(67)에서 유대인 가정이 사는 아파트에 총격. 네오 나치에 소속된 15세의 이웃 소년 소환됨.

– 2003년 8월 31일, 파리 8구 샹젤리제에서 키파를 쓰고 있는 한 대학생이 방리유에서 온 15명 정도의 사람들에게 폭행당함.

– 2003년 9월 30일, 라 쿠르뇌브(La Courneuve)(93)에서 젊은 유대 여성에게 성폭행 및 욕설.

– 2003년 10월 17일, 리스–오랑지스(Ris–Orangis)(91)에서 차를 타고 가던 사람들이 한 랍비에게 반유대적 공격 및 폭언, 친(親)팔레스타인 언사.

– 2003년 11월 28일, 마콩(Macon)(71)에서 두 명의 미성년이 한 청년과 그 여동생에게 욕설을 하면서 폭행.

– 2004년 5월 5일, 플레뤼–드방–두오몽(Fleury–devant–Douaumont)(55)에서 베르덩 전투에 참여한 유대인 병사 추모기념비가 나치 표시, SS 표시 및 켈트 십자가로 뒤덮임.

– 2004년 6월 11일, 뱅센느(Vincennes)(94)에서 한 유대 청년이 '더러운 유대인'이라고 불리며 폭행당함. 서류와 노트북 컴퓨터 수색 당함.[44]

---

43 괄호안의 숫자는 프랑스의 도(département)를 나타내는 숫자이다. 파리지역에서 가장 큰 세파르디 유대인들의 거주지이다. 필립 아리에스, 조르주 뒤비 책임편집, 앙투안 프로, 제라르 뱅상 편집, p. 687.

통계에 따르면, 2000년부터는 주요 희생자가 유대인이었다. 2000년에는 82%, 2002년에는 71%, 2003년에는 72%인 반면, 1993년부터 1999년까지는 평균 1/3 정도였을 뿐이다. 이러한 반유대주의 경향은 지속적으로 고착되는 한편 폭력행위도 심화되는 것을 볼 수 있다. 1993년에는 40명의 부상자 가운데 3명이 반유대주의의 희생자였다. 1995년부터 2001년까지는 심각성이 현격히 줄어들었으나, 2002년에 39명의 부상자, 그 가운데 21명이 반유대주의의 희생자로 그 가운데 1명은 사망하기까지 하였다. 2003년에는 32명의 부상자가 생겼는데, 그 가운데 21명이 반유대주의 공격으로 인해 발생하였다.[45]

그런데, 위의 구체적 사례에서 뚜렷하게 볼 수 있는 것은 가해자가 아랍계인 경우가 다수이며, 그 외에도 신원을 알 수 없는 가해자가 많다는 것은 아랍계 가해자 비율이 더 증가할 수도 있다는 것을 의미한다. 이는 반유대주의의 성격 자체가 변화되고 있음을 통계뿐만 아니라 구체적 사례로서도 증빙할 수 있음을 보여준다고 하겠다. 반유대주의의 성격은 어떠한 방식으로 변화되었는가?

4) 유대인, 과연 이방인인가?

다시 처음으로 돌아가 보자. 현대 프랑스에서 유대인은 '특별한 이방인'으로 취급됨에 틀림없다. 유대인 청년 한 명이 구타를 당했다고 해서, 유대인 단체뿐만 아니라 모든 정치인들이 나서서 반유대주의에

44 *Regards sur l'actualité*, p. 10.

45 경찰 통계를 통해 인종주의, 외국인혐오의 희생자들이 누구인지 알 수 있다. 1991년까지 가장 많은 수의 희생자는 마그레브 사람들, 이민자, 흑인들이었음을 알 수 있다. *Ibid.*, p. 11.

대해 목소리 높여 비판을 한다. 프랑스가 언제부터 그렇게 '모든' 인종차별에 대해 적극적으로 투쟁하였는가? 아직까지 반유대주의적 폭력인지 혹은 단순폭력 사건인지 결론이 나기도 전에 이처럼 모든 사람들이 반유대주의를 외치는 것은 무슨 이유 때문인가?

최근에 벌어지고 있는 반유대주의, 즉 유대인에 대한 공격은 고전적 의미에서의 반유대주의 현상과 그 성격이 다르다. 그동안의 현상이 주류사회의 이방인에 대한 공격이었다면, 최근의 현상은 주류사회의 공격이 아니라 또 다른 이방인이 기존 이방인에 대해 공격하는 모양새를 띠고 있다. 그 성격도 공격 대상이 인종적으로 증오의 대상이어서가 아니라 출신 국가의 이해관계, 종교적 이해관계와 관련이 있어 보인다.

한 가지 예를 들어보자. 유대인들이 하나의 '국민'이 된 것은 분명 유대인의 국가인 이스라엘의 건국 때문이다. 비록 이스라엘 건국에 프랑스 유대인이 대규모로 참여하지는 않았지만, 유대 국가의 존망에 대한 소식은 그 어느 때보다도 프랑스 유대인들의 감정을 뒤흔들어놓기에 충분했다. 1967년에 이집트와 이스라엘 사이에 벌어진 6일 전쟁은 유대인의 정체성 확립 문제와 관련해 유대인 학살에 맞먹는 사건으로 느껴졌다. 이스라엘이 지도상에서 지워져버릴지도 모른다는 두려움이 시오니스트든 아니든 모든 유대인들을 불안하게 했다.[46] 즉, 이 사건은 유대민족에게 종말을 가져올 잠재적인 제2차 홀로코스트로 여겨졌던 것이다. 한 예로, 프랑스에 동화된 유대인인 유명 TV 앵커 안 생클레르(Anne Sinclair, 전 IMF 총재 도미니크 스트로스-칸의 부인)는 이 전쟁이 발발했을 때 "바로 그 전쟁으로 나 자신이 유대인임을 처음 확인했다"고 말하였다. 생클레르 여사에 따르면, 이스라엘의 어려움은 그녀에게

46 필립 아리에스, 조르주 뒤비 책임편집, 앙투안 프로, 제라르 뱅상 편집, pp. 681~682.

도저히 참을 수 없는 일로 느껴졌다는 것이다. 그녀처럼, 프랑스 유대인들은 일반적으로 이 전쟁에 민감했으며, 그 결과 1967년 5월의 위기 동안 이스라엘을 지지하기 위해 대규모 시위를 조직했을 뿐만 아니라, 그 이전 어느 때보다도 유대 국가를 위해 더 많은 돈을 모금했다. 대다수 좌파 유대 지식인들조차 1967년에 이스라엘을 지지했다.[47] 공공여론 조사에 따르면, 프랑스인들은 일반적으로 이스라엘에 동정적이었다.[48] 상인들로 이루어진 민족, '양'처럼 아무 저항 없이 도살장으로 끌려가던 민족은 이 시기에 갑자기 프랑스혁명의 위대한 전통을 따르는 무장한 민족으로 나타났다. 프랑스 유대인들은 이제 전혀 다른 이미지를 갖게 되었다.[49] 이처럼 유대인은 '프랑스인'에서 이러한 전쟁과 긴장된 중동 정세를 통해 '새로운 유대인'으로 다시 태어날 가능성이 높아졌다.

그 후 몇 십 년이 지난 오늘날, 프랑스에서는 유대인과 아랍계 이민자가 대등한 세력을 유지하게 되었고, 중동 정세가 더욱 긴장된 국면으로 흘러가면서, 두 세력 사이의 관계는 더욱 악화되어갔다. 2008년에 유대인 청년 폭행사건이 발생한 후, 파리 19구의 구청장은 앞에서 언급한 대로 "공동체 간 긴장이 매우 고조되어 있다"고 진단하였으며, 이러한 상황을 진정시키기 위해 추가 경찰 병력의 배치를 주장하기까지 했다. 이러한 상황에서는 누가 보아도 두 그룹 가운데 어느 한쪽이 이방인이고 다른 한쪽은 주류라고 판단하기 힘들 것이다. ≪르피가로≫의 기사 또한 이러한 점을 강조하고 있다. "이러한 난투에서는 누가 가해자고 피해자인지 구분하는 것이 때때로 어렵다. 반유대주의 감시국(Bureau de

47 Paula E. Hyman, p. 200.

48 드골 대통령은 중동 분쟁에서 프랑스가 이스라엘에 대한 동정심을 보이는 이유는 유대인이 프랑스 내 주요 미디어를 지배하고 있기 때문으로 생각했다. *Ibid.*, p. 201.

49 필립 아리에스, 조르주 뒤비 책임편집, 앙투안 프로, 제라르 뱅상 편집, pp. 681~682.

vigilance contre l'antisémitisme)의 책임자인 사미 고즐란(Sammy Ghozlan)은 유대인들은 늘 희생자였고, 그래서 그들은 스스로를 보호하기 위해 모여야 할 필요성을 느낀다고 말하지만 일부 유대인 조직들도 싸움하는 것을 원한다는 것을 인정해야 한다."[50] 이 진술은 오늘날의 유대인들은 더 이상 이방인으로서 일방적으로 핍박만 받는 존재가 아니라는 점을 잘 보여주고 있다. 이렇게 본다면, 현대 프랑스 사회에서 유대인이 '이방인'이라는 데에는 커다란 이의가 없으나, 유일한 이방인은 아니며, 더욱이 가장 핍박받는 희생자로서의 이방인은 결코 아니라고 말할 수 있을 것이다.

이제 다음 절에서는 프랑스 거주 유대인이 과연 이방인으로서 프랑스 내 주요 희생자인지를 더 상세하게 이야기해보고자 한다. 이를 위해 우리는 프랑스에서 발생한 다양한 반유대주의 행위를 세 그룹으로 나누어 살펴볼 것이다.

2. 유대인, 여전히 희생자인가?

1) 희생자로서의 유대인

서양 사회에서 유대인이 늘 핍박받는 존재였다는 데 대해서는 이론의 여지가 없다. 그 절정은 쇼아(Shoah)로 나타났다. 제2차 세계대전 기간 동안 한 국가에 의해 조직적으로 이루어진 이 유대인 절멸 사건은 전 인류에게 커다란 충격을 주었으며, 이후 반유대주의와 같은 소위 '과학

50 *Le Figaro* du 23 juin 2008.

적' 인종주의라고 불리는 생물학적 인종주의는 과학적으로 더 이상 인정될 수 없었다. 그 결과, 서양 각국에서는 반유대주의적 언행 혹은 유대인 학살을 부인하는 행위에 대하여 엄격한 법적 제재를 가하게 되었고, 프랑스도 물론 예외가 아니다.

그럼에도 불구하고, 최근 프랑스에서는 앞에서 언급한 바와 같이 다양한 형태의 반유대주의 행위가 빈번하게 일어나고 있다. 프랑스의 극우파 정치인들의 반유대주의적 발언은 차치하고라도, 평범한 프랑스인이라고 할 수 있는 배우, 언론인 그리고 수많은 익명의 사람들이 다양한 반유대주의적 행위를 저지르고 있다. 반유대주의적 발언은 물론이고, 더 나아가 유대회당(synagogue) 방화, 유대인 구타, 유대인 모욕, 그리고 유대인 묘지 훼손, 반유대주의 낙서 등이 그것으로 그 다양함은 이루 말할 수 없다.

우리는 이러한 행위들을 크게 몇 가지로 나누어 생각해볼 수 있다. 우선 고전적 의미에서의 반유대주의 행위이다. 주로 장-마리 르펜(Jean-Marie Le Pen)이 총재로 있는 민족전선(le Front National) 소속 정치인들의 발언에서 보듯 이들의 목표는 쇼아의 연장선상에 있다. 즉 홀로코스트 자체를 부정하는 '수정주의자들'(négationnistes)의 발언이 이에 속한다. 다음으로는 1970년대 중동전쟁 이후 생겨난 프랑스 내 친(親)팔레스타인파들의 반유대주의적 행위들이다. 이들은 이스라엘의 공격으로 죽어간 팔레스타인들에 대해 동정적이다 보니 자연스레 반유대주의자로 자리매김되었다. 반(反)이스라엘주의자 혹은 반(反)시오니스트들[51]이라고도 할 수 있는 이들은 팔레스타인에 대한 이스라엘의 공격적인 행위를 비판하면서 동시에 프랑스 내 유대인들에게도 비판적

51 오늘날의 반(反)시오니즘은 특히 이스라엘의 중동 패권주의와 주로 관련되어 있다.

인 성향을 보인다. 한편, 일부 익명의 사람들이 저지르는 반(反)유대주의적 행위들은 앞서 언급한 반(反)시오니스트들과 대체로 궤를 같이한다. 특징적인 것은 이들의 주체가 주로 프랑스 거주 아랍인들이라는 것이다. 세 번째로는 그 성격이 '모호한 반유대주의 행위'이다. 해당 행위가 반유대주의 행위인지 명확히 밝혀지기 힘든 사건임에도 불구하고, 프랑스 주류사회에 의해 반유대주의 행위로 비난받는 경우이다. 그 대표적 경우가 앞 절에서 언급한 2008년 6월의 '유대 청년 폭행사건'이다.

이 장에서는 일단 프랑스에서 최근 일어나고 있는 반유대주의적 사건, 그리고 논쟁 중인 '모호한 사건들'을 소개하고, 그 성격을 규명하고자 한다. 왜 프랑스에서 오늘날 반유대주의 사건이 빈발하는가? 왜 프랑스 사회는 논란의 여지가 있는 사건까지 반유대주의적 행위로 몰고 가려고 하는가? 한 가지 예를 들어보자. 2008년 7월에 사르코지 현 대통령의 아들이 프랑스 재벌기업의 유대인 상속녀와 약혼을 하기 위해 스스로 유대교로 개종했다고 해서 떠들썩했다. 이 사건을 풍자한 기자는 회사 측으로부터 해고 통고를 받았다. 유대교로의 개종과 사회적 출세를 연결시킨 풍자가 반유대주의적 발상에서 나왔다는 주장이 개진되었기 때문이다. 일반적으로 표현의 자유가 보장된 프랑스 사회에서 모든 사람이 풍자의 대상이 될 수 있다. 정치인, 연예인들뿐만 아니라 그 어떤 사람에 대한 풍자도 논란이 있을지언정 사회문제화되는 일은 드물다. 프랑스 사회에서 풍자의 대상에 특별한 성역이 있지 않다. 더욱이 그 일로 인해 직장을 잃거나 법적 제재를 받는 일은 있을 수 없는 일로 여겨진다. 이렇게 볼 때, 프랑스에서 유대인이라는 이방인에게는 어떠한 형태로든 비난이 금지되어 있는 것처럼 보인다. 마치 그들이 '특별한 이방인'인 것처럼 말이다.

위와 같은 점을 고려하여, 현대 프랑스 사회에서 유대인의 위상을 알아보고자 하는 것이 이 글의 주요 목적 가운데 하나이다. 극우 정치인들의 발언들을 고찰할 때 유대인들은 분명 여전히 탄압받는 이방인으로 각인될 수 있다. 반면, 이스라엘의 중동정책에 따른 여파로 아랍계 이민자 2세대들에게 공격당하고 있는 유대인들은 종교적이거나 인종적인 이유로 일방적인 탄압을 받고 있다고는 볼 수 없다. 그들은 자신들에 대한 가해자들에 맞서 조직적으로 맞대결하거나 프랑스 법에 의존하여 문제를 해결하고 있다. 세 번째 예로 든 성격이 '모호한 반유대주의 행위'는 오히려 프랑스 정부 혹은 언론에 의해 일방적으로 반유대주의 행위로 비난받는 경우가 많다. 이는 홀로코스트에 대한 프랑스 사회의 '죄책감'과 아랍계 이민자에 대한 혐오감이 겹쳐져 프랑스 주류사회에 의해 표출된 것이라고 볼 수 있다.[52] 이렇게 본다면 현대 프랑스 사회에서 유대인의 위상은 점차 높아간다고도 볼 수 있다. 즉, 프랑스 내 유대인의 위치가 단순한 이방인이 아니라 프랑스 주류사회에 의해 특별한 보호를 받는 이방인으로 자리매김될 수 있다. 이와 같은 연구는 궁극적으로 '프랑스에서 유대인은 과연 희생자인가?'라는 질문에 대한 해답을 일정 부분 가져다줄 수 있을 것이다.

2) 다양한 형태의 반유대주의

프랑스 내 대표적인 극우 정당인 민족전선의 책임자들이 발언한 내용만 살펴보아도 프랑스 내 반유대주의의 흐름은 쉽게 간파될 수 있다.[53]

---

52 크게 보아, 2000년대에 들어와 전체 인종주의 행위 가운데 반유대주의 관련 행위의 비율이 늘어나고 있다. 1999년까지는 인종차별 행위가 이민자들을 대상으로 했었다. 그런데 이 반유대주의 행위는 고전적 반유대주의 행위라기보다 주로 팔레스타인 분쟁과 관련된 행위라는 것이 특징적이다. Michel Winock, *La France et les juifs: De 1789 à nos jours*(Paris: Editions du Seuil, 2004), p. 351.

민족전선의 대표자 장-마리 르펜은 유대인에 대한 독설가로 유명하다. 그는 1987년에 "나는 제2차 세계대전의 역사에 열광했다. 나는 가스실이 존재하지 않았다고 말하지는 않는다. [……] 그러나 나는 그것이 제2차 세계대전에서 하나의 사소한 문제였다고 믿는다"라고 말한 바 있다. 이러한 주장은 그의 후계자이자 리옹대학교 교수인 골니시(Bruno Gollnish)에 의해 2004년 10월에 다시 반복되었다. 골니시는 언론과의 회견에서 "뉘른베르크 재판의 결과를 그대로 인정할 만한 역사가는 없다고 생각한다." "강제수용소에서 죽은 사람의 숫자에 대해서는 더 논의를 해봐야 한다." "아우슈비츠의 가스실이 실제로 있었는지에 대해서도 이론이 있을 수 있다"라는 발언을 해 프랑스 사회에 파문을 일으켰다. 사실 이런 발언이 어제오늘 나온 것은 아니다.[54] 민족전선의 테유(Georges Theil)는 이미 2001년에 '반인륜범죄'로 기소된 적이 있음에도 또다시 "유대인을 태워 죽였다고 하는 화덕은 사실, 세균을 박멸하기 위해 만들어진 화덕일 뿐이다"[55]라고 주장했다.

하지만, 이처럼 주류 프랑스인에 의해 행해지는 인종주의적 반유대주의 행위는 점차 이스라엘 중동정책의 영원한 지지자로서의 유대인에 대한 반감으로 변화되어간다. 이는 통계로도 어느 정도 입증된다.[56] 그런데 흥미로운 것은 앞 절에서도 살펴보았듯이 반유대주의 활동의 주인공들이 줄곧 극우파들이었지만 최근에는 그들의 반유대주의 활동

53 이 내용은 대체로 박단, 『프랑스 문화전쟁: 공화국과 이슬람』, pp. 114~115을 참조하였다.

54 *Libération* du 12 octobre 2004.

55 2004년 10월 14일, 민족전선 지방위원회 회의에서의 발언. *Libération* du 16 octobre 2004.

56 통계를 보면, 특히 2000년 이래 프랑스 내 반유대주의 활동이 급증하였는데, 그 비율은 전체 인종주의 활동 가운데 72%를 차지한다. *Regards sur l'actualité: Racisme et antisémitisme*, n.305(novembre 2004), La documentation Française, p. 5.

이 상대적으로 감소하고, 새로운 주인공들이 나타났는데, 이들은 방리유의 젊은이들이라고 할 수 있다.

이처럼 2000년대 이후 급격히 늘어난 반유대주의 행위들은 주로 반(反)이스라엘 행위로 해석될 수 있다. 특히 학교에서 일어나고 있는 반유대주의 언행들은 새로운 현상이 되어가고 있다. 최근에 일어난 한 가지 사건을 들여다보자. 2009년 1월 5일에 발 두아즈(Val d'Oise) 도(道)의 빌리에-르-벨(Villiers-le-Bel)에 있는 레옹 블룸(Léon Blum) 중학교에 다니는 14세의 여중생이 일부 학생들로부터 육체적 폭력과 모욕을 당했다고 그들을 고소한 사건이 있었다. 이 소녀는 경찰 수사관에게 방과 후, 그녀의 친구 한 명과 집에 가다가 이 문제의 학생들로부터 다리를 폭행당하고, 반유대주의 욕설을 들었다고 진술했다. 경찰 조사 결과, 이는 가자(Gaza) 지구에서 진행되고 있는 이스라엘의 폭격행위와 관련된 사건이었다.[57]

이보다 앞서 2000년 가을에 일어난 두 번째 인티파다 이후, 프랑스에서의 반유대주의 행위가 급격히 증가하였음을 알 수 있는데, 이도 두 사건 사이의 관계가 매우 밀접하다는 것을 보여준다.[58] 수많은 사례가 있지만, 학교와 관련된 사건으로는 2003년 11월 18일에 세느-생-드니(Seine-Saint-Denis) 도(道)의 갸니(Gagny)에서 발생한 유대인 학교 메르카즈 아토라(Collège-Lycée juif Merkaz Hatorah) 방화사건을 들 수 있다. 이 엄청난 사건에 프랑스 언론들은 경악했다. ≪르 파리지엥≫(Le

57 Stéphane Jourdain, "Agression antisémite à Villiers-le-Bel: 4 collégiens mis en examen", AFP du 9 janvier 2009 in http:// fr.news.yahoo.com /2/20090109/ tfr-agression-antisemite -villiers-le-bel-f56f567.html (검색일: 2009. 1. 17)

58 Nicolas Weill, *La République et les antisémites*(Paris: Grasset, 2004), p. 15.

Parisien)은 이 사건에 "반유대주의의 격화?"라는 제목을 달고, "프랑스는 진정 증가하는 반유대주의 경향의 희생자인가? 프랑스는 중동 분쟁의 직접적인 영향 하에 있는가?"라는 의문을 표시하였다. ≪라 크루아≫(La Croix)는 "반유대주의 폭력이 공화국에 경각심을 불러일으킨다"고 하였으며, ≪르몽드≫는 "자크 시라크 대통령이 반유대주의에 대항하여 세력을 결집하고 있다"고 제목을 달았다. 같은 신문의 사설 제목이 "반유대주의 그만!"일 정도였다.[59]

사실 중동 분쟁이 유럽 국가, 그 가운데에서도 특히 프랑스에 영향을 끼치리라는 것은 쉽게 예측될 수 있는 일이었다. '새로운 반유대주의'에 프랑스가 쉽게 노출될 수 있는 이유 가운데 하나가 그 인구구성에 있다고 할 수 있다. 이민자를 포함하여 대략 500~600만 명의 무슬림이 프랑스에 거주하고 있고 유대인의 수도 대략 70만 명에 이른다고 평가되고 있다. 이러한 특성을 고려하여, 프랑스에서는 이미 2002년에 일부 저서들이 이러한 사태를 집중 조명한 바 있다. 그 대표적인 경우가 앞서 언급했던 피에르-앙드레 타기에프(Pierre-André Taguieff)의 『새로운 유대인혐오주의』이다.[60] 타기에프는 이 책 제목으로 반유대주의(antisémitisme)라는 용어 대신 유대인혐오주의(judéophobie)[61]라는 용어를 사용함으로써, '새로운 반유대주의의 급등'에 주목하고자 하였다. 오랫동안 반유대주의의 역사와 이데올로기를 연구해온 타기에프는 최근 반유대주의의 원인을 이슬람주의, 급진적 반시오니즘 등으로 직접 규정했다.[62]

---

59 Michel Winock, pp. 351~352.

60 P.-A. Taguieff, *La Nouvelle Judéophobie*(Paris: Mille et Une Nuits, 2002).

61 반(反)유대공동체를 지칭하는 것으로 반유대주의, 반시오니즘과 유사하게 사용되며 1990년에 들어와 사용되기 시작한 표현이다. 이 용어는 특히 타기에프의 저서 『새로운 유대인혐오』가 인기를 끌면서 대중화되었다.

이처럼 중동정세의 불안과 프랑스에서 반유대주의 활동이 절정에 이르는 시기가 연관성이 있다는 것은 명확하다고 하겠다. 그러므로 우리는 이를 유대인이라는 특정 인종에 대한 혐오라기보다, 유대 국가 이스라엘에 대한 증오,[63] 자신들의 '형제'를 위협하는 이스라엘 국민에 대한 증오로 해석할 수 있을 것이다. 이렇게 볼 때, 특히 최근에 발생하고 있는 반유대주의는 반시오니즘 성격을 띠며, 커다란 의미에서의 반유대주의의 한 형태로 자리 잡아가고 있다고 할 수 있다.

사실, 반유대주의와 반시오니즘은 명확히 구분되지는 않는다. 우리는 그런 예를 희극배우 디유도네(Dieudonné M'bala M'bala)에서 찾아볼 수 있다. 흑인인 그는 처음 흑인을 대변하는 운동을 시작하였으나[64] 점차 현대 프랑스 사회의 대표적인 반유대주의자가 되었다. 그의 입장은 반시오니즘에서 점차 유대인학살을 부정하는 수정주의로(de l'antisionisme au négationnisme) 옮아갔다. 디유도네는 중동전쟁과 관련하여 팔레스타인 입장에 동조적이며, 반(反)이스라엘 입장에 서 있었는데, 이러한 생각이 반복되면서 홀로코스트를 부정하는 입장으로 돌아서게 되었다. 2003년 12월 1일에 한 방송프로그램에서 디유도네는 나치식 경례를 흉내 내는 유대인 대령 복장을 하고 나타나기도 했고, '미국-시오니스트 측'을 비난하기도 하였다.[65] 또한 2004년 2월에는 ≪일요신문≫(Le Journal du Dimanche)과의 인터뷰에서 "유대인들은 흑인 노예무역으로 재산을 형성했을 것"이라고 주장하기도 했다.[66] 이 발언으로 그는 '인종

62 Michel Winock, p. 352.

63 Alexis Rosenbaum, *L'antisémitisme: thèmes & débats*(Paris: Bréal, 2006), p. 91.

64 그는 2000년 <프랑스 흑인 전국 행진>을 조직하였다. http://fr.wikipedia.org/wiki/Dieudonn%C3%A9 (검색일: 2009. 1. 17)

65 *Le Monde* du 29 décembre 2008.

적 증오를 선동'했다는 명목으로 5,000유로의 벌금형을 받았다.[67] 이러한 '돌출발언'은 이에 그치지 않았다. 이 희극배우는 2005년에 알제리의 수도인 알제에서의 언론 컨퍼런스에서 쇼아를 '기념할 만한 포르노그라피'(pornographie mémorielle)로 규정하였을 뿐만 아니라, 그로부터 1년 후에는 흑인차별반대운동 당시 그가 그토록 비난하던 민족전선의 축제에 출현하기까지 하였다. 사실, 디유도네는 단순히 흑인차별반대운동뿐만 아니라 2000년에는 오스트리아 극우정당 대표였던 외르크 하이더(Joerg Heider)를 반대하는 유럽 희극배우 모임(Collectif d'humoristes européens anti-Heider)을 창설하기까지 하였었다.[68] 그러나 점차 반유대주의 주장에 동조하기 시작하면서 프랑스의 대표적 극우 정당인 민족전선과 보조를 맞추게까지 되었다.

이처럼 쇼아에 대한 발언으로 이미 법의 심판을 받은 적이 있는 디유도네는 2008년 12월 26일, 파리의 제니스 극장에 홀로코스트의 존재를 부인하는 대표적 수정주의자 로베르 포리송(Robert Faurisson)을 초청하였다. 포리송이 누구인가? 그는 리옹대학 문학 교수를 지냈으며, 지난 30여 년 동안 아우슈비츠 내 가스실, 더 나아가 절멸수용소의 존재 자체를 부인해온 인물이다. 그 일로 '반인륜범죄'라는 명목으로 수차례에 걸쳐 재판에 회부된 바 있기도 하다. 사실, 디유도네는 이미 포리송의 수정주의를 공개적으로 옹호한 바 있다. 포리송이 2006년 12월에 테헤란 컨퍼런스에서 홀로코스트를 부정했을 때, 디유도네는 "포리송의 주장에 전적으로 동의하지는 않지만, 표현의 자유는 중요하다"고 주장하였다.[69]

---

66 *Ibid.*

67 *Nouvelobs.com* du 23 juin 2008.

68 http://fr.wikipedia.org/wiki/Dieudonn%C3%A9 (검색일: 2009. 1. 17)

69 이러한 입장은 세계적 언어학자 촘스키가 표현의 자유를 주장하면서, 포리송을 위해

이러한 디유도네의 태도에 문화부장관인 크리스틴 알바넬(Christine Albanel)은 '대경실색할 일'이라고 비난했으며, 그 외 반인종주의 단체들도 격렬하게 디유도네의 태도를 비난하였다.[70] 인종주의 및 반유대주의 국제연맹(LICRA)은 검찰에게 디유도네를 구속하라고 촉구하기까지 했다.[71]

그러나 디유도네는 반유대주의자라는 모든 비난에 귀를 닫은 듯하다. 12월 말, 이 극장에는 포리송뿐만 아니라 민족전선 총재 장-마리 르펜, 그의 부인 자니, 딸 마리-카롤린 및 극우파 주요 인사들을 모두 초대했다. 그가 초대한 민족전선이 어떠한 정파인가? 디유도네 자신의 정체성인 흑인, 그 밖의 모든 유색인을 프랑스로부터 내몰아야 한다고 주장하는 집단이 아닌가? 반(反)인종차별운동으로 시작한 디유도네가 유대인에 대한 증오 때문에 대표적 인종차별 정당인 민족전선과 연계한다는 것이 매우 흥미롭다. 이제 현대 프랑스 사회의 반유대주의적 성격을 더 구체적으로 살펴보기 위해 '모호한 반유대주의 사건'으로 넘어가보자.

3) 반유대주의 논쟁 속의 '시네 사건'

유대인이 희생자인 무수한 사건 가운데 사실 그것이 반유대주의 성격을 띤 사건인지 아닌지 모호한 경우가 많다. 그럼에도 불구하고, 앞에서 살펴본 대로 프랑스 사회는 이 모호한 사건들을 반유대주의 사건이라고 단정 짓는 경우가 많다. 이러한 이유로, 이 사건들은 프랑스 사회가 반유대주의적 행위 혹은 유대인에 대해 어떠한 생각을 하고 있는지

탄원서에 서명한 것과 같다고 할 수도 있다. 드니 로베르, 베로니카 자라쇼비치, 『촘스키, 누가 무엇으로 세상을 지배하는가?』, 강주헌 역(시대의 창, 2002), pp. 40~45.

70 *Le Monde* du 29 décembre 2008.

71 *Ibid.*

적절하게 판단할 수 있는 지표가 될 수 있다. 앞에서 언급한 고전적 의미에서의 반유대주의 언행이나, 팔레스타인 분쟁의 여파로 나타난 반(反)이스라엘 행위 등은 그 주체나 성격이 뚜렷하다. 하지만 그 성격이 '모호한 사건'의 경우 그에 대한 프랑스 사회의 반응을 살펴본다면, 프랑스가 일반적으로 유대인에 대해 어떠한 평가를 내리고 있는지, 현대 프랑스 사회에서 유대인의 위상은 어떠한지 가늠할 수 있게 된다. 최근에 있었던 한 사건을 통해 이러한 문제들에 접근해보기로 하자.

2008년 7월에 ≪샬리 엡도≫(Charlie Hebdo)라는 풍자 주간신문의 만평가인 시네(Siné)가 사르코지 현 대통령 차남의 약혼문제를 비판하였는데, 그것이 반유대주의 논쟁으로 비화된 일이 있었다. 사건의 개요는 다음과 같다. 2008년 9월 10일에 뇌이-쉬르-센느(Neuilly-sur-Seine) 시청에서 장 사르코지(Jean Sarkozy)의 결혼식이 열렸다. 신부는 전자유통 재벌 다티그룹(Darty)의 상속녀 제시카 스바운-다티(Jessica Sebaoun-Darty)였는데, 문제는 이들이 같은 해 6월 약혼했을 때 나온 기사 한 컷 때문이었다. 이 약혼녀는 유대인이었고, 장래 남편이 될 장 사르코지는 유대교로 개종을 준비 중인 것으로 알려졌다. 만평가 시네에게는 유대교로의 개종을 앞둔 장 사르코지의 행보가 탐탁지 않아 보였고, 그는 7월 2일자 시평에서 "장 사르코지는 유대인이자 다티 창업자의 상속녀인 약혼녀와 결혼하기 전에 유대교로 개종하기를 원한다"고 주장하고는, "이 젊은이는 인생을 잘 살아가겠군!"이라고 덧붙였다. 이 기사 하나로 시네는 자신이 소속된 신문 ≪샬리 엡도≫에서 해고되었다.[72] 반유대주의적 글을 썼다는 이유에서였다. 해고의 주체는 이 신문의 편집인인 필립 발(Philippe Val)이었다. 이 사건은 프랑스 언론계를 분열시

72 *Le Monde* du 28 août 2008.

켰다. 결국 많은 기사와 논단이 이 사건을 다루게 되었는데, ≪르몽드≫에는 철학자 베르나르-앙리 레비(Bernard-Henri Lévy), ≪르피가로≫에는 평론가 알렉산드르 아들러(Alexandre Adler), ≪리베라시옹≫(Libération)과 ≪누벨옵≫(Le Nouvel Observateur)에는 각각 로랑 조프랭(Laurent Joffrin)과 드니 올리비엔느(Denis Oliviennes) 등이 이 주제에 대해 모두 언급했다.[73]

50년 이상 일해온 신문 만평의 베테랑인 시네는 사실 그간 모든 종교와 권력을 비꼬면서 세상 물정을 알리는 데 공헌해왔으며, 공개적으로 '밑바닥' 이야기를 해왔다. 측근들에 따르면, 그는 늘 도발자이자 우상 파괴자였다. 아나키스트로서 반교권주의자이자 반군국주의자이며, 모든 것에 대해 반대하는 자였다. 79세의 이 자유주의자는 독설의 천재로 FLN(알제리 민족해방전선)을 위해 일한 적이 있었으며, 쿠바혁명을 동경했고, 1968년에는 ≪격앙파≫(L'Enragé)라는 신문을 발간하기도 했다. 이 신문에서는 팔레스타인의 대의를 위해 투쟁했었다.[74]

16년 전, 1992년 7월에 재발행 된 이후, ≪샬리 엡도≫는 매주 시네의 시평을 발행해왔다. 이런 상황에서 사건은 7월 8일에 터졌다. ≪누벨옵≫의 기자인 클로드 아스콜로비치(Claude Askolovitch)가 시네의 시평을 RTL 라디오 방송에서 재인용했다. "다른 데가 아닌 ≪샬리 엡도≫라고 불리는 신문에 반유대주의 기사가 있다." 소란이 일기 시작했다. 해당 신문의 편집인인 필립 발은 장 사르코지의 측근에 의해 ≪샬리 엡도≫가 고소당할 것이라는 통보를 받았다. 반인종주의가 주요 사훈(社訓)인 ≪샬리 엡도≫가 반유대주의 때문에 법정 앞에 끌려가는 것을 보고

73 *Le Monde* du 30 juillet 2008.

74 Bernard Langlois, "L'affaire Siné" in *Politis* du 24 juillet 2008.

싫어 하지 않았던 필립 발은 시네가 사과하도록 설득하였다. 그렇지만 시네는 이에 응하지 않았다. 결국, 필립 발은 7월 15일에 시네에게 해고 통지서를 보냈다. "필립 발이 나를 해고시키기 원한 지 2년이 되었다." 시네는 자신의 글이 반유대주의적이라는 평가 자체를 논박하며, 클로드 아스콜로비치를 명예훼손으로 고소했다.

이 사건에 대하여 시네, 그리고 그를 해고시킨 편집인 필립 발의 입장은 어떠한가? 우선 두 사람의 개인적인 인간관계부터 살펴보자. 사실, 필립 발과 시네는 인간적으로 서로 진정 싫어한다. 그들은 16년 전부터 같은 신문사에서 근무해왔으나, 편집자로서 발과 시평가 시네는 서로 만나기만 하면 논쟁을 하였다. 두 명 다 독학이며 무신론자임에도, 그 둘은 그 어떤 것에도 동의하는 것이 없다. 유럽, 제2차 인티파다, 이스라엘, 나토의 코소보 타격, 클리어스트림 사건(l'affaire Clearstream)[75] 등이 그렇다. 시네의 이번 글에 대해서도 필립 발은 다른 생각을 가졌다. 필립 발은 "나는 시네가 이야기하는 것에 거의 동의하지 않지만, ≪샬리 엡도≫에서는 나와 다른 입장을 표현할 자유가 있다. 그렇다 하더라도, 그의 표현의 자유는 인종차별 그리고 반유대주의적 발언을 특히 금지하는 사훈에 분명 거스른다"고 강조하였다.[76] 시네가 분명 금도를 넘어섰다는 것이다. ≪샬리 엡도≫가 수요일(7월 16일)에 발행할 성명서에서, 필립 발은 "장 사르코지와 그의 약혼녀에 대한 시네의 발언은 사생활을 건드린 것 외에, 유대교로 개종할 것이라는 잘못된 루머를 퍼뜨린 것이다. 그러나 특히 그 발언은 유대교로의 개종과 사회적인 성공 사이에 관련이

75 룩셈부르크 금융기관인 클리어스트림의 비밀계좌를 이용해 니콜라 사르코지 등 일부 프랑스 정치인들이 무기판매 리베이트를 관리하고 있다는 의혹. 후에 이는 사실이 아닌 것으로 밝혀졌다.

76 *Challenges.fr* du 15 juillet 2008.

있는 것처럼 해석될 수 있으며, 그 발언은 용인될 수도 없고, 법정에서도 옹호될 수 없다"고 강조하였다.[77]

그의 말을 뒷받침하듯 "인종적 증오를 부추겼다고" ≪샬리 엡도≫의 전 만평가를 고소한 인종주의 및 반유대주의 연맹(la Ligue contre le racisme et l'antisémitisme, LICRA)이 시네를 고소였다. 이 고소는 ≪샬리 엡도≫가 발행한 두 개의 시평에 따른 것인데, 하나는 장 사르코지의 유대교로의 불확실한 개종에 관한 것이고, 다른 하나는 시네가 6월에 작성한 '히잡 쓴 무슬림 여성'에 관한 것이다. "장 사르코지에 관한 이 유명한 시평 15일 전에, 그는 무슬림 공동체에 대해 진정으로 용납할 수 없는 용어를 내뱉었다는 것이 밝혀졌다"고 인종주의 및 반유대주의 국제연맹(Licra)의 변호사인 알랭 자쿠보비츠(Alain Jakubowicz)가 주장했다.[78] 그에 따르면, "프랑스에서 시네에게 면책특권이 있지는 않다." 왜냐하면, "장-마리 르펜과 디유도네가 동일한 언급을 한 적이 있는데, 이들은 이 일로 기소된 적이 있기 때문이다."[79] "시네는 실로 비전형적인 인물이다. [……] 이런 것들로 사람들이 장난칠 수 있는 그런 시대는 더 이상 아니다"라고 그는 결론지었다.[80]

그들뿐만이 아니었다. 사실, 시네는 4년 전 한 집회에서 유대식 이름에 대하여 야유한 일 때문에 고소된 적이 있었으며, 23년 전에는 반유대주의 언행 때문에 비난받은 적이 있었다. 이 일을 기억하고 있는 프랑스 유명 철학자 베르나르-앙리 레비(Bernard-Henry Lévy),[81] 문화부장관

---

77 *Ibid.*

78 *Le Nouvelobs* du 9 septembre 2008.

79 *Ibid.*

80 *Ibid.*

81 사르코지의 절친한 친구이자 프랑스의 유명 철학자인 레비는 대표적 유대계 학자이다.

크리스틴 알바넬(Christine Albanel), 그리고 역사학자 알렉상드르 아들레르(Alexandre Adler), 과거 법무부장관이자 헌법재판소 소장이었던 정치인 로베르 바댕테르(Robert Badinter), 노벨평화상 수상자이자 문학가인 엘리 비젤(Elie Wiesel), 베르트랑 들라노에(Bertrand Delanoë) 파리시장 등 19명의 유력 인사들이 ≪르몽드≫에서 시네를 해고한 필립 발의 입장을 지지했다.[82] 이들 지지자들의 면면을 보면, 현직 장관 및 파리시장을 제외하고는 전부 유대계 인물들이라는 것이 특징적이다. 이들은 7월 31일자 ≪르몽드≫에서 시네의 과거 행적을 지적했다. 1982년 8월 9일 점심시간에 파리 시내 대표적 유대인 구역인 마레 지역에서 일어난 '로지에 거리의 학살'(Fusillade de la rue des Rosiers)[83]에 관하여 시네가 라디오 카르본느 14(Radio Carbone 14)에 나와 발언한 반유대주의적 행위를 상기시킨 것이다. "나는 이스라엘이 (팔레스타인 지역에) 폭탄을 퍼부은 이래 반유대주의자가 되었다. 나는 반유대주의자이다. 그것을 고백한 것에 더 이상 두려움을 느끼지 않는다. 모든 벽에다가 나치의 십자가를 그려 넣을 것이다. [……] 정말 진저리가 난다. 나는 유대인들이 그가 친팔레스타인적이 아니라면, 모두 공포에 떨며 살기를 원한다."[84]

그는 필립 발이 시네에게 사과하도록 요구하고 해고시킨 것은 당연하다고 주장하였다. 이러한 발언은 그것이 만평가의 종교에 대한 비판이거나 (사회에 대한) 반항적인 측면이거나 간에 정당화될 수 없다. *Le Monde* du 22 juillet 2008.

82 http://fr.wikinews.org/wiki/Charlie_Hebdo_:_Sin%C3%A9_s%C3%A8me_sa_zone (검색일: 2009. 1. 13)

83 파리 4구 골든버그(Goldenberg) 식당에서 일어난 테러사건이다. 2~5명 정도의 괴한이 식당 손님들을 향해 기관총을 난사했으며, 식당 밖 거리에서도 약 3분간 총을 난사하여 총 6명의 사망자와 22명의 부상자를 냈다. 이들 테러리스트의 신분은 아직도 오리무중이나 팔레스타인 해방기구(PLO) 일파의 소행으로 추정되고 있을 뿐이다. http://fr.wikipedia.org/wiki/Fusillade_de_la_rue_des_Rosiers (검색일: 2009. 1. 14)

84 *Le Monde* du 31 juillet 2008.

그러나 그는 이 일에 대해 사과하고 1985년에 죗값을 치렀다.[85]

반면, 시네는 '2008년도의 사건'(l'affaire Siné)에 대해서는 마녀사냥이라고 비난하였다. "나는 단지 장 사르코지가 기회주의적으로 개종하는 것을 비난하였을 뿐이다. 만일 그가 이슬람 국가 태수의 딸과 결혼하기 위해 무슬림으로 개종했어도 마찬가지이다. 또한 가톨릭신도의 딸이었어도 마찬가지일 것이다. 나는 가톨릭에게도 결코 우호적이지 않다"고 시네는 설명했다.[86] 시네의 입장을 지지하며 그의 청원에 서명한 사람의 수는 사건 초기 며칠 만에 3,000여 명을 넘어섰으며, 얼마 지나지 않은 같은 해 8월 2일에는 1만 명을 돌파하였다.[87] 여기에는 같은 만평가인 플랑튀(Plantu), 철학교수인 다니엘 벤사이드(Daniel Bensaid), 유대계 철학자이자 사회학자인 에드가 모랭(Edgar Morin), 극좌파 정치인 올리비에 브장스노(Olivier Besancenot), 국경없는 의사회(Médecins sans frontières) 회장을 지낸 유대계 의사 로니 브로망(Rony Brauman), 주거권 연맹(Association DAL, Droit au logement), 여성운동가이자 변호사인 지젤 알리미(Gisèle Halimi), 작가이자 언론인인 질 페로(Gilles Perrault), 배우이자 인권연맹위원인 기 브도(Guy Bedos) 등이 있다.[88] 이러한 지원을 바탕으로, 시네는 9월 10일 수요일에 새로운 풍자 주간지를 창간하였다. ≪시네 엡도≫(Siné Hebdo)[89]가 그것이다. 인터넷에서는 8월 27일에 ≪시네

---

85 *Le Monde* du 30 juillet 2008 Yves-Marie Labé.

86 *Challenges.fr* du 15 juillet 2008.

87 *Le Monde* du 30 juillet 2008 Yves-Marie Labé.

88 *Ibid.* 8월 2일에는 서명자가 1만 명을 돌파했다. http://fr.wikinews.org /wiki/ Charlie_Hebdo _:_Sin%C3%A9_s%C3%A8me_sa_zone (검색일: 2009. 1. 13)

89 2012년 현재에는 주간지에서 월간지로 바뀌어 있다. http://www.sinemensuel.com/ (검색일: 2012. 2. 9)

후원≫(Soutenir Siné)이 발진되었다. 여기에 서명한 16,700명의 서명자에게 재정지원을 호소하였다. 이 신문은 시네가 1962년에 발행했던 신문의 현대판인데, "어떤 것도 준수하지 않고, 어떠한 타부도 없을 것이다"라고 선언했다.[90]

이렇게 볼 때, 시네의 비평을 정말로 반유대주의적이라고 평가할 수 있는가? 필립 발을 비롯한 '주류세력'들이 과민한 것은 아닌가? 다시 한 번 생각해보자. 시네는 그동안 종교와 권력 등 그 모든 것을 비꼬며 비판해왔다. 이 기사 또한 그 이상도 그 이하도 아닐 수 있다. 최근 들어 고전적 의미의 반유대주의 행위가 급감함으로써, 논란의 여지가 있는 이러한 사건들이 오히려 반유대주의의 전형으로 부각되고 있는 것은 아닌가? 앞에서 서술했듯이, 이 사건은 현직 대통령의 아들과 관련된 사건이고, 유대종교를 건드렸다는 점에서 다른 사건에 비해 조금 더 민감한 사안이 되었다. 게다가 홀로코스트에 책임감을 느끼고 있는 프랑스 사회의 분위기가 그 성격이 모호한 이 사건을 반유대주의 사건으로 단정 짓고, 몰고 갔다고 판단된다.

4) 프랑스 내 '특권적 이방인'으로서의 유대인

현재 프랑스에 유대인의 인구는 약 60~70만 명 정도로 전체 인구의 1%에 불과한 것으로 추정된다.[91] 유대인의 수가 프랑스 전체 인구에서 그리 많은 수를 차지한다고 볼 수 없지만, 유대인은 그 수에 비해 훨씬 커다란 영향력을 행사하고 있다. 앞서 살펴본 '시네 사건'에 대해 찬반논

---

90 *Le Monde* du 28 août 2008.

91 추정이라고 한 것은 1872년에 프랑스의 법에 따라 인종, 종교에 따른 정확한 인구 통계 조사가 금지되었기 때문이다.

란만 보아도 그렇다. 이 사건이 비록 유대인 문제와 관련된다고 할지라도, 언론에 노출된 찬반론자들 가운데에는 대체로 유대계 지식인 숫자가 많다. 시네의 입장을 비판하는 편에 유대계 지식인이 압도적으로 많은 것은 어찌 보면 당연해 보일 수 있다. 하지만, 유대계 지식인이 반유대주의적이라고 규정되는 시네의 입장을 지지하는 편에도 서 있다는 것은 그야말로 프랑스 사회 내 유대계 지식인의 영향력이 전방위적이라는 것을 보여준다고 하겠다.

이 사건 당시 프랑스 대통령 니콜라 사르코지(Nicolas Sarkozy), 외무장관 베르나르 쿠슈네르(Bernard Kouchner), 대통령 자문기구 '아탈리 위원회'(Commission Attali) 위원장인 자크 아탈리(Jacques Attali), IMF 총재 도미니크 스트로스-칸(Dominique Strauss-Kahn) 등도 유대계이다. 홀로코스트의 반작용 때문에 프랑스 언론도 말할 수 없거나 말하지 않는, 프랑스 미디어를 실제로 장악한 유대인들이 사르코지 당선에 끼친 막대한 영향은 둘째로 치자.[92] 그보다 더 눈에 띄는 것은 쿠슈네르, 아탈리, 스트로스-칸 모두 사회당의 대표적 지도자이면서도 우파인 사르코지 대통령에게 협력하기 위해 혹은 그의 전폭적인 지지로 주요 직책을 맡았다는 점이다. 쿠슈네르나 스트로스-칸 등은 사회당 대통령 후보로도 거론되던 사람들이다. 우리나라에서도 그렇지만, 프랑스에서도 한 당의 대표적 지도자가 그것도 좌우 이데올로기가 뚜렷한 정당정치 사회에서, 수십 년 동안 몸담아온 자신의 정파를 넘어 상대 정권의 내각에 입각하거나 주요 직책을 맡는 경우는 드물다. 이 '모순'을 유대인 커넥션이라는 키워드로 간단히 해결하려는 일부 시각도 존재한다.[93]

---

92 홍세화, <홍세화 칼럼: 유럽의 우파와 한국의 우파>, ≪한겨레≫(2007년 5월 22일).
93 같은 글.

이처럼 지식사회, 정치, 언론 및 경제적으로 막강한 영향력을 갖고 있는 것으로 알려진 유대인은 더 이상 제2차 세계대전 이전의 핍박받는 존재가 아니다. 민족전선이나 그와 궤를 같이하는 수정주의자 혹은 익명의 유대인 가해자들도 프랑스 사회에서 제2차 세계대전 이후에는 더 이상 여론의 지지를 받고 있지 못하다. 앞에서 보았듯이 반시오니즘 행위를 포함한 커다란 의미에서의 반유대주의적 행위를 범한 사람들은 프랑스 여론이나 법률에 의해 엄격한 제재를 받을 뿐이다. 이는 홀로코스트의 희생자와 그 후손들에 대한 프랑스인의 사죄의 한 표현일 뿐 아니라, 그 대표적 가해자인 아랍계 이민자에 대한 또 다른 제재 방식이기도 하다.

"프랑스는 단일하고 분리될 수 없는 공화국"이며, "프랑스는 출신, 인종, 종교의 구분 없이 모든 시민이 법 앞에 평등함을 보장한다. 프랑스는 모든 신앙을 존중한다."[94] 그렇지만 앞에서 본 대로, 프랑스 주류사회, 유대인, 극우파, 아랍계 이민자 등, 이들 집단 사이의 방정식을 푸는 것은 결코 간단하지 않다. 역사적으로 프랑스는 단일한 공화국을 이루려고 하였지만, 결코 단일하지 않았으며, 출신, 인종, 종교에 관계없이 평등을 추구하였지만 평등한 사회를 이루지도 못하였다. 오늘날 유대인은 수적으로는 소수이지만 '특권적 소수'라고 할 수 있으며, 아랍계 이민자는 소수파 가운데 다수이지만, 말 그대로의 소수일 뿐이다. 이는 프랑스 사회의 다수가 취한 '역사적 경험'과 현실적 이해에 따른 결과라고 할 수 있다. 물론 방향키는 상황에 따라 언제든 바뀔 수 있을 것이다.

지금까지 살펴본 대로라면 무슬림이민자와 유대인은 구조적으로 적

94 프랑스 제5공화국 헌법 제1조.

대적일 수밖에 없다. 즉, 우리가 생각하기에 무슬림이민자와 유대인 개인 사이도 늘 적대감을 갖는다고 생각할 수 있다. 하지만, 이는 인간의 삶을 진정으로 이해하지 못한 데서 나온 결론일 수 있다. 구조가 그렇다고 각 개인들 사이도 모두 적대적이라고 단정 지을 수는 없다. 그러한 결론은 매우 도식적이다. 구조적으로 적대적인 그룹들이 사회경제적으로 같은 지역, 예를 들어 방리유에 함께 거주하면서 주류 프랑스인을 '공동의 적'으로 간주할 수도 있다고 보는 것이, 인간의 삶을 좀 더 열린 방식으로 보는 것이기도 하다. 지금까지 우리는 프랑스 사회 내의 특정 이방인과 주류 프랑스인 사이의 관계에 주로 초점을 맞추어왔다. 그러면, 이들 이방인 사이의 관계는 어떠할까? 흑인, 유대인, 무슬림 사이, 혹은 다양한 출신의 이민자 2세들은 상호간 어떠한 시각을 가지고 있을까? 이에 대해 많은 궁금증을 갖고 있으나, 문헌사료로 파악하기에는 어려움이 있었다. 다음 장에서 몇 편의 영화를 통해 그 궁금증을 일부나마 풀어보자.

제5장

프랑스 내 이방인들 사이의 관계

프랑스 내 이방인이라고 할 수 있는 사람들은 매우 다양하다. 현재 가장 언론의 주목을 받고 있는 이방인이 알제리 출신을 위시한 북아프리카계 무슬림이민자들이고, 그밖에 앞에서 살펴본 유대인, 그리고 아프리카 흑인, 터키계 이주민, 아시아계, 더 나아가서 카리브해 연안(앙티유 제도[Les Antilles])[1]의 프랑스 영토에서부터 온 흑인들도 있을 것이다. 사실, 이민사를 조금 더 들여다보면, 각 지역 출신들에 관해서는 연구가 어느 정도 되어 있지만, 이민자들 상호간의 관계에 관해서는 연구가 많이 진척되어 있지 못하다는 것을 알게 된다. 국내 상황을 보더라도, 중국에서 온 사람들, 몽고에서 온 사람들, 혹은 베트남, 태국, 필리핀, 인도, 네팔, 방글라데시, 파키스탄 등등의 이주자들에 대한 연구와 이들

1 앙티유는 카리브해에 위치한 열도를 일컫는다. 이 열도는 쿠바부터 베네수엘라에 이르는 약 3,500km의 군도로 구성된다. 프랑스의 해외 영토인 마르티니크(Martinique)와 구아둘르프(Guadeloupe) 등이 이곳에 있으며, 이 두 지역은 루이 14세 이래로 프랑스의 통치를 받기 시작했다. http://fr.wikipedia.org/wiki/Guadeloupe#Histoire; http://fr.wikipedia.org/wiki/Martinique (검색일: 2010. 1. 14)

에 대한 정부의 정책과 관련해서는 어느 정도 연구가 축적되고 있지만, 이들 이주자 상호간에 대한 연구는 아직 들어보지 못하였다.

프랑스의 경우, 다행히도 이 주제와 관련에서 우리가 쉽게 접근할 수 있는 영화 몇 편이 존재한다. 특히, 이 장에서 다루려고 하는 영화 「증오」나 「클래스」의 경우, 모두 프랑스의 이방인들 사이의 관계를 잘 보여주는 작품들이다. 「증오」는 아랍인, 흑인 그리고 유대인 사이의 관계뿐만 아니라 이들과 주류 프랑스인들 사이의 관계를 잘 보여주고 있다. 이 영화가 이들 이방인 사이의 관계를 보여주는 것이 전형적 형태라고는 할 수 없겠지만, 그럼에도 불구하고 이 영화 한 편을 통해 우리는 프랑스 사회 내 이방인들이 상호간에 어떠한 생각을 하고 있는지 개괄적으로나마 추측할 수 있게 되었다. 특히 이들의 행동, 대사 하나 하나를 정밀하게 관찰할 때 우리는 더 많은 것을 얻을 수 있다.

「클래스」의 경우도 마찬가지이다. 파리 19구의 중학교 한 클래스 내에 모여 있는 다양한 출신의 이방인들과 주류 프랑스인 선생님과의 관계, 특히 각자가 자신의 정체성을 드러내 보이는 자기소개 시간 등에 각별히 주목한다면 이들 이민자 2세들이 프랑스 사회에 대해 갖는 생각이나 이방인 상호간에 갖는 이미지 등을 다양하게 파악할 수 있을 것이다. 「클래스」는 「증오」가 미처 보여주지 못하는 중국인, 다양한 블랙아프리카 출신 그리고 앙티유 제도 출신 흑인과 사하라 이남 아프리카 출신 흑인 사이의 관계를 다룸으로써 그야말로 책에서 읽을 수 없었던 생생한 모습을 우리에게 보여주고 있다. 물론 여기에 문헌자료가 보완되어야 할 것은 당연하다.

1. 방리유를 통해 본 프랑스 내 이방인들

프랑스는 프랑스인들에게, 깜둥이들은 코코넛나무가 있는 곳으로! 아랍인들은 꺼져라! 유대인들은 시체소각실로![2]

1) '증오'에서 '복수'로!

'증오'가 '복수'로 변화되는 데 딱 10년이 걸렸다. 1995년에 마티유 카소비츠(Mathieu Kassovitz)가 영화 「증오」(La Haine)[3]를 제작, 개봉한 후 다시 이 영화가 본격적으로 거론된 것은 2005년에 파리 근교에서 시작된 이민자 소요 때문이었다.[4] 영화에서 보여주고 있는 응축된 '증오'는 2005년 가을에 마침내 공권력을 향해 대규모로 터져 나왔다. 이민자들의 마음속 깊은 증오가 복수라는 행동으로 표출된 이유는 무엇인가? 그동안 무엇이 얼마만큼 변화되었는가? 실업, 가난, 멸시, 불신 그리고 증오.

카소비츠의 「증오」와 '2005년도의 소요사태'는 많은 점에서 같고 또한 많은 점에서 다르다. 두 '영화'를 제대로 이해하기 위해서는 우선적으로 두 영화의 주된 배경인 방리유를 자세히 들여다보는 것이 필요하

2 필립 아리에스, 조르주 뒤비 책임편집, 앙투안 프로, 제라르 뱅상 편집, 『사생활의 역사 5: 제1차 세계대전부터 현재까지』, 김기림 옮김(새물결, 2006), p. 700.

3 애미 시실리아노(Amy Siciliano)와 같은 사람은 이러한 종류의 영화를 "방리유 필름"(banlieue films)이라고 일컫는다. Amy Siciliano, "La Haine: Framing the 'Urban Outcasts'", *ACME: An International E-Journal for Critical Geographies*, vol. 6, no. 2(2007), p. 212.

4 이 영화가 출시된 후, 프랑스의 국무총리와 내무부장관은 도시 근교의 폭력사태를 이해하기 위해 이 영화를 세 번이나 봤다. Kevin Elstob, "Hate" *Film Quarterly*, Vol. 51, n.2(1998), p. 44.

다.[5] 방리유는 1970년대 이후 별로 변한 것이 없다. 무주택자, 그 가운데에서도 특히 이민자들을 수용하기 위해 만들어진 장소로 이제 방리유는 이민자들과 분리하려야 분리할 수 없는 공간으로 자리매김되고 있다. 우리는 이 공간을 어떻게 바라볼 수 있는가?[6]

다음으로 살펴볼 것은 두 '영화'의 주인공들이다. 카소비츠가 제시하는 주인공들과 '2005년'의 주인공은 다르다. 「증오」의 주인공은 세 명이다. 아니 세 부류의 '인간'이며, 이들 모두 프랑스의 이방인이라는 공통점이 있다. 한 명은 아랍계 사이드(Said), 또 한 명은 블랙아프리카인 위베르(Hubert)이며, 마지막 한 명은 유대인인 빈츠(Vintz)이다.[7] 제2차 세계대전 이후 프랑스 극우파의 제1의 적이 된 아랍인, 그리고 '영원한 노예' 흑인,[8] 또 인류 역사상 '영원한 이방인'이라고 불리는 유대인이다.[9] 2005년도의 주인공에는 일반적으로 알려진 아랍계 청소년들뿐만 아니라 블랙아프리카 출신 청소년들이 포함되어 있다. 소요의 직접적 계기가 된 사망사건의 희생자도 모리타니 출신의 흑인 청소년과 튀니지 출신의

5 영화비평가 베르니스 레노(Bernice Reynaud)는 프랑스 영화가 오랫동안 방리유를 무시해왔다고 지적한다. Amy Siciliano, p. 213.

6 이 영화의 문제의식이 인종적 문제에 있다기보다 오히려 사회-공간적 불평등에 있다는 주장이 있다. *Ibid.*, p. 212. 그러나 필자의 생각으로는, 「증오」를 통하여 이 두 가지 측면을 다 살펴볼 만한 충분한 가치가 있다.

7 실제 배우의 이름은 각각 사이드 타그마우이(Said Taghmaoui), 위베르 쿤데(Hubert Koundé) 그리고 뱅상 카셀(Vincent Cassel)이다.

8 블랙아프리카인의 수는 1946년에 13,500여 명, 1962년에 17,700여 명, 1975년에 81,800여 명에서 1990년에는 24만 명 정도로 급증한다. Yvan Gastaut, "Des Trente Glorieuses à la crise des banlieues", *Histoire*, n.229(Février, 1999), p. 51.

9 혹자는 이들 셋을 삼색기의 '블루, 블랑, 루주'에 빗대어 '블랙, 블랑, 뵈르'의 3B라고 부르며, 이들이 '새로운' 프랑스의 현실을 반영하고 있다고 평가하기도 한다. 특히 1998년 월드컵 우승의 영향으로 이 세 가지 색깔의 다문화적 이미지는 일반화되었다. Amy Siciliano, pp. 218~219.

마그레브 소년이다.[10] 하지만, 유대인은 이 당시 두드러진 역할을 하지 않았다. 이는 1990년대 이후 상황에서도 마찬가지이다. 카소비츠가 왜 유대인을 이 영화의 주인공 중 한 명으로 출연시켰는지, 그것도 현실과 거리가 있게끔 아랍계 혹은 흑인과 사이좋은 유대인을 형상화했는지 궁금증을 자아낸다. 감독 본인이 유대인이어서일까? 현실과 달리 이방인들끼리 유대감을 갖는 것이 그의 바람이었을까? 이러한 궁금증을 해결하기 위해 우리는 영화 속 빈츠의 행위뿐만 아니라 프랑스 내 거주 유대인의 다양한 부류 및 그들의 사회경제적 상황에 대해 알아볼 필요가 있을 것이다.

이러한 측면에서 볼 때, 영화 「증오」에서 우리가 각별히 살펴보아야 할 것은 자연스럽게 다음의 몇 가지로 축약될 수 있다. 첫째는 공간이다. 우선 관심이 가는 것은 영화의 배경이자 이민자들의 거주지역인 방리유의 모습이다.[11] 이 영화의 주무대인 방리유에서 주인공들은 일반적으로 알려진 그들 간 상호 친숙 혹은 소원한 관계와 관련 없이 함께 숨 쉬며 살고 있다. 또한 방리유의 모습은 영화에서 보여지듯 파리와 비교될 때 더욱 생동감 있게 표현될 수 있다. 달리 말하면, 방리유는 파리가 있을 때만 존재한다고도 할 수 있다. 영화에서 파리의 모습은 방리유의 모습과 극단적으로 대조되고 있다. 이민자들에게 단순한 거주지를 넘어 고향으로 느껴지는 방리유, 이들이 파리에 서 있는 것은 마치 도심 속을 유유히 걷고 있는 '암소'와 같을 뿐이다. 마치 영화 속 빈츠의 눈에만 보이는 암소처럼 말이다.

---

10 *Le Nouvel Observateur* du 15 décembre 2005.

11 실제로는 영화의 반 이상이 파리에서 일어난 일에 할당된다. Ginette Vincendeau, *La Haine*(University of Illinois Press, 2005), p. 16.

다음으로는 세 부류 인간 간의 관계와 유대인 빈츠의 모습이다. 우선적으로 살펴볼 것은 프랑스인과 이방인과의 관계, 그리고 이방인 상호간의 관계이다. 사실, 프랑스인과 이방인과의 관계는 상대적으로 많이 알려져 있다. 극우파로 알려진 민족전선의 강령이나 그 지도자들의 발언들을 통해서, 그리고 정부(좌우파)의 이민자 정책들을 통해 이들은 어느 정도 파악될 수 있다. 그러나 우리는 이방인들 상호간의 관계에 대해서는 많은 정보를 갖고 있지 못하다. 영화 「증오」에 나오는 주인공들이 나누는 대화나 행위의 분석을 통해 일부 그 분위기를 추적해볼 수 있을 뿐이다. 사실, 이방인들 상호간의 '관계'는 「증오」의 주인공 가운데 한 명이 유대인이기에, 이에 초점을 맞춘다면 더 의미 있는 작업으로 발전될 수 있을 것이다. 유대인은 분명 서구 사회에서 '영원한 이방인'이며, '차별받는 존재'이지만, 프랑스 내 유대인의 사회경제적 위상은 마그레브인, 블랙아프리카인들과 비교할 때 상당히 우위에 있을 것으로 판단된다. 그럼에도 불구하고 우리의 주인공 유대인 빈츠는 다른 누구보다 사회에 대한 적개심을 토로하고 있다. 이를 어떻게 해석할 수 있을까? 우리가 프랑스 내 유대인의 위상에 더욱 관심을 갖는 이유가 여기에 있다.

2) 방리유, 이방인들의 공간

(1) 공간의 형성

사이드, 빈츠 그리고 위베르가 살고 있는 이러한 공간은 언제 건설되었고, 이들에게 어떠한 의미가 있는 곳인가? 제2차 세계대전 후, 프랑스는 약 400만 호의 주택 부족을 겪었다. 1970년대 초반까지 '영광의 30년'은 방대한 건설 기회였고, 그 결과가 오늘날 우리가 보고 있는 대규모 방리유이다. 그러면 프랑스는 왜 이렇게 심각한 주택 위기를 겪게 되었는가? 모두 이민자들을 수용하기 위함이었는가? 그렇지는 않다. 우리는 제2차 세계대전으로 인한 주택 파괴를 하나의 원인으로 꼽을 수도 있고, 1929년 경제공황으로 인하여 오랫동안 지속된 건설경기의 위축 탓으로 돌릴 수도 있다. 여기에 덧붙일 것은 이 시기가 대체로 프랑스의 농촌에서부터 대도시로 많은 사람들이 이주해온 때이기도 하다는 점이다. 그 결과가 전후 대략 400만 호의 주택 부족으로 나타났다고 평가된다. 전쟁 직후에는 필요한 재정이나 기술이 충분하지 않았으며, 심지어는 필요한 규정이 결핍되어 주택을 거의 지을 수도 없었다. 1952년에는 단지 8만 호만이 건설되었을 뿐인데, 이에 비하여 1972년에는 55만 호가 건설되었다.[12] 건설 분야에서 이러한 괄목한 성장은 기술 분야를 포함하여 프랑스의 근대화 운동에 뚜렷한 업적으로 각인될 수 있었다.[13] 결국 이 시기의 건축물은 많은 사람을 신속히 숙박시킬 필요성에 대응하는 데 성공한 것으로 보인다. 사실, 당시 대규모 건설은 수요에 따른 대응 측면이 분명 있지만, 다른 한편으로는 제2차 세계대전 후 도시화라는 국가 계획이 구체화된 결과물이기도 하다.[14]

그렇지만 이 결과물은 반드시 긍정적인 상징으로만 받아들여질 수 없었다. 건설 초기에 이러한 결과물은 사람들에게 매우 잘 받아들여졌다. 1950년대 혹은 1960년대에 적절하고 새로운 편의시설이 제공된 새로운 주택에 들어간 사람들은 평균 나이 33세의 젊은이들로서, 가족을 막 꾸리기 시작한 그들은 미래가 자신들에게 속한 것처럼 여겼다. 마치

12 한 가구를 짓는데 1957년에 3,600시간의 노동이 필요하였다면, 1959년에는 1,200시간밖에 필요하지 않았다. Bernard Marchand, *Paris*, *Histoire d'une ville XIXe-XXe siècle*(Paris: Editions du Seuil, Point Histoire 176), p. 282.

13 François Chaslin, "Fallait-il construire Sarcelle?" *Histoire*, n.192(octobre, 1995), p. 40.

14 *Ibid.*, pp. 40~41.

사이드가 파리에서 '세계가 너희에게 속해 있다'(Le Monde est à vous)는 문구를 '세계가 우리에게 속해 있다'(Le Monde est à nous)로 바꾼 후 뿌듯해 하듯이 말이다. 1954년에 86%의 주택이 목욕탕, 샤워장이 없었으며, 20%는 화장실이 없었다는 점을 기억한다면 더욱 그러할 것이다. 게다가 1960년대 이후에는 점차 단조로움, 고독 등이 나타났다. 도시의 건축물들이 손상되고 거주 인구가 노령화되었으며, 무엇보다도 대량의 이민자들이 합류하고 있었다. 기존의 대단지들이 점차 빈곤층의 숙영지로 나타났으며, 그 결과 이는 실패의 화신으로 나타나기까지 했다. 즉 오늘날 재앙으로 인식되는 도시 모델의 전조가 된 것이다.[15]

이러한 상황에서 새로운 도시계획의 출현은 국가의 역할이 결정적이었다. 그렇지만, 드골 대통령 임기 말에는 이 계획이 거의 중단되었고, 퐁피두 대통령 치하에서 샬랑동(Albin Chalandon) 장관의 활동으로 새로운 정책이 시행되었다. 즉, 국가는 도시계획에서 완전히 손을 떼기로 하고, 민간 주도의 자유로운 경쟁이 도입되었다. 모든 규제가 철폐되었으며, 개인 주택을 대규모로 짓게 되는 결정적인 계기가 되었다. 그 결과, 1977년에 개인주택 23만 채가 건설되었다.[16] 우리의 주인공, 사이드, 빈츠 그리고 위베르가 거주하고 있는 대규모 시테가 바로 이렇게 건설되었던 것이다.

(2) 방리유와 이민자

사이드, 빈츠 그리고 위베르가 살고 있는 방리유는 사실 이민자들만의

---

15 *Ibid.*, p. 41.

16 국가계획경제의 종말에 포스트모더니즘이라고 불리는 반근대화 감정의 보편적 상승이 더해진다. *Ibid.*, p. 41.

공간은 아니다. 그렇지만 영화 속의 방리유는 이민자들만의 공간처럼 설정되어 있다. 특히 폭력이 난무할 때의 방리유는 '프랑스인들'에게 더욱 그렇게 느껴진다. 마치 프랑스인과 이민자를 구분하는 요소로 설정되어 있는 느낌마저 든다.

이곳은 프랑스인들에게 동물원처럼 보일지도 모른다. 그들은 절대 울타리 안으로 들어가려고 하지 않는다. 잘못하면 '사나운 동물들'에게 물릴지도 모르기 때문이다. 이러한 방리유 분위기는 분명 타자에게 두려움을 불러일으킨다.[17] 그러나 이러한 분위기는 만들어진 장면이기도 하다. 1980년대 초반부터 대단지 방리유는 두려운 감정을 불러일으켰고, 이후 10년 동안 그 감정은 더욱 커져갔다. 도시폭력 장면 때문에, 미디어의 상투성에 의해 '조작된' 사회적 이미지는 사회질서와 도시평화에 대한 잠재적 불안요소로 방리유를 구성하고 있다.[18] 방송국 카메라맨들이 우리의 주인공들을 인터뷰하려는 시도에서 이러한 사항은 충분히 이해될 수 있다. "여러분들도 어제 시위에 참여했나요?"에 대한 사이드, 빈츠 등의 즉각적인 반응만으로도 이들이 '조작된' 미디어에 얼마만큼 반감을 갖고 있는지 충분히 설명된다. "여긴 사파리가 아니야!"라는 사이드의 발언은 방리유 거주자들이 자신들이 얼마만큼 타자로서 인식되고 있는지를 명확히 보여주고 있다 할 것이다. 반면, 미디어가 대변하고 있는 주류 프랑스인들의 시각으로는 이러한 반응이 '이민자들의 폭력성, 야만성'에 대한 재확인을 확신시켜줄 뿐이다.

이처럼 주류 프랑스인들에게는 대단지 방리유의 주민 자체가 두려움

---

17 Henri Rey, "La peur des banlieues", Philippe Dewitte(s. d.), *Immigration et intégration l'état des savoirs*(Paris: Editions la découverte, 1999), p. 274.

18 *Ibid.*

의 대상이다. 인종/종교 및 출신지를 기준으로 빈번히 정의되는 방리유의 주민은 일종의 새로운 위험한 계급을 대표한다. 한편으로는 사회전복의 위험이 있을 것을 우려해서, 다른 한편으로는 청소년 비행 등에 의해서 그렇게 판단된다.[19] 이러한 두려움은 때로 반복과 기억에서 오는지도 모른다. 도시 주변부에 의해 야기되는 두려움은 우선 역사적으로 반복되는 형태를 띤다. 19세기 나폴레옹 3세 치하에서 시작된 오스만 프로젝트(Hausmannian projects)로 인하여 빈곤층이 도시 주변부에 산재하게 되었고 이에 대하여 부르주아 구역은 지속적으로 두려움을 느끼게 되었다. 한편, 이 프로젝트는 20세기 초에 노동자 계급이 파리 근교에 붉은 벨트를 형성하는 데에도 영향을 끼쳤으며, 그 결과로 양차 대전 사이에는 노동자들의 밀집지역인 붉은 방리유(Banlieue rouge)가 위협적으로 인식되었다.[20] 이러한 기억 속에 '영광의 30년'이 상대적으로 저물어가는 즈음, 프랑스 대도시의 방리유들은 무엇보다도 도시성장을 나타내지만, 다른 한편으로 국내 이주자 및 이민자들에게는 일종의 미국의 서부 미개척지와 같은 프런티어와 같았다. 1981년 여름에 론(Rhône) 지방의 멩게트(Minguettes)에서 시작되어 2005년 가을에 파리 북쪽 클리쉬-수-부아(Clichy-sous-Bois)에 이르면서 표출된 미디어의 장면은 주류 프랑스인들에게 방리유에 대한 두려움을 상기하게 하기에 충분하였다.

---

19 *Ibid.*

20 Amy Siciliano, p. 215. 이 표현은 선거지도에서 좌파가 승리한 지역을 붉은색으로 표시한 데서 기원한다.

(3) 방리유와 파리[21]

위베르를 위시한 우리의 주인공들은 지긋지긋한 이곳 시테에서 벗어나고 싶다는 생각을 끊임없이 표출한다. 그것은 반드시 구조적 환경 때문만은 아니다. 그들은 방리유의 분위기를 참지 못한다. 사실 구조적인 환경은, 앞에서 언급하였듯이 그리 열악한 편은 아니다. 제2차 세계대전 이후 노동자나 중간계층의 주택난 해소를 위해 방리유에 대규모로 건설된 공영임대주택 HLM은 욕실, 내부화장실, 중앙난방 등의 편의시설뿐만 아니라 방 2개와 거실, 부엌으로 이뤄진 근대화된 주거공간으로서, 중간 소득 수준의 노동자 가족이 생활하기에는 그리 나쁜 여건이 아니었다. 그러나 영화에서도 잘 나타나듯 방리유 특유의 분위기 때문에 주류 프랑스인들은 그곳에서 나갈 수 있는 수단이 생기기만 하면, 그곳을 빠져나가겠다고 생각하였다. 1977년에 주택 마련을 위한 대출 및 주택 보조금 정책이 수립되자, 재정적으로 안정을 찾은 중간계층은 HLM을 떠나 전원도시로 향했고, 바로 이 공간을 보다 가난한 이민노동자 가족이 메웠다. 그렇지만 이민노동자 가족인 우리의 주인공들조차 또다시 이곳을 빠져나갈 틈을 보게 되었다. 대규모 주택단지의 획일화된 공간, 특히 인구 밀집으로 인한 사생활 침해 탓에 처음 HLM에 입주했던 구성원들은 점차 그곳에서 빠져나갈 것을 생각하게 된 것이다.[22]

영화를 통하여 방리유의 모습을 더 구체적으로 살펴보자. 영화 속 빈츠의 눈에는 암소가 보인다. 시멘트 정글을 암소가 거니는 게 매우

21 파리와 방리유 사이의 첨예한 긴장관계를 다룬 대표적인 소설로는 마스페로(François Maspero)의 『루아시 익스프레스의 여객들』(*Les Passagers du Roissy-Express*, Paris: Editions du Seuil, 2004)을 들 수 있다.

22 Pierre Merlin, *Les banlieues*(Paris: PUF, 1999); 양창렬, 「시테의 야만인」, 이기라, 양창렬 외, 『공존의 기술』(그린비, 2007), p. 73에서 재인용.

생경하기만 하다. 우리의 눈에 방리유는 경찰과 투석전을 벌이고 있는 '난장판'이어야 할 것 같다. 그러나 난장판 다음 날 방리유는 평상심으로 돌아가 일상의 단조로움마저 느끼게 한다. 사이드는 친구를 큰 목소리로 부른다. 시끄럽다고 대응해주는 이웃의 모습이 정겹다. 오늘날 아파트단지에서 '누구 있느냐'라고 소리 외쳐 부르는 사람이 어디 있겠는가? 그런가 하면, 아파트 한 곳에서는 에디트 피아프(Edit Piaf)의 노래, '나는 조금도 후회하지 않아'(Je ne regrette rien)가 울려 퍼진다.[23] 이민자 문화와 프랑스 문화가 뒤섞이는 현장이다. 프랑스 서민을 대표하는 에디트 피아프. 그녀의 노래는 '프랑스의 서러운 사람'을 대변한다.

영화에 나오는 옥상은 방리유 속의 '방리유'를 상징한다. 이곳은 인종의 도가니이자 난장판의 모습이다. 다른 한편으로 옥상은 상호간 정보를 교환하는 장소이자 타인에게는 출입금지 구역이며, 그들의 놀이터이기도 하다. 그야말로 작은 방리유이다. "노트르담(의 전망대)에서 배워"서 그런지, 그들은 전망이 좋은 "옥상이 좋다." 그럼에도 이곳도 안전하지 않기는 그들 거주 구역과 마찬가지이다. 경찰은 이들을 목격하고, 한참이나 실랑이 끝에 그들을 옥상에서 쫓아낸다. 갈 곳이 없다. 결국은 파리밖에.

파리는 빈츠가 도심을 거니는 암소를 보는 만큼이나 이들에게 낯설다. 파리는 방리유와는 비교가 안 될 정도로 안정된, 그리고 구도가 잘 짜인 도시이다. 이들에게는 경찰이 자신들에게 존댓말을 하는 것이 생경하지만, 사실 그것은 일상에서 자연스럽다 못해 당연한 것이다. 당연한 것이 이들에게는 당연하지 않은 것처럼 보인다. 프랑스식 이름과 이들의 외모가 자연스럽지 못한 것처럼, 이들이 파리의 갤러리에서

23 Kevin Elstob, p. 45.

천박스럽고 소란스럽게 구는 것은 파리지앵에게는 더욱 자연스럽지 못한 행동으로 보였다. 이들에게 자연스러운 것은 자동차 절도 과정에서 자신들을 도와주는 술주정뱅이 정도이다. 그만큼 이들은 꽉 짜인 공간 속으로는 좀처럼 후비고 들어갈 수가 없다. 심지어는 백인들만이 사는 아파트 건물 속으로도 쉽게 들어가기 힘들다. 그나마 백인과 외모가 흡사한 유대인 빈츠가 인터폰을 누르는 것이 다소 자연스럽고, 성공할 확률이 있다는 것에 사이드도 공감한다. 이처럼 방리유의 청년들에게 파리와 방리유는 다르다. 아니 전혀 다른 세계이다.

주인공들은 방리유에서는 주인 행세를 했었다. 기자들에게 욕도 하고, 경찰에게 대들기도 했던 이들은 웬일인지 파리에서는 주눅이 든다. 사이드와 위베르는 경찰에 잡혀 온갖 수모를 다 겪는다. 존댓말까지 하던 파리의 경찰은 이들 방리유 거주 사람들에게 갑자기 험악한 가해자로 다가선다. 어쩌면 경찰이 파리지앵을 대변하여 이들에게 폭력적인 면을 유감없이 드러낸 것 같기도 하다. 파리와 방리유가 계속 대비된다. 적어도 이들에게는 그렇다. 방리유에서 노련하게 굴던 이들이 파리에서는 갑자기 얼띤 '신입생'이 되고 마는 것이다. 이는 스누피와의 만남에서 이미 확연하게 밝혀졌다. 그에게 다가서기도 어려웠지만, 그가 사는 집에 들어가 보고는 벌써 주눅이 들었다. 위베르의 집, 빈츠의 집이 대변하는 방리유에서는 결코 보지 못했을 화려함이다. 빈츠가 총을 갖고 있는 것으로 이 파리지앵에게 위세를 떨쳐보려고 했지만, 그것 또한 쉽지 않다. 총은 방리유 거주 사람들에게는 과분했나보다. 결국 이는 자신의 생명을 앗아가는 도구가 되었을 뿐이다. 방리유와 파리의 차이는 위베르가 집에 돌아와 그곳을 떠나고 싶다고 말한 데서 명확해진다. 방에서 마약을 하는 위베르는 잠시나마 현실을 떠나 스스로가 파리지앵이 되는 꿈을 꾸려고 하는 것 같다.

3) 차별 그리고 관계

(1) 파리지앵의 차별과 이방인의 대응

영화는 공권력을 가진 자를 차별의 대표적인 가해자로 내세우지만, 반드시 그렇지는 않다. 일반 평범한 파리 시민들의 이방인들에 대한 심리상태도 더불어 잘 보여주고 있다. 뿐만 아니라 이방인들의 주류 프랑스인에 대한 증오도 만만치 않다.

인종차별의 극치는 사이드와 위베르가 경찰에 구속되었을 때 나타난다. 프랑스 경찰의 고문은 위베르가 "우린 누가 보호하는데?"라고 질문한 것에 대해 마치 비웃는 듯하다. 경찰이 하는 말은 그야말로 생물학적 인종주의의 극치이다. 흑인인 위베르에게 "발을 써보시지! 네 고향에서는 자주 그런다며?"라고 하는 말은 마치 흑인을 야자수 따는 원숭이 정도로 비하하는 행위로 보인다. 아랍계인 사이드에게는 "사이드가 프랑스인 이름인가?"라는 말을 함으로써 주류 프랑스인이 아닌 이방인에게 모욕감을 준다. 2008년 가을에 프랑스에서는 아랍인들이 기존에 썼던 프랑스식 이름을 다시 아랍식 이름으로 개명하려는 움직임이 있다.[24] 비록 차별을 피하기 위해서는 아랍식 이름을 프랑스식 이름으로 개명하는 것이 필요했다고 하지만, 외모, 종교와 불일치하는 프랑스식 이름은 그들에게 정체성의 혼란만을 가져왔기 때문일 것이다. 하지만 영화가 만들어진 1990년대 중반의 상황은 여전히 이들의 아랍식 이름이 문제되는 시기이다. 갤러리에서 물의를 일으킨 후, 훔친 지갑 속의 신용카드를 내보이며 택시를 잡지만 택시기사가 하는 말은 "네 이름이 어떻게 다비드(David)가 될 수 있는가?"이다. 즉, 말도 안 된다는 듯, 이들 주인공

---

24 ≪내일신문≫, 2008년 12월 5일.

을 무시하고 그냥 가는 택시기사의 모습은 전형적인 주류 프랑스인의 모습이다. 경찰은 사이드라는 이름을 문제 삼고, 길거리의 택시기사는 다비드라는 이름을 문제 삼는다. 사이드는 그야말로 혼란스럽다. 이민자들이 처해 있는 난처한 입장을 잘 보여준다고 하겠다.

이러한 주류사회의 차별에 가장 적개심을 표출하는 자는 의외로 유대인인 빈츠이다. 얼핏 생각하기에 새로운 이민자인 흑인이나 마그레브인들이 훨씬 더 주류 프랑스인에 대해 분노를 터뜨릴 것 같아 보이지만, 영화 「증오」에서 가장 분노하는 자는 유대인 빈츠이다. 빈츠가 하는 말 한마디 한마디는 주류 프랑스 사회에 대한 증오를 넘어서는 그야말로 분노의 표출이다. 일단 빈츠가 더 이상 유대인 공동체에 속하기를 거부하는 인물로 영화에서 묘사되기는 한다. 빈츠는 그의 할머니가 말하는 "머지않아 유대회당도 안 나갈!" 인물인 것이다. 그렇다고 하더라도 그는 유대인 공동체의 일원이며 다른 사람들도 그를 유대인으로 간주하고 있다. 단지 우리가 일반적으로 생각하는, 탄압받는, 그리고 굴종하는 유대인의 모습을 빈츠에게서 전혀 찾아볼 수 없을 뿐이다. 처음 경찰이 총을 분실했다는 방송이 나오자, 자신이 그 총을 주웠음에도 불구하고, 그는 "누가 주웠는지 부자 동네에 갈겨버렸으면 좋겠다"는 말을 서슴지 않는다. 그 후 자신이 총을 주웠음을 친구들에게 말하고는 총을 습득한 이유에 대해 "경찰을 죽여서 본때를 보이려고"라고 대답하는데, 결국 그 대답이 실현되고 만다. "어떻게 경찰과 악수를 할 수 있어"라고 말할 정도로 기존 체제에 대한 불신을 강하게 나타내는 유대인 빈츠는 이 영화의 수수께끼이다.[25] 빈츠의 눈에 공무를 집행하는 경찰, 즉 기존

---

25 영화에 유대인인 빈츠가 자신을 경찰에게 살해될 두 번째 '아랍인'이 되고 싶지 않다고 말하는 장면이 나온다. 진짜 아랍인인 사이드가 빈츠의 '명예 아랍인' 지위에 관해 조크를

권력은 파시스트이다. 경찰을 사살하는 환영까지 겪는 빈츠의 심리상태를 우리는 어떻게 이해해야 할까? 세 명의 주인공 가운데 누구보다도 체제 저항적인 빈츠, 그가 바로 유대인이니 말이다. 유대인의 정체성, 유대인의 체제 부정적 성격을 어떻게 설명할 수 있는가?

체제에 대한 사이드와 위베르의 가벼운 분노가 오히려 이상할 정도이다. 시위 다음 날 기자들이 그들에게 전날의 상황에 대해 질문하자 가장 격하게 반응한 자가 사이드이다. 사이드는 이처럼 감정적이지만 위베르는 냉철하게 생각하는 인간이다.[26] "놈들은 우리를 쓰레기 취급해"라는 말을 함으로써 당시의 분위기나 2005년 가을의 이민자 소요 당시 "쓰레기"[27]가 휘날리던 때나 비슷한 상황임을 보여준다. 위베르는 "증오는 증오를 낳는다." "경찰 한 명 죽인다고 경찰이 다 없어지는 것은 아니야!"라는 말로써 자신의 냉철함을 우리에게 설득시킨다.[28] 그는 시위가 있던 다음 날에도 복싱에 몰두했고, 빈츠가 총을 갖고 있는 것에 대해서도 부정적이었다. 그렇지만 빈츠의 죽음으로, 위베르의 신념은 산산이 깨지고 만다. 위베르의 살기 어린 눈빛과 독백, 초시계 소리……. 겁에 질린 사이드는 눈을 감는다. 총성이 울려 퍼진다. 모든 것이 캄캄하게 닫혀버린다. 위베르처럼 이성을 갖고 대처하는 것만이 해결책이 아니라는 생각이 든다. 빈츠가 그렇게 허무하게 죽어가듯,

던지지만, 이는 방리유에 사는 모든 젊은이들이 그 출신과 관련 없이 모두 경찰의 폭력에 희생될 수 있음을 보여준다고 하겠다.

26 Kevin Elstob, pp. 45~46.

27 사르코지 당시 내무부장관이 이민자 청년들을 쓰레기라고 표현함으로써 2005년 가을에 소요사태가 더욱 격화되었다. 박단, 「2005년 프랑스 '소요사태'와 무슬림이민자 통합문제」, p. 245 참조.

28 Yosefa Loshitzky, "The Post-Holocaust Jew in the Age of Postcolonialism: *La Haine* revisited", *Studies in French Cinema*, vol. 5, no. 2(2005), p. 140.

사이드가 눈을 질끈 감아버리듯, 어쩔 수 없는 것이 현실이다. 젊고 혈기왕성한 그들이지만 사회는 이들에게 기회를 주지 않는다. 이 세 주인공에게는 미래가 없다.

이처럼 이 영화의 주인공 중 가장 냉철한 이성적 판단을 내린다고 생각되는 위베르도 자신의 현실에 안주하지 않고 벗어나려고 했으며, 마지막 순간, 사회에 대한 증오를 넘는 분노가 폭발한다. 이들에게서 프랑스인으로서 살아간다는 느낌은 영화의 단 한 장면에서도 찾아볼 수 없다. 주류사회의 차별에 대한 이방인들의 반응은 이처럼 매우 다양하다. 위베르가 온건파의 대변자라면, 유대인 빈츠는 가장 강경하다.

(2) 반항하는 유대인, 빈츠

왜 빈츠는 프랑스 사회에 가장 적대적이면서도, 경찰의 고문을 교묘히 피해갈 수 있었을까? 이러한 측면에서 볼 때, 영화 「증오」에서 우리가 분석해야 할 가장 논쟁적인 인물은 유대인 빈츠이다. 방리유에 사는 유대인, 체제에 저항하는 유대인은 적절한 설정인가? 더 나아가 경찰에게 폭행당하는 인물 설정에 유대인이 빠진 것은 우연인가? 이 의문에 답하기 위해서는 현재 프랑스 사회에서의 유대인의 현황, 그리고 프랑스 사회에서의 반유대주의 문제를 거론하지 않을 수 없다.

우리는 그동안 1945년 이후 유대인의 역사를 간과한 채, 유대인 하면 경제적으로 유복한 부르주아를 생각해왔다. 또한 경찰에게 인종차별적 언어폭력에 시달리며 육체적으로 폭행당하는 유대인을 스토리 전개상 감독이 설정할 수도 있겠지만, 이는 아무리 영화라고 하더라도 오늘날의 프랑스 현실에는 도저히 적절하지 않는 상황이 될 것이다. 일반적으로 반유대주의 행위는 쇼아(Shoah)와 동일시되기 때문이다.

영화에서 빈츠의 가정환경에 대하여 자세한 내용을 추측할 수는 없으나, 방리유에 할머니, 어머니, 그리고 여동생 등과 함께 사는 것으로 보아, 그의 가정이 그리 유복한 상태는 아니다. 또한 빈츠가 유대회당에 잘 다니지 않는다고 할머니에게 꾸중을 듣는 것으로 보아, 빈츠는 유대인에 대한 정체성이 확고하지 않지만, 할머니 및 나머지 가족은 유대인에 대한 정체성이 확고한 것으로 판단된다.[29] 이러한 것은 빈츠 가족이 1960년대에 마그레브 국가에서 프랑스로 왔을 개연성을 열어놓는다.[30] 만일 우리가 빈츠 가족을 알제리전쟁을 전후하여 프랑스에 온 유대인으로 설정한다면 영화에서 제기되는 여러 의문들이 다소 해소될 수도 있다. 이러한 의문들을 해소하기 위하여 우리는 두 가지 문제에 대해 답하고자 한다. 하나는 제2차 세계대전 이후 프랑스에 도착한 유대인들의 상황, 구체적으로는 그들의 사회경제적 상황과 정체성 문제이며, 다른 하나는 앞서 언급한 대로 현대 프랑스 사회에서의 반유대주의 문제이다.

프랑스혁명 이전 3만 명밖에 되지 않던 프랑스 유대인은 19세기말 이후 급증한다. 1881년 이래 러시아로부터 상당수의 유대인 이주민들이 프랑스에 들어오기 시작하여, 프랑스는 총 12만 명의 유대인 이주민을 수용했으며, 이들로 인해 프랑스 내 유대인 사회의 규모가 두 배 이상 커졌다. 이들 대다수는 유대인임을 쉽게 알아볼 수 있는 아슈케나지 유대인들로서 드뤼몽(Edouard Drumont)과 ≪라 크루아≫(La Croix)가 유대인과 관련해 퍼뜨리고 있었던 풍자적인 모습에도 명확하게 부합하였다. 여기에다가 독일의 점령에 못 견딘 알자스 공동체 출신 유대인들이

29 Kevin Elstob, p. 45.

30 빈츠를 노동계급 출신의 아슈케나지 유대인으로 보는 견해도 있다. 그렇지만 그 근거는 구체적이지 않다. Sven-Erik Rose, "Mathieu Kassovitz's *La Haine* and the Ambivalence of French-Jewish Identity", *French Studies*, vol. 61, no. 4(2007), pp. 477~478.

새롭게 유입되었다. 그러면 오늘날 유대계 프랑스인은 얼마나 될까? 앞 장에서도 언급했듯이 최근의 추정에 따르면, 53만 5천 명에서 70만 명 사이라고 볼 수 있다. 사실, 유대인 공동체에 속하는 사람 수를 정확하게 헤아리기란 쉬운 일이 아니다. 그렇기에 일반적으로는 편의상 자기를 유대인으로 여기거나 아니면 다른 사람에게 유대인으로 간주되는 모든 사람을 유대인으로 본다.[31]

19세기 말과 비교할 때, 프랑스에 이렇게 유대인의 수가 급증한 것은 알제리 등 프랑스로부터 독립된 국가가 이슬람의 정체성을 더 확고하게 할 것이 자명하기에 그곳에 거주하는 유대인들의 상당수가 프랑스로 이주해왔기 때문이다. 그들은 점차 자신들의 모국에서 인종차별의 대상이 됨을 느꼈고, 특히 1950년대 초반에 모로코에서 유대인에 대한 산발적인 공격이 발생함으로써 이곳 유대인들이 외국으로 이주할 수밖에 없었다.[32] 그리하여, 1950~1970년대 프랑스는 전 세계에서 이스라엘 다음으로 가장 많은 수의 유대인 이민을 받아들인 국가가 되었다. 1960년대에는 22만 명이 북아프리카에서 프랑스로 왔으며, 북아프리카 출신 유대 이민자는 파리와 그 근교 그리고 남불 지역에 대다수 정착하였다. 프랑스 내 유대인 공동체 수는 1956년에 128개에서 1966년에 293개로 늘어났다.[33]

파리 지역에서 공동체의 수는 1955년과 1978년 사이에 15개에서 56개로 늘어났다. 파리의 벨빌(Belleville) 지역은 양차 대전 사이 동유럽 유대인들의 중심지였었는데, 이곳은 북아프리카 출신 세파르디 유대인

31 필립 아리에스, 조르주 뒤비 책임편집, p. 650.

32 Paula E. Hyman, *The Jews of Modern France*(Berkeley and Los Angeles: University of California Press, 1998), p. 193.

33 Paula E. Hyman, p. 194.

문화 지역으로 변화되었다. 북아프리카 출신 유대인들이 거리를 활보하고, 카페를 채웠다.[34]

이처럼 뒤늦게 프랑스에 도착한 유대 이주민들 상당수가 빈츠 가족처럼 파리의 서민 구역 혹은 방리유에 거주하였다면, 이들의 직업 또한 기존의 정착 유대인과는 차이가 있었을 것이다. 통계에 따르면, 북아프리카 출신 이민자는 노동계급이 약 28%를 차지하고, 고용주 및 중간계층이 29%, 그리고 소상인 및 수공업자가 15%를 차지하고 있는 것으로 나타난다.[35] 이들 후발 이주민들로 인하여 유대인에 대한 새로운 특성이 나타나기도 한다. 세파르디 유대인들이 프랑스에 도착함으로써 특정 직업군에 집중적으로 몰려 있던 기존 유대인들의 사회적, 경제적 특수성이 많이 완화되었다는 평가이다. 세파르디 유대인들은 중간 관리직이나 공무원이 많았는데, 특히 초등학교나 중등학교 교사가 많았다. 이들의 이주는 유대인들이 점차 봉급생활자로 변화하고 있던 현상과 일치한다.[36] 하지만 우리의 주인공 빈츠는 이러한 현상에 부합되지 않는다. 그는 다른 이주민과 별반 다르지 않은 청년 실업자이자 기존 사회질서에 누구보다 더 도전적인 인물이다. 더욱이 유대회당에 가라는 할머니의 말을 우습게 듣는 비유대인적 인물이다. 이 같은 청년들의 태도를 반영한 것일까? 1970년대에 실시된 한 조사는 신앙에 기초하여 의례를 준수하는 유대인들을 20% 이하로 추정했다. 또 비슷한 비율의 유대인들은 어떠한 의례도 행하지 않았다고 보고된다. 이를 제외한 나머지 사람들에게도 의례의 준수는 종교적이기보다는 사회적인 성격을 띤다.[37] 빈츠가 바로

---

34 *Ibid.*, p. 195.

35 *Ibid.*, p. 197.

36 필립 아리에스, 조르주 뒤비 책임편집, p. 683.

37 같은 책, pp. 654~655.

이들의 사례에 부합된다고 할 수 있다. 프랑스 사회에서 오늘날 유대교로 개종하는 사람이 1년에 평균 10명 정도인 반면, 기독교로 개종하는 사람은 4,000명이 넘는다[38]는 점도 시사적이다.

그렇지만 이들이 유대인이라는 정체성은 늘 그들에게서 떨어지지 않는다. 앞서 제기했듯이, 프랑스 경찰은 유대인을 건드리지 않는다. 감독의 설정이 기묘하다. 스누피 집 앞에서 하필이면 경찰이 유대인 빈츠만 놓치는 '멍청한 짓'을 한다. 만일 빈츠를 체포했다면, 아랍인 사이드와 흑인 위베르에게 인종차별적인 모욕을 가한 것처럼 똑같이 다뤄야 하는 곤혹스러운 상황에 처할 뻔했다. 그러기에는 위험 부담이 컸을 것이고, 이 영화의 주제는 의도하지 않게 반유대주의로 흐르게 되었을 것이다.

이렇게 볼 때, 영화 속 유대인 빈츠의 모습은 다양하게 생각할 거리를 제공한다. 마치 빈츠의 눈에만 보이는 도심 속을 거니는 암소처럼, 유대인 빈츠가 방리유에 사는 것도 그렇고, 이처럼 부조리한 사회에 가장 분노하는 것도 사실 생경하다. 이민자에 속하는 유대인인 동시에 이방인 가운데 특권계급으로 나타날 수밖에 없는 유대인의 모습을 영화 속 빈츠의 모습으로 표현하는 것은 그리 쉬운 일이 아닐 것이다.

(3) 이방인 상호간의 관계

이 영화의 주인공은 전혀 어울리지 않는 3인이다. 아랍인을 대표하는 사이드, 흑인을 대표하는 위베르 그리고 유대인을 대표하는 빈츠, 이들이 어떻게 단짝일 수 있을까?[39] 잘 알려져 있다시피 유대인과 아랍인은

---

38 같은 책, p. 662.

39 "실제 흑인, 아랍인, 유대인으로 만들어지는 자생적 청년 그룹이란 프랑스의 현실상

통상적 개념으로 볼 때 전혀 어울릴 수 없는 사이이다. 특히 1987년에 1차 인티파다 및 2000년에 2차 인티파다를 겪으면서 둘의 관계는 더욱 그러하다. 이 영화가 상영된 시점인 1990년대 중반에도 이러한 분위기는 크게 다르지 않을 것으로 보인다. 뿐만 아니라 흑인과 유대인, 흑인과 아랍인도 그리 썩 잘 어울리는 짝은 아니다. 그럼에도 불구하고 이들 셋은 방리유라는 공통적인 공간을 배경으로 항상 함께 영화의 화면을 점령한다.[40]

이 영화가 출시된 1990년대 프랑스 내 외국인 비율은 대략 6.5%로 이는 1931년의 외국인 비율과 거의 같다.[41] 그렇지만 그 구성원의 성격은 여러 면에서 다르며, 두 기간 중 여러 변화가 있었다. 우선 가장 뚜렷한 변화로 볼 수 있는 것은 1945년 이래 이민자 출신의 지리적 기원이다. 즉 유럽의 이민자들이 마그레브와 블랙아프리카로부터 온 이민자들로 대체되었다는 것이다. 다음으로 지적할 것은 1950년대의 노동이민이 이주이민에 자리를 내주었다는 점이다. 독신자로 프랑스에 왔다가 다시 자국으로 돌아가는 행위에서, 이제 가족을 동반한 이민이 일반화되었다. 마지막으로는 통합의 문제가 프랑스에서 태어난 2세들에게 제기된다는 점을 들 수 있다. 같은 이민자이지만, 유럽계 백인 이민자와 아랍계 이민자 혹은 흑인 이민자는 통합문제에 부딪혔을 때 서로 다르게 반응할 수 있다. 더욱이 이들 '유색인종' 2세대에게 실업이 늘 따라다니는 고질적

비현실적인 설정"이라는 주장이 있다. http://films7.com/videos/cours-decinema-frederic-bas-analyse-la-haine-de-kassovitz; 이송이, 「정체성과 혼종, 게토와 유토피아 사이의 방리유: 『증오』, 『국외자들』을 중심으로」(프랑스학회 2008년도 가을학술대회 발제문, p. 103에서 재인용).

40 이 영화가 인종 간의 갈등에 초점을 제대로 맞추지 못하였다는 비판이 다수 있는 것도 사실이다. Amy Siciliano, p. 213.

41 Editorial, "Une question politique", *L'Histoire*, n.229(février, 1999), p. 7.

인 문제라는 것은 매우 잘 알려진 사실이다. 이러한 이민자 2세대의 주변화 경향은 도시 근교와 같은 불안정한 지대를 늘려가고 있으며, 최근의 현상에서 보듯이 폭력이 교내, 공공교통수단 그리고 사유재산 쪽으로 확대되고 있다. 빈곤, 교육 실패를 야기하는 도시화의 황폐화 문제를 해결하기 위하여 국가가 대규모 정책을 시행하는 것이 필요하지만, 여기에는 시간, 자금, 그리고 국가의 확고한 의지가 필요하다.[42] 그렇지만, 아직까지 우리의 주인공들에게는 그것이 요원한 이야기로 보인다.

사실, 본 영화를 통하여 각각의 '인종'을 대표하는 3인 사이의 특별한 관계 설정을 모두 파악해내는 것은 쉽지 않다. 설사 3인 간의 관계를 파악해낸다고 하더라도 이는 특정 인종 사이의 관계라기보다 사이드, 위베르 그리고 빈츠라는 개인의 관계일 개연성이 높다. 그럼에도 불구하고 우리는 영화를 통하여 상호간의 인식을 일부분 훔쳐볼 수 있다. 예를 들어, 사이드가 자신의 여동생에게 빈츠에 대해 이야기하면서, "그놈은 뱅상이 아니라 빈츠야!"라고 하는 장면을 생각해보자. 뱅상(Vincent)은 프랑스식 표기인데 반해, 빈츠는 뱅상의 유대식 표현이다. 사이드의 발언은 무의식적으로라도 여동생의 친구로 자신이 주류 프랑스인을 선호한다는 느낌을 강하게 준다. 빈츠의 "아랍놈!"이라는 말도 아랍인을 비하하기는 마찬가지이고, 사이드가 위베르에게 하는 "너는 초코우유를 마시지 않아도 되겠구나"라는 말도 흑인을 비하하기는 마찬가지이다. 비록 이들이 공통적으로 주류 프랑스인들을 증오하지만, 그들 상호간에도 서로를 충분히 비하하고 있음을 숨기지 않는다. 한편, 파리에서 스누피 집를 찾기 위해 인터폰을 누를 때 사이드는 흑인인

42 *Ibid.*

위베르나 아랍계인 자신보다는 백인으로도 볼 수 있는 빈츠가 인터폰을 통해 사람을 찾는 것이 더 낫다고 판단한다. "네[빈츠]가 해봐. 흑인[위베르]이나 나[사이드]보다는 네가 낫다." 혹시 인터폰을 잘못 눌렀다고 할지라도, 그곳에 사는 사람이 백인인 스누피를 찾는 데 친절하게 대해줄 것으로 생각되기 때문이다. 사실 외모나 그들의 부모가 겪은 역사적 희생으로 인하여 유대인들이 아랍인이나 흑인에 비하여 상대적으로 특권을 갖게 되었다는 것은 부인하기 어렵다. 앞서 언급한 대로, 프랑스 사회에서 반유대주의 활동은 반아랍이나 반흑인 행위보다도 커다란 사회문제가 될 수 있고, 크게 비난받을 수 있다는 점이 강조될 필요가 있다.

4) 이방인의 절망과 희망

지금까지 우리는 사이드, 빈츠 그리고 위베르를 중심으로 전개되는 증오의 현장을 살펴보았다. 그들이 거주하는 방리유, 그리고 유대인, 블랙아프리카인, 아랍인으로 대표되는 이방인들의 현상과 프랑스 사회에서의 상황이 그것이다. 이제 이들의 증오는 어디로 향하며, 어떻게 해결될 수 있는지 영화의 몇 장면을 함께 바라보며 검토해보자.

이 영화는 '수줍은' 이민 1세대보다는 자신의 정체성을 드러내려는 이민 2세대들이 주인공이다. 영화의 주인공들은 학교를 다니지도, 그렇다고 직장에 다니지도 않는 현재의 이민자 2세대 대부분의 모습이다. 영화를 만든 지 15년 이상 지났지만, 이들의 상황은 지금과 별반 달라지지 않았다. 높은 실업률은 그대로 사회에 대한 증오로 표출된다.

영화 「증오」는 갈등에 대한 명확한 해결책을 제시해주지는 않는다. 다만 주류 프랑스인과 이들 사이의 갈등이 얼마나 심각한지, 그리고 그 갈등이 어떻게 표출되고 있는지 그 과정을 보여줄 뿐이다. 달리 보면, 영화에서 나타나는 대화의 절반이 욕설과 외설적인 내용으로, 방황하는 이 젊은 영혼들에게 중요한 것은 차별에 대해 저항하는 투쟁의식도 아니고, 현재의 암울한 현실로부터 탈출하려는 움직임도 아니다. 이들은 단지 자신들의 친한 동료 압델 이차하가 경찰에 끌려가 고문당하고 마침내 죽어간 것에 대해 분노를 표출하고, 복수를 다짐하며 시간을 낭비하고 있을 뿐이다. "세상은 당신들의 것"인가? "세상을 우리들의 것"으로 바꾸고 싶은 마음 가득하지만, 현실은 그렇게 녹녹치 않다. 어떻게 살아가야 하는가? 프랑스인으로의 철저한 동화가 모든 것을 해결해줄 수 있는가?

그나마 주인공들 중 중재자의 입장에 서 있다고 생각되는 위베르의 관점에서 이 문제를 바라보자. 위베르는 갈등한다. "아직은 괜찮은지" 아니면 이 방리유를 "벗어나야 하는지." 2년 동안 차근차근 돈을 모아 차려놓은 체육관이 '어젯밤' 시위로 불에 타 없어져버렸다. 이곳을 정말 떠나고 싶다. 그렇지만, 가족의 생활여건 때문에 그는 주저할 수밖에 없다. 형은 감옥에 있으며, 여동생은 공부에 몰두한다. 또한 자신의 앞날을 걱정하는 어머니가 있다. 비록 가족의 생계를 위해 마약 거래[43]를 하지만, 위베르는 그리 반사회적이지는 않다. 파리로 올 때 그의 눈에 비친 첫 문구가 "세상은 당신의 것이다"라는 간판이다. 눈을 꽉 감으며 그는 속으로 무슨 생각을 하였을까? 아마도, 그가 영화의 처음, 중간 그리고 마지막에 반복하는 독백에서 "아직까진 괜찮아, 아직까진 괜찮아……"[44]를 되뇐 데서 보듯이 다시 한 번 그 말을 반복하고 있었는지도 모르겠다. 그렇지만 프랑스 사회는 이러한 위베르도 가만 놓아두지

43 Kevin Elstob, p. 46.

44 *Ibid.*, p. 48.

않는다. 나름 이성적 태도를 보이던 위베르마저 경찰의 폭력과 압델의 죽음, 민족전선 추종자인 스킨헤드[45]의 공격으로 프랑스 사회와 이민자 사이의 중재자 역할을 포기하고야 만다.

감독은 영화의 한 장면을 통해 우리들에게 이들이 택해야 할 결정을 미리 암시한다. 주인공 세 명이 파리에 처음 도착하여 공중화장실에 들렀을 때, 이들은 뚜렷한 이디시어(Yiddish) 액센트를 사용하는 한 유대인 영감[46]과 맞닥뜨린다. 그는 시베리아에서 기차에 올라타지 못하고 동사한 자신의 동료 그룬발스키(Grunwalski)라는 사람에 관한 이야기를 했다. 시베리아 강제 노동수용소로 가는 기차가 잠시 멈춘 사이 재빨리 용변을 보고 기차에 올라타야 했지만, 수줍음에 남들이 없는 곳에서 용변을 보려고 멀리까지 갔던 그룬발스키는, 바지를 올려 입고는 도저히 시간에 맞추어 기차에 올라탈 수가 없었다. 영감이 손을 내밀었지만 그룬발스키는 수줍음에 바지를 올려 입으려고 노력했고, 결국은 영감의 손을 잡지 못하여 기차를 놓쳐버리게 되었다. 손을 잡으려고 하면, 그의 바지가 내려갔고, 바지를 다시 올려 입으려고 하면, 영감의 손을 놓치게 되는 상황에서, 그는 체면을 차리려다 기차에 올라타지 못한 것이었다. 기차는 그가 올라타는 것을 기다려주지 않았다.

이는 무엇을 암시하는가? 필자가 읽은 비평들은 이 장면을 주로 홀로코스트 문제와 연결시키는 데 만족해했다.[47] 이 기차가 사실은

---

45 *Ibid.*, p. 44.

46 필자는 영화 속에서 그가 유대인인지 알 수 없었지만, 아래 논문의 필자는 이 영감이 사용하는 액센트를 통해 '유대인'으로 규정지을 수 있었다. Yosefa Loshitzky, "The Post-Holocaust Jew in the Age of Postcolonialism: *La Haine* Revisited", in *Studies in French Cinema*, vol. 5, no. 2(2005), p. 138.

47 *Ibid.*, p. 139.

절멸 수용소로 가는 기차인데 그 의미가 잘못 해석되어 시베리아 강제 노동수용소로 표현되었다거나, 아니면 이 기차는 스탈린 치하에서 폴란드 유대인들이 러시아 노동수용소로 보내짐으로써 이들 대부분이 살아남을 수 있었던 생존의 기회를 제공한 기차라는 해석들이다. 그렇지만, 필자는 이 장면이 단지 빈츠와 관련된 유대인의 운명을 해석하는 데만 사용되었다고 보지 않는다. 이 장면은 감독에 의해 이민자들의 동화문제를 암시하는 것으로 이용되었을 수 있다. 즉, 기차에 올라타는 것은 프랑스 주류사회에 합류하는 것이고, 내미는 손을 잡지 못한 것은 곧 기존 사회에서 낙오되는 것을 의미한다고 볼 수 있겠다. 그룬발스키는 어떻게든 바지를 올려 입으려고 노력했는데, 이는 그가 자신의 체통, 즉 모국의 전통, 문화를 중시했다는 것을 의미할 수 있다. 그 결과, 그는 주류사회에 동화되지 못하였다. 영감의 이야기를 주인공 세 명은 알아듣지 못했다. "왜 저런 이야기를 하지?"라고 말하는 사이드의 표현에서 보듯이 말이다. 영화에서처럼 사이드, 빈츠, 위베르로 대표되는 이민자들과 주류 프랑스인 사이의 간극은 그만큼 넓다.

영화는 이민자들의 기존 사회에 대한 증오를 말한다. 그러면서도 동시에 이민자들이 프랑스 사회에 합류할 것을 권고한다.**48** 여기에는 기존 이민자들뿐만 아니라 유대인의 경우도 포함된다. 영화의 주인공에 유대인이 '어설프게나마' 포함된 것이 그 이유 가운데 하나가 아닐까? 그럼에도 위베르의 죽음을 암시하는 마지막 장면의 총성이 귓전에서 사라지지 않는다. 프랑스 사회의 상호간 증오는 언제까지 지속될 것인가?

---

48 감독 카소비츠는 명백히 방리유의 젊은이들 편에 서 있다. 이 영화도 1993년에 경찰서 내에서 구타로 사망한 마콤(Makome M'Bowole)이라는 젊은이에게 헌사를 바친다. Kevin Elstob, p. 49.

2. 학교를 통해 본 프랑스 내 이방인들

1) 학교 내의 이민자 2세들

「클래스」라는 영화는 2006년에 발간된 프랑수아 베고도(François Bégaudeau)의 동명 소설을 필름에 담은 작품이다.[49] 「벽 사이에」(entre les murs)라는 제목으로 프랑스에서 개봉된 이 영화(이하 「클래스」)[50]는 소설가이자 현직 교사인 베고도가 직접 출현했다는 것뿐만 아니라, 2008년 칸영화제(Cannes Film Festival)에서 황금종려상(Palme d'Or)을 수상한 것으로도 유명하다. 배경은 파리 북쪽 19구의 '교육우선지역'(Zones d'Education Prioritaires, 이하 ZEP)에 해당하는 한 중학교 교실이며, 영화에 학교 밖은 거의 나오지 않는다. 등장인물도 교사, 학생, 학부모가 전부이다.

이 영화는 이민자 출신 중학생들이 주류사회를 바라보는 시각, 그리고 그들 상호간의 미묘한 관계를 비교적 잘 나타내고 있다. 영화 「클래스」에 참여한 학생들은 프랑스에 들어와 있는 모든 이민자들을 대변하고 있다. 즉, 이 학급은 실제 프랑스 사회의 축소판이라고도 할 수 있다. 그렇기에 이 영화에서 나타나는 이민자의 모습은 '프랑스 이민자 전체'의 모습일 뿐만 아니라 그들 사이의 관계이기도 하다.

49 이 영화를 좀 더 잘 이해하기 위해서, 동명의 소설과 영화 대본을 참조했다. François Bégaudeau, Entre les murs(Paris: Ed. Gallimard, 2006); François Bégaudeau, Laurent Cantet et Robin Campillo, *Le scénario du film entre les murs*(Paris: Gallimard, 2008).

50 우리나라에서는 「더 클래스」(The Class)라는 이름으로 개봉되었다. 로랑 캉테 감독 작품.

사실 학교는 그 학교가 어디에 위치하는지부터 시작하여 학급의 구성원이 어떠한 가에 이르기까지 이민자 문제와 깊숙이 관련되어 있다. 필자는 기존 연구에서 학교 내 여중생들의 '히잡 사건'에 많은 관심을 기울여왔다. 1989년에 파리 북쪽 우아즈 도(道)의 한 중학교에서 발생한 이 사건은 급속히 전국적인 사건이 되었을 뿐 아니라 약 15년 가까이 프랑스 사회를 뜨겁게 달군 사건이 되었다. 이 사건으로 우리는 이민문제와 관련하여 학교를 생각하면, 단지 무슬림 여학생들의 히잡만을 떠올리게 된다. 다양한 국가 출신 이민자의 자식들[51]이 반드시 거쳐야 하는, 학교에서 일어날 수 있는 일이 어찌 이뿐이겠는가? 우리가 분석의 대상으로 삼고 있는 「클래스」를 통해 알 수 있는 프랑스 학교의 특징은 우선 앞에서 언급한 대로 학급 내 학생들의 인종 구성이 매우 다양하다는 점이다. 이들은 아시아, 아프리카, 유럽 혹은 서인도 제도의 프랑스 해외 영토 출신 등 다양한 대륙으로부터 건너왔다. 이들에게 어떠한 수업 방식이 적절할까? 어떻게 이들에게 프랑스식 교육을 효과적으로 수행할 수 있을까? 또한 이러한 현실에서 수업을 해야 하는 '주류 프랑스인' 선생님들의 '다문화'에 대한 태도는 어떠한가? 그리고 이들 학생과 교사의 관계, 학부모와 교사의 관계는 어떠할까? 이러한 문제는 현재 프랑스 학교에서 자연스럽게 제기되고 있는 문제들이기도 하다.

이러한 현상을 고려할 때, 우리는 본 영화를 통해 소통의 문제를 고민해볼 수 있다. 교사와 학생, 학생과 학생, 교사와 학부모, 학부모와 학생 사이에 너무 많은 오해와 편견이 자리 잡고 있다. 어떻게 소통할 것인가? 정답은 없다. 우리는 일단 이 학교가 ZEP에 속해 있다는 점을

51 제목에 나와 있듯이 이곳에서 표현되는 자식들은 2세뿐만 아니라, 3세, 혹은 4세일 수도 있다.

지적할 수 있으며, 그 연장선에서 학교당국과 프랑수아(François)라는 교사가 학생에게 기울인 특별한 노력과 관심을 생각해볼 수 있다. 즉 교사와 학생의 관계이다. 이는 프랑스 사회와 이민자와의 관계로 확대 해석될 수 있는 부분이기도 하다. 영화는 '정부와 학교의 노력의 결과' 마침내 '수업'이 평화롭고 조화롭게 끝날 수 있었다는 점을 보여준다. 교사와 학생은 그동안의 갈등을 뒤로한 채 축구를 하며 '다함께'를 외친다. 사실, 어떻게 이들이 갈등을 봉합하고 '다함께'를 외치는지 영화는 우리에게 자세히 설명하지 않는다. 마치 프랑스 사회가 구체적 해결책을 제시하지 않은 채 사회통합을 외치듯이 말이다.

다음으로 우리가 살펴볼 것은 '학급 구성원 사이의 관계'이다. '프랑스인의 정체성'을 놓고 갈등을 벌인 해외 영토 출신의 칼(Carl)[52]과 나머지 학생들, 학교 생활에 적응하는 데 실패한 슐레이만(Souleymane)과 적응을 잘 하는 것으로 보이는 중국 출신 웨이(Wei), 웨이를 '오스트리아인'이라는 단어도 알지 못한다고 비난하는 유럽계 학생들, 축구를 둘러싸고 갈등을 빚는 블랙아프리카 출신과 마그레브 출신 학생, 그리고 블랙아프리카 출신과 프랑스 해외령 출신의 흑인 학생. 이처럼 다양한 구성원과 그들이 내뿜는 생각들로 혼란스러워진 교실. 이들 사이의 관계는 주류 프랑스인과 이민자 사이의 관계설정보다 더 복잡하다. 영화 말미에 교사와 학생들이 함께 외치는 '다함께'보다 이들 학생들끼리만 모여 외치는 '다함께'가 더 어설프게 느껴지기도 한다. 어느 문제 하나도 해결되었다는 징표를 찾아보기 힘든 상태이기 때문이다.

이상의 문제들에 답함으로써 우리는 프랑스 학교와 이민자, 즉 프랑스

---

52 영화에 나오는 인물들의 이름은 시나리오에 나오는 알파벳을 이용하였다. François Bégaudeau, Laurent Cantet et Robin Campillo, *Le scénario du film entre les murs*...

정부와 이민자 후손들의 교육문제, 이들이 생각하는 프랑스, 즉 민족정체성 문제에 다가가고자 한다. 앞 장에서도 언급하였듯이 2010년 초의 프랑스는 민족정체성 토론으로 뜨거웠다. 대부분 이슬람 문제에 초점이 맞추어져 있지만, 역시 그 핵심은 이민자 대다수의 문제이기도 하다. 영화 「클래스」를 통해 우리도 이 문제에 일부 참여해볼 수 있을 것이다.

2) 학교와 학생들, 소통과 비소통

(1) 소통의 노력, ZEP

프랑스는 1981년에 사회당의 프랑수아 미테랑이 집권하면서 이민자들이 주로 거주하는 지역의 교육기관을 우선적으로 지원하는 ZEP을 설정하였다. 즉 '학업 실패 비율이 높은 지역에 선별적으로 교육활동을 강화함으로써 사회적 불평등을 시정'하기 위한 조치였다. 당초 4년간 시행하기로 결정하였지만, 제도의 수정 보완이 계속되면서 지금까지 유지되고 있다. 첫 시행기관은 360여 개였으나,[53] 이후 계속 증가하였으며, 특히 이곳에 근무하는 교사에게는 1990년부터 '특수근무수당'이 부여됨으로써 교사 수급에 커다란 문제가 없게 되었다.[54] 하지만, 한 통계에 따르면, 3년 이상 근무하기를 원하는 교사가 거의 없고, 신임 교사의 경우는 특별한 사명감 없이 단순 직업으로 여긴다는 조사도 있다. 주인공 프랑수아가 4년간의 근무에도 불구하고 '버릇없는' 학생들

---

53 Pierre Merle, "Bilan des politiques d'action prioritaire: Les ZEP, un bilan décevant", *Problèmes Politiques et Sociaux*, n.915(2005), p. 48. 이는 2005년 현재, 중학생의 21.4%, 전체 학생의 18%에 해당된다. 1982년에는 각각 10%, 8.3%였다. *Le Monde* du 10 déc. 2005. 참고로 이 영화의 소재가 되고 있는 파리의 학교 가운데에는 32%가 ZEP에 해당된다(2009년 기준). http://fr.wikipedia.org/wiki/Zone_d'%C3%A9ducation_prioritaire (검색일: 2010. 1. 14)

54 김용채, 「소외계층을 위한 학교교육 프로그램」, 『교육정책포럼』 제118호(2005), pp. 17~18.

에 대한 적극적 지도의 의지가 있는 것은 예외일 수도 있다. 또한 영화에서 보이는 기본 어휘에 대한 교사의 친절한 지도, 학부모 상담 등은 ZEP 사업의 주요 목표 가운데 하나이기도 하다. 물론 이러한 현상이 일반 학교라고 해서 없는 것은 아니지만, 영화에서의 상황은 조금 더 특수해 보인다고 하겠다.

ZEP을 프랑스의 이민자 통합정책과 관련하여 살펴보면, 우리는 매우 모순적인 모습을 찾아낼 수 있다. 즉, ZEP은 프랑스의 보편주의 통합방식과 배치될 수 있기 때문이다.[55] 이 정책은 사실 프랑스에서 논란이 되고 있는 '긍정적 차별정책'(La discrimination positive)의 일종이다. 비록 ZEP의 기준이 '사회경제적으로 어려운 지역'으로 정의되긴 하지만, 실제로는 이민자들이 주로 거주하는 지역들이 그 대상으로 선정되기 때문이다. ZEP으로 선정된 지역은 불평등을 시정하기 위해 더 많은 교육자원을 공급받게 된다. 1990년대에는, 도시정책의 차원에서, 이민자들이 특히 많이 거주하는 곳을 산업지역으로 선정하여 그 지역은 세금 감면이나 면제 혜택을 부여하였고, 1995년부터는 이 지역 출신 젊은이들에 대한 고용조건을 유리하게 책정하기도 했다. 2001년에는 정치학 그랑제콜(Sciences po)에서 의무적으로 ZEP 출신 학생을 일정 비율 뽑도록 했다. 또한 공직 고용기회와 관련해서는, 2000년부터 어려움에 처한 특정 지역 거주자를 대상으로 공직에 진출하는 데 필요한 시험을 통과하기 위한 특별 준비수업을 실시하기도 했다.

이처럼 특별지원을 받고 있는 ZEP 소속 학교는 과연 성공적인가? ZEP에 속한다는 것이 학생들의 학업 능력 향상에 별 도움이 되지 않는다

---

55 *La Discrimination positive en France et dans le Monde*, Actes du colloque international organisé les 5 et 6 mars 2002 à Paris(CNDP, 2003), pp. 6~8.

는 연구도 있다. 학년 초와 학년 말 두 차례 테스트에서 얻어진 결과를 놓고 볼 때 프랑스어 능력 등에 관한 한 ZEP에 속한 효과가 전무하다는 것이다.[56] 우리는 영화 「클래스」를 통해 이와 관련된 실제 수업 상황을 관찰해볼 수 있을 것이다.

(2) 영화 속의 ZEP

ZEP 프로그램은 그 결과의 성공 여부와 관계없이 분명 프랑스의 소외계층을 위한 교육제도로서 확고하게 자리를 잡았다고 볼 수 있다. 영화 속에 나오는 학생들 대부분은 ZEP이라는 정책이 필요할 것으로 보였고, 교사 또한 이 정책의 내용을 잘 이해하고 있는 것으로 보였다. 그렇다면, 영화 「클래스」는 ZEP의 정책을 어느 정도 반영하는가? 「클래스」의 구조적 배경이라고 할 수 있는 ZEP을 이해하기 위해서 영화 속의 클래스 내용과 ZEP의 주요 사업 내용을 함께 살펴보자.

① '읽기와 독서능력'

'읽기와 독서능력 숙달'은 ZEP 정책 중 가장 중요한 항목 가운데 하나이다. 대부분 이민자의 자식들인 「클래스」 속의 학생들에게 올바른 프랑스어 습득은 매우 중요하다. 실제 ZEP 관련 연구에 따르면, ZEP에 속한 학생과 그렇지 않은 학생의 능력 차이는 수학만큼이나 특히 프랑스어에서 차이가 난다.[57]

영화 속에서 주인공인 프랑수아는 국어(프랑스어)교사로서 무척이나 인내심이 강한 사람으로 보이며, ZEP의 취지를 충분히 이해한 사명감을

56 Pierre Merle, pp. 48~49.
57 *Idid.*

갖춘 교사로 판단된다. 프랑수아는 텍스트에서 학생들이 알지 못하는 어휘를 이야기하게 한다. spirituelle(정신적인), condescendence(친절, 호의), fluctuation(파동, 변동)이라는 단어는 중학교 3학년[58] 학생으로서 정확한 의미를 모를 수도 있겠다. 그러나 trompeur(위선적인), succulent(맛있는), cocher(마부, 혹은 ~에 표시하다) 등은 실제 생활에서 많이 쓰이는 단어로 이러한 단어들을 그들이 모르는 것은 조금 의아하다. 하지만, désormais(앞으로는), Autrichien(오스트리아인), argenterie(은제품)이라는 단어에 이르면, 이들 학생의 수준에 의문이 가기 시작한다. 학생들 사이에서도 이들 단어를 모르는 친구들에 대해 가벼운 놀림이나 비웃음이 나오기도 한다. 특히 다미앙(Damien)이 은제품(argenterie)과 아르헨티나인(Argentin)을 구별하지 못했을 때, 교실은 웃음바다가 된다. 웨이가 오스트리아인이라는 단어를 알지 못했을 때에도 일부 학생의 비웃음거리가 되었는데, 이에 대해서는 교사가 학생을 옹호하기도 했다. 웨이가 중국인이기 때문에 모를 수도 있다는 생각에서였을 것이다. 흑인인 앙리에트(Henriette)가 désormais라는 단어를 모른다고 했을 때, 학생들은 더 이상 비웃지 않았다. 순간 교실은 적막의 상태에 이르렀다. 교사는 "그래 완벽한 사람은 아무도 없어!"라며 애써 이 일이 아무 일도 아닌 듯 넘어갔다.

이 예에서 보듯 어휘에 대한 학생들의 수준은 심각하다. 하지만 어휘가 부족하다고 이 학생들의 사회비판능력 또한 수준 이하라고 할 수는 없을 것 같다. 이들의 비판은 교사의 특정 단어 사용에서 비롯되었다. 교사는 succulent이라는 단어를 설명하기 위하여 무의식적으로 주어

58 영화에서 프랑수아의 반이 quatrième(4학년)로 소개된다. 프랑스 학교체제는 sixième(6학년)에서 거꾸로 시작하기 때문에 우리의 중학교 3학년에 해당된다고 볼 수 있다.

Bill을 사용하였는데, 흑인인 쿰바(Khoumba)와 유대계 프랑스인[59]인 상드라(Esméralda-Sandra)는 동시에 이에 반기를 들었다. 교사는 Bill을 예로 든 것이 부적절하지 않다고 주장했지만, 쿰바를 비롯한 두 학생은 "왜 하필이면 이상한 백인 이름이냐? 선생님은 왜 늘 백인 이름만 주어로 사용하느냐?"라며 대든다. 그들은 그 이름 대신 아이사타(Aissata), 파투, 하시드(Rachid), 무하메드 등을 거론한다.[60] 교사는 Bill이 전직 미국 대통령의 이름이기도 하고, 또한 학생들의 출신 구성이 매우 다양해 어느 이름을 사용해야 할지 모르기 때문에, Bill을 사용했다고 주장하지만, 결국에는 학생들의 주장을 완전히 반박하기 어려웠다. 두 소녀는 주어로 사용하는 이름에 변화를 줄 것을 재차 요구했고, 마침내 아이사타를 사용할 것에 합의했다. 학생들은 이민자 2세로서 자신의 상황을 비판적으로 인식하고 있는 것 같다.

그렇다 해도, '읽기와 독서능력 숙달' 측면에서 볼 때, 이민자 2~3세들의 언어능력이 상당히 부족해 보이는 것은 사실이다. 이들의 부족함을 나타내는 상황은 여러 장면에서 목격된다. 같은 학교의 역사-지리교사 프레드(Fred)[61]가 프랑수아에게 계몽주의에 관한 저작, 볼테르의 저작 혹은 그 가운데 상대적으로 읽기 쉬운 볼테르의 『캉디드』를 수업시간에 사용해보자고 권하지만, 프랑수아는 그 요청에 부정적이다. 그의 표정에

59 에스메랄다라는 이름으로 보나, 시나리오에 소개된 내용으로 볼 때, 유대계이다. 그러나 실제 영화에서는 이 장면이 생략되어 있다. François Bégaudeau, Laurent Cantet et Robin Campillo, *Le scénario du film entre les murs*, pp. 97~100.

60 이름 가운데 원어를 병기하지 않은 부분은 시나리오에서 이름을 발견할 수 없는 경우이다. François Bégaudeau, Laurent Cantet et Robin Campillo, *Le scénario du film entre les murs*, pp. 25~26.

61 잘 알려져 있다시피, 프랑스 중학교에서는 한 명의 교사가 역사-지리(prof d'histoire-géo)를 가르친다.

서는 난감함이 교차한다. 기본적인 어휘들도 모르는 학생들에게 '고전'을 읽힌다는 것은 난망한 일이기 때문이다. 그렇다고 이들이 수업에 열심인 것도 아니다. 영화 속 카메라 앵글은 수업에 전혀 집중하지 못하고 있는 학생들의 움직임을 좇기에 바쁘다.

② '부모와 학교 간 연결'

다음에 살펴볼 ZEP의 주요 사업내용 가운데 하나는 '부모와 학교 간 연결 강화'이다. 이 부분은 영화에서 이민자문제를 학교 밖까지 연결시켜 문제의 심각성을 심도 있게 살펴볼 수 있게 하는 부분이기도 하다. 왜 이민자 2세 혹은 3세들이 수업에 집중하지 못하는지, 왜 성적이 떨어지는지, 왜 졸업하기 힘든지, 그리고 왜 취업하기 힘든지, 또한 마침내 '2005년 소요'와 같은 사태에 이르는지는 부모와 교사의 대화에서 잘 나타난다.

학부모 면담 관련 장면은 출신 민족에 따라 다른 모습을 보여주고 있다. 웨이의 부모로 대변되는 아시아 계통은 교육열이 높은 예로 표현되고, 백인 프랑스 학부모는 학교가 좀 더 열성적으로 학생들을 가르치지 않는다고 불평한다. 슐레이만으로 대변되는 블랙아프리카 부모는 프랑스어를 하지 못하는 학부모, 즉 내무부장관 시절에 사르코지(Nicolas Sarkozy)가 이야기하는 '동화되지 못한' 이민자 1세로 나타난다.

상황을 좀 더 자세히 살펴보자. 첫 번째 면담 장면은 웨이 부모와의 면담 장면이다. 만면에 웃음을 띤 웨이의 부모는 웨이에 대한 교사의 칭찬을 이미 기대하고 있는 눈치이다. 학교생활을 매우 잘하고 있고, 모든 교사가 칭찬하는, 예의바르고 명랑한 학생을 가르치게 되어 오히려 교사로서 영광이라는 말은 ZEP에 다니는 학생에게는 최고의 찬사일 수 있다. 여느 아시아계 학생들처럼 수학도 잘한다. 그렇지만 프랑스어

점수는 그에 못 미친다. 교사는 그것은 당연하다고 부모를 위로하는데, 여기에서 '당연하다'는 얘기는 웨이가 상대적으로 최근에 프랑스에 도착했다는 사실을 설명해주며, 이는 영화 속 웨이 부모의 어눌한 프랑스어 구사에서도 그대로 나타난다. 게다가 얼마 후, 영화에서는 웨이의 어머니가 불법체류자로 단속되어 강제추방 당할지 모른다는 에피소드가 등장한다. 이 같은 사실은 웨이의 어머니가 최근에 프랑스에 왔으며, 상대적으로 어려운 구역, 즉 ZEP에 살고 있다는 사실을 자연스럽게 뒷받침한다. 즉, 이들은 비교적 아파트 임대료가 저렴하고, 최근에 그곳으로 온 동족이 많이 모여 있는 곳을 선호할 수 있을 것이다. 하지만, ZEP에 속한 학교에 다닌다고 해서 모든 학생들이 '불량스럽고, 학교생활에 충실하지 못하며, 상급학교에 진학할 수 없다'고 평가할 수는 없다는 점 또한 이 장면을 통해 알 수 있다. 아마도 웨이는 대부분의 아시아계 학생들을 대표하고 있는지도 모르겠다.

모로코인인 나심(Nassim)의 아버지 면담 장면을 보면, 그가 웨이의 부모와 달리 프랑스에 성공적으로 정착한 인물임을 알 수 있다. 나심의 아버지는 자식의 학업에 많은 관심을 보여준다. "모든 조건이 갖추어져 있고, 또 필요한 것이 있으면 뒷받침해줄 각오도 하고 있다"는 그는 아들이 조금 더 공부를 열심히 했으면 하는 바람이다. 교사는 아들도 아버지와 같은 생각을 하고 있을 것이라고 말하면서 아버지를 위로한다.

일부 부모는 자기의 아들에게 좀 더 나은 교육환경을 마련해주려는 욕심을 내보인다. 뷰락(Burak)의 어머니가 그 대표적인 예이다. 뷰락의 어머니는 파리의 명문 고등학교인 앙리(Henri) 4세 학교에 아들을 보내고 싶다. 그렇기에 학교에 대한 불만을 담임교사에게 털어놓는다. "잘하는 학생들에게 왜 더 잘하라고 채찍질하지 않느냐?" 즉, 공부 안 하고 불량한 애들한테 볼모로 잡혀 그들에게 신경 쓰느라 잘하는 학생들에게 상대적으로 신경을 덜 쓰고 있다는 불만이다. ZEP 학교의 한 단면을 지적하고 있다. 뷰락이 '학교 질이 그렇게 떨어지는 것이 아니다'라고 말하면서 어머니의 말을 막으려고 하지만, 어머니는 거침없이 학교에 대한 불만을 재차 쏟아낸다. ZEP 학교에 대한 일반 학부모의 불만을 대변하는 듯하다.

모든 학생들이 위의 학생들처럼 부모의 적극적인 관심을 받고 있지는 못하다. ZEP에 다니는 학생으로 슐레이만의 경우가 그 대표적인 경우라고 할 수 있다. 아버지 대신에 형과 어머니가 면담에 참석한 슐레이만에 대하여 교사는 슐레이만의 수업태도에 여러 선생님들이 불평하고 있다는 말로 면담을 시작한다. 슐레이만이 수업 준비를 안 해오고, 결석과 지각이 빈번하다고 지적하자, 슐레이만의 형은 깜짝 놀란다. 전혀 알지 못했던 상황이라는 것이다. 그 이유는 금방 드러난다. "슐레이만이 부모한테 공부를 열심히 하고 있다"고 말했다는 것이다. 형의 통역을 통해 슐레이만의 불성실함에 대해 알게 된 어머니는 믿을 수 없다는 반응이다. 알림장을 통해 이미 경고문이 여러 번 발송됐다는 교사의 말에, 형은 어머니가 프랑스어를 읽을 수 없다고 이야기한다. 슐레이만의 경우도 웨이와 마찬가지로 부모가 프랑스어에 익숙하지 않은 이민자 가정이다. 그렇지만 웨이와 슐레이만의 학교생활은 확연이 다르다. 말리(Mali) 출신으로 알려진 슐레이만은 매사에 부정적이다. 프랑스 사회에 적응하려는 의지가 없어 보인다.

2005년 파리 근교 이민자의 소요사태 당시, 사망한 두 소년의 집을 방문한 사르코지는 그들의 부모가 프랑스어를 전혀 하지 못한 것에 대해 유감을 표명한 적이 있다. 프랑스어를 하지 못하는 것은 그들이 프랑스에 동화되지 못한 사실을 나타낸다는 것이다. 프랑스어를 하지 못하는 부모는 자식의 교육을 통제하기 힘들다. 교사가 슐레이만의 형에게, '당신은 프랑스어를 하지 않느냐'라고 주장하지만, 형에게서는 "저는 형일 뿐이다"라는 통상적인 대답만이 돌아왔다. 슐레이만의 어머니는 아무런 내용도 알지 못한 채 알림장에 서명을 해주었다는 것이다. 교사는 이제 슐레이만에게 문제가 있다는 사실을 공식적으로 그 어머니에게 알린 것을 면담의 성과로 꼽는다. 이것은 ZEP의 주요 사업으로 '학부모와 학교(교사)와의 연결 강화'가 왜 필요한지를 잘 보여주는 사례라고 할 수 있다. 교사는 학생 부모의 구체적 정황을 알 수 있고, 부모는 학생의 학교생활에 대해 있는 그대로를 파악할 수 있는 계기가 된다. 면담이 끝난 후, 프랑수아는 잠시 생각에 잠긴다. '슐레이만을 어떻게 학교생활에 적응시킬 수 있을까?' 이는 프랑스 정부가 생각하는 동화되지 않는 '이민자문제를 어떻게 해결할 수 있을까?'라는 문제의식과 맞닿을 수 있다. 교실은 또 하나의 사회이기 때문이다. 그리고 무엇보다도 ZEP 학교는 주류사회와 이민자사회의 첨예한 대립 현장이기도 하기 때문이다.

③ 시민의식의 육성

마지막으로 ZEP의 주요 사업 가운데 '시민의식을 육성한다'[62]는 부분을 살펴보자. 사실, 어느 시대, 어느 나라의 학교에서도 미성년자인 학생들은 늘 문제를 안고 있다. 쿰바의 교사에 대한 무례한 행동도 그렇고, 슐레이만의 반항적인 행동도 그러하다. 상드린과 쿰바가 교사의 말실수를 끈질기게 물고 늘어지는 모습은 더 이상 여느 일반 학생의

62 시민의식의 육성은 프랑스의 특유한 공화국 시민의식의 육성으로 해석할 수도 있지만, ZEP의 사업에서는 오히려 일반적인 의미에서 민주사회의 구성원으로 학생들을 육성하는 데 초점을 맞춘 것으로 이해할 수 있을 것이다. 물론 이 둘은 상호 배치되지 않는다.

모습이 아니다. 그럼에도 교사는 이들의 자유로운 의사표현을 보장하고 특정 학생들에 대한 편견을 갖지 않으려고 노력하며, 모두를 평등하게 대할 의무가 있다.

ZEP 학교의 교사를 대표하는 것으로 보이는 프랑수아는 이처럼 학생들에게 자유로운 발언 기회를 주고, 그들의 의사표현이 다소 무례한 방식으로 표출되더라도 그것을 막지 않고 오히려 장려한다. 또한 학생들이 정말 '한심한' 수준의 학습능력을 보이고, 과제물을 제대로 해오지 않고, 교사의 명령을 무시하는 태도를 보인다고 해도 그들의 인격을 존중한다. 마지막으로 지적할 것은 학급의 다양한 구성원에 대하여 프랑수아는 특별한 편견이나 차별을 갖지 않은 것으로 보인다. 백인을 편애한다든지, 흑인 혹은 무슬림을 차별하는 일은 없어 보인다. 오히려 프랑수아와 대립각을 세운 학생은 '백인 프랑스인'인 에스메랄다-상드라였다. 즉, 다양한 피부색의 학생들이 참여하는 수업에서 프랑수아는 ZEP의 주요 지침인 시민교육의 육성에 충실한 것으로 판단된다.

물론 모든 교사가 다 그렇지는 않다. ZEP에 속한 학생들에 대한 불만과 불평이 한 교사의 과격한 넋두리를 통해 표출된다. 조용한 교무실의 적막을 깬 것은 기술과목 교사로 이 학교 근무경력 3년차인 뱅상(Vincent)이었다. 뱅상은 교무실로 돌아오자마자, 과격할 말들을 쏟아내었다. "지긋지긋해, 머리에 든 것도 없는 놈들에게 이젠 정말 질렸어. 더 꼴도 보기 싫어! 보고 싶지도 않아! 더 이상 못 참겠어!" "내내 헛소리만 지껄이는 놈들! 무식하고, 버릇없고 골치만 썩이는 놈들!" 이것은 학생들에 대한 그의 분노 때문에 나온 말들이다. 교사는 그 원인을 ZEP 지역 환경에 돌린다. "별 볼일 없는 환경에서 벗어나지도 못하고, 평생 그런 식으로 사니 그렇게 사는 데도 만족한 것이지!" 상황으로 보아, 학생들에 대한 안타까움의 표현이라기보다 주류사회에 속한 교사63로서 이민자 자녀들에 대한 비난 섞인 시각으로 보는 것이 타당할 것 같다. 흥미로운 것은 거의 같은 상황에 있는 다른 교사들은 이미 익숙해져서인지 아니면 인내심이 강한 탓인지 뱅상과 달리 절제되지 못한 행동을 하는 학생들에 대해 과도한 반응을 보이지 않는다는 것이다. 예를 들어 프랑수아는 자신에게 도전하는 학생들이라고 하더라도 그들의 말이 논리적이라면, 그것을 인정하는 관용을 보인다. 첫 수업시간에 프랑수아는 "너희들은 밖에서 줄서느라 5분을 까먹고, 들어오는데 5분, 자리 잡는 데 5분, 1시간 중에서 15분을 까먹는다. 그것은 일주일이면 25시간, 1년이면 30주이다. 수천 분을 잃는 것과 같다. [ZEP가 아닌] 다른 학교에서는 1시간 내내 배운다"고 주장하며 학생들에게 시간을 허비하지 말 것을 경고한다. 하지만 곧장 학생의 반격을 받는다. 쿰바는 "한 시간 내내 수업 받은 적이 없어요. 선생님은 한 시간이라고 하지만, 수업시간은 정확히 55분이니, 한 시간이라고 하지 마세요!" 학생의 논리에 선생은 수긍할 수밖에 없다.

이처럼 교사와 학생들 간에 여러 가지 갈등은 있지만, 교사들은 대체로 ZEP의 특성을 잘 이해하고 있는 듯하고, 특히 주인공인 프랑수아는 학생들과 소통하려고 노력하고 있다. 하지만 새로운 사건 하나가 프랑수아를 어려움에 빠뜨리고, 학생들과 소통하려는 그의 노력을 한층 더 어렵게 했다.

(3) 벽 사이에: '페타스'(pétasses) 사건과 소통의 부재

교사(학교)와 학생, 학생과 학생, 그리고 학교와 학부모 사이에서 가장

63 영화 속의 설정이기는 하지만, 우연히도 이 학교에는 유색인종 교사가 한 명도 없다. 즉, 주류사회와 이민자사회를 비교하기에 매우 적절한 설정이다.

굳건한 벽, 통하지 않는 벽이 바로 프랑수아와 학생들 사이에 만들어졌다. 그들 사이에 일어난 '페타스 사건'이 바로 그것이다. 이들 사이에 굳건한 벽을 만드는 데 일조한 것은 에스메랄다-상드라와 루이즈 그리고 슐레이만이었다. 학급평가위원회(le conseil de classe)에 학생 대표로 참석한 상드라와 루이즈는 회의 내내 눈에 띄게 부산을 떨었다. 한편, 슐레이만의 수업태도가 회의의 주요 안건으로 나왔을 때, 프랑수아를 제외한 모든 교사들은 그에게 경고를 주어야 한다고 주장했다. 회의 후, 프랑수아의 수업시간, 슐레이만은 자신에게 좋은 말을 해주지 않았다고 프랑수아를 몰아세운다. 이는 물론 사실이 아니다. 프랑수아는 누구에게, 어떠한 이야기를 들었는지 추궁했고, 상드라와 루이즈가 그런 얘기를 했음을 밝혀낸다. 교사는 학생 대표의 역할이 교사와 학생을 이간질시키는 것이냐고 나무라면서, 회의 당시 이들의 태도가 페타스(여자에게 할 수 있는 매우 심한 욕설)와 같았다고 발언하였다.[64] 이에 두 당사자뿐만 아니라 모든 학생들이 일치해 교사에게 용어 사용의 부당함을 주장했다. 교사 입장에서는 그 말이 하나의 비유적 사용이었음에도 이미 때가 늦었다. '단어 하나'만을 놓고 볼 때, 그것은 학생에게 사용해서는 안 될 용어였기 때문이다.

사건은 커져갔다. 술레이만의 거친 행동은 계속됐고, 이를 말리는 쿰바는 술레이만이 휘두른 가방에 맞아 피를 흘린다. 마침내 프랑수아는 사건 보고서를 작성하는데, '페타스 문제'는 생략한 채 사건 경위를 보고하였다. '슐레이만이 반말을 하기 시작했고, 쿰바가 그 와중에 다치게 되었고, 슐레이만은 교실을 박차고 나갔다'는 것이 요지였다. 교장은 프랑수아에게 슐레이만을 48시간 정학시킨 후, 사후 대책을 펴기로

64 J'appelle une attitude de pétasse.

하였다. 동료 교사 줄리는 프랑수아에게 이미 '페타스 사건'에 관해 소문이 돌기 시작했다고 전하였고, 프랑수아는 몹시 불쾌했다. 지금까지 보아온 프랑수아의 태도가 매우 침착하고 냉정하였다면, 이제 프랑수아는 몹시 흥분한 상태에서 학생들을 대하게 된다. 왜 그런 악의적 소문을 퍼뜨렸냐는 질문에, 에스메랄다-상드라는 '선생님이 처벌받기를 원한다'고 대답했다. 이때 칼이 끼어드는데, 칼은 이전 학교에서 퇴학당해 ZEP 학교인 이 학교로 전학 온 학생이다. 그는 프랑수아에게 학생을 퇴학시키는 교사들은 전부 얼간이들(enculés)이라고 주장한다. 프랑수아는 자기에게 얼간이라고 말하는 학생들과 논쟁을 벌이고, 상드라는 얼간이라는 말이 창녀라는 말보다는 덜 심한 욕이라고 주장한다. 그야말로 더 이상 물러설 수 없는 대치이다. 적어도 '정상적인 학교'에서는 일어날 수 없는 일들이 일어나고 있는 것이다.

마침내 징계위원회가 열리게 되었다. 이 학교에서만 작년 한 해 동안에 대략 12회의 징계위원회가 열렸고, 12회 모두 학생이 퇴학당하는 것으로 결론이 났었다는 얘기에 프랑수아도 착잡하다. 더욱이 쿰바의 전언에 따르면, 슐레이만이 퇴학당할 경우, 다른 학교로 전학 가는 일반적인 경우와 달리 그는 아마도 말리로 돌아가는 파국적인 상황을 맞이할 것으로 보인다. 그의 아버지의 성격상 반드시 그럴 것이라는 것이다. 징계위원회를 준비하던 교장은 '페타스 사건'이 있었음을 다른 교사에게 전해 듣고, 프랑수아에게 그 사실을 간단하게나마 사건 보고서에 적어놓을 것을 요청한다. 혹시라도 그 사실이 빠진 것을 알고 다른 위원들이 꼬투리를 잡을지도 모른다는 우려에서였다. 마침내, 징계위원회가 열렸고, 슐레이만이 퇴학을 당하게 된 것은 놀라운 일이 아니었다. 슐레이만 어머니의 자식에 대한 옹호가 있었지만, 그의 무례하고 거친 생활태도에는 변함이 없었기 때문이다. 멀리서 슐레이만 모자가 학교를 떠나는 모습이 카메라에 비춰진다. 징계위원회에 참석한 교사들의 아쉬운 마음을 대변하는 듯하다. 이것이 '소통될 수 없는 벽'의 결론인가?

곧이어 방학 직전의 수업 모습이 나온다. 한 명씩 한 학기 동안 배운 내용을 이야기한다. 한 학기 동안 프랑수아와 대척점에 섰던 에스메랄다-상드라는 자신이 읽은 플라톤의 『국가론』에 대해 이야기하였고, 프랑수아는 기특하다고 칭찬하였지만, 그녀는 즉시, "페타스에 관한 책은 아니었으니까요!"라고 언급하면서 프랑수아의 아픈 상처를 다시 건드린다. 벽은 점점 두터워진다. 이어지는 운동장의 모습, 교사팀과 학생팀의 축구경기 장면에서 학생들이 외치는 '다함께'라는 구호가 갑자기 공허하게 들리는 이유이기도 하다. ZEP 학교에서 교사와 학생들 사이의 벽은 정말 어쩔 수 없는 한계인가? 엔딩 장면이 보여주는, 여기저기 흩어져 있는 교실 내의 책상과 의자가 무엇인가를 상징한다면 바로 이들의 혼란스러운 상황, 어지러운 사회를 보여주는 것인지 모르겠다.

3) 관계: 자기 묘사에서 자아 정체성으로

(1) 마그레브인, 블랙아프리카인, 서인도제도인

프랑수아는 학생들에게 자아 묘사라는 과제를 부여하였다. 학생들은 한 명씩 동료들 앞에 나와 자기소개를 진행하는데, 이 과제는 자기가 누구인지, 어디에서 왔고, 어떤 생각을 하고 있는지를 가늠케 한다. 우리는 이 장면들을 통하여 대체 이민자 2~3세들이 자신들을 어떻게 생각하고 있고, 자신의 정체성을 무엇으로 생각하고 있는지, 즉 자신이 프랑스인인지 아니면 여전히 아버지의 출신국 국민으로 생각하고 있는지를 알 수 있다. 그리고 '프랑스인'이라는 공통점을 놔둔 채 여전히 자신들의 아버지가 태어난 국가를 서로 비교하면서 갈등을 빚고 있음도 알 수 있다. 흥미로운 것은 마그레브인과 블랙아프리카인이 갈등을 빚고 있고, 같은 흑인이라도 서인도제도의 프랑스령 출신 흑인과 블랙아프리카 출신이 묘한 대립을 하고 있다는 점이다. 하나의 작은 사회라고 할 수 있는 교실 내에서의 이들의 갈등은 축구라는 소재를 통해 잘 묘사된다.

모로코이민자 출신의 나심이 발표한 자기 묘사에서는 모로코와 블랙아프리카를 대비시킴으로써 블랙아프리카 출신들의 반발을 샀다. 그는 아프리카 컵(la Coupe d'Afrique) 축구대회에서 모로코가 말리에게 4대 0으로 승리한 것을 두고 같은 반의 말리 출신 친구들을 폄하한다. 자기 생각에 '모로코 축구팀은 세계 최고의 팀'이라는 것이다. 그러면서 그는 말리 축구팀이 이 대회에 참여하지 못해 아쉽다고 비꼰다. 그가 특히 부바카(Boubacar)나 슐레이만에 대해 "특히 이상한 것은 말리 축구팀이 본선에 진출하지 못하니까, 우리 반 아프리카 출신 학생들이 모두 더 이상 아프리카인으로 보이지 않는다는 겁니다. 아프리카 컵이 열릴 때마다 모두 미친 듯이 열광했었는데, 말리 팀이 탈락하니까 모두 쥐 죽은 듯이 조용합니다. 이상하지요!"라고 말한 것은 말리 출신뿐만이 아니라 블랙아프리카 출신을 자극하기에 충분했다. 여기서 한 가지 주목할 것은 블랙아프리카 국가를 하나씩 별개의 국가로 인정하지 않고, 한꺼번에 묶어 표현했다는 점인데, 실제 영화에서 이들 블랙아프리카 출신 학생들이 서로 공감대를 형성하는 것을 찾아볼 수 있다. 교사인 프랑수아는 나심이 발표를 마치자, "말리 국가대표팀이 출전하든 하지 않든 아프리카인들은 스스로 [모두 같은] 아프리카인임을 느끼겠구나" 라고 발언함으로써 아프리카인들의 일치된 정체성을 인정한다. '너희들은 모두 더 이상 아프리카인이 아니라 프랑스인이다'라는 말은 교사의 입에서 나오지 않았다. 만일 프랑스의 동화주의 정책이 절정에 이른 순간이었다면, 분명 교사는 그런 식으로 이야기했을 것이다. 하지만 교사는 그들의 아프리카 정체성을 인정하고 있다. 오늘날 프랑스의 교사들은 이와 같은 미묘한 문제 앞에서 "다른 문화권 출신 학생들에 대해 교사는 교육자여야 하는가, 민족학자여야 하는가?"[65]라는 질문을 스스로 해보게 된다. 오늘날 교사에게 필요한 것은 타문화에 대한 지식보다는 타문화 출신 학생이 처한 총체적인 상황에 대한 구체적 인식이라고 할 수 있다.[66] 블랙아프리카인의 정체성 문제에 관해서는 교사의 입을 통해서만 나오지는 않았다. 나심의 공격성 발언에 부바카가 반격에 나섰다. 부바카는 더 이상 말리의 대표가 아니라 블랙아프리카의 대표였다. 그는 우선 '아프리카 출신의 급우들이 말리팀이 탈락해 응원할 아프리카팀을 못 찾고 있다'는 나심의 발언은 잘못된 것이라고 응수했다. 그러고 나서 곧 코트 디부아르(Côte d'Ivoire)를 언급한다. 코트 디부아르가 아프리카 컵에서 이집트와 우승을 다툰다는 사실에 덧붙여 그는 첼시의 유명한 축구선수 디디에 드록바(Didier Drogba)를 내세운다. "모로코 출신 중에 영국 프리미어리그에 뛰는 선수가 단 한 명이라도 있는가? 전부 프랑스 리그에서 뛰는 그저 그런 선수들 아니냐?"라는 주장에 나심은 고개를 들지 못하고, 나머지 블랙아프리카 출신 학생들은 희색이 만연하다. 통쾌한 복수이다. 블랙아프리카 출신들의 일치된 감정을 엿볼 수 있는 대목이다.

그런데, 정체성 문제는 여기서 끝나지 않는다. 같은 흑인이지만 출신이 다른 칼의 발표가 이어지면서 블랙아프리카와 해외 프랑스령인 앙티유 제도 출신 사이의 갈등이 시작된다. 두 흑인집단들 사이의 감정이 서로

---

65 Martine Abdallah-Pretceille, *L'éducation interculturelle*, Que sais-je? no. 3487(PUF, 2004); 엄한진, 「프랑스 사회통합모델의 특수성과 다문화주의의 도전」에서 재인용.

66 엄한진, 같은 논문.

좋지 않다는 사실은 이런 영화를 통하지 않고는 제3자가 눈치 채기 쉽지 않을 것이다.

이 두 집단은 어떤 차이가 있을까? 우선 앙티유 제도 출신은 국적으로 본다면 프랑스인임에 틀림이 없다. 반면, 아프리카 흑인은 대부분 이민자 출신 프랑스인으로 상-파피에(sans-papiers)의 이미지에 가깝다.[67] 사실, 제1차 세계대전 이전에는 대다수 프랑스인들에게 아프리카 흑인들은 완전히 생소한 사람들이었다. 단지 여행가들의 기행문이나 이국적인 소설들이 그들을 '원시인' 정도로 소개할 뿐이었다.[68] 그래도 제3공화국 시절 프랑스인들의 눈에 아프리카 흑인은 불완전하지만 완전해질 수 있는 존재였다.[69] 아프리카 이민자들은 대체로 세 시기에 걸쳐 프랑스에 유입되었다고 할 수 있다. 제2차 세계대전 후, 식민지 출신 군인이 소집 해제되면서 작은 공동체를 구성한 것이 그 첫 번째이다. 1960년과 1974년 사이에 프랑스에서 비숙련 일자리가 풍부해지면서 주로 세네갈과 말리 출신 노동자들이 수만 명씩 프랑스에 도착한 것이 두 번째인데, 파리 근교 밀집지역이 서비스업종에서 많은 노동 기회를 제공할 가능성이 있어서 이 지역이 이들의 주요 정착지역이 되어갔다. 1974년 이후에는, 프랑스 정부의 가족재결합 정책(le regroupement familial)으로 배우자와 자식들이 혼자 살고 있던 가장에 합류하게 되었는데, 이것이 세 번째 대규모 유입 단계이다. 그 외에는 1980~1990년대 아프리카 대륙의

---

67 Assouline David et Lallaoui Mehdi(s.d.), *Un siècle d'immigrations en France: 1945 à nos jours Du chantier à la citoyenneté?*(Syros, 1997), p. 32.

68 Laurent Gervereau, Pierre Milza et Emile Temime(s.d.), *Toute la France: Histoire de l'immigration en France au XXe siècle*(Somogy, 1998), p. 165.

69 Philippe Dewitte, "Des tirailleurs aux sans-papiers: les Africains dans le regard des Français," in Philippe Dewitte(s.d.), *Immigration et intégration, l'état des savoirs*(Ed. la découverte, 1999), p. 268.

여러 지역에서부터 정치망명이 늘어난 것을 지적할 수 있겠다.[70] 「클래스」의 흑인 학생들 대부분도 이를 계기로 프랑스에 입국하게 되었을 것이다.

이러한 상황에서 앙티유 제도 출신의 칼은 우선 아프리카 컵 축구대회 자체에 대해 비아냥거린다. '아프리카 컵 본선이 시작되지도 않았는데, 쉬는 시간에도 아프리카 컵 때문에 너무나 시끄러웠다'고 칼이 운을 떼었을 때, 부바카가 끼어든다. 대체 네가 응원하는 국가대표팀은 어느 나라냐고 물었을 때, 칼은 당당히 프랑스라고 대답하고, "우린 모두 프랑스인이잖아"라고 일갈한다. 오랫동안 프랑스의 해외 영토였던 앙티유에서 자란 칼로서는 당연한 대답일 수 있다. 하지만 이는 부바카가 반격하는 빌미가 되기에 충분했다. "그러면 왜 너는 프랑스인이라고 하지 않고 항상 앙티유인이라고 대답하며, 또 네 스스로 프랑스인이라고 대답한 적이 있기나 하느냐?"는 반격이 돌아왔다. "여기는 프랑스라고! 프랑스에 사니까, 프랑스인이지!"라는 칼의 대답에 부바카는 자신은 그렇게 생각하지 않는다고 대답한다. 궁지에 몰린 칼은 앙티유제도 출신 선수들이 프랑스 국가대표 축구팀 선수에 포함되어 있음을 예로 들어서 자신이 한 말의 정당성을 주장한다. "프랑스 국가대표팀 선수들을 좀 봐, 티에리 앙리(Thierry Henry), 윌토르(Sylvain Wiltord), 아비달(Eric Abidal), 튀람(Lilian Thuram)……." 이들 모두 앙티유제도 출신이지만, 당연히 프랑스 국가대표 선수가 아니냐는 주장이었다. 그 순간 냉소적이었던 말리 출신의 슐레이만이 말리 출신으로 프랑스리그, 에스파냐 리그에서 뛰어난 능력을 보이고 있는 디아라(Mahamadou Diarra)를 언급한다. 슐레이만은 칼에게 "넌 디아라가 어디 출신이라고 믿느냐?"라고 공격적인 질문을 한다. 칼은 "디아라가 말리 출신은 맞지만, 바보가

70 Assouline David et Lallaoui Mehdi(s.d.), p. 31.

아닌 이상 더 이상 말리에 돌아가지는 않을 것"이라고 응수하며, 슐레이만에게 "내 형제"(mon frère)라는 표현을 사용한다. 아마도 같은 흑인으로서 동질성을 표현하려는 의미였던 것 같다. 그렇지만 슐레이만은 칼에게 냉정하게 "내 형제"라는 말을 쓰지 말라고 하며, 욕설을 퍼붓는다. 같은 흑인이면서도 칼이 '원숭이 몰골을 하고 있다'는 등의 욕설을 쏟아부으며, "우리는 같은 대륙 출신도 아니다. 우리와 앙티유제도 출신인 너희는 아무 상관관계도 없다"고 주장한다. 순간 수업 분위기는 소란스러워지고, 교사의 만류에도 불구하고 슐레이만의 욕설은 계속된다. 교사에게까지 반말을 서슴지 않은 슐레이만은 결국 교사의 지시를 거역하면서 교장실로 갈 수밖에 없게 된다.

슐레이만의 말대로 아프리카 흑인과 서인도제도 흑인은 정말 아무 관계가 없는가? 사실 아프리카에서 서인도제도로 많은 수의 사람들이 노예로 실려 간 것은 잘 알려진 사실이다. 1720년에 4만 7천 명이던 노예의 수는 1730년에 8만 명, 1754년에 17만 2천 명, 프랑스혁명이 일어난 1789년에는 46만 5천 명까지 늘어났다.[71] 즉, 약 200년 전, 아프리카 흑인들이 아메리카 대륙의 식민지로 급격히 대규모로 이동했던 것이다.[72] 이렇게 볼 때, 칼과 슐레이만의 관계에서 칼이 "내 형제"라고 부른 것은 사실 이상한 것은 아니라고 할 수 있다. 슐레이만은 '프랑스인' 칼이 '말리인'인 자신을 '내 형제'로 부른 것이 불편했을 것이다. 그만큼 슐레이만은 프랑스 혹은 프랑스의 이민자 정책에 대해 적대적인 감정을 갖고 있는 것으로 보인다.

---

71 C. L. R. 제임스, 『블랙 자코뱅』, 유태정 역(필맥, 2007), p. 11.

72 프랑스 앙티유의 초기 역사에 관해서는 Sue Peabody and Tyler Stovall(ed.), *The Color of Liberty: Histories of race in France*(Duke University Press, 2003)을 참조할 수 있다.

(2) 또 다른 정체성

정체성을 이야기할 때, 우리는 흔히 민족(혹은 인종)으로서의 정체성을 이야기한다. 「클래스」의 학생들도 대부분 ZEP 출신답게 프랑스로의 이주 이전 출신 국가에 대한 애착을 표현하였다. 하지만 이는 정체성의 다른 측면을 가릴 수 있다. 모든 인간은 하나 이상의 정체성을 갖는다. 또 정체성으로 인종, 민족정체성만 가장 중요한 정체성이라고 할 수도 없다.[73]

앞서 칼이 새로운 학교로 전학 와서 자신을 소개할 때 말한 것을 생각해보자. 칼은 축구와 컴퓨터 게임, 춤추는 것을 좋아하지만, 테크노 음악은 좋아하지 않는다. 정치인과 고딕족, 인종주의자, 마테라치,[74] 수학 그리고 형을 면회하러 교도소에 가는 것은 좋아하지 않는다고 자신을 소개한다. 이처럼 칼은 자신을 다양한 방식으로 소개하고 있지만, 자신의 민족정체성에 대해서는 별로 언급하지 않는다. 또 그의 이런 소개에 대해 어느 누구도 그의 민족정체성에 대해서 이의를 제기하지 않는다. 인간은 누구나 다양한 정체성을 가질 수 있고, 실제로 그렇다. 그러므로 어느 하나의 정체성으로 그 사람을 평가하는 것은 올바르지 않다.[75]

---

73 한 사람의 정체성을 단 하나의 소속으로써 판단하는 것이 옳은 일인가? 이 질문에 대해 아민 말루프, 『사람 잡는 정체성』, 박창호 역(이론과 실천, 2006)은 단호히 그렇지 않다고 대답한다.

74 이탈리아 축구 국가대표팀 선수. 2006년 독일 월드컵 결승 당시 프랑스의 지네딘 지단이 자신에게 모욕을 가한 이탈리아의 마테라치를 박치기로 넘어뜨려 퇴장당한 바 있다.

75 이는 다문화주의의 문제점을 정의할 때 흔히 제기되는 방식이기도 하다. 다문화주의 이론에서는 한 사람이 하나의 문화적 정체성을 유지하는 것으로 판단하기 쉽다. 다문화주의의 위험에 관해서, 마르코 마르티니엘로, 『현대사회와 다문화주의』, 윤진 옮김(한울, 2002),

다음으로 지적할 것은 자칭 고딕족이라고 주장하는 아르튀르(Arthur)의 자기 묘사이다. 아르튀르는 항상 검은 옷을 입고 다니며, 머리로 눈을 거의 가리고 있어서 그의 표정을 읽을 수 없다. 아르튀르의 어머니는 담임교사인 프랑수아와 면담할 때, 자기 아들이 평범하게 살지 않으려고 하는 점을 이해해달라고 하면서, 어머니 본인도 그의 아들이 개성 없이 사는 것에 찬성하지 않는다고 했다. 아르튀르는 자기 묘사에서 자신의 옷차림이 특수한 것을 급우들이 이해해주기를 바랐다. 자기가 다른 친구들의 옷차림에 참견하지 않는 것처럼 말이다. 갑자기 교실이 소란스러워진다. 그렇지만 아르튀르의 말은 계속된다. “옷은 자유로운 표현의 수단이다. 난 내가 입고 싶은 대로, 여러분은 여러분이 입고 싶은 대로. 나는 내 개성을 살리려고 이렇게 입는 것이고, 양떼처럼 남들을 따라하고 싶지 않다. 나는 나 자신일 때 가장 편하다. 다른 사람을 따라하면 불편하다.” 교사의 반론이 시작된다. “너의 말에는 모순이 있다. 너는 너 자신이고 싶어 했는데, 옷차림만이 너 자신을 표현해주는 것은 아니지 않느냐? 그 스타일도 많은 사람들이 함께 하고 있지 않니? 그것이 너만의 것은 아니지.” 교사가 지적하는 것은 자신만이 독특하다고 주장하지만, 사실 그 독특함도 유일한 독특함은 아니라는 점이다. 인간은 모두 특수하면서 보편적이고, 보편적이면서 특수한 측면을 갖는 존재하고 할 수 있다. 즉, 한 인간은 다양한 정체성을 가질 수 있으며, 인종적, 민족적 정체성이 그를 나타내는 유일한, 그리고 가장 강력한 표현도 아니라는 것을 알 수 있다.

자기소개 시간에서뿐만 아니라 수업시간에 자기 정체성을 의식적이든, 무의식적이든 나타내는 경우도 많다. 교사가 예문으로 “빌은 맛있는

pp. 111~122.

치즈버거를 즐겨먹는다"(Bill déguste un succulent cheeseburger)라고 칠판에 적었을 때, 유대인으로 보이는 셰리프(Cherif)는 "치즈버거는 냄새가 나요!"[76]라는 말을 함으로써, 자신의 종교적 정체성을 가볍게 내보인다. 뿐만 아니라 라바(Rabah)도 파티에 갔을 때 "버터 바른 햄밖에 없었다"고 말한다. 교사가 그 의미를 묻자, 그는 "치즈 냄새 풍기는 사람들"을 일컫는다고 말한다. 즉 그들이 아랍인인 자신을 마치 외계인인 양 쳐다보았다고 주장함으로써, 자신의 종교적 정체성, 인종차별을 언급한다. 한편, 중국인인 웨이는 시끄럽게 떠드는 학생들의 태도를 이해하기 힘들다. "우리 반 학생들을 포함하여 요즘 청소년들은 부끄러움이 없어요!" 수업시간에 교사에게 대들고, 떠드는 것은 자신이 생각하기에 '부끄러운 일'이기 때문이다. 물론 이러한 표현은 다수 학생들로부터 반발을 산다.

이처럼 각 학생마다 저마다 다른 정체성을 서로 다른 방식으로 표현하고 있다. 하지만 정체성의 차이가 학생들의 관계에 커다란 벽을 만들지는 않았다. 이민자로 대표되는 학생들은 그들 사이보다는 주류 프랑스인인 교사, 프랑수아의 관계에서 더욱 공고한 벽을 쌓았다.

4) 프랑스 학교와 프랑스 사회

우리는 이 영화를 통해 좁게는 '수업'시간에 일어나고 있는 학교와 학생의 관계, 넓게는 '프랑스 사회'에서 일어나고 있는 주류사회와 이민자문제를 파악해볼 수 있다. 사실 이 영화는 다른 일반 영화처럼 특별한

76 유대인들은 고기와 유제품을 함께 먹지 않는다. 치즈버거가 대표적이다. 필립 아리에스, 조르주 뒤비 책임편집, 앙투안 프로, 제라르 뱅상 편집, 『사생활의 역사 5: 제1차 세계대전부터 현재까지』, 김기림 옮김(새물결, 2006), p. 656.

반전이나, 명확한 기승전결도 없어 극영화로서의 흥미를 느끼기 힘들게 한다. 오히려 감독은 일종의 다큐멘터리 기법을 사용한 것처럼 교실 속에서 일어나는 이야기를 말 그대로 '보여주고', '들려주었다.' 「클래스」는 비록 공간 자체는 교실로 한정되어 있지만, 실상은 프랑스 사회가 직면한 이민문제를 사실적으로 보여주고 있다고 할 수 있다. 이러한 측면에서 필자는 '본 영화'와 문헌사료 간에 커다란 차이가 없다고 본다.

영화의 원작소설 제목에 나오는 '벽'은 소통의 단절을 의미한다. 학교생활에서 보여주는 교사와의 단절, 급우 간의 소통 단절은 인종과 문화 사이에 '벽'을 느끼게 해주고, 이는 프랑스 주류사회뿐만 아니라 때로는 이민 1세대인 자기 부모와의 소통 부재로 나타나기도 한다. 그리하여 그들은 소외감을 느낀다. 특히 슐레이만이 그랬다. 영화는 슐레이만의 학교생활 부적응에 대하여 해법을 제시하고 있지 않다. 다만 문제점을 묵묵히 그리고 차분히 보여주며, 개인의 노력만으로는 이러한 문제가 해결될 수 없다는 것을 보여준다. 그마저 프랑수아를 제외한 대다수 교사들이 학교 부적응 학생에 대해 징계만을 요구함으로써 슐레이만의 문제를 근본적으로 해결하는 데 소홀함을 엿볼 수 있다. 뿐만 아니라, 웨이 어머니의 추방 소식이 들려온 직후, 이 일에 대한 논의는 동료 교사의 임신을 축하하는 일에 금세 묻혀버리고 만다. 그들에게는 ZEP 학교 안팎에서 심각하게 제기되고 있는 어떠한 문제보다도 '커피자판기의 비용'과 같은 문제가 더 시급했다. 이 모두 주류사회와 이민자 사이의 소통 부재의 심화, 그들 사이에 새로운 벽 쌓기에 다름 아니다.

사실, 영화 「클래스」는 여러 학생들의 사고와 행동을 통해 이민자들이 프랑스 사회에 적응해가는 다양한 방식을 보여주고 있다. 웨이처럼 학교생활에 충실한 학생, 그리고 수업시간에 떠드는 것을 '부끄러워해야 한다'고 생각하는 학생은 적어도 프랑스 사회를 소란스럽게 하지는 않을 것이다. 마치 프랑스 내 차이나타운이 보여주고 있는 것처럼 말이다. 우리는 웨이 어머니의 불법체류 문제가 불거졌을 때, 교사들이 그녀에게 보여주는 모습을 기억한다. 주류사회는 말썽부리지 않는 사람, 동화되려는 의지를 보이는 사람에게 관용적이다. 한편, 칼은 학교생활에 적응을 잘 하는 학생은 아니지만, 프랑스인으로서의 정체성을 뚜렷이 보여주고 있다. 비록 다른 학교에서 퇴학당하여 이 학교로 강제전학 왔고, 또한 이민자가 아님에도 흑인이기에 마치 '프랑스인'이 아닌 것처럼 여겨지지만, 칼은 자신이 프랑스인인 것에 상당한 애착을 보여주는 인물이다. 보편주의 원칙에 기초한 프랑스공화국의 입장에서 그는 분명 공화국시민이다. 칼의 태도는 프랑스에서 새로운 삶을 시작하며, 동화되기를 원하는 전형적인 '프랑스 이민자'의 한 모습과 같다. 반면, 우리는 교장실을 '관타나모'(Guantanamo) 수용소라고 부르는 슐레이만의 일탈을 통해 프랑스 사회에 적응하지 못하고 있는 이민자, 프랑스 사회에 증오를 내뿜는 이민자를 볼 수도 있다.[77]

이처럼 「클래스」의 주인공들은 그 출신, 살아온 방식, 종교, 문화, 심지어 언어까지 다름으로 해서 자신들의 다양한 입장을 보여주고 있다. 이들이 하나의 공간에 존재할 수 있는 것은 오로지 서류상의 '프랑스인'이라는 공통점을 갖고 있기에 가능할 뿐이다. 그렇다면, 대체 프랑스인이란 무엇인가?[78] 이 책의 도입부에 지적한 것과 같이, 사르코지가 2007년

---

77 슐레이만의 모습은 앞서 분석한 영화 「증오」에 나오는 빈츠의 모습과 「2005년 소요」의 주인공들을 떠올리게 한다.

78 이 질문은 파리 1대학 교수 파트릭 베이(Patric Weil)의 저서 제목처럼 Qu'est-ce qu'un Français?(Grasset, 2002)로 물을 수도 있고, 이민부 웹사이트처럼 Qu'est-ce qu'être Français?로 물을 수도 있다.

대통령선거 후 '이민부'를 창설한 것도 모자라, 이민부장관 에릭 베송은 2009년 11월부터 2010년 1월말까지 약 3개월에 걸쳐 '민족정체성 토론회'를 주최하였다. 그 결과로 도출된 '민족정체성 확립 방안' 14개 항목[79]을 2월 8일에 피용 총리가 각료회의에서 발표하였다. 피용 총리는 민족정체성의 핵심은 '프랑스적 가치를 자랑스럽게 여기는 것'이고 그 가치의 근간은 '프랑스혁명 정신에 입각한 차별 금지와 공적 영역에서의 종교성 배제'라고 설명했다.[80] 하지만, 당초 대통령의 후원 하에 이민부장관에 의해 거창하게 시작된 이 프로젝트의 결과는 미미하다는 평가이다.[81] 이를 의식해서인지 총리는 이 토론회가 대통령 임기 5년 내내 지속될 것이라고 주장함으로써 이 논쟁에 일단락을 지었다. 이 논쟁은 「클래스」에서 학생들이 자신들의 정체성 문제를 가지고 토론하면서 결론을 내지 못한 것과 유사하다. 무엇이 프랑스적 가치이고, 프랑스인이란 누구인가? 이는 주류 프랑스인의 입장과 이민자의 입장이 서로 다를 수 있는 부분이기도 하다. 이에 대한 토론과 연구 그리고 해결점을 찾는 노력은 지속되어야 할 것이다.

---

79 그 주요 내용은 다음과 같다. 환대통합계약(le contrat d'accueil et d'intégration)의 강화, 공립학교에서의 국기 게양, 일 년에 한 번 이상 라 마르세에즈 제창, 혁명 당시 발표된 인권선언문을 모든 학급에 게시, 학생들에게 시민생활 수칙 수첩 배포, 학교를 이민자 학부모에게 개방하기, 역사학자, 사회학자 등이 참여하는 민족정체성위원회 설립 등이 그것이다. "Identité nationale: les mesures envisagées par le gouvernement" in *Le Monde* du 8 février 2010.

80 *Le Monde* du 8 février 2010.

81 이 결과를 보도한 ≪르몽드≫의 기사 제목이 이를 반영한다. "민족정체성: 거창한 토론회의 보잘것없는 조치들"(L'identité nationale: les petites mesures du grand débat) 8 février 2010.

제6장

프랑스 내 이방인들의 사회통합

흔히 말하는 프랑스공화국은 무엇을 의미하는가? 지금 현재 논란이 되고 있는 무슬림이민자 혹은 유대인 공동체 등과 연관하여 볼 때, 진정한 프랑스인, 진정한 공화국시민이 되는 것은 이들에게는 그리 쉽지 않은 것 같다. 프랑스인은 누구이고, 공화국시민은 누구인가? 우리는 무슬림이민자들이 프랑스에 와서 수십 년 동안 생활을 했음에도 불구하고 왜 프랑스공화국 시민이 되는 데 어려움을 겪고 있는지, 그리고 이들이 어떻게 해야 공화국시민이 될 수 있는지, 더 나아가 반유대주의 문제는 왜 자주 등장하는지 공화국 원칙에 대해 비판적으로 검토하여 볼 것이다.

프랑스 내의 무슬림들, 특히 이민자 2세대들은 프랑스에서 태어나 교육받고 프랑스 국적을 갖고 있으면서도 소위 프랑스인으로 통합되지도, 세속화되지도 못하였다는 평가를 받고 있다. 왜 그러한가? 그들은 종교적으로나 문화적으로 상당 부분 동화, 세속화되었고, 프랑스 내 제도 속에서 활발한 활동을 하고 있다고 평가된다. 그럼에도 불구하고 이들의 어려운 경제적 상황으로 인하여 대부분의 무슬림들은 대도시 근교에서 주류 프랑스인들과 격리된, 즉 게토화된 곳에서 삶을 영위하고 있다. 이러한 삶이 이들을 진정한 프랑스 시민, 공화국시민이 될 수 없는 상황으로 몰아넣게 되고, 결국 프랑스 제2급의 시민으로 만들고 있다고도 볼 수 있다.

그러면, 이들이 진정한 공화국시민으로 평가될 수 없는 것이 이들만의 책임인가? 프랑스공화국의 원칙들, 특히 무슬림 등 이방인과 관련하여 적용될 수 있는 원칙들에는 문제가 없는가? 이 원칙들은 과연 보편적인가? 프랑스인들이 강조하듯, 이들이 가장 보편적인 원칙이라면, 이 원칙들에 도달하기가 왜 이리 어려운 것인가? 이 장은 이러한 원칙들에 대한 다양한 논쟁과 함께, 위의 의문들에 대해 답하고자 한다.

1. 무슬림이민자의 사회통합과 세속화 문제

1) '프랑스의 무슬림', '프랑스 내의 무슬림'

오늘날 프랑스 사회 내에서 무슬림이민자와 관련된 종교 및 문화적 충돌의 문제가 그 어느 때보다 뜨겁다. 특히 히잡 문제 및 부르카 문제로 프랑스뿐만 아니라 전 세계가 이 문제에 이목을 집중하기도 하고, 때로는 이민자들의 소요와 테러로 인하여 전 세계가 불안에 떨기도 한다. 이러한 상황에서 항상 제기될 수 있는 문제가 무슬림이민자들의 동화 혹은 세속화[1] 문제이다.

---

1 이곳에서는 '세속화' 혹은 '세속성'이라는 용어가 라이시테 혹은 정교분리 원칙과 동일시되는 협의의 정의보다는 '급진적 이슬람주의에 경도되지 않은' 혹은 '프랑스 사회에 대체로 동화된'이라는 넓은 의미로 사용되고 있음을 밝힌다.

이 문제를 살펴보기 위해서는 프랑스의 공화주의 전통에 관한 무슬림 이민자의 입장을 다각도로 고찰할 필요가 있다. 이를 위하여 우리는 프랑스에 거주하는 무슬림이민자들을 다음의 두 가지 형태로 나누어 보고자 한다. '프랑스의 무슬림'(les musulmans français)과 '프랑스 내의 무슬림'(les musulmans en France)이 그것이다. 전자는 이미 프랑스 사회에 동화되어 프랑스인들과 어울려 사는 데 전혀 문제가 없는 사람들로 이슬람이라는 종교를 사적 영역에서만 신봉하는 세속화된 사람들이며, 후자는 프랑스 사회 내에서 여전히 자신이 무슬림임을 공적 영역에서조차 드러냄으로써 공적 영역과 사적 영역의 구분을 모호하게 할 뿐만 아니라 심지어는 급진적 이슬람주의에 경도된 사람들이라고 정의 내릴 수 있는 사람들이다. 프랑스에 거주하는 무슬림들을 이와 같이 두 부류로 나누는 것은 프랑스 내에 거주하는 무슬림이민자들을 일괄적으로 프랑스 공화주의 전통을 무시하는 자들로 매도해서는 프랑스 무슬림들의 진정한 모습을 이해하기 어렵다는 점을 부각시키기 위해서이다. 지금까지 국내외의 상당수 연구들이 무슬림들의 프랑스 사회 내 '부적응', 혹은 그로 인한 문화적 갈등을 주로 강조해온 것을 고려하면 더욱 그러하다.

사실, 프랑스 내 문화갈등과 관련하여 가장 빈번히 언급되는 '히잡 사건'과 연관된 학생들의 수는 그리 많지 않다. 특히 '2004년 3월 15일의 법안'(일명 '히잡금지 법') 이후 히잡 쓰기를 고집하여 퇴학당한 학생의 수는 전체 학생 수에 비하면 극히 소수일 뿐이다.[2] 또한 프랑스 내에

2 2000년 초에 학교에서 히잡을 착용하였던 여학생 수는 1,254명이었고, 그 수는 25여만 명 정도의 무슬림 여학생 중의 극소수라고 할 수 있다. 홍태영, 『정체성의 정치학』, p. 163에서 재인용.

부르카를 쓰고 다니는 사람의 숫자는 총 2,000명을 넘지 않는다는 보고서가 이미 나와 있다. 2011년 4월부터 시행되고 있는 부르카 금지법을 어겨 기소된 자는 2011년 9월 22일에 북동부의 모(Meaux) 지방에서 처음으로 두 명이 벌금형을 선고받은 것을 제외하고는 아직 없는 것으로 파악되고 있을 뿐이다.[3] 이는 바꾸어 말하면, 대다수 프랑스 무슬림들이 어느 정도 어려움이 있기는 하지만 '프랑스의 무슬림'으로 살아가려고 노력하고 있다고 생각할 수 있는 근거가 된다. 정기적으로 모스크에 나가는 프랑스 내 무슬림의 비율이 적게는 5%, 많아도 10%를 넘지 않는다는 조사[4]가 이를 뒷받침할 수 있겠다. 즉, 프랑스 내 무슬림들의 종교적 실천행위는 매우 약하다고 볼 수 있으며, 더욱이 급진 이슬람주의자라고 할 수 있는 이민자의 수는 더욱 적다고 하겠다.

그러므로 이 절에서는 이민자 사회에서 '주인공 역할'을 하며 문화적 갈등을 일으키고 있는 소수의 무슬림이민자가 아니라, 프랑스의 공화국 원칙을 따르며 주류사회와 커다란 마찰을 일으키지 않고 사는 대다수 무슬림이민자들의 모습을 우선적으로 보여주고자 한다. 이를 위해서는 지금까지 주로 연구된, 무슬림이민자에 대한 국가의 대응에 초점을 맞출 것이 아니라, 무슬림이민자 그 자체에 초점을 맞추게 될 것이다. 하지만, 그럼에도 불구하고, 여기에서 눈여겨보려고 하는 또 다른 점은 프랑스 무슬림의 세속화 여부가 이러한 종교 문화적 차원의 세속화 문제로 끝나지 않는다는 것이다. 프랑스 사회 내에서 무슬림이민자들이 세속화되었는지의 여부를 판단하는 데 있어서는 그들이 처한 사회경제

3 http://news.naver.com/main/read.nhn?mode=LSD&mid=sec&sid1=102&oid=001&aid=0005280933 (검색일: 2011. 9. 26)

4 Catherine Wihtol de Wenden, "Seconde génération: le cas français", Rémy Leveau et Khadija Mohsen-Finan(ed.), *Musulmans de France et d'Europe*(Paris, 2005), p. 17.

적 상황과 함께 국제정세가 프랑스 무슬림이민자에게 미친 영향도 깊이 고려되어야 한다는 점이 강조되어야 한다. 이러한 관점 하에서, 우리는 우선 프랑스 제2의 종교인 이슬람의 위상과 세속화 여부를 무슬림 인구, 사회경제적 지위 등을 통하여 살펴볼 것이고, 다음으로는 그들의 종교문화를 통해 이들, 특히 장래 주역인 2~3세대들이 프랑스에 상당히 동화되었다는 점을 고찰할 것이며, 마지막으로는 프랑스 제도 속의 무슬림들을 살핌으로써, 그들의 세속화 정도를 따져볼 것이다. 그렇게 함으로써, 우리는 현대 프랑스 사회에서 무슬림이민자들이 어느 정도 세속화되었는지 적절하게 판단 내릴 수 있을 것이다.

2) 사회경제적 상황으로 본 무슬림이민자의 세속화

유럽의 근대는 종교의 영향력으로부터 벗어나 개인을 발견하고 국민국가를 수립하기 시작한 시대였다. 나라마다 약간의 차이를 보이지만 프랑스의 근대는 특히 국가로부터 가톨릭교회의 역할을 배제하는 정교분리를 통해 이루어졌다고도 볼 수 있다. 어렵게 성취된 정교분리 원칙으로 인하여 프랑스의 가톨릭교회는 사적 영역으로 신속하게 침잠되었다. 하지만 정교분리법이 통과된 지 채 100년이 지나지 않아 이번에는 프랑스의 옛 식민지인들의 종교인 이슬람이 정교분리 원칙을 위협하며 프랑스 세속주의에 대한 새로운 도전 세력으로 부상하고 있다. 그 상징적인 시점은 베를린 장벽의 붕괴로 냉전이 종식되던 때였다. 냉전 이데올로기가 종교의 갈등과 궤를 같이하는 문화, 민족, 인종 갈등으로 급속히 대체되는 전지구적 상황에서, 프랑스에서는 이슬람과 세속주의의 충돌로 '종교의 부활' 혹은 '중세로의 회귀'라는 표현이 낯설지 않게 되었다.

그러면 이처럼 막강한 영향력을 행사하고, 심지어는 수적인 면에서 프랑스 제2의 종교로 부상한 이슬람은 어떠한 과정을 거쳐 프랑스에 확고히 정착하게 되었을까? 1970년대 석유파동으로 실업률이 높아지자, 프랑스 정부는 더 이상 외국인노동자들을 받아들일 수 없게 되었다. 당시 독신이거나 결혼을 했음에도 불구하고 홀로 프랑스에 온 무슬림 노동자들은 프랑스 정부의 '가족재결합 정책'의 일환으로 가족들을 프랑스로 데려올 수 있었다.[5] 가족과 합류한 이들은 자연스레 프랑스에서 자식을 키우거나, 혹은 자식을 새로이 낳았다. 그들 자식들은 자신들이 원해서 프랑스에 온 것은 아니었지만, 프랑스에 거주할 수밖에 없었다. 제2차 세계대전 전까지만 해도 프랑스에서 다수를 차지하고 있던 유럽 출신 이민자 수는 점차 줄어들게 되었으며, 그들을 대신해 이처럼 프랑스의 식민지였던 알제리를 비롯하여 마그레브 출신 무슬림들이 대거 프랑스에 입국 정착하게 된 것이다.[6]

1982년의 인구조사에 따르면, 이때 처음으로 비유럽 출신의 이민자가 유럽 출신의 이민자 수를 능가한다. 앞 장에서도 살펴보았듯이 비록 이 당시 포르투갈의 이민자가 76만 명으로 두 번째 많은 국적을 나타내고 있지만 80만 명의 알제리이민자를 위시한 마그레브 출신의 이민자가 그 수에 있어 다수가 되었다.[7] 이러한 경향은 최근에 와서도 마찬가지이다. 1999년의 경우, 입국자의 37.2%가 아프리카 출신이고, 42.1%가 터키를 포함한 유럽 출신인데, 2002년의 경우에는 전체 외국인 입국자의 45%가 아프리카 출신(이 가운데 67%가 마그레브 국가 출신)이고 유럽

5 David Assouline, Mehdi Lallaoui(s.d.), p. 14.

6 Pierre Milza, "Une immigration ancienne et structurelle: Immigration de travail et exil politique," Jean-Luc Richard(ed.), *Les immigrés dans la société française*(Paris, 2005), p. 16.

7 Catherine Withol de Wenden, "Les flux migratoires: la France de 2006 n'a plus rien à voir avec celle de 1974", Martin Aubry ed., *Immigration, Comprendre, Construire!*(Paris, 2006), p. 53.

출신은 32.5%를 차지할 뿐이다. 이 추세는 현재까지 지속되고 있다고 할 수 있다.[8]

그러면, 구체적으로 프랑스에 거주하는 무슬림이민자의 수는 얼마나 될까? 알려져 있는 대로, 프랑스에서는 국가정책상 프랑스인들의 종교는 알 수 없도록 되어 있다.[9] 이로 인해 이민자 2세의 종교적 성향에 관한 정보를 얻기는 더욱 어려운 실정이다. 프랑스 내 무슬림이민자 수를 대강이나마 알기 위해서는 마그레브 국가 출신의 이민자를 헤아릴 수밖에 없다. 마그레브 국가 출신의 이민자를 모두 무슬림이민자라고 할 수는 없지만, 이들과 같은 '이슬람 문화권 출신 이민자' 수가 오늘날 프랑스에 약 400만 명에 이른다는 사실은 대체로 인정되고 있는 사실이다.[10] 프랑스의 이민 관련 공식 기구 가운데 하나인 '프랑스 통합 고위 위원회'의 평가가 이를 뒷받침하고 있다.[11] 한편, 2000년대 프랑스에 들어오는 외국인의 가장 커다란 공급원은 프랑스 정부가 용인하고 있는 '가족재결합'이라고 할 수 있다.[12] 이렇게 볼 때, 프랑스를 세계 제1의 무슬림 이민 국가라고 부른다거나, 이슬람이 프랑스 제2의 종교라고 표현하는 것은 과장된 것이 아니다.[13]

이처럼 프랑스 내의 무슬림 수는 프랑스 총인구의 7% 가까이 되지만,

---

8 *Ibid.*, p. 55.

9 *Ibid.*, p. 9.

10 Dominique Maillard, "The Muslims in France and the French Model of Integration", *Mediterranean Quarterly*, vol. 16, no. 1(Winter, 2005), p. 62.

11 Robert J. Pauly, Jr., *Islam in Europe: Integration or Marginalization?*(Hampshire, 2004), p. 38.

12 *Ibid.*, p. 67.

13 무슬림이민자 수의 산출에 관한 더 자세한 내용은 박단, 「2005년 프랑스 '소요사태'와 무슬림이민자 통합문제」, pp. 230~233을 참조하라.

이들 이민자들이 프랑스 내에 전국적으로 고르게 분포되어 있지 않다는 것이 프랑스 내에 무슬림들이 상당히 많다는 느낌을 주고 있다. 이들은 대체로 임대료가 저렴한 지역인 파리, 마르세유, 리옹, 릴 등의 근교, 즉 방리유라 불리는 주요 대도시 주변에 거주하고 있는데, 이러한 지역에 무슬림 주민들이 집중적으로 모여 사는 것은 그들이 매우 빈곤한 상황에 처해 있다는 것과 무관하지 않다. 구체적으로는 파리 근교의 망트-라-졸리(Mantes-la-Jolie)와 사르투르빌(Sartrouville), 마르세유 근교의 브리카르드 카스텔란느 플랑 두(Bricarde-Castellane-Plan d'Aou), 그리고 리옹 근교의 보 앙 블랭(Vaulx-en-Velin) 등을 예로 들 수 있다. 특히 다른 프랑스 도시들보다 북아프리카 해안과 더 근접한 마르세유의 경우는 대략 20만 명 이상이 무슬림으로 평가되며, 이는 시 전체 인구의 1/4에 근접한 수치라고 할 수 있다.[14] 앞서 언급한 라 브리카르드(La Bricarde)의 경우는 이곳 거주자 85% 이상이 마그레브에 그 뿌리를 두고 있는 자들로 2,000명 이상의 무슬림이민자 2세대인 뵈르(beurs)[15]가 거주하고 있다.[16] 이처럼 특정 지역에 다수의 무슬림이 모여 사는 것은 프랑스 내에 무슬림이 상당히 많이 거주한다는 느낌을 프랑스인들에게 강하게 확산시킬 수 있다. 이는 이슬람혐오주의의 확산에도 일조할 수 있는 요인이 된다.

프랑스에 무슬림이 많다는 생각을 지속시킬 수 있었던 또 다른 요인으로는 무슬림 젊은이들의 경제적 상황을 생각해볼 수 있다. 2000년 초에

14 http://www.marseille-premium.com/Combien-sommes-nous-a-Marseille.html (검색일: 2011. 9. 9)

15 Catherine Wihtol de Wenden, p. 8.

16 http://sig.ville.gouv.fr/zone/93050ZF (검색일: 2011. 9. 9)

프랑스의 전국적 실업률은 약 10%인데 반해, 북아프리카 출신 무슬림의 실업률은 최고 33%에 달하기도 하였다.[17] 마르세유의 경우를 예로 들면, 마르세유 시내의 실업률이 대략 20%라고 한다면, 앞서 언급했던 라브리카르드의 실업률은 50%를 넘어서고 있다. 노동의 질에 있어서도 같은 이민자라고 하더라도 국가별로 상당한 차이가 있다. 유럽 출신 이민자들의 3/4이 서비스 업종에 종사한다면, 마그레브 출신의 이민자들은 거의 전적으로 블루컬러 노동자들인데 그나마도 이러한 업종은 최근에 줄어들고 있는 상황이다.[18] 실업률과 관련하여 2005년에 ≪르몽드≫에서 작성한 통계를 보면, 앞서 제시된 통계보다는 마그레브 출신의 실업률이 크게 높아 보이지 않지만, 프랑스인과 유럽계 출신 이민자의 실업률과 비교해서는 상당히 높음을 알 수 있다.[19] 한편 노동의 질에 있어서도, 모로코인의 58.2%, 알제리인의 48.7%는 블루컬러 산업에서 일을 하고 있는 반면, 에스파냐 출신은 38.3%, 이탈리아 출신은 37.7%만이 제조업에 종사하고 있을 뿐이다.[20] 이와 같은 무슬림이민자의 열악한 경제적 상황은 프랑스인 다수에게 이슬람이라는 종교가 2005년에 파리 근교에서 시작된 폭동처럼 언제든지 격렬한 소요 혹은 테러와 연계될 수 있는 것이라고 생각할 요인이 된다. 심지어 프랑스 내무부가 특별한 지역의 무슬림 인구 비율이 너무 높다고 평가한 것과 관련하여, 일부 전문가는 '프랑스가 이미 이슬람 국가인 것처럼 보인다'고까지 묘사하고 있다.[21] 무슬림들이 이처럼 매우 열악한 사회경제적 환경에 처해 있음으

---

17 Robert J. Pauly, Jr., p. 39.

18 *Ibid.*

19 *Le Monde* du 15 novembre 2005.

20 Robert J. Pauly, Jr., p. 39.

21 Robert J. Pauly, Jr., p. 38.

로 인하여 무슬림이민자들은 프랑스 사회에 동화된 사람들이라기보다는 급진적 이슬람주의에 경도될 가능성이 높은, 즉 '세속화가 덜 된' 사람들로 간주되는 경향이 있는 것이다.

그러면, 이러한 상황에 처해 있는 프랑스의 무슬림들 사이에는 어떠한 차이도 없는가? 프랑스의 대표적인 이슬람 전문가 중 한 명인 조슬린 세자리(Jocelyne Cesari)에 따르면, 프랑스 내 무슬림들의 경우, 세대, 민족적 기원, 성별, 혹은 사회적 배경에 따라 상당한 사회적, 문화적 이질성을 보일 수 있다.22 프랑스 내의 무슬림들이 사회경제적 상황이 비슷하다고 하여 이들의 문화적 전통 혹은 이슬람에 대한 신앙의 정도까지 균일하다고 판단할 수는 없지 않은가? 세자리는 이를 판단하는데 있어서 세대가 매우 중요한 준거가 될 수 있다고 생각하였다. 우리는 프랑스 내의 무슬림들을 모두 하나의 범주에 넣는 것에 대하여 다시 한 번 생각해볼 필요가 있다.

3) 종교와 문화 차이로 본 무슬림이민자의 세속화

프랑스 내에 무슬림들이 너무 많다는 생각과 무시할 수 없는 이들 종교 세력의 실재, 그리고 이슬람에 대한 편견으로 프랑스인들의 무슬림 이민자에 대한 반감은 매우 크다. 이미 언급한 대로, 북아프리카 이민 상당수가 신봉하는 이슬람은 현재 프랑스에서 가톨릭 다음가는 제2의 종교가 되어 있으며, 더욱이 프랑스에서 전개되는 이슬람에 관한 논의에는 이슬람의 가치가 서구적 가치와 양립할 수 없으며, 무슬림은 "위험한 계층"이라는 전제가 깔려 있다.23 즉, 무슬림들은 이슬람 계율을 포기하

---

22 Jocelyne Cesari, "Islam in France: the shaping of a Religious Minority", Yvonne Yazbeck Hoaddad(ed.), *Muslims in the West: From Sojourners to Citizens*(Oxford, 2002) p. 38.

지 않는 한, 설령 그들이 이미 프랑스 국적을 부여받았더라도 '진정한 프랑스공화국 시민'으로 인정받을 수 없다는 주장까지 개진되고 있다.[24]

이와 같은 맥락에서 프랑스인들은 이슬람을 비정상적인 종교로 정형화하였다. 프랑스인들은, 약 400만 명의 무슬림 가운데 절반이 프랑스 국적을 소유하고 있어도 그들이 프랑스의 공화국 원칙에 대한 가장 커다란 도전 세력이라는 인식이 강하다.[25] 하지만, 이주민 첫 세대들이 나이 들어감에 따라 이슬람 공동체 내에서 젊은 세대들의 비율과 역할이 점차 중요해졌다. 이러한 세대들의 성장은 프랑스 내 무슬림의 인구 변화를 가져왔다. 예를 들어, 프랑스 내 무슬림의 1/3은 프랑스 출신이고, 60%는 적어도 10년 이상 프랑스에서 살아왔으며 그 가운데 절반은 프랑스 국적을 갖고 있다.[26] 이러한 변화로 인하여 이종(異種)적인 프랑스-무슬림 정체성이 발전하였고, 이러한 경향이 점차 조성되었다. 또한 이렇게 프랑스에서 태어나 교육받은 젊은 무슬림들은 이슬람과 관련된 국내외의 일련의 사건들이 벌어지기 전만 해도 공화국의 원칙을 부정하는 급진적 이슬람주의와는 거리가 멀었다고 할 수 있다.[27]

앞서 언급한 조슬린 세자리에 따르면, 이민 2세대 젊은이들에게는 이슬람이 단지 문화적, 윤리적 준거점에 불과할 수도 있다. 또 다른 전문가인 카트린 비톨 드 방덴(Catherine Wihtol de Wenden)에 따르면, 무슬림 2세대들은 프랑스의 주요 방송과 정치에 의해 '특정한 부류'로

---

23 Jocelyne Cesari, p. 36.

24 *Ibid.*, p. 37.

25 Jocelyne Cesari, *L'Islam à l'épreuve de l'Occident*(Paris, 2007), p. 266.

26 Rémy Leveau, "The Political Culutre of the 'Beurs'", Steven Vertovec and Ceri Peach(ed.), *Islam in Europe: The Politics of Religion and Commnunity*(London, 1997), p. 148.

27 이들은 새로운 무슬림이라고 불린다. Jocelyne Cesari, "Islam in France", p. 37.

정형화된 측면도 있다. 즉, 무슬림 교조주의, 범죄, 일탈, 잘못된 통합, 두 문화 사이의 불안정한 균형 등이 그것이다. 이러한 정형화된 선입견은 방리유 주변에서 만들어진 집단 표상들, 즉 폭력, 마약, 이슬람공동체의 정체성 확립 과정, 게토화, 히잡 착용 등에 근거를 둔다.[28] 그렇지만, 실제는 다르다. 이들 상당수는 사회, 문화적으로 훌륭히 통합되어 있다. 단지 경제적 차원에서 통합되지 못했을 뿐이다. 이들은 학교를 통해, 결혼을 통해 그리고 대중문화, 소비 및 프랑스제도 등에 의해 '프랑스인'으로의 통합 과정이 진행되고 있다.[29]

프랑스 내 이민자들은 1970년대 이후 가족 이민으로 프랑스에 정착한 알제리를 위시한 마그레브 출신이 그 상당 부분을 차지하고 있으며, 이들 대부분은 종교, 문화적으로 주류 프랑스인과 다르다고 알려져 있다. 사실, 이민자들이 동화하고자 하는 의지가 있느냐 없느냐의 문제는 차치하고 그들은 기본적으로 오랫동안 상당히 다른 문화에 익숙해 있었고, 프랑스에서 태어난 2, 3세대들도 사실 그들 가족을 통해 사회화되었기 때문에, 기본적으로 프랑스 사회에 완전히 동화된다는 것은 불가능하다고 할 수 있다.[30] 하지만 그럼에도 불구하고, 프랑스에서 태어난 2세대 이상은 프랑스의 교육, 사회생활을 통해 어느 정도 세속화되었음을 무시할 수는 없다.[31]

우리는 흔히 무슬림이민자들이 하나의 공화국 안에 포함되지 않고, '다른 프랑스인'으로 남는 이유에 대하여 이슬람이라는 종교를 문제

28 Catherine Wihtol de Wenden, p. 7.

29 예를 들어, 1999년에 208,000명의 알제리인이 결혼을 통해 프랑스 국적을 획득했다. *Ibid.*, p. 9.

30 김민정, 「프랑스 이민자정책: 공화주의적 동화정책의 성공과 실패」, p. 20.

31 Catherine Wihtol de Wenden, p. 8.

삼는다. 이슬람이라는 종교를 믿는 정도에 따라 그 사람이 프랑스 사회에 어느 정도 동화되었느냐의 기준이 될 수도 있겠기에 말이다. 하지만 일부 학자들은 이주 첫 세대들이 고수하고자 하는 전통, 관습의 집착 정도를 오히려 더 중요한 요소로 강조하기도 한다. 물론 종교와 문화를 엄격히 둘로 분리해서 이야기할 수는 없다. 전통, 관습의 예로 가족관계, 여성의 권리 등을 들 수 있을 텐데, 이 경우 알제리와 프랑스의 경우는 상당히 다르다. 프랑스 사회에서 가족은 기본적으로 개인주의적 평등주의에 기반하고 있는 데 비해서 이슬람 사회에서의 가족은 위계형에 기반을 두고 있다. 인류학적으로 이슬람의 가족 시스템은 공동체적이며 부계적인 성향이 강하게 남아 있고 또한 동족 혼인의 전통도 가지고 있다.[32] 동족 혼인의 전통은 무슬림 사회가 비단 프랑스 사회와 다르다는 것에 그치는 것이 아니라 자신들의 문화와 가치를 지속적으로 전수하는 매개가 되며 프랑스 사회에 더욱 동화되기 어렵게 만드는 요인이 된다. 프랑스는 알제리를 식민 지배하는 동안 이러한 동족 혼인풍습을 없애기 위해서 상당한 노력을 기울였다.[33] 프랑스에서 태어나고 프랑스에서 교육을 받은 이민 2세들은 부모의 강요된 결혼에 반대해서 심각한 가정불화를 겪는 경우도 많았다. 전반적인 추세로는 프랑스인들과 마그레브인들 사이의 결혼 건수가 점차 늘어나고 있다. 예를 들어, 이들 사이의 결혼 건수는 1970년에 433건에서 1990년에는 3,892건으로 늘어났고, 시간이 흐름에 따라 그 비율은 더욱 높아가고 있는 추세이다. 1981년과 1992년을 비교할 때, 프랑스-알제리인 간에는 2,568건에서 5,726건으로,

32 Dominique Maillard, "The Muslims in France and the French Model of Integration", *Mediterranean Quarterly*, vol. 16, no. 1(Winter, 2005), pp. 71~72.

33 김민정, p. 20.

프랑스-모로코 간에는 1,101건에서 5,015건, 프랑스-튀니지 간에는 747건에서 1,309건으로 증가하였다.[34] 즉, 결혼문제에 있어서 무슬림이민자 2세들도 점차 기존 마그레브의 전통에서 벗어나 프랑스 문화에 상당 수준 동화되고 있다고 말할 수 있겠다.[35]

한편, 우리가 무슬림이민자의 문화와 관련하여 가장 흥미롭게 보는 것 가운데 하나가 출산율이다. 일반적으로 알려진 무슬림 여성의 출산율은 매우 높다. 프랑스에 거주하는 무슬림들은 어떠한가? 프랑스 무슬림의 출산율은 프랑스에서도 다른 소수그룹과 비교할 때 상당히 높은 편이다. 1990년대에 프랑스에 거주하는 인구 가운데 세 명 이상의 자식을 가진 비율은 다음과 같다. 이탈리아인이 16.6%, 에스파냐인이 15.2%, 포르투갈인이 16%, 알제리인이 27.4%, 튀니지인이 33.5%, 모로코인이 40.1%이다. 프랑스인의 평균 출산율은 1990년에 여성 한 명당 1.3명, 2000년 초에는 1.89명이다.[36] 이처럼 프랑스 내 무슬림 여성의 높은 출산율은 일반적으로 이슬람 공동체, 특히 마그레브 문화적 전통의 한 특징이라고 할 수 있다. 하지만, 2, 3세대들의 수가 증가하면서 사회적으로 이들과 프랑스인들과의 접촉이 점차 늘어나게 되고, 앞에서 보았듯이 프랑스인들과 마그레브인들 사이의 결혼 건수도 증가 일로에 있는 것이 사실이다. 대체적으로 볼 때, 프랑스에서 무슬림을 예외적으로 보이게 하는 요소들이 점차 줄어들고 있는 추세에 있다고 할 수 있겠다.

베일 착용을 예로 들어보자. 프랑스의 무슬림 여성이 모두 히잡을

---

34 Robert J. Pauly, Jr., p. 40.

35 Michèle Tribalat, *Faire France: Une enquête sur les immigrés et leurs enfants*(La Découverte, 1995), p. 216.

36 "La population de la France en 2000", in *Population et Société*, Vol. 31, n.3(2001), p. 3.

쓰지는 않는다. 비록 신앙심이 강한 무슬림 여성이라고 하더라도 이슬람에서 강조하는 베일을 쓰지 않는 경우가 있다. 최근 2세대들의 자기 정체성 찾기가 본격화되면서 일부 2세대들의 이슬람 신앙에 대한 재추구 혹은 그 일환으로서 히잡과 같은 이슬람식 베일 착용이 상당한 규모로 이루어지는 것이 현실이지만, 이를 일반화할 수는 없다. 또한 설사 베일을 착용한다고 해도, 이 착용 행위를 모두 종교의 상징으로 볼 수도 없으며, 프랑스 사회에 동화되지 않겠다는 의사로 볼 수도 없다. 이에 대한 사례는 1980년대 말 이래 프랑스 사회의 주요 논점이 되었던, 공립학교 내에서 일부 여학생이 이슬람적인 외양을 하는 문제로 퇴학당한 사건, 즉 '히잡 사건'을 통해 충분히 살펴볼 수 있다.[37] 사실, 공립학교에서 종교적 상징물 착용을 금지한 2004년 9월 이래 히잡 착용을 고수한 학생은 매우 드물다. 학교에서 끝까지 히잡을 착용하여 문제가 된 경우가 약 150건일 뿐이다. 이것은 학교에 다니는 무슬림 여학생 수에 비하면 극소수에 불과하다. 대부분의 학생들은 프랑스의 법에 따라 적어도 교내에서의 히잡 착용은 자제하였다. 마찬가지로 소년들 가운데에서도, 급진적 혹은 교조적 이슬람주의에 경도된 경우도 매우 적은 수일 뿐이다. 1995년에 리옹의 방리유에서 살해된 칼레드 켈칼(Khaled Kelkal), 1990년대 중반에 이슬람의 이름으로 파리 고속전철에서 벌어진 테러행위, 2001년 9·11 테러 당시 공중 납치범으로 의심받아 미국에서 수감된 툴루즈 방리유의 청소년인 자카리아스 무사위(Zacharias Moussaoui),

37 이 사건은 1989년, 1994년, 그리고 2003~2004년에 서로 다른 방식으로 연속해서 제기되었다. Khadija Mohsen-Finan et Vincent Geisser, "Enjeux et sens de l'affichage de son 'islamité' dans le champ scolaire français", Rémy Leveau et Khadija Mohsen-Finan(ed.), p. 118.

2002년 파리시장 테러 미수범 등은 2세대의 매우 다양한 사람들과 비교할 때 오히려 예외적인 경우이며, 심지어 그들 주변 인물과 비교해도 예외적일 뿐이다.[38] 예를 들어, 프랑스에는 약 1,500개의 무슬림 문화 단체들(les associations culturelles musulmanes)이 국가에 등록되어 있는데, 이 단체들은 무엇보다도 프랑스 제도권 내에서 '이슬람식으로 시민화되는'(citoyennisation de l'islam) 방식을 채택하였다. 즉, 이 단체들은 무슬림들을 위한 기도소, 이슬람식 묘소의 설치, 양고기 축제(la fete du mouton)의 조직, 할랄(*halal*) 고기 시장 설치 등의 요구사항만을 내밀었을 뿐이다. 이러한 측면에서 보면, 위에서 언급한 몇몇 일탈은 오히려 예외적인 행위들이었을 뿐이다.[39]

이처럼 대다수의 프랑스 내 무슬림 2세대들은 공화국의 원칙을 위반하면서까지 자신들의 종교에 집착할 정도로 그렇게 급진적이지 않았다. 더욱이, 이들은 의례적으로 할랄 음식을 먹는 경향이 있었고, 대부분은 매일 기도하지도 않았으며 매주 금요일 모스크 혹은 기도소에 가지 않았다.[40] 이처럼 무슬림 2세대들은 20세기말 이래 대내외적인 요인으로 인하여 일부 급진적 이슬람주의에 경도된 자들이 있기는 하지만, 대부분은 공화국 원칙에 순응하고 자신의 종교와 공화국 원칙이 충돌하지 않는 선에서 신앙생활을 하는, 즉 세속화되었다고 판단할 수 있을 것이다.

이외에, 일반적인 견해와 달리 마그레브 출신의 이민자들이 사회조직 내에서 터키나 블랙아프리카, 심지어 포르투갈 이민자 2세보다 학업 이수에 있어서 가장 잘 "통합되었다"는 통계가 있는데, 이 결과는 통상

38 Catherine Wihtol de Wenden, p. 12.

39 *Ibid.*, p. 17.

40 Robert J. Pauly, Jr., p. 41.

마그레브 이민자 2세가 '야만인'(슈벤느망[Jean-Pierre Chevènement]이 사용한 용어), 폭력, 비행, 학업에 대한 불성실 등과 동일시하는 판에 박힌 인식과는 완전히 다른 것이다.[41] 그러함에도 불구하고 무슬림 2세들은 다양한 형태의 차별을 받고 있다. 학교에서, 거주지에서, 경찰과의 관계에서, 노동현장에서, 심지어 나이트클럽의 출입에 있어서까지 이들은 희생자들이다.[42]

이들은 프랑스 사회의 일원이 아닌가? 무슬림이민자들은 오랫동안 프랑스 이민정책으로부터 잊혀진 존재로 살아왔거나, 프랑스공화국의 모호한 통합모델에 직면해 있음에 틀림이 없다.[43] 이와 같은 차별의 악순환을 고려할 때, 이를 극복하기 위해서라도 무슬림이민자들은 자신들만의 단체를 조직함으로써 프랑스제도 안으로 들어와 국가로부터 인정받을 필요성을 느꼈을 것이다. 단체로서의 프랑스 무슬림은 어떠한 성격을 가지고 있는가? '세속화된 무슬림 단체', 이는 형용 모순인가?

4) 제도 내로 들어온 무슬림이민자의 세속화

2세대들이 늘어남에 따라 프랑스 내 무슬림 인구 전체 비율이 증가한 것은 당연하다고 하겠다. 프랑스에서 태어난 2세, 3세들은 자신들의 실체를 인정받고 싶었고, 또 더 나아가 프랑스 정치에도 참여하기를 원하였다. 그로 인해 무슬림 공동체는 대표체를 구성하여 프랑스 정부관료와 대화를 나누는 단계에 이르렀고,[44] 정치권에서도 어느 정도 성공을

---

41 이 통계는 유명 인구학자인 미셸 트리발라(Michèle Tribalat) 여사가 실행한 것으로, 그 항목에는 '집에서 사용하는 구어의 통합 정도' '융합 결혼' '학업 이수' '혼합 거주' '취업' 그리고 '이슬람에 대한 유연한 실천' 등이 있다. Catherine Wihtol de Wenden, p. 14.

42 *Ibid.*, p. 12.

43 *Ibid.*

거두고 있다.[45] 2001년에 비록 국회의원으로는 한 명도 선출되지 않았지만, 130명이 지방의회 의원으로 선출되기도 하였다.[46] 이러한 일들은 대체로 무슬림이민자 2세대들의 프랑스 내에서의 '성공적인' 통합 과정을 잘 보여주는 사례라고 할 수 있을 것이다.

프랑스 무슬림 공동체 내에서 집단적인 이슬람 정체성을 구축하려는 노력과 그들의 공동의 관심을 대표하는 대의체를 발전시키려는 노력은 1980년대부터 시작되었다. 이전에는 '파리 대모스크'(la grande mosquée de Paris)[47]가 이러한 역할을 맡아왔는데, 이 모스크는 공화국 원칙에 충실한 이슬람과 연계되어 있으며, 지역적으로도 한정되어 있을 뿐 아니라, 무슬림 중에서도 알제리 공동체와 특히 긴밀한 연계를 맺고 있는 모스크였다.[48] 1980년대 초에 드디어 무슬림 엘리트들은 최초의 전국적 이슬람 조직, 특히 '프랑스 무슬림 전국연맹'(Fédération Nationale des Musulmans de France), '프랑스 이슬람연합 조직'(Union des Organizations Islamiques de France)을 창립했다.[49] '프랑스 무슬림 전국연맹'(이하

44 Robert J. Pauly, Jr., p. 41.

45 Catherine Wihtol de Wenden, pp. 11~15.

46 Robert J. Pauly, Jr., p. 41.

47 파리 대모스크는 프랑스 수도권에 처음으로 세워진 모스크로, 양차 대전 사이에 제1차 세계대전 당시 참전한 북아프리카 병사들의 충성심에 경의를 표하기 위해 건립되었다. 처음에는 모로코 왕이 후원하였지만, 1957년에 프랑스 외무장관이 이를 알제리에게 맡겼다. Alexandre Caeiro, "Religious Authorities or Political Actors? The Muslim Leaders of th French Representative Body of Islam", Jocelyne Césari et Sean McLoughlin(ed.), *European Muslims and the Secular State*(Hampshire, 2005), p. 73.

48 Silvio Ferrari, "The Secularity of the State and the Shaping of Muslim Representative Organizations in Western Europe", Jocelyne Césari et Sean McLoughlin(ed.), p. 16.

49 이외에도, 리옹에서 결성된 UJM(Union des Jeunes Musulmans), 타리크 라마당(Tariq Ramadan)의 현대적이자 근본주의적인 단체들이 있다. Catherine Wihtol de Wenden, pp. 17~18.

FNMF)은 프랑스적 이슬람('gallican' islam)의 성격을 띠었고, '프랑스 이슬람연합 조직'(이하 UOIF)은 이슬람 근본주의의 성격을 띠었다.[50] 2000년대 초에는 앞의 조직들보다 약간 더 전국적 기반 위에 형성된 '프랑스 이슬람 위원회'(Conseil de l'Islam en France)가 설립되었다. 2000년 4월에, 내무부[51]장관 슈벤느망은 국내 프랑스-무슬림 관계를 향상시키기 위해 고안된 '정부-무슬림 연합위원회'를 창설하였는데, 이는 1989년에 프랑스 내무부장관 피에르 족스(Pierre Joxe)가 창설한 '프랑스 이슬람 성찰 위원회'(Conseil de Reflextion sur l'Islam en France)의 연장선상에 있다고 볼 수 있으며, 이것은 다음 내무부장관인 다니엘 바이앙(Daniel Vaillant)에 의해 확대되었다.[52]

이러한 다양한 단체 설립이 추진되면서, 마침내, 프랑스 내 이슬람의 공식단체라고 할 수 있는 '프랑스 무슬림 위원회'(Le Conseil Français du Culte Musulman)가 2003년에 구성되었다. 이 단체는 니콜라 사르코지가 내무부장관 시절 라이시테 문제가 한창 쟁점이 되자, 나름대로 프랑스의 이슬람 문제를 해결하고자 모스크별(別)로 사분오열되어 있는 이슬람 단체들을 하나의 대표체를 구성케 해 만든 조직이다.[53] 즉, 그는 무슬림 공동체를 제도적으로 일원화함으로써 프랑스 정부와 이슬람 대표체 간에 대화로 그 문제를 풀려고 시도하였다. 하지만, 프랑스 정부가 이슬람 대표기구의 설립을 위해 이처럼 적극적으로 노력하는 것은 프랑스 정부

50 http://fr.wikipedia.org/wiki/Union_des_organisations_islamiques_de_France (검색일: 2011. 10. 1)

51 프랑스 내무부는 종교 부문도 관장한다. Alexandre Caeiro, p. 72.

52 Robert J. Pauly, Jr., pp. 41~42.

53 http://fr.wikipedia.org/wiki/Conseil_fran%C3%A7ais_du_culte_musulman (검색일: 2011. 10. 1)

스스로 프랑스가 이슬람으로 인해 라이시테 원칙이 위기에 처하고 있음을 자인하는 것으로 볼 수 있다. 또 모스크별 입장에 따라서는 프랑스 정부가 수립을 주도한 이 단체를 정부의 상대 역할을 하며 '프랑스의 이슬람'을 추구하는 단체일 뿐이라고 비판하기도 하였다. 프랑스 입장에서도 이처럼 종교적 대표성을 인정하는 것은 공화국의 또 다른 정체성인 '불가분의 원칙'을 침해하는 것으로 볼 수 있는 측면이 있다. 이러한 점을 의식한 '프랑스 이슬람 위원회'(이하 CFCM)는 라이시테 원칙의 존중을 대외적으로 천명함으로써 프랑스공화국 원칙을 존중한다는 명분을 갖고 '프랑스의 이슬람' 단체임을 자처하고 있다.[54]

이러한 점은 행동에서도 잘 드러났다. CFCM은 2004년 8월에 이라크에서 프랑스인 두 명이 인질로 잡혀 있을 당시 이 사건에 개입하였다.[55] 당시 프랑스의 기자 조르주 말브뤼노(Georges Malbrunot) 크리스티앙 셰노(Christian Chesnot), 그리고 그들의 운전사이자 통역자인 시리아인 모하메드 알-준디(Mohammed al-Joundi)가 한 이슬람 무장단체에 의해 납치당하였는데, 이 당시 이 단체의 요구사항은 '프랑스 공립학교에서 히잡을 금지시키는 법'을 제정하지 말라는 것이었다.[56] 시라크(Jacques Chirac) 정부는 정교분리 원칙과 맞물려 있는 이 문제로 인하여 매우 난감한 상황에 처하게 되었다. 이 단체의 요구사항을 들어준다는 것은 공화국 원칙의 후퇴를 의미하는 것이기 때문이었다. 이때, 바로 CFCM이 개입하였다. 즉, 이 문제는 프랑스 국내 문제로서 인질사건으로 해결할 수 없는 문제이며, 폭력으로 쉽게 풀 수 없는 문제라는 것을 설득시켰다.

54 http://www.lecfcm.fr/ CFCM의 공식 사이트이다. CFCM의 라이시테 문제에 대한 입장에 관해서는 사이트에 연결되어 있는 "Laïcité sans frontières"를 참조하라.

55 Rémy Leveau et Khadija Mohsen-Finan(ed.), p. 2.

56 박단, 『프랑스의 문화전쟁』, p. 6.

결국, "알라와 코란의 이름으로 인질들을 석방하라!"는 CFCM의 요구에 따라 인질들은 석방되었다.[57] 이 사례는 '프랑스 이슬람'의 "유례없는 상징적인 공헌"으로 평가받았으며,[58] CFCM이 '프랑스의 무슬림' 단체임을 명확히 한 것으로 평가될 수 있었다.

이 단체의 대표자들은 자신들이 공화국 원칙에 충실한 무슬림임을 구두로도 명확히 하였다. 그들은 이라크로 떠나기 전, 파리의 모스크에서 기도를 한 후 자신들이 공화국에 충성을 다하고 있다(la fidélité à la République)는 것을 공개적으로 표명하였다. 또한 이들은 인질을 잡고 있는 이슬람 단체들이 요구하는 '라이시테 법(la loi sur laïcité) 철회'에 대해 "히잡을 착용하는 문제는 프랑스인들끼리의 문제(une question franco-français)"라는 입장을 고수하였다. 그들은 이라크에 가서도 "프랑스는 이슬람과 무슬림을 향해 적대적인 전쟁을 벌이고 있지 않다. 라이시테 법은 특정 종교 공동체에 대한 전쟁 선포가 아니다"라는 것을 상기시켰다.[59] 이러한 입장은 파리 대모스크의 장(le recteur)이자 CFCM의 위원장인 달릴 부바쾨르(Dalil Boubakeur)의 입장과 맥을 같이한다고 볼 수 있다. 2003년 4월 CFCM의 창립 당시 위원장이 된 부바쾨르는 내부의 급진적 단체 UOIF의 반대에도 불구하고 '종교적 상징물의 교내 착용 금지법'에도 찬성했으며, 인질 구출작전에도 기꺼이 대표단을 파견하였다. 그는 이러한 것이 프랑스 내 무슬림의 통합을 용이하게 하고, 이슬람혐오주의를 약화시킬 수 있는 지름길이라고 생각하였다.[60]

지금까지 살펴본 대로, CFCM는 프랑스 내의 다양한 무슬림 단체를

---

57 http://www.rfi.fr/actufr/articles/057/article_30235.asp (검색일: 2011. 9. 9)

58 http://www.rfi.fr/actufr/articles/057/article_30235.asp (검색일: 2011. 9. 9)

59 http://www.rfi.fr/actufr/articles/057/article_30235.asp (검색일: 2011. 9. 9)

60 *Le Monde* du 26 juin 2005. "Dalil Boubakeur, défenseur d'un islam modéré."

대표하고 있다. 그 내부에서는 프랑스 정부와 원활한 관계를 유지하는 FNMF나 파리 대모스크 같은 보수적인 단체부터, UOIF처럼 상대적으로 급진적인 단체들도 일정 지분을 유지하고 있다. 하지만, CFCM은 현재 두 보수적인 단체인 모로코 이주민 계통의 FNMF와 알제리이주민 계통의 파리 대모스크가 주도권을 잡고 있고 급진적인 단체들이 상대적으로 소수파를 형성하고 있다. 물론 지역에 따라서는 급진 단체들이 다수파를 차지하고 있는 경우도 있지만, CFCM의 전체 목소리를 내는 데는 한계가 있다. 그러한 결과, 프랑스 무슬림 전체는 '프랑스의 무슬림', 즉 프랑스 사회에 동화된, 세속화된 무슬림의 목소리가 대세를 이루고 있다고 할 수 있다. 이 조직의 성립에서부터 관여해온 프랑스 내무부는 프랑스의 무슬림 정책에 대한 CFCM의 계속적인 우호적 태도에 많은 관심을 갖고 있으며, 프랑스 내 무슬림들이 프랑스 내의 유대인, 프로테스탄트들처럼 진정한 프랑스인으로 거듭나기를 바라고 있다. 이미 프랑스에서는 프랑스 가톨릭 주교회의(Conférence des évêques de France), 프랑스 유대인 중앙위원회(Consistoire central de France pour les juifs), 그리고 프랑스 프로테스탄트 연맹(Fédération protestante de France) 등이 CFCM과 같은 역할을 하고 있다.[61]

5) "나도 진정 공화국시민이 되고 싶다!"

일반적으로, 단일신앙 문화지역은 타종교에 대한 종교적 관용의 정도가 낮다.[62] 프랑스가 비록 라이시테 국가라고는 하지만, 인구의 대부분이

61 CFCM이 주로 모스크 관리자 및 관료로 구성된 데 비해, 다른 종교회의는 주로 해당 종교의 신학자들로 구성되어 있다는 점에서 커다란 차이가 있다. Alexandre Caeiro, p. 78.

62 김남국, 「영국과 프랑스에서 정치와 종교: 루시디 사건과 헤드스카프 논쟁을 중심으로」,

가톨릭 문화권에 속해 있어서 식민지인들의 종교인 이슬람에 대한 관용의 정도가 낮은 것은 어찌 보면 당연하다고도 할 수 있다. 이러한 상황에서는 이슬람이 타종교보다 더 몸을 낮추어야만 프랑스의 라이시테 기준을 충족시킬 수 있을 것이다. 그러면, 프랑스 내 무슬림들은 프랑스 사회에서 어느 정도의 기준에 맞추어 살아야 과연 세속화되었다고 할 수 있을까? 그러한 기준으로 보아, 현재 프랑스의 무슬림은 '프랑스공화국 원칙'을 충족시킨 것으로 볼 수 있는가?

앞에서도 살펴보았듯이, 무슬림이민자들이 비록 프랑스 국적을 취득하였다고 할지라도, 대다수 프랑스인의 눈으로 볼 때, 그들은 여전히 '진정한 공화국시민'이 아니다. 이들의 기준은 단지 이슬람의 정교분리 문제만이 아니다. 왜냐하면, 종교 의상의 착용, 즉 이슬람의 세속화 정도를 가늠할 수 있는 주요 바로미터인 무슬림 여성의 히잡과 부르카 착용이 프랑스 사회 일부에서 크게 떠들어대듯이 그리 심각한 차원은 아니기 때문이다. '공립학교 내 히잡 착용'이 중고등학교에 다니는 여학생들의 세속화 정도를 알 수 있는 척도라면, 지금은 이 점에 있어서 거의 문제가 없다고 할 수 있는 수준이 되었고, '부르카 착용' 또한 성인 여성의 세속화 정도를 가늠해볼 수 있는 하나의 척도라고 보기에는 그 착용 수나 법규 위반자 수가 전체 무슬림 여성의 수에 비해 매우 미미하다고 할 수 있기 때문이다. 게다가 프랑스 무슬림을 대표하는 단체인 CFCM 또한 '이라크 인질사건'에서 보듯이, 프랑스공화국 원칙을 천명하면서 프랑스인 기자들을 무사히 구출함으로써, 그들의 프랑스인으로서의 대표성을 더 이상 의심받지 않게 되었다.

프랑스인들은 무슬림의 세속화 정도를 종교보다도 그들의 전통과

『국제정치논총』, 제44집 4호(2004), p. 344.

문화에서 찾고 있기도 하다. 즉, 종교의 세속화와는 별개로 무슬림의 전통과 문화 또한 프랑스인의 기준에 충족되어야 한다는 것이다. 하지만, 시간이 흐름에 따라 다행스럽게도, 무슬림이민자 2세대 혹은 3세대 등은 결혼 및 가족 형태, 출산율 등의 문제에 있어서 프랑스인과의 혼합결혼 등을 통해 점차 프랑스 사회에 동화되고 있다. 단지 사회경제적 상황이 이들의 완전한 통합을 방해하고 있을 뿐이라고 할 수 있다.

앞에서도 검토하였듯이, 무슬림이민자들에 의해 게토화되고 있는 일부 방리유들은 일종의 치외법권 지역화가 되고 있다. 이들의 높은 실업률과 치안 문제 등은 극우 정파뿐만 아니라 모든 정당들의 선거에 있어서 단골 이슈이다. 특히 극우 정파가 부각시키고 있는 이들의 높은 범죄율, 복지혜택 문제 등은 프랑스 사회 내에서 자연스레 이슬람혐오주의를 양산하게 되고, 이는 프랑스의 미디어와 정치에 의해 더욱 널리 확산되고 있다. 여기에 중동문제와 연계되어 간혹 일어나는 이슬람 극단주의자들의 테러행위는 무슬림이민자 2세들을 프랑스 사회 내에서 더욱 타자화시킨다. 무슬림들의 세속화 여부와는 별개로 볼 수 있는 이런 문제들이 다시 무슬림이민자들의 종교와 문화에 접속되면서 '무슬림들이 프랑스 사회에 통합되지 못하고 있다'는 극우파의 주장이 오늘날에도 여전히 설득력 있게 들리는 것이 현실이다. 이러한 의미에서 프랑스에서 세속화의 문제는 단지 종교만의 문제가 아니며, 이는 무슬림이민자들의 사회경제적 상황, 국제정치적 문제와 매우 밀접히 연계되어 있다고 할 수 있겠다. 특히 9·11 테러사건 이후 아랍 세계에서 정치적 이슬람주의, 원리주의가 급성장하면서 프랑스 내 무슬림에 대한 편견이 심화되었고, 이러한 결과, 상당수 프랑스인들이 프랑스 내의 '세속화된' 무슬림들과 프랑스 밖의 급진적 이슬람 근본주의 운동을 직접 연관시키는 것 또한 사실인 것이다. 이러한 변수가 도사리고 있는 한, 프랑스 무슬림의 '세속화'는 요원한 길이기도 하다.

비록 프랑스에 장기간 거주하였고, 또 프랑스에서 태어나 국적을 취득하였다고 하여도, 무슬림이민자들은 흔히 프랑스인이 아닌 것으로 취급받고 있다. 앞에서 검토하였듯이, 이들의 종교 문화도 중요한 요인이 될 수 있겠으나, 국제적 환경과 함께 이들의 사회경제적 상황이 이들 이민자들을 공화국시민이 아닌 프랑스의 이방인으로 간주되게 하는 것이다. 이들의 사회경제적 상황은 어떻게 나아질 수 있는가? 이것이 이들만의 책임인가? 우리는 이들에 대한 사회적 편견, 경제적 어려움이 이들만의 문제가 아니라는 점을 강조하고자 한다. 이들 문제의 해결책은 현재의 이민자 통합정책, 공화국 원칙들에 대한 재검토를 통해서 일부나마 해결될 수 있을 것으로 보인다. 즉, 이러한 정책 및 원칙들이 지속되는 한, 이들 이민자들은 영원히 프랑스공화국의 이방인으로 남을 것이다. 우리는 마지막 절에서 이러한 원칙에 대한 비판적 재검토를 시도할 것이다.

2. 새로운 프랑스공화국을 위하여

1) 이방인들과 공화국의 위기

프랑스공화국은 1792년 그 성립 이후, 대내외적인 사건들로 인해 많은 위기를 겪어왔다. 제1, 제2공화국은 차치하고, 제3공화국만 보더라도 1887년의 불랑제 사건, 1894년의 드레퓌스 사건, 제1차 세계대전, 1934년 2월의 위기 등을 통해 매우 유약한 공화국임이 입증되었으나 그래도 비시정권으로 그 생명을 다하기 전까지 70년을 버텨왔다.[63]

제2차 세계대전 후, 제4공화국을 거쳐 이제 제5공화국이 수립된 지도 벌써 50년이 지나고 있다. 프랑스공화국 정체가 다시 흔들릴 것으로 믿는 사람은 이제 더 이상 없어 보인다. 왕족의 후손에게 프랑스에서 사는 것을 금지한 1886년의 법을 1950년에 프랑스 의회가 무효화한 것도 이러한 자신감의 발로일 것이다. 그러면 이제 프랑스공화국은 반석 위에 올려져 있다고 보아도 되는가? 그런데 외견상 굳건해 보이는 오늘날의 프랑스공화국에서 왜 시민과 학생들은 2002년의 대통령선거 과정에서 "공화국을 구하자!"(Sauvons la République!)라는 피켓을 들고 대규모 시위를 벌였으며, 언론과 학자들은 연일 '위협받는 공화국',[64] '불타는 공화국',[65] '발가벗겨진 공화국'[66] 등의 표현으로 공화국 정체성의 위기를 내세우는 것일까?

앞에서도 언급하였듯이 프랑스는 오랫동안 이민의 나라였다. 제2차 세계대전 이전까지 주류를 이루던 유럽계 이민자와 달리 '영광의 30년'을 계기로 프랑스 내 이민자의 다수를 차지하게 된 무슬림이민자들은 프랑스공화국의 정체성을 다시 생각하게 하였다. 프랑스공화국의 정체성은 다양하게 논의될 수 있지만, 제5공화국 헌법 전문 1조에 나타난 "프랑스는 단일하고 분리될 수 없는, 라이크적인" 공화국이며, "출신, 인종, 종교의 구분 없이 모든 시민이 법 앞에 평등함을 보장한다"라는

---

63 Jean-Yves Mollier et Jocelyne George, *La plus longue des Républiques, 1870~1940*(Fayard, 1994).

64 Pierre-André Taguieff, *La République menacée*(Textuel, 1996).

65 Raphaël Draï et Jean-François Mattéi, *La Rpublique brûle-t-elle? Essai sur les violences urbaines françaises*(Editions Michalon, 2006).

66 Nacira Guénif-Souilamas(sous la direction de), *La république mise à nu par son immigration*(Ed. La fabrique, 2006).

문구는 바로 무슬림이민자들 및 유대인 문제와 관련하여 지켜져야 할 대표적인 공화국 정신, 즉 공화국 통합모델(le modèle républicain d'intégration)의 원칙이다.

'단일한, 분리될 수 없는 공화국'이란 무엇인가? 프랑스공화국은 국민국가의 중앙집권화, 지속성 그리고 통일성을 추구하며 인종적, 민족적 혹은 종교적 정체성을 드러내는 집단에 대해서는 어떠한 권리도, 어떠한 적법성도 부여하지 않는다. 이는 다시 말하면, 단일하고 분리될 수 없는 공화국 내에서 '소수'에 대한 인정을 금지한다는 것을 의미한다. 이러한 원칙이 있기에 '무슬림 및 유대인의 공동체주의'를 인정하는 정책은 곧 프랑스공화국을 분열시키는, 용납할 수 없는 정책으로 평가되고, 이들의 '다를 권리'를 인정하는 것조차도 다문화주의 정책을 연상시키는 것으로 간주된다.[67] 조각난 국가, 그리고 정치사회의 파열에 반대하여 투쟁한다는 명분으로, 프랑스에 새로 도착해 정착하는 사람들에게 자신들의 고유한 가치, 자신이 속했던 공동체의 가치를 포기하고 프랑스공화국의 기본적 가치를 받아들이는 것이 중요하다는 입장이다.[68]

"라이크적인 공화국"은 무엇인가? 프랑스는 이미 1905년에 아리스티드 브리앙(Aristide Briand)이 초안을 작성한 정교분리 법안을 채택함으로써 세속 국가로서의 면모를 확실히 하였다. 이 법의 제정은 강력했던 가톨릭 교권주의자들의 공화국에 대한 위협이 법적으로나 실제적으로 완전히 무산되는 상징적인 사건이라고 할 수 있다. 그런데 그로부터 약 100년이

67 Francesca Cianciosi, "L'Actualité d'un modèle d'intégration," in Vincent Ferry, Piero-D. Galloro et Gérard Noiriel, *20 ans de discours sur l'intégration*(Paris: L'Harmattan, 2005), p. 215.

68 Manuel Boucher, *Les théories de l'intégration entre universalisme et différentialisme* (L'Harmattan, 2000), pp. 41~44.

지난 후, 이번에는 같은 공화국이 가톨릭이 아닌 무슬림 여학생들로 대표되는 이슬람으로부터 '위협'을 받게 되었다. 앞서 언급했듯이 1989년부터 시작된 '히잡 사건'은 프랑스공화국의 라이크적인 성격을 쟁점화시키는 상징적 사건이었다.

"출신, 인종, 종교의 구분 없이 모든 시민이 법 앞에 평등한" 공화국은 무엇을 의미하는가? 이 부분은 매우 논란이 많은 원칙이다. 평등? 과연 이 문구는 실현 가능한 문구인가? 오늘날 프랑스 현실에서 이 원칙이 제대로 지켜지고 있는가? 아마도 무슬림이민자가 대규모로 정착하기 이전에는 프랑스의 '평등한 공화국'이 이 상징적인 구절로 화려하게 수놓아질 수 있었는지 모른다. 하지만, 2000년에 들어와 프랑스는 '평등한 공화국'을 실현시키기 위해 오히려 "출신, 인종, 종교"를 구분하는 방법을 찾고 있다. 대표적인 것이 '긍정적 차별정책'(la discrimination positive)이다.

결국, 프랑스는 400만 명이 넘는 것으로 보이는 '새로운 국민' 앞에서 그들이 오랜 기간 금과옥조로 여겨온 기존의 공화국 원칙을 다시 생각하지 않을 수 없게 되었다. '단일하고, 분리될 수 없는, 라이크적' 공화국이자, '출신, 인종, 종교의 구분 없이 법 앞에 평등한' 공화국을 추구해온 프랑스는 이제 '새로운 공화국'을 모색할 것인가? 여기에 하나의 아이러니를 덧붙이자. 프랑스공화국 대통령 니콜라 사르코지가 프랑스 정치인들 가운데 누구보다도 더 공화국 통합모델에 의문을 제기하는 인물이라는 것이다. 무슬림이민자 문제 해결을 위한 그의 계속되는 '독창적' 발언과 해결책은 이 글의 주요 논점 가운데 하나가 될 것이다.

2) '단일하고 분리될 수 없는' 공화국?

"프랑스는 단일하고, 분리될 수 없는(une et indivisible) 공화국이다."

이 구절에는 프랑스의 역사적 경험이 그대로 녹아 있다. 혁명 기간 중인 1793년에 공화국 헌법을 제정하면서 당시 집권자인 자코뱅들은 프랑스공화국이 '분리될 수 없는 하나의 공화국'임을 대외에 천명했다. 이 표현은 200년이 훨씬 지난 2003년 9월에 시라크 대통령이 만든 '스타지 위원회'(Commission Stasi)의 발언대에 선 프랑수아 피용(François Fillon) 당시 사회부장관의 발언에 잘 나타나 있다. 공화국은 "특정한 종교나 개인 혹은 어떤 공동체가 분열시킬 수 없는 하나의 완전한 실체"[69]라는 것이 그것이다.

이처럼, 소수집단에 대한 거부는 단순한 차별이나 냉소주의가 아니라 '분리될 수 없는 국가'라는 철학에서 비롯된다. 프랑스인들은 사회를 다양한 이익집단들의 연합이라고 생각하지 않는다. 출신, 인종, 종교뿐만 아니라 성(性), 성적 취향 등을 불문하고 각 시민을 추상적이고 보편적인 개인으로 취급하는 공정한 국가가 곧 사회라고 믿는다. 따라서 프랑스인들에게 어떤 형태로든 하위집단을 인정하는 것은 인간의 평등함을 훼손하는 행위이다. "일반적으로 볼 때, 프랑스에서 공통의 정체성을 바탕으로 결성된 특수집단은 부조리한 집단으로 인식된다."[70]

그러므로 프랑스공화국은 '민족마다 다른 다양한 문화나 언어를 단일한 문화나 언어로 동화시키지 않고 공존시켜 서로 존중하는 것을 목적'으로 하는 다문화주의를 공동체주의라고 하며 배격한다. 즉 이민자들을 프랑스공화국 시민으로 통합시키려는 시도를 절대 포기하지 않는 것이다. 이민자들은 그들이 프랑스공화국에 참여하기로 한 이상 '프랑스공화국의 시민'이 되어야 하는 것이다. 여기서 공화국에 대한 통합의 여부란

69 *Le Monde* du 16 septembre 2003.
70 에드먼드 화이트, 『게으른 산책자』, 강주헌 옮김(효형출판, 2004), pp. 213~214.

프랑스어의 사용 능력과 프랑스공화국의 기본원칙에 대한 이해도라고 법으로 규정된다.[71] 그렇지만 과거 유럽계 이민자와 비교했을 때, 무슬림이 대부분인 새로운 이민자들은 상대적으로 프랑스공화국의 기대에 크게 부응하지는 못하고 있다. 그들은 주류 프랑스인들과 다른 문화를 영위함으로써, 그들만의 '게토'에 빠져들 경향이 다분히 존재하기 때문이다.

크게 보아, 프랑스에서 태어난 대략 20%의 사람이 적어도 한 명의 이민자 아버지 혹은 할아버지를 모시고 있으며, 만일 여기에 증조부와 프랑스 영토 밖에서 태어난 프랑스 인구를 덧붙인다면, 이들은 프랑스 총인구의 3분의 1에 육박할 것이다.[72] 그렇지만 이들 대다수는 이미 프랑스 국적을 취득했고, 2006년을 기준으로 볼 때, 프랑스는 공식적으로 약 320만 명의 외국인(430만의 이민자)[73]만을 갖고 있는 나라이다.[74] 이 수는 프랑스 전체 인구의 약 7%에 해당된다. 그런데 오늘날의 이민문제를 생각할 때 중요한 것은 단지 이민자의 수에 있지 않다. 프랑스에서는 '이민자' 하면 곧 무슬림이민자를 의미한다.[75]

오늘날 전체 인구 가운데 상당한 비율을 차지하고 있는 프랑스 이민자

---

71 크리스챤 욥커, 「서구 유럽 이민사 통합정책의 변모: 네덜란드, 프랑스, 독일의 시민통합과 반차별 정책」, 『호모미그란스』 창간호(2009. 11), p. 129.

72 박단, 「프랑스 이민사 개관 및 연구동향」, 『서양사론』 64호(2000년 3월), p. 118.

73 Catherine Withol de Wenden, "Les flux migratoires: la France de 2006 n'a plus rien à voir avec celle de 1974", Martin Aubry(ed.), *Immigration, Comprendre, Construire!* (Editions de l'Aube, 2006), pp. 50~51.

74 Julien Boeldieu et Catherine Borrel, "La population immigrée en France: Combien d'immigrés en France?", Jean-Luc Richard(ed.), *Les immigrés dans la société française*(La Documentation française, 2005), p. 21.

75 Yvan Gastaut, *L'immigration et l'opinion en France sous la Ve République*(Seuil, 2000), p. 71.

들은 알제리를 위시한 마그레브 출신이 그 대부분을 차지하고 있으며, 이들은 종교 문화적으로 주류 프랑스인과 다르다고 평가된다. 앞에서도 살펴보았듯이, 비록 프랑스에서 태어난 이민자 2, 3세들이 상당히 세속화 되었다는 사실을 부인하기 어렵더라도, 주류 프랑스인이 보기에 이들이 프랑스인으로 통합되는 데에는 여전히 많은 어려움을 갖고 있는 것으로 보이는 것이다.

예를 들어, 가족관계, 여성의 권리 등은 무슬림들과 주류 프랑스인의 경우 확연히 다르기 때문에 쉽게 바뀔 수 있는 부분이 아니다. 프랑스인들의 눈에 일부다처제와 비록 일부의 사례이긴 하지만 여성 할례, 미성년자의 결혼 등[76]이 비정상적으로 보이는 만큼이나, 프랑스에서의 평등하고 독립적인 여성은 무슬림들의 눈에는 '야만적으로' 보인다.[77] 프랑스 가족은 기본적으로 개인주의적 평등주의에 기반하고 있는 데 비해서 이슬람 사회의 가족은 위계형의 가족이다. 인류학적으로 이슬람의 가족 시스템은 공동체적이며 부계적인 성향이 강하게 남아 있고 또한 동족 혼인의 전통도 가지고 있다.[78] 비록 많이 바뀌기는 하였지만, 터키 출신 이민자의 78.6%, 알제리 출신의 48.8%, 모로코 출신의 59.4%, 튀니지 출신의 47.4%, 그 외 아프리카 국가 출신의 47.4%가 여전히 동족끼리 혼인을 하고 있다.[79] 동족 혼인의 전통은 비단 프랑스 사회와 다르다는 것으로 그치는 것이 아니라 자신들의 문화와 가치를 지속적으로 전수하

76 Manuel Boucher, p. 43.

77 Dominique Maillard, "The Muslims in France and the French Model of Integration", *Mediterranean Quarterly*, vol. 16, no. 1(Winter, 2005), pp. 70~73.

78 *Ibid.*, pp. 71~72.

79 INSEE, Les immigrés en France(2005); 김민정, pp. 21~22에서 재인용. 사실 이러한 동족결혼 풍습은 아시아계에서도 상당히 높다. 캄보디아 60.6%, 라오스 60.2%, 베트남 44% 등에서도 높은 비율을 볼 수 있다.

는 매개가 되며 프랑스 사회에 더욱 동화되기 어렵게 만드는 요인이 되기도 한다.[80] 하지만, 앞 절에서 살펴보았듯이 프랑스에서 태어나고 프랑스에서 교육을 받은 이민 2세들은 부모의 강요된 결혼에 반대해서 심각한 가정불화를 겪는 경우도 많다.[81]

다시 한 번 강조하지만, 이와 같은 무슬림이민자, 특히 2세 가운데에는 프랑스의 문화에 상당 수준 동화된 자들도 있으며, 점차 그러한 경향을 띠고 있다. 하지만, 프랑스인들의 눈에 그들 대다수가 여전히 자신들의 문화를 고집하는 '무슬림 공동체주의자들'로 보인다는 것이 문제이다. 이러한 상황에서 프랑스는 그들과 '다르게 함께 살 것'인가 아니면 '이들을 공화국시민으로 통합시킬 것인가'를 고민하게 된다. 비록 프랑스가 여전히 단일한 공화국을 추구한다고 하지만, 프랑스 내에서조차 공화주의적 통합모델에 도전하는 흐름도 만만치 않다.

예를 들어, 이 책의 제3장에서 지적하였듯이 비록 입법화되지는 못했지만 우리는 '스타지 위원회'의 보고서에 체계적으로 수록되어 있는 '다를 권리'와 관련된 주장을 눈여겨볼 수 있다. "단체급식을 하는 곳에서 특정 종교에 의해 금기시된 음식을 대체할 수 있는 메뉴를 제공하고, 특정 종교가 요구하는 장례절차를 고려하며, 군대나 교도소에 이맘을 배치하는 것", 또한 "가톨릭 이외 다른 종교의 주요 축제일, 즉 이슬람의 아이드 엘 케비르나 유대교의 대속죄의 날 등과 같은 날들을 모든 공립학교에서는 휴교일로 정하고, 기업에서는 주어진 휴가기간의 한도 내에서 이때 휴가를 사용하는 것을 허용하는 것" 등이 그것이다. 이 보고서는

80 김민정, p. 20.

81 사르코지는 인종적 근친혼을 씨족 질서에 따른 공동체주의라고 비난한 바 있다. 크리스챤 욥커, 같은 글.

특히 교육정책에 관해서 "국립 이슬람학교의 설립, 프랑스 내 이민자집단의 모국어라고 할 수 있는 아랍어, 쿠르드어, 베르베르어 교육 프로그램의 실천"을 주장하기도 한다.[82]

이러한 징조는 단지 무슬림이민자와의 관계에서만 일어나지 않았다. 이러한 경향은 미묘하게나마 이미 곳곳에서 노출된 바 있다. "프랑스어는 프랑스공화국의 언어"라는 정책에서도 일부 이와 관련된 움직임이 보인다. "하나의 국가, 하나의 국민, 하나의 언어"가 논란이 많은 '다언어주의' 정책으로 조심스럽게 변화되고 있는 것이다. 학생들이 선택할 수 있는 두 개의 외국어 가운데 하나를 지방어(코르스[Corse], 브르타뉴[Bretagne], 바스크[Basque], 알자스-로렌[Alsace-Lorraine])로 대체해 선택할 수 있게 된 것은 분명 '단일한 공화국'이라는 정신의 후퇴로 여겨질 수도 있다. 2001년에 코르스 주민들이 유치원에서부터 자신들의 언어를 가르칠 수 있게 된 것도 이러한 추세를 반영한다고 하겠다.[83] 뿐만 아니라, 프랑스는 1972년 7월 1일에 채택된 플르방 법(loi Pleven)[84]을 통해 인종차별적 발언을 금지한 바 있고, 이 법을 한층 강화한 1990년에 게소 법(loi Gayssot)을 통해 유대인 홀로코스트를 부정하는 경우, 즉 홀로코스트의 규모나 실제에 이의를 제기하는 경우 처벌할 수 있게 함으로써[85] 의사표현의 자유를 제한한 바 있다. 이 두 법은 시민들의

---

82 김정희, 「히잡사건을 통해 본 프랑스의 보편주의와 다문화주의」, pp. 559~561.

83 최애영, 「하나의 국가, 하나의 국민, 하나의 언어: 프랑스어」, 『프랑스: 하나 그리고 여럿』, 서울대학교 불어문화권연구소(도서출판 강, 2004), pp. 200~205.

84 특정 종족, 민족, 인종, 종교에 소속되었다는 혹은 소속되지 않았다는 이유로 특정인이나 특정 그룹에 가해진 차별, 증오 및 중상에 대하여는 1년의 징역이나 30만 프랑의 벌금을 부과할 수 있다는 내용. http://www.phdn.org/negation/gayssot/pleven.html (검색일: 2009. 4. 15)

85 Ce que l'on désigne communément par≪négationnisme≫, à savoir la contestation de

자유를 실현하는 틀인 정치공동체의 보호를 위해 의사표현의 자유를 제한했다는 점에서 공화주의적이기는 하지만, 결국 법의 보호 대상이 되는 특정 소수인종, 종교, 문화집단의 존재를 인정하고 있다는 점에서 법 앞에 평등한 개인 이외의 모든 중간집단을 인정하지 않는 공화주의의 원칙과는 모순된다.[86]

지금까지 여기서 예를 든 것은 '단일하고 분리될 수 없는 공화국'이라는 원칙과 배치될 수 있는 것들이다. 한 국가가 엄격한 의미에서의 보편주의적 동화주의 정책 혹은 다문화주의 정책만을 취하는 것은 가능하지 않다. 사르코지 대통령도 비록 2007년에 대통령 유세에서 자신이 가장 경계해야 할 것으로 지적했음에도 불구하고 이러한 현실을 뒷받침하기 위하여 '공동체주의 방식'으로 생각될 수 있는 다양한 방식을 이민정책에 도입하고 있다. 2007년에 대통령에 당선된 후, 민족정체성과 이민 및 통합을 담당하는 부처를 처음으로 신설함으로써, 프랑스에 공식적으로 이민이 존재함을 인정하는 효과를 가져왔다. 그는 2008년에 "다양성은 모든 이들에게 좋은 것"이라고 천명[87]했을 뿐만 아니라, 다양성의 가치를 헌법 전문에 포함시키자고 제안하기까지 하였다.[88] 2008년 말에는 인종에 바탕을 둔 통계 작성의 필요성을 공개적으로 강조함으로써 그동안 법으로 금지된 인종에 따른 통계조사 가능성 여부를 열어놓았다. 프랑스 정부의 '다양성 및 기회평등 위원회'(Commissaire à la diversité

---

l'ampleur ou de la réalité du génocide juif, tombe clairement sous le coup de cette loi. http://www.phdn.org/negation/gayssot/24bis.html (검색일: 2009. 4. 15)

86 Karen Bird, "Racist Speech or Free Speech? A Comparison of the Law in France and the United States", *Comparative Politics*, vol. 32, no. 4(2000), pp. 399~418. 김남국, 「영국과 프랑스에서 정치와 종교: 루시디 사건과 헤드스카프 논쟁을 중심으로」, p. 358에서 재인용.

87 『르몽드 디플로마티크』(이하 한글판) 2009년 3월호.

88 같은 글.

et à l'égalité des chances) 위원인 야지드 사베그(Yazid Sabeg)가 2009년 3월 초, 프랑스 국민의 인종구성비(statistiques ethniques)와 종교적 성향을 조사하기 위해 관련 위원회를 출범시킨다고 밝힌 것은 대통령의 앞선 발언과 무관하지 않은 것이다.[89] '존재하고 있는 다양한 인종, 이민자'를 계속 부인만 할 것이 아니라, 현실을 직시하여 그 구체적인 통계를 작성하는 것이 그동안 야기되어온 각종 문제를 해결할 수 있는 선결과제임을 인정한 것이다.[90] 이제 "단일하고 분리될 수 없는 공화국"은 그 자체로 의미가 다시 해석되어야 할 때가 온 것 같다. 이질적 문화의 소유자가 대규모로 프랑스 국민이 되고 있는 만큼 진정 '분리될 수 있는 공화국'이 되든지 아니면 정교한 논리에 의해 공화국의 틀을 확장시키는 방법, 두 가지가 새로이 제시될 뿐이다.

3) 라이크적 공화국?

"라이크적 공화국"이란 무엇인가? 공화국 질서의 설립 원칙인 국가의 라이시테(laïcité) 원칙, 즉 공화국은 모든 종교에 대해 중립적인 입장을 취할 것과 모든 시민의 평등, 즉 남성과 여성의 평등을 포함해 모든 사람의 기회의 평등을 확인하는 것이다.[91] 이러한 원칙을 고려할 때, 프랑스 사회에 이슬람이 정착하는 것과 관련하여 공화국은 특정 종교에 혜택을 줄 수 없는 것과 마찬가지로 불이익을 줄 수도 없다.

---

89 *Le Monde* du 7 mars 2009.

90 이 보고서는 대통령에게 5월 7일에 제출될 예정이라고 에릭 베송(Eric Besson) 이민부장관이 밝힘으로써, 이 내용이 정부의 주요 정책과 무관하지 않음을 보여주었다. *Le Point* du 10 avril 2009.

91 Francesca Cianciosi, Francesca Cianciosi, "L'Actualité d'un modèle d'intégration", in Vincent Ferry, Piero-D. Galloro et Gérard Noiriel, *20 ans de discours ...*, p. 215.

이러한 원칙을 새삼스레 다시 부각시킨 사건이 우리에게 익히 알려진 '히잡 사건'이다. 공화국은 공적 영역, 예를 들면 공립학교에서 특정 종교의 선동 선전행위가 이루어지지 않도록 노력해야 하는데, 공화국의 원칙을 위반한 것으로 보인 사건이 바로 무슬림 여중생들의 공립학교 내 히잡 착용이다. 이는 학교 내 특정 종교의 침입이라는 주장이 있지만, 반대로 모든 사람이 학교에 접근하는 것을 보장하는 문제, 즉 이슬람 문화에 속한 소녀들에게 공화국 가치에 접근하는 것을 보장하지 못하는 문제도 함께 제기되었다.[92]

이러한 문제와 관련하여 앞에서도 언급되었듯이 프랑스공화국이 가장 커다란 어려움에 처한 사건이 1989년 가을에 파리 북쪽 크레유(Creil)의 한 중학교에서 시작되어 전국적으로 확산된 '히잡 사건'이다. 이 사건은 몇 년간의 논쟁을 거쳐 마침내 '라이크적인 공화국'을 천명하는 2004년 3월 15일의 법, '종교적 상징 착용 금지법'[93]으로 일단락되었다. 이 법이 양원에서 채택되기까지는 2003년 7월 3일에 자크 시라크 당시 대통령의 요구에 따라 '공화국에서 정교분리 원칙의 적용'을 심의한 20명의 위원(위원장 베르나르 스타지[Bernard Stasi])[94]이 내놓은 최종 보고서[95]가 커다란 역할을 하였음은 이미 지적한 바 있다. 이 보고서가 프랑스는 '라이크적인 공화국'임을 선언하였음은 물론이다.

이와 같이 무슬림이민자들과 관련하여 프랑스공화국의 라이시테 원

---

92 Vincent Ferry, Oreste Sacchelli, "20 ans de discours sur l'intégration", in Vincent Ferry, Piero-D. Galloro et Gérard Noiriel, *20 ans de discours* ..., p. 12.

93 *Journal Officiel* 118 du 22 mai 2004.

94 *Le Monde* du 10 septembre 2003.

95 Bernard Statsi(commission présidée par), *Rapport au Président de la République: Laïcité et République*(La Documentation Française, 2004).

칙이 재천명되었지만, 한 번 불거진 라이시테 문제는 쉽게 사그라지지 않았다. 이를 기회로 그동안 숨죽이고 있던 무슬림이민자들의 종교 활동의 자유와 관련된 많은 일들이 터져 나왔다.

우선적으로 '히잡 사건' 자체만 해도 그렇다. 실제 '출신, 인종, 종교의 구분 없이 법 앞에 평등하다'는 공화국 정신이 이들 이슬람 신자들에게까지 공정하게 적용되었다고 보기는 어렵다. 프랑스인들은 무슬림이민자들이 본격적으로 정착하면서 이들을 일종의 '침입자'로 간주하기 시작하였다. 반면, 무슬림이민자 입장에서는 '히잡 사건'의 경우, 공화국이 자신들을 차별한 것으로, '커다란 십자가'와 유대인이 쓰는 '키파'와 같은 종교적 상징물 착용은 공화국이 그동안 문제 삼지 않았으면서 유독 이슬람의 상징인 히잡만을 문제 삼았다고 본 것이다.

때맞추어, 당시 경제부장관이었던 사르코지는 프랑스의 무슬림들을 위해 국가 혹은 지방자치단체가 모스크(이슬람 사원) 건설을 지원하고, 이맘의 양성을 위해 이슬람 신학교 설립을 재정적으로 지원하자는 주장을 하였다. 이는 1905년에 정교분리법 제2조의 개정이 필요한 사항인데, 그는 법의 수정을 통해서라도 이러한 지원이 필요하다고 강조한 바 있다. 이는 프랑스의 주요 정치인으로, 그의 위상을 볼 때 더욱 커다란 파장을 일으킬 만하였다. 그는 당시 2007년의 대통령선거에서 집권당(UMP) 대통령 후보로 선택될 가장 유력한 인물이었기 때문이다. 더욱이 그 시점이 정교분리법안이 채택된 지 100주년이 되는 해였다. 100주년에 대한 의의를 되새겨 기념해야 할 시점에 프랑스에서 사르코지의 발언 등으로 그 어느 때보다도 1905년 법안의 수정에 대한 논란이 뜨거워졌다. 사르코지는 자신의 저서 『공화국, 종교 그리고 희망』(2004)에서 1905년의 법, 특히 '국가는 어떠한 종교에도 재정 지원할 수 없다'는 법[96]의 수정을 희망하였다. 이는 즉각적으로 여론의 커다란 반향을 불러일으킨

동시에 대통령을 비롯한 대다수 정치인, 지식인들의 반대를 불러왔다.

사실, 사르코지의 이러한 제안은 그 자체의 역사를 가지고 있다. 그의 제안은 1980년대 이후 프랑스가 안고 있는 무슬림 이민의 통합문제와 연관이 매우 깊다. 프랑스에서는 현재 많은 무슬림들이 자신들의 적절한 기도소를 갖고 있지 못한데, 이는 단지 기도소의 유무와 연관되는 것만은 아니다. 앞서 언급한 대로, 많은 무슬림 여성들이 히잡을 쓰고 다님으로써 '차별'을 받고 있으며, 공무원 혹은 사기업 직원들도 그들의 '옷차림'으로 인하여 '억압'을 받는 사례가 늘고 있다. 뿐만 아니라 도시 근교에 거주하는 많은 무슬림들, 그리고 그 2세들은 평균보다 높은 실업에 허덕이며 점점 극단적 이슬람에 경도되고 있다. 2002년부터 약 2년간 내무부장관을 지낸 사르코지는 이러한 현실 인식을 바탕으로 현재의 무슬림이민자의 문제점을 타개할 하나의 방책으로서 국가의 적극적 개입을 주장한 것이다. 그는 우선 여러 논란에도 불구하고 프랑스 내에 다양한 세력으로 분열되어 있는 이슬람 단체들의 대표체를 구성하였다. 다음으로 그는 이슬람을 프랑스 제2의 종교에 걸맞은 대우를 위해 국가가 이슬람 사원 건설에 재정적으로 지원하기를 희망하였다. 그러나 이러한 문제는 앞서 지적했듯이 1905년 법에 대한 수정이 뒤따르지 않고는 해결될 수 없는 일이다. 이 법의 수정을 둘러싼 논의가 거세지는 것은 명약관화하다.

'라이크적인 공화국'은 공화국의 주요 원칙 가운데 하나이다. 대부분의 프랑스인들에게 공화국은 우리가 생각하는 것 이상으로 하나의 '종교'이며 '삶' 자체이다. 이러한 현실에서 공화국보다 종교를 우선시 하는

96 dans l'article 2 de la loi du 9 décembre 1905, concernant la séparation des Eglises et de l'Etat(≪La République ne reconnaît, ne salarie, ni ne subventionne aucun culte≫).

것처럼 보이는 사르코지의 발언은 많은 반대 논의를 불러일으킬 수밖에 없다. 그것은 19세기 말 교권주의자들과 투쟁하면서 공화주의자들이 느낀 '공화국의 위기'를 다시 돌아보게 하는 것이다.

그러면 사르코지는 좌우 정파를 떠나 최근 어떠한 정치인도 감히 적극적으로 주장하지 못한 이러한 내용을 왜 개진하였는가? 이러한 사르코지의 행동을 그의 대권행보와 연계시켜본 해석도 흥미롭다. 그가 이슬람 우대 정책을 강조한 『공화국, 종교, 그리고 희망』에서 자신이 독실한 가톨릭임을 강조한 부분이나, "프랑스에서 한때 반유대적 행위에 대해 엄격한 조치를 취하지 않은 적이 있다"고 과거 조스팽 사회당 정권을 비난함으로써 유대계의 환심을 샀던 행위들이 순수한 행위로만 보이지는 않는 것이다. 사회당 의원인 마뉘엘 발스(Manuel Valls)는 "사르코지는 프랑스 국민을 가톨릭국민, 이슬람국민, 유대교국민으로 갈라서 표를 일구고 있다"고 비난하였다. 과연, 사르코지는 '단일하고, 분리될 수 없는 공화국' 국민을 여럿으로 나누어 자신의 지지자로 만드는 고도의 정치술수를 쓴 것인가? 이를 위해 '라이크적인 공화국'의 원칙을 논쟁 속으로 빠뜨리는 위험을 감수한 것인가? 앞서 제기되었던 '분리 가능한 공화국' 문제를 생각해보면, 그의 이러한 발언이 단지 얕은 정치술수만은 아닌 것으로 보인다. '평등한' 공화국을 위해 그가 행한 여러 조치들을 통해 그의 구체적 입장을 조금 더 살펴보자.

4) '평등한' 공화국?

"출신, 인종, 종교의 구분 없이 모든 시민이 법 앞에 평등한 공화국"은 무엇인가? 프랑스는 이 원칙을 실현하기 위해 심지어 인구조사 때 인종에 바탕을 둔 센서스를 미국이나 영국과 달리 지금껏 시행하지 않아왔다. 앞서 언급한 대로 인종 통계를 바탕으로 하는 새로운 인구조사

형태를 시행하려는 의도에 대해 2009년 3월에 '차별반대 및 평등수호 투쟁 고위위원회'(Haute autorité française de lutte contre les discriminations et pour l'égalité) 회장인 루이 슈바이처(Louis Schweitzer)를 비롯한 많은 시민사회단체들이 "이 땅에는 오직 하나의 인종만 있을 뿐"이라며 인종별 통계 작성을 소리 높여 반대하고 있다. 이는 비단 사회단체뿐만 아니다. 도시정책 담당 장관인 파델라 아마라(Fadela Amara)도 "프랑스가 여러 인종집단을 긁어모아 만든 나라로 전락해서는 안 된다"고 하였으며, 전 국무총리이자 2011년 외무부장관을 지낸 알랭 쥐페(Alain Juppé)도 새로운 인구센서스 방식에 반대하며, 더 나아가 긍정적 차별정책에도 명확히 반대한다는 입장을 밝혔다.[97]

이렇게 볼 때, 작금의 프랑스 사회에서 가장 뜨거운 논쟁 중 하나가 인종에 바탕을 둔 인구센서스 시행 여부이다. 긍정적 차별을 적절하게 시행하기 위해서는 그 기반으로서 인종에 따른 인구통계가 존재해야 하기 때문이다. 그런데 사실 긍정적 차별에 대한 논쟁은 이미 사르코지가 불을 지펴놓았었다. 사르코지는 2004년 1월에 쥐라 도(道)의 도지사에 알제리 출신 교수를 임명함으로써 모든 사람을 놀라게 하였다. 그는 당시 내무부장관으로서 '평등한 공화국'을 실현시키는 방법으로 알제리계 교수를 도지사에 임명하였다. 이는 명백히 긍정적 차별정책으로 보였다.[98]

이 '사건' 이전부터 혹은 이후에도 '소수 세력'을 인정하는 긍정적 차별이라고 불릴 만한 조치들은 여럿 있었다. 단지 공화국 원칙에 어긋나는 이 조치를 공개적으로 주장할 수 없었을 뿐이다. 예를 들면, 1980년대

---

97 *Libération* du 30 mars 2009.

98 *Le Monde* du 10 janvier 2004.

초반, 사회당 정권에 의해 시행되기 시작한 교육우선지역(ZEP) 정책도 긍정적 차별정책의 일종이다.[99] 이 책의 5장에서도 언급되었던 이 정책은 그 선정 기준이 사회경제적으로 어려운 지역으로 정의되긴 했지만 실제적으로는 이민자 거주지역을 대상으로 선정된 것이다. ZEP으로 선정된 지역은 불평등을 교정하기 위해 더 많은 교육자원을 공급받게 되었다. 1990년대에는, 도시정책의 차원에서, 이민자들이 특히 많이 거주하는 곳을 산업지역으로 선정하여 그 지역은 세금 감면이나 면제해택을 부여하였고, 1995년부터는 이 지역 출신 젊은이들에 대한 고용조건을 유리하게 책정하기도 했다. 또한 공직 고용기회와 관련해서는, 2000년부터 어려움에 처한 특정 지역 거주자를 대상으로 공직에 진출하는 데 필요한 시험을 통과하기 위한 특별 준비수업을 실시하기도 했다.[100] 명백히 긍정적 차별이라고 불릴 만한 정책들이다. 그러면, 왜 이러한 조치들이 나타나게 되었을까? 그것은 "출신, 인종, 종교의 구분 없이 모든 시민이 법 앞에 평등하다"는 공화국의 원칙이 새로운 이민자들 앞에서는 너무 추상적이고 이상적이어서 현실과 동떨어져 있기 때문은 아닌가? 단적으로 말해서 프랑스에서는 그동안 평등이라는 추상적 이념이 사회 곳곳에 실재하는 차별을 해소할 손발을 묶어버리고 있지는 않았는가? 프랑스식 통합모델이 무슬림이민자를 만나서는 더 이상 제 기능을 다하지 못하고 있다는 인식이 강하다. 이것은 공화주의 모델이 현실과 맞지 않으며, 극단적으로는 수정될 필요가 있을 수도 있다는 것을 보여주었다.

사실 무슬림이민자들을 만나기 전에도 '평등한 공화국'에 의문점은

---

99 *La Discrimination positive en France et dans le Monde*, Actes du colloque international organisé les 5 et 6 mars 2002 à Paris(CNDP, 2003), pp. 6~8.

100 크리스챤 욥커, 같은 글.

있었다. 이민이라는 최근의 특징 혹은 종교 문화적 차이와 연관된 문제로만 보는 것은 더 이상 적절하지 않다. 해외 영토의 프랑스인은 이민자가 아니고 최근 프랑스인이 된 경우도 아니다. 그들은 대부분 가톨릭 신자인데도, 프랑스 사회의 지도층에는 거의 포함되지 않는다. 또한 일부 직종에 취업하는 데에 차별을 당하는 것은 최근 아프리카에서 도착한 사람들, 무슬림이민자뿐만 아니라, 이들 해외 영토 출신의 유색 프랑스인들도 마찬가지이다.[101]

'출신, 인종, 종교의 구분 없이 평등'해야 하는 공화국에서 평등한 대접을 받지 못한 이들의 고용차별에 대한 통계를 살펴보자. '영광의 30년' 직후인 1975년과 1990년 사이에 마그레브 이민자 출신의 16~29세 청년들의 전반적인 상황은 악화되었다. 1975년에 실업자가 9~15%, 1982년에는 19~38%, 1990년에는 34~45%였다. 1990년에 알제리 출신의 24~29세 사이의 청년 실업률은 약 35%인 반면, 포르투갈 청년의 실업률은 12%였다. 15~24세 사이의 취업 가능 청년으로 유럽연합 출신이 아닌 자는 실업에 가장 많이 노출된 집단이었다. "최근 15년간 그들 가운데 37~50%가 실업상태에 있었다."[102]

이처럼 이들의 실업률이 높은 이유는 두 가지로 정리될 수 있을 것이다. 앞에서도 여러 차례 지적하였듯이, 일단 마그레브 출신의 젊은이들이 다른 젊은이들보다 학교를 제대로 마치지 못한 비율이 높다는 점을 지적하자. 고등교육기관에서 학업을 이수한 사람 가운데 단지 54%만이 졸업을 할 수 있었다. 이들이 취업하는 데 이와 같은 낮은 학력은 분명

---

101 Patrick Weil, *La République et sa diversité: Immigration, intégration, discrimination*(Seuil, 2005), p. 77.

102 *Ibid*., pp. 78~79.

각별한 어려움이 될 수 있다. 1995년에 취업 가능 인구 가운데 26.5%의 남성과 36%의 여성이 실업 상태에 있었다.[103] 이는 프랑스 전체 인구의 남성 실업률 9.8% 및 이민자 실업률 18.8%, 프랑스 전체 인구의 여성 실업률 13.9% 및 이민자 실업률 21.8%를 훨씬 상회하는 수치이다.[104] 일반적으로 학교는 이민 2세대와 프랑스공화국 사이의 중요한 연결고리[105]로 간주되는데, 이처럼 낮은 진학률은 높은 실업률과 직결될 수 있다.

그러면 이들의 높은 실업률을 전부 낮은 진학률의 탓으로 돌릴 수 있는가? 그럴 수 있다면 이러한 현상만으로 '평등한 공화국'을 비난할 수는 없지 않은가? 이들의 낮은 고용에는 또 다른 원인, 즉 마그레브인에 대한 차별을 들 수 있다. 2004년에 파리 1대학의 '차별연구소' 소속 아마디유(Jean-François Amadieu)에 의해 시행된 설문조사를 살펴보자. 총 258개의 구직 자리에 서로 다른 CV(이력서)를 보내 그 반응을 테스트하였다. 이 실험으로 밝혀진 바에 따르면, 백인이며, 파리에 사는 남자는 75개 기업에서 면접통지를 받았던 반면, 대표적 방리유인 파리 서쪽 망트-라-졸리(Mantes-la-Jolie)에 사는 같은 이력의 남자는 45개 기업에서만 면접통지를 받았고, 성이나 이름이 마그레브인으로 보인 경우에는 14개 기업, 장애인인 경우 5개 기업에서만 통지를 받았다.[106] 이 실험을

103 Ahsène Zehraoui, "Les Algériens, de l'immigration à l'installation", Philippe Dewitte(s.d.), *Immigration et intégration l'état des savoirs*(Editions la Découverte, 1999), p. 124.

104 출전 INSEE, *Jean-Pierre Obin et Annette Obin-Coulon, Immigration et Intégration*(Hachette, 1999), p. 41.

105 Abdel Aissou, Les Beurs, *l'Ecole et la France*(L'Harmattan, 1987), p. 7.

106 Jean-François Amadieu, *Enquête testing sur CV*(réalisée sur 258 entreprises), Université de Paris 1, Observatoire des Discriminations, avril-mai 2004; Patrick Weil, *La République et sa diversité: Immigration, intégration, discrimination*(Seuil, 2005), pp. 78~79에서

통해 사람들은 무슬림이민자들이 새로운 사회에 적응하는 데 얼마나 어려움을 겪는지 알 수 있었다. 그렇지 않아도 무슬림이라는 이들의 종교 문화적 정체성이 프랑스 사회로의 통합에 장애가 되는 현실에서 이와 같은 취업의 어려움은 그러한 측면을 배가시켰다고 볼 수 있다. 높은 실업률이 개선되고 있지 않은 현실에서, 일자리를 찾아 헤매는 이민자들은 프랑스인들에게는 극우파의 표현대로 '사회 안전을 해치는 이들'로서 '가까이 하고 싶지 않은 자'가 되어가고 있었는지도 모른다.[107]

2006년 3월에 '최초고용계약제도'(Contrats de Première Embauche: CPE)가 수습과 비정규의 악순환을 벗어나지 못하고 있는 저학력의 소외지역 거주자인 청년들에게 정규직의 길을 열어주려는 취지에서 도입되었으나, 학생들과 노조의 반발로 폐지된 바 있다.[108] 이 계약제도는 이민자와 주류 프랑스인 혹은 인종 등의 구별 없이 모든 젊은이들의 실업을 해결하려는 목적에서 나온 발상으로 해석될 수도 있지만, 2005년 가을에 소요사태를 겪은 후 프랑스 정부가 특히 이민자 2, 3세대 청소년들의 취업률을 높이려고 고안한 고육지책으로 볼 수도 있을 것이다. 프랑스는 '단일하고, 평등한 공화국'이기에 특정 '소수집단'만을 위한 정책, 즉 긍정적 차별정책을 공개적으로 시행하기 힘든 한계가 있기 때문이다. 사실,

---

재인용.

107 이들은 더 이상 노동계급이 아니라 위험한 계급이라고 표현되기도 한다. Catherine Withol de Wenden, "Les Jeunes issus de l'immigration, entre intégration culturelle et exclusion sociale", Philippe Dewitte(s.d.), *Immigration et intégration l'état des savoirs*(Editions la Découverte, 1999), pp. 232~236.

108 CPE는 20인 이하 소규모 사업장의 경우 26세 미만 청년층의 채용 이후 2년 내에 해고를 자유롭게 함으로써 실질적인 고용기회를 창출하도록 하는 제도이다. 이에 대해서는 이학수, 「신자유주의와 프랑스의 청년들」, 『역사와 문화』 12호(2006년 9월)의 논문을 참조할 수 있다.

프랑스에서는 이미 고용 부문에서의 인종차별 문제를 해소하기 위해서 2005년 이전부터 다양한 제도를 강화해오고 있었으며, 1998년 이후 각종 공공 민간기관들과 인종차별 퇴치 협정을 체결하여, 협정 당사자에게 인종차별 퇴치의 구체적인 방법들을 제시하고, '통합과 차별퇴치 지원기금'(Fonds d'Action et de Soutien pour l'Intégration et la Lutte contre les Discriminations, FASILD)을 통해 재정의 일부를 지원하기도 하였다.[109]

그러나 앞서 지적하였듯이 이러한 노력들은 그 결실을 맺지 못하였다. 구체적으로 어떤 '인종'이 어느 분야에서 얼마나 일을 하고 있고, 어느 '인종'이 일을 하고 있지 못한지에 대한 통계를 작성하지 못함으로써, 효율적인 처방책을 내놓을 수 없었던 것이다. 즉 이민자의 고용문제를 효율적으로 해결하려면, 실제 인종별로 차별받는 범위를 파악하고 그에 맞게 조치를 취해야 하는 데에도 불구하고, 단순히 기회의 균등을 내세우는 데 그친 것이다. '인종별' 인구센서스를 작성하고, 그에 맞는 긍정적 차별정책을 폄으로써 이민자들(혹은 특정 인종)의 실업문제를 해결하는 것이 가능하다는 생각은 나오지 않았다. 그러한 방법은 논리적으로 '출신, 인종, 종교의 구분 없이 평등한' 공화국이라는 명제와 부합하지 않을 수 있기 때문이다. '평등한 공화국'과 '소수의 정체성'을 인정하는 긍정적 차별[110]은 상호 모순관계에 있는가? 혹시 긍정적 차별정책이 '평등한 공화국'이 실현하려는 '평등'을 오히려 더 잘 실현할 수 있는 효과적인 방법은 아닌가? 그렇지 않으면, 이를 '차이의 인정'을 고착화시키는 새로운 공화주의 모델의 출현으로 봐야 하는가?

---

109 한승준, 「프랑스 동화주의 다문화정책의 위기와 재편에 관한 연구」, 『한국행정학보』 제42권 제3호(2008, 가을), pp. 478~479.

110 사회당의 마뉘엘 발스(Manuel Valls) 의원은 "긍정적 차별은 <소수민족우대정책>과 달리, 계층, 지역에 대한 우대도 포함되어야 한다!"라고 주장하였다.

사르코지가 추진하고 있는 여러 정책들은 분명 긍정적 차별을 인정하는 방향으로 나아가고 있다. 앞서 언급한 인종에 바탕을 둔 인구센서스 도입 고려는 이 정책의 근본적 기반이 될 수 있다. 공화주의 원칙에 따르면, 공화국의 가치에 찬동하는 사람은 모두 공화국시민이 될 수 있게 하고, 또 진정 프랑스인으로 대우받아야 한다. 그럼으로써 새로운 이민자들은 당연히 기존 프랑스인과 차별받지 않는 공화국시민이 되는 것이다. 그렇지만 현실에서는 이 원칙이 제대로 기능하지 못하였다. 사르코지 대통령은 공화주의의 이상보다는 현실문제의 타개를 목표로 하였으며, 비록 그 방식이 '소수'의 정체성을 인정하는 방식이라고 하더라도 그것이 실질적인 평등을 가져오는 데 더 효과적이라면, 그것이 바로 '평등한 공화국'의 원칙에 부합하는 것이라고 믿는 것 같다. 그는 "공화국은 '소수집단'이 아니라 시민 개개인이 주장하는 권리나 요구사항을 인정한다"라는 '정통 공화주의'의 주장보다는, "종교적, 인종적 소수집단이 평등한 지위를 누리기 위해서 다를 권리나 다른 대우를 받을 수 있어야만 한다"111는 것을 '평등'의 정의로 생각하는 사람들 편에 선 것으로 보인다. 이들의 눈에는 평등 개념이 더 이상 '출신, 인종, 종교의 구분 없이 법 앞에 모든 시민이 평등'한 것이 아니라 "소수집단의 정체성과 차이를 인정하는 것"이다.112

111 Jeremy Jennings, "L'Egalité", in Vincent Duclert et Christophe Prochasson(sous la direction de), *Dictionnaire Critique de la République*(Flammarion, 2002), pp. 174~175.

112 비록 '공화국 협정'(le pacte républicain)의 원칙을 배반하지 않기 위해서 노력했다고 할지라도, 통합고위위원회 위원들조차 시간이 흐름에 따라 무슬림이민자들이 다르게 대우받아야 한다는 요구에 점점 유연한 입장을 취하게 된다. Jeremy Jennings, p. 175.

5) 새로운 프랑스공화국을 위하여

지금까지 살펴본 바와 같이 프랑스의 공화국 협약은 무슬림이민자 앞에서 이미 많은 변화를 겪고 있으며, 공화국은 더 이상 그 자체로서 '단일'하지도, '라이크적'이지도, 그리고 '출신, 인종, 종교의 구분 없이 모든 시민이 법 앞에 평등'하지도 않다. 새로운 세기에도 여전히 지속될 것으로 믿어온 '정통 공화국 원칙'은 이제 상처투성이일 뿐이고, 그 자체로 온전하게 남아 있지 않다.

이러한 맥락에서 우리는 두 가지 점을 지적할 수 있겠다. 하나는 공화국 원칙과 사르코지의 관계이며, 다른 하나는 '새로운 공화국'의 가능성 여부이다. 사실 공화국 원칙이 프랑스 대통령인 니콜라 사르코지에 의해 오랫동안 생채기 나 왔다는 점은 익히 알려진 사실이지만, 그가 행한 이민자 정책은 어떤 관점에서는 매우 심각한 양면성을 띤 것으로 보인다. 사르코지의 정책은 친(親)무슬림이민자 정책이었는가? 긍정적 차별정책으로만 본다면 분명 그렇다고 할 수 있다. 하지만, 그의 불법 이민자 국외 추방정책, "쓰레기 청소" 발언 등 2005년 소요사태의 전후에 나타난 이민자 '탄압정책'은 분명 반이민자 정책이었다. 프랑스 좌파는 이러한 사르코지의 행위에 대해 민족전선의 당수 장-마리 르펜(Jean-Marie Le Pen)의 주장과 유사하다[113]고 하여 장-마리 사르코지(Jean-Marie Sarkozy)라는 합성어까지 만들어내었다는 것은 앞에서도 이미 지적한 바 있다.[114] 사르코지가 이민자들에 대해 강경한 입장을 보임으로써 기존의 온건한 이민정책을 반대하는 세력의 표를 확보하는 데 성공할 수 있었다. 이렇게 본다면, 사르코지는 '평등한 공화국' 정신을

113 *Libération* du 29 novembre 2005.

114 *Ibid.*

이중으로 '훼손'했다고도 볼 수 있다. 긍정적 차별 및 인종에 기초한 인구센서스 시행이 다문화주의 정책을 받아들임으로써 '평등한 공화국' 정신을 '훼손'한 것이라면, 선별 이민정책 또한 "출신, 인종, 종교의 구분 없이 모든 시민이 법 앞에 평등하다"는 기존의 공화국 정신을 또 다른 의미에서 '훼손'한 것으로 판단될 수 있기 때문이다.

지금까지의 논의들이 대부분 무슬림이주민들과 관련되어 이루어졌지만, 유대인 공동체 역시 이 문제와 완전히 무관할 수는 없다. 이 책의 4장에서 이미 밝혔듯이 새로운 세기에 접어들면서 중동문제와 관련하여 프랑스 내에서도 무슬림들과 유대인 사이의 갈등이 점차 고조되고 있다. 이는 자연스레 프랑스 사회 내에서 기존과 차원이 다른 새로운 반유대주의가 등장하는 계기가 되었고, 이와 관련하여 다시금 공화국 원칙에 대한 논란이 증폭되었다. 프랑스 사회의 대표적 이방인이자 희생자인 유대인을 '보호'하는 발언들과 법안들이 과연 '출신, 인종, 기원'의 구분 없이 모든 시민이 평등해야 함을 추구하고자 하는 프랑스 공화국의 원칙들과 부합하는지에 대한 논란은 당분간 지속될 것 같다. 이 문제 역시 무슬림이민자 앞에서 혼란스러워하는 프랑스공화국의 또 다른 모습을 보여준다고 하겠다.

그러면, 이러한 '정통 공화국' 정신의 '훼손'이 기존 공화국의 위기인 동시에 '새로운 공화국 모델'의 출현으로 평가될 수 있는가? 분명 추상적인 보편주의는 사회적 소수를 통합시키는 데 도움을 주기보다 배제시키는 데 더 영향을 미치고 있다고 볼 수도 있다. 더욱이 이에 대한 반발로 나타나는 최근의 현상을 검토해볼 때, 프랑스공화국 내에서 무슬림이민자와 같은 '소수'의 정체성이 인정되는 것도 결국 시간문제가 될 수 있을 것이다. 그렇다면, 기존 공화주의의 '비타협적인' 원칙들은 더 확장된 개념으로 바뀔 필요가 있거나, 완전히 새로운 '타협'의 창출로 거듭나야 할 것이다. 여기에 분명 이의가 제기될 수 있다. 기존 공화국의 위기로 나타난 행위들이 진정 '정통 공화국'의 원칙에 어긋나는 것인가? 즉, 기존 공화국의 원칙에 수용될 수 있는 행위로 볼 수는 없는가? 이러한 현상을 진정 '새로운 공화국의 출현'으로 보아야 하는가? 공화주의의 개념에 대한 사상적, 이론적 논의가 더 필요하다.[115]

115 이에 대해 참고할 수 있는 국내 문헌으로는 김용우, 「프랑스 공화주의: 전체주의를 넘어서」, 『프랑스사 연구』 21집(2009. 8); 홍태영, 『국민국가의 정치학: 프랑스 민주주의의 정치철학과 역사』(후마니타스, 2008); 조승래, 『공화국을 위하여: 공화주의의 형성 과정과 핵심사상』(도서출판 길, 2010) 등이 있다.

2005년에 출간된 『프랑스 문화전쟁: 공화국과 이슬람』처럼 이번에도 결론에 구체적 대안이 없다는 비판을 받을 것 같다. 이는 이 책의 태생적 한계일지도 모른다. 역사학이라는 학문에서 구체적 대안을 제시하는 것이 바람직한가? 그렇지만 연구 주제가 현재의 문제인 이상 무엇인가 대답 혹은 해결책을 내놓아야 하지 않을까? 역사학자이면서 현재의 문제에 뛰어든 이상 이러한 압력에 직면할 수밖에 없다. 본격적인 서평을 통해서 혹은 과제물로 제출된 학생들의 서평에서조차 이러한 이야기는 자주 듣고 있다. 이를 염두에 두면서 이 책의 에필로그를 쓰고자 한다.

이 책의 논점은 간단하다. 필자가 그동안 강조했던 것은 프랑스 주류사회와 무슬림이민자 혹은 그 2세대 사이의 '문화전쟁'이 사회통합에 커다란 장애가 된다는 점이었다. 하지만, 이번 저술에서는 그보다 무슬림 이민자들은 그들의 사회경제적 상황 때문에 프랑스 사회에 본격적으로 진입할 수 없었고, 또 진정 공화국시민으로 인정받고 있지 못하다는 점을 강조하고 있다. 즉 그들이 세속화되지 못했다는 비판은 종교 문화적 측면이라기보다 오히려 사회경제적 측면과 더 관련되어 있다는 점이다.

하지만, 사회적 편견과 경제적 어려움으로 인해 프랑스 내에서 '타자화' 되고 있는 것이 이들만의 탓일까?

두 번째로는 유대인의 경우이다. 최근의 현상들을 주의 깊게 들여다보면, 유대인의 사회통합 여부는 유대인 본인들보다 프랑스 주류사회의 처신에서 비롯된다는 것이 필자의 입장이다. 프랑스가 홀로코스트에 협조한 것에 대한 죄책감, 그리고 거기서부터 오는 프랑스 정계 및 언론의 유대인에 대한 '긍정적 차별'이 이들의 진정한 사회통합을 막고 있다는 생각이다. 이러한 사례는 이미 제2차 세계대전 후 '반인도적 범죄재판'에서도 나타난 바 있다. 이 재판에서는 나치의 유대인 학살과 관련된 사건만 공소시효 없이 기소될 수 있었기에 유대인을 제외한 다른 집단의 요구는 수용되기 어려웠다. 프랑스의 반인도적 범죄재판이 일종의 '유대중심주의'로 흘렀던 것이다.[1] 이와 유사한 사례가 최근 또 발생하였다. 즉 프랑스 상원이 이미 2011년 말에 하원이 통과시킨 "아르메니아 대학살을 부정할 때 처벌"하겠다는 법안을 2012년 초에 통과시킨 것이다.[2] 필자가 보기에 터키 정부와 프랑스 정부 사이에

1 김용우, 「식민의 기억, 점령의 기억: 1961년 10월 사건과 모리스 파퐁 재판」, 『서양사론』 108호(2011. 3), p. 189.

2 Le Monde du 23 janvier 2012. 이 법의 전사(前史)를 보자면, 1998년 5월 29일, 이미 프랑스 하원은 아르메니아 대학살을 인정하자는 사회당의 법안을 만장일치로 채택한 바 있다. 그리고 프랑스는 2001년 1월 29일, "프랑스는 1915년의 아르메니아 대학살을 공개적으로 인정한다"고 표명함으로써, 아르메니아인의 강제 이주와 대학살을 공식적으로 인정하는 유럽의 첫 국가가 되었다. 하지만, 이 법안은 대학살의 존재를 부인한다고 해도 이를 제재할 어떠한 수단도 없었다. 그 후 2006년 10월 12일, 사회당의 발의로 이 대학살을 부인할 경우 1년의 징역형 및 45.000유로의 벌금을 물게 하는 법이 106대 19로 하원을 통과했지만, 상원을 통과하지 못하여 법안 적용이 실행될 수 없었다. 사회당의 상원의원인 세르주 라고쉬(Serge Lagauche) 의원이 아르메니아 대학살의 존재를 부인하지 못하게 하는 법을 다시 상원에 제출했으나 여전히 우파가 다수를 차지하고 있던 터라 상원은 2011년 5월 4일에 터키와의 외교적 마찰을 이유로 예외를 둔 법안을 통과시켰다. 마침내 2011년 12월

많은 불협화음이 발생한 것과는 별개로, 이는 프랑스 사회에 또 하나의 '유대인 중심주의'를 만들어놓은 것과 다름없는 것으로 보인다. 즉 이는 또 하나의 소수 공동체를 인정하는 행위인 것이다. 결과적으로 홀로코스트를 부인할 경우 처벌할 수 있게 한 1990년의 게소 법(loi Gayssot)이나, 아르메니아 대학살을 부인하는 경우 처벌할 수 있게 한 부아이에법(loi Valérie Boyer)은 법의 보호 대상이 되는 특정 소수인종, 종교, 문화집단의 존재를 인정하고 있다는 점에서 법 앞에 평등한 개인 이외의 모든 중간집단을 인정하지 않는 공화주의 원칙과는 모순된다. 즉, 프랑스 정부는 이를 부인한다고 하더라도, 공화국 원칙에 의해 그동안 배제되어온 공동체주의를 국가가 스스로 인정하는 형태를 보임으로써 극단적 민족주의로 똘똘 뭉친 터키 공동체가 또 다른 형식으로 조만간 프랑스공화국 내에 탄생할지도 모르겠다.

무슬림이민자의 경우와 유대인(혹은 아르메니아인)의 경우가 비록 별개의 사안이기는 하지만, 우리가 이 두 경우 모두를 비판적으로 고려한다면 지금까지 프랑스 내 이방인들이 프랑스 사회에 진정으로 통합되지 못하는 이유를 이들만의 탓으로 보는 시각에는 분명 문제가 있다고 볼 수 있다. 본문에서 충분히 입증했다시피, 무슬림이민자들이 거주, 고용문제에 어려움을 겪고 있음으로 해서, 사회적 편견을 받고 인종차별의 대상이 되고 있는 점, 또 이로 인하여 공화국시민이 되기 어려운 것이 이들 탓만은 아닌 것이 확실하다. 또한, 중동전쟁 이후 아랍계 이민자에 대해

22일에 우파인 대중운동연합의 부아이에 의원이 다시 법안을 제출했고, 이것이 하원을 통과했다. http://tempsreel.nouvelobs.com/politique/20111222.OBS7361/1998-2011-le-genocide-armenien-et-la-loi-francaise.html 최종적으로는 2012년 1월 23일에 상원에서 127 대 86으로 통과되었다. http://www.lemonde.fr/europe/article/2012/01/23/lle-parlement-adopte-la-loi-sur-le-genocide-armenien_1633536_3214.html (검색일: 2012. 2. 10)

프랑스 사회가 취하고 있는 입장은 어떠한가? 9·11 사건 및 유럽 각지에서 벌어지고 있는 테러행위, 이라크전쟁, 아프간전쟁 이후 무슬림을 보는 유럽인들의 시각이 이들을 더욱 타자화시키고 있지는 않은가? 이러한 관점에서 볼 때, 프랑스에서 이방인들이 공화국시민으로 거듭나기 어려운 점을 이들 이방인의 탓만으로 돌려서는 안 된다는 주장이 설득력을 얻을 수 있다. 유대인의 경우도 앞서 설명한 대로, 주류사회의 유대인에 대한 '긍정적 차별'이 공화국의 단일성을 훼손하고 있다면, 이는 유대인보다도 프랑스 주류사회의 책임이라고 할 것이다. 1997년에 프랑스 정부의 공식기관인 통합고위위원회가 제시한, '프랑스 보편주의는 소수자의 권리나 공동체주의를 인정할 수 없다'는 견해를 다시 상기하지 않더라도 말이다. 물론 프랑스공화주의의 보편주의가 타당한가의 문제는 별개의 논의 대상으로 추후 검토될 수 있을 것이다.

한편, 우리는 그동안 일반적으로 유럽계 이민자들은 프랑스 사회에 비교적 잘 동화되었다고 주장해왔다. 이러한 '신화'는 이들 유럽계 이방인의 프랑스 사회로의 동화 과정을 너무 순탄한 과정으로 믿게 만든 것은 아닌지 비판적 검토가 필요하다. 사실, 우리는 양차 대전과 1930년대 경제공황을 겪으며 수많은 유럽계 이민자들이 프랑스를 떠났다는 사실을 대체로 간과하고 있다. 앞서 살펴본 폴란드 노동자의 예를 들더라도, 우리는 그들이 다시 조국으로 돌아가는 것이 얼마나 비참한 상황에 처하는 것인지를 잘 알면서도 자의반 타의반으로 귀국할 수밖에 없었음을 잊지 말아야 할 것이다. 프랑스 체류 동안 이들 이민노동자들은 프랑스 노동자들보다 몇 배의 고통을 겪었으며, 흔히 실업에 처하였다. 그러한 이유로 이탈리아, 벨기에 등 국경을 마주하고 있는 이민자들 또한, 전쟁 후 그들 국가의 여건이 나아지자마자 귀국 행렬에 동참하였으며, 더 나은 조건을 따라 타국으로 떠났음을 상기해야 할 것이다.

19세기 이래 프랑스로 온 유럽계 이주민 상당수는 현재 프랑스에 남아 있지 않다. 천만 명 이상의 사람들이 이러한 방식으로 제3공화국의 외국 이민자 정책에 대하여 자신들의 의견을 이미 표시했다고 볼 수 있다. '프랑스공화국과 이방인들'을 고찰할 때, 남은 자뿐 아니라 떠난 자도 기억해야 하는 것은 바로 이러한 이유 때문이다. 즉, 떠난 자들은 출신지로의 귀향을 통해 프랑스공화국 시민으로 동화되기 어려웠음을 또 다른 방식으로 표출했다고 볼 수 있다. 결국, 프랑스로 온 수많은 이방인들 중 일부만이 '공화국시민', 그것도 불완전한 공화국시민으로 살아남은 것이라고 할 수 있다.

그렇다고, 잔류한 사람들은 프랑스 사회로 완전히 동화되기 위하여 자신들의 출신 국가와의 관계를 완전히 끊었을까? 그렇지는 않았다. 그들 가운데 상당수는 여전히 사적으로 자신들의 모국어를 사용하고, 모국과 지속적인 교류를 하고 있을 뿐만 아니라 문화적, 종교적 전통을 계속 유지하는 경우도 있었다. 우리가 생각하는, 한 사회로의 완전한 동화는 과연 실현 가능한 것인가? 그럼에도 불구하고, 이들 유럽계 이민자들이 '프랑스적 용광로'에 녹아들었다고 평가받고 있고 무슬림들과 달리 사회적 차별을 거의 받지 않는 이유는 무엇일까? 가장 가시적인 현상은 이들이 프랑스 사회에 정착한 지 시간적으로 오래되었다는 점과 프랑스와 같은 종교를 공유하고 있다는 점, 그리고 이들 출신국과 프랑스가 커다란 정치적 분쟁을 경험하지 않았다는 점 등을 지적할 수 있을 것이다. 이러한 것을 종합적으로 보여줄 수 있는 상징적인 것은 이들의 외모와 이름이다. 이들은 「클래스」의 학생들이 교사에게 예문으로 사용할 것을 주장했던 "아이사타, 파투, 하시드, 무하메드"라는 이름을 사용하고 있지 않기에 그나마 고용이나 거주 등에서 주류 프랑스인으로부터 가시적인 차별을 받고 있지 않다.

이 글을 마무리하는 오늘 아침 우연히 두 개의 기사를 읽었다. 하나는 프랑스 일간지의 "나는 100% 프랑스인이지만, 그들의 눈에는 내가 여전히 이민자일 뿐이다"라는 기사[3]이고, 다른 하나는 국내 한 일간지의, 충남 공주시의 '다문화가정' 사진과 그에 대한 대학생 사진기자의 설명이다.[4] 프랑스 신문은 사르코지의 장관들이 이민자에 대해 행한 차별성 발언에 대해 이민자 출신의 '공화국시민'으로서 느끼는 분노를 다루고 있다. 기사를 보며 다시 한 번 생각하게 된 것이, 이들은 자신들이 공화국의 가치를 받아들이고, 공화국시민이 되었다고 생각하지만, 이들을 바라보는 프랑스 주류사회의 시각은 그렇지 않을 수 있다는 점이다. 기사의 제목대로, 이민자 혹은 그들 후손들은 자신들이 100% 프랑스인이라고 생각하지만, 주류사회의 눈에는 이들이 여전히 이방인이었다.

이민의 역사가 상대적으로 일천한 한국. 이 나라의 한 일간지 기사에는 다음과 같은 내용이 적혀 있었다. "충청남도 공주시에는 680여 가구의 다문화 가정이 있다. 어려서부터 이들을 보며 자라왔고 봉사활동을 계기로 더욱 가까워졌다. 이들 대다수가 한국 사회에서 차별을 받으며 점점 폐쇄적으로 변해간다는 것도 느끼게 되었다. 우리 생활 속에서 친숙히 만나볼 수 있는 이들을 이젠 이방인으로 보지 않았으면 좋겠다." 대학생 기자는 나름 수년간의 관찰 끝에 한국 내의 이방인들이 차별을 받고 있고, 이들이 점점 폐쇄적으로 변해간다는 점을 지적하고 있다. 누구나 이 글에 공감할 것이다.

---

3 *Le Monde* du 16 février 2012(Je suis Français à 100%, mais dans leurs yeux je reste un immigré).

4 ≪한겨레≫, 2012년 2월 18일. 김준태(계명대학교 사진영상디자인학과 2학년).

두 경우를 바라볼 때, 이방인을 바라보는 시각차에 있어서 이민의 역사가 길고 짧은 것이 큰 문제일 수 없다는 생각을 해보게 된다. 한국에 들어와 거주하고 있는 대다수 이방인은 동남아시아 출신이며, 이들은 프랑스에게 있어서 유럽계 이민자와 마찬가지 위상일 것이다. 한국의 '이방인들'이 우리와 더불어 사는데, 그리고 그들이 진정 이 땅의 '주인'이 되는 데 많은 어려움이 있을 것이다. 필자가 주장한 대로, 이는 그들의 노력만으로 이루어지지 않는다. 우리의 열린 마음자세와 그를 위한 꾸준한 노력이 반드시 필요하다. 또다시 구체적인 대안 없이 글을 맺고 있지만, 필자가 '프랑스공화국과 이방인들'이라는 주제를 연구 대상으로 선택한 이유가 국내 '이방인들'을 위해 우리가 해야 할 노력의 일환이라고 자부하고 싶다.

국내 저작 및 학술지

강태수, 「독일 무슬림의 종교의 자유」, 『세계헌법연구』 제15권 2호, 2009. 6.

김남국, 「영국과 프랑스에서 정치와 종교: 루시디 사건과 헤드스카프 논쟁을 중심으로」, 『국제정치논총』 제44집 4호, 2004.

김민정, 「프랑스 이민자정책: 공화주의적 동화정책의 성공과 실패」, 『세계지역연구논총』 25집 3호, 2007. 1.

김용우, 「프랑스 공화주의: 전체주의를 넘어서」, 『프랑스사 연구』 21집, 2009.

———, 「식민의 기억, 점령의 기억: 1961년 10월 사건과 모리스 파퐁 재판」. 『서양사론』 108호, 2011.

———, 『호모파시스투스: 프랑스 파시즘과 반혁명의 문화혁명』, 책세상, 2005.

김용채, 「소외계층을 위한 학교교육 프로그램」, 『교육정책포럼』 제118호, 2005.

김인중, 「민족주의의 개념」, 『프랑스사연구』 22집, 2010. 2.

———, 「19세기 프랑스 국민통합: 공화국과 공민사회의 형성」, 『프랑스사연구』 5집, 2001. 8.

김정인, 「프랑스 제3공화정의 세속화와 국민형성」, 『서양사연구』 제18집, 한국서양사연구회, 1995.

———, 「프랑스 제3공화정의 세속화와 국민형성: 초등학교 교과서 분석을 중심으로」, 서울대학교 석사학위논문, 1995.

김정희, 「히잡사건을 통해 본 프랑스의 보편주의와 다문화주의」, 『불어불문학연구』 76집, 2008년 겨울호.

노서경, 「식민지배의 기억: 알제리전쟁과 프랑스사회」, 안병직 외 10인, 『세계의 과거사 청산』, 푸른역사, 2005.

드니 로베르, 베로니카 자라쇼비치, 『촘스키, 누가 무엇으로 세상을 지배하는가』, 강주헌 역, 시대의 창, 2002.
마르코 마르티니엘로, 『현대사회와 다문화주의』, 윤진 역, 한울, 2002.
마은지, 「프랑스 민족주의」, 『숭실사학』 20집, 2007. 12.
박선희, 「프랑스 이민정책과 사르코지: 2002~2008년」, 『국제정치논총』 제50집 2호, 2010.
백인호, 『창과 십자가: 프랑스혁명과 종교』, 소나무, 2004.
브라이언 젠킨스, 『프랑스 민족주의: 1789년 이후의 계급과 민족』, 김인중, 마은지 옮김, 나남, 2011.
신원경, 「히잡논쟁을 중심으로 본 독일과 이슬람의 문화갈등」, 『아랍어와 아랍문학』, 제12집 2호, 2008. 10.
신행선, 「제3공화국 초기 공화국학교와 라이시테: 여성교육의 역할과 여성의 역할」, 『프랑스사 연구』 21호, 2009.
아민 말루프, 『사람 잡는 정체성』, 박창호 역, 이론과 실천, 2006.
양창렬, 「시테의 야만인」, 이기라, 양창렬 외, 『공존의 기술』, 그린비, 2007.
엄한진, 「프랑스 사회통합모델의 특수성과 다문화주의의 도전」, 『호모 미그란스』 창간호, 2009. 11.
에드먼드 화이트, 『게으른 산책자』, 강주헌 옮김, 효형출판, 2004.
에르네스트 르낭, 『민족이란 무엇인가?』, 신행선 옮김, 책세상, 2002.
염운옥, 「영국의 무슬림 '베일' 논쟁」, 『대구사학』 101집, 2010. 11.
오영주, 「프랑스공화국, 왜 비종교성인가?」, 『불어불문학연구』 71집, 2007년 가을.
욥커, 크리스챤, 「서구 유럽 이민자 통합정책의 변모: 네덜란드, 프랑스, 독일의 시민 통합과 반차별 정책」, 『호모미그란스』 창간호, 2009. 11.
은은기, 「르노 자동차 공장 알제리인 이민노동자」, 『경대사론』 10집, 1997. 12.
이송이, 「정체성과 혼종, 게토와 유토피아 사이의 방리유: 『증오』, 『국외자들』을 중심으로」, 프랑스학회 2008년도 가을학술대회 발제문.
이철용, 「독일: 히잡의 재발견」, 박단(편), 『현대서양사회와 이주민: 갈등과 통합 사이에서』, 한성대학교 출판부, 2009.
이학수, 「신자유주의와 프랑스의 청년들」, 『역사와 문화』 12호, 2006년 9월.

임마뉘엘 토드, 『유럽의 발견: 인류학적 유럽사』, 김경근 역, 까치, 1997.
임지현, 「마르크스주의 역사학의 중심이동」, 『역사와 문화』, 창간호.
전수연, 「19세기말 프랑스 초등학교 교과서에 나타난 프랑스의 역사」, 『역사교육』 제59집, 역사교육연구회, 1996.
———, 「19세기말 프랑스 초등학교 교과서에 나타난 프랑스의 역사: 두 소년의 프랑스 일주를 중심으로」, 『역사교육』 59집, 1996.
정희라, 「영국: 자유방임식 다문화주의」, 박단(편), 『현대서양사회와 이주민: 갈등과 통합 사이에서』, 한성대학교 출판부, 2009.
———, 「영국: '루시디 사건'」, 박단(편), 『현대서양사회와 이주민: 갈등과 통합 사이에서』.
C. L. R. 제임스, 『블랙 자코뱅』, 유태정 역, 필맥, 2007.
조발그니, 「프랑스 'ZEP'이 한국의 '교육복지투자우선지역' 정책 보완에 주는 시사점」, 『교육사회학연구』 제15권 제3호, 2005.
조승래, 『공화국을 위하여: 공화주의의 형성과정과 핵심사상』, 도서출판 길, 2010.
조홍식, 「프랑스 극우 민족주의 정치세력과 유럽통합」, 『프랑스학연구』 제54집, 2010. 11.
지규철, 「프랑스헌법에서의 라이시테원칙에 관한 고찰」, 『공법학연구』 제10권 3호, 2009. 8.
———, 「프랑스공교육에서의 비종교성과 학생의 종교의 자유」, 『고려법학』 54호, 2009.
최애영, 「하나의 국가, 하나의 국민, 하나의 언어·프랑스어」, 『프랑스: 하나 그리고 여럿』, 서울대학교 불어문화권연구소, 도서출판 강, 2004.
필립 아리에스, 조르주 뒤비 책임편집, 앙투안 프로, 제라르 뱅상 편집, 『사생활의 역사 5: 제1차 세계대전부터 현재까지』, 김기림 역, 새물결, 2006.
한명숙, 「프랑스 국적법 개정과 북아프리카 이민자 문제, 1986~1993」, 『프랑스사 연구』 20집, 2009. 2.
한승준, 「프랑스 동화주의 다문화정책의 위기와 재편에 관한 연구」, 『한국행정학보』 제42권 제3호, 2008 가을.
홍태영, 『국민국가의 정치학: 프랑스 민주주의의 정치철학과 역사』, 후마니타스,

2008.

———, 『정체성의 정치학』, 서강대학교 출판부, 2011.

해외 저작 및 학술지

Abdallah-Pretceille, Martine, *L'éducation interculturelle*, *Que sais-je?*, no. 3487, PUF, 2004.

Alaluf, Mateo, "Judéophobie", *Politique*, n. 36, Octobre 2004.

Allieu, Nicole, *Laïcité et culture religieuse à l'école,* Paris: ESF, 1996.

André, Maurice, Finck, E. et al., *Histoire de la laïcité*, Paris: Editions PEMF, 1999.

Aïssou, Abdel, *Les Beurs*, *l'Ecole et la France*, Paris: L'Harmattan, 1987.

Amadieu, Jean-François, *Enquête testing sur CV*(réalisée sur 258 entreprises), Université de Paris 1, Observatoire des Discriminations, avril-mai 2004.

Assemblée Nationale, *Rapport fait au nom de la mission d'information sur la question du port des signes religieux à l'école,* vol. 2, 2003.

Assouline, David., Lallaoui, M., *Un Siècle d'immigrations en France(1851~1918): De la mine au champ de bataille*, Paris: Syros, 1996.

———, *Un Siècle d'immigrations en France(1919~1945): De l'usine au maquis*, Paris: Syros, 1996.

———, *Un siècle d'immigrations en France: 1945 à nos jours*, Paris: Syros, 1997.

Bégaudeau, François, Cantet L., Campillo, R., *Le scénario du film entre les murs*, Paris: Gallimard, 2008.

Bégaudeau, François, *Entre les murs*, Paris: Ed. Gallimard, 2006.

Best, Francine, *L'Echec scolaire*, PUF, 1999.

Bird, Karen, "Racist Speech or Free Speech? A Comparison of the Law in France and the United States", *Comparative Politics*, vol. 32, no. 4, 2000.

Boëldieu, Julien., C. Borrel, "La population immigrée en France: Combien d'immigrés en France?", Richard, Jean-Luc, ed., *Les immigrés dans la société française*, La Documentation française, 2005.

Bonrepeaux, C., "L'ascenseur social à la française", *Le Monde de l'Education*, fev. 2004.

———, "Parents et citoyens. ZEP, la dérive", *Le Monde de l'Education*, fev. 2003.

Borne, Dominique., H. Dubief, *La Crise des années trente: 1929~1938, Nouvelle Histoire de la France 13*, Paris: Ed. du Seuil, 1976.

Boucher, Manuel, *Les théories de l'intégration entre universalisme et différentialisme*, Paris: L'Harmattan, 2000.

Boulay, Benjamin, "L'interculturel en France", in *Hommes & Migrations*, *Hors-série*, novembre 2008.

Bouveau, P. Les ZEP, *entre école et société*, Hachette, 1997.

Caeiro, Alexandre, "Religious Authorities or Political Actors? The Muslim Leaders of th French Representative Body of Islam", Césari, J., McLoughlin S.(ed.), *European Muslims and the Secular State*, Hampshire, 2005.

Caille, J. P., "Les collégiens de ZEP sur la réussite", *Education & Fromation*, n. 61, 2001.

Cesari, Jocelyne, *L'Islam à l'épreuve de l'Occident*, Paris, 2007.

———, "Islam in France: The Shaping of a Religious Minority", Hoaddad, Yvonne Yazbeck(ed.), *Muslims in the West: From Sojourners to Citizens*, Oxford, 2002.

Chanet, Jean-François, *L'école républicaine et les petites patries*, Paris: Aubier, 1996.

Chevalier, Louis, *Classes laborieuses et classes dangereuses à Paris, pendant la première moitié du XIXe siècle*, 1958.

Cholvy, Gérard, *Etre Chrétien en France au XIXe siècle: 1790~1914*, Paris: Seuil,

2000.

Cianciosi, Francesca, "L'Actualité d'un modèle d'intégration", in Ferry, V. Galloro, P. et Noiriel, G., *20 ans de discours sur l'intégration*, Paris: L'Harmattan, 2005.

Cross, Gary S., *Immigrant Workers in Industrial France*, Philadelphia: Temple Univ. Press, 1983.

Darcos, Xavier, *L'école de Jules Ferry 1880~1905*, Paris: Hachette, 2005.

Delfau, Gérard, *Du principe de laïcité: Un combat pour la République*, Paris: Les Editions de Paris, 2005.

Déloye, Yves, "Une laïcité de combat pour fonder la République: combats d'hier, enjeux d'aujourd'hui?", *L'Ecole en débats*, n. 1: La Laïcité, 1999.

Demorgon, Jacques, Colin, L., Hess, R., *Complexité des cultures et de l'interculturel: Contre les pensées uniques*, Economica, 2004.

Dessajan, Séverine, Hossard, N. et E. Ramos(s.d.), *Immigration et identité nationale*, Paris: L'Harmattan, 2009.

Dewitte, Philippe(s.d.), *Immigration et intégration l'état des savoirs*, Paris: Editions la Découverte, 1999.

———, "Des tirailleurs aux sans-papiers: les Africains dans le regard des Français", in Philippe, Dewitte(s.d.), *Immigration et intégration*, l'état des savoirs, Ed. la découverte, 1999.

Draï, Raphaël, J. Mattéi, *La Rpublique brûle-t-elle? Essai sur les violences urbaines françaises*, Editions Michalon, 2006.

Elstob, Kevin, "Hate", *Film Quarterly*, vol. 51, n. 2, 1998.

Fellous, Gérard, "Les actes racistes et antisémites, aujourd'hui, en France", *Regards sur l'actualité: Racisme et antisémitisme*, n. 305(novembre, 2004), La documentation Française.

Fetzer, J. S., Soper, J. C., *Muslims and the State in Britain, France, and Germany*, Cambridge: Cambridge University Press, 2005.

Garreau, Lydie, *L'école, la religion et la politique. de Condorcet à Ferry*, Paris:

L'Harmattan, 2006.

Gaspard, Françoise, Khosrokhavar, F., *Le Foulard et la République*, Paris: La Découverte, 1995.

Gasteau, Yvan, *Immigration et l'opinion en France sous la Ve République*, Paris: Edition du Seuil, 2000.

———, "Des Trente Glorieuses à la crise des banlieues", *L'Histoire*, n. 229, février, 1999.

———, "Des Trente Glorieuses à la crise des banlieues", *Histoire*, n. 229, Février, 1999.

Gervereau, L., Milza P., Temime E.(s.d.), *Toute la France: Histoire de l'immigration en France au XXe siècle*, Paris: Somogy, 1998.

Guénif-Souilamas, Nacira(sous la direction de), *La république mise à nu par son immigration*, Ed. La fabrique, 2006.

Guyomar, Mattias, "La politique d'immigration française depuis 1945", Philippe Dewitte(ed.), *Immigration et intégration l'état des savoirs*, Paris: Editions la Découverte, 1999.

Haarscher, Guy, *La Laïcité, Que sais-Je? N. 3129*, Paris: PUF, 2004.

Hyman, Paula E., *The Jews of Modern France*, University of California Press, 1998.

Jennings, Jeremy, "L'Egalité", in Duclert, V. et Prochasson, C(sous la direction de), *Dictionnaire Critique de la République*, Flammarion, 2002.

Joppke, Christian, *Veil: Mirror of Identity*, Cambridge: Polity Press, 2009.

———, "Transformation of Immigrant Integration in Western Europe: Civic Integration and Antidiscrimination Policies in the Netherlands, France and Germany."

Kerzil, Jennifer, "L'éducation interculturelle en France", in *Carrefour de l'éducation*, no. 14, 2002.

Kiliç, Sevgi, "The British Veil Wars", *Oxford Journals*, Winter, 2008.

Lefeuvre, Daniel, Renard, M., *Faut-il Avoir Honte de l'Identité Nationale?*, Paris:

Larousse, 2008.
Laurence, J. et al., *Intégrer l'islam. La France et ses musulmans: enjeux et réussites*, traduits de l'anglais par J. M. Dreyfus, Paris: Odile Jacob, 2007.
Lelièvre, Claude, *L'école "à la française" en danger?*, Paris: Ed. Nathan, 1996.
"LEPAPE Jean-Baptiste", *in Dictionnaire Biographique du Mouvement Ouvrier Français*, publié sous la direction de Jean Maitron, Tome 34, Ed. Ouvrières, 1989.
Leveau, Rémy, "The Political Culutre of the 'Beurs'", Vertovec, S., Peach C(ed.), *Islam in Europe: The Politics of Religion and Commnunity*, London, 1997.
Loshitzky, Yosefa, "The Post-Holocaust Jew in the Age of Postcolonialism: La Haine revisited", *Studies in French Cinema*, vol 5, No. 2, 2005.
Maillard, Dominique, "The Muslims in France and the French Model of Integration", *Mediterranean Quarterly*, vol. 16, no. 1, Winter, 2005.
Maillot, Agnès, *Identité Nationale et Immigration*, Paris: Les Carnets de l'Info, 2008.
Marchand, Bernard. Paris, *Histoire d'une ville XIXe ~XXe siècle*, Paris: Editions du Seuil, Point Histoire 176.
Maspero, François, *Les Passagers du Roissy-Express*, Paris: Editions du Seuil, 2004.
Mauchamp, Nelly, *Les Français*, Paris: Ed. Le Cavalier Bleu.
≪*Mémoires des émigrants polonais*≫ publié à Varsovie et traduit en Français dans l'ouvrage de Janine Ponty, Polonais méconnu, Paris: Publication de la Sorbonne, 1988.
Merle, Pierre, "Bilan des politiques d'action prioritaire: Les ZEP, un bilan décevant", *Problèmes Politiques et Sociaux*, n. 915, 2005.
Merlin, Pierre, *Les banlieues*, Paris: PUF, 1999.
Meyran, Régis, *Le mythe de l'identité nationale*, Paris: Berg International Editeurs, 2009.
Michel, Joël, *Le Mouvement ouvrier chez les mineurs d'Europe occidentale. G.*

B., Belgique, France, Allemagne: Etude comparative des années 1880~1914, Thèse d'Etat, Université de Lyon II, 1987.

Mihout, Mylène, (Texte traduit et commenté par) *Un Militant Syndicaliste Franco-Polonais: ≪la vie errante≫ de Thomas Olszanski 1886~1959*, Presses Univ. de Lille, 1993.

Milza, Pierre, "Une immigration ancienne et structurelle: Immigration de travail et exil politique", Richard, Jean-Luc(ed.), *Les immigrés dans la société française*, Paris, 2005.

Moisan, C., "Les ZEP: Bientôt vingt ans", *Education & Fromation*, n. 61, 2001.

Mollier, Jean-Yves, George, J., *La plus longue des Républiques, 1870~1940*, Fayard, 1994.

Noiriel, Gérard, *A quoi sert l'identité nationale*, Paris: Agone, 2007.

———, *Immigration, antisémitisme et racisme en France*, Paris: Fayard, 2007.

———, *Le Creuset français*, Paris, 1998.

Obin, Jean-Pierre, Obin-Coulon, A., *Immigration et Intégration*, Paris: Hachette, 1999.

Orallo, Sonia, *La Laïcité en pratique à école dans l'administration à l'hôpital dans l'entreprise*, Paris: Editions Prat, 2004.

Ouellet, Fernand, "L'éducation interculturelle: les risques d'effets pervers", in *L'interculturel: Une question d'identité*, Québec: Musée de la Civilisation, 1992.

———, "L'éducation interculturelle et l'éducation à la citoyenneté", in *VEI Enjeux*, no. 129, juin, 2002.

Pauly, Jr., Robert J., *Islam in Europe: Integration or Marginalization?*, Hampshire, 2004.

Peabody, Sue., T. Stovall(ed.), *The Color of Liberty: Histories of Race in France*, Duke University Press, 2003.

Peltier-Barbier, Marie-Lise, Collectif, *Dur d'enseigner en ZEP: Analyse des pratiques de professeurs des écoles enseignant les mathématiques en réseaux d'éducation prioritaire*, Pensée Sauvage, 2004.

Piou, Gaeton, "La main d'oeuvre étrangère en France", *Revue Socialiste*, 51, le 15 mai 1912.

Poitou, Jean-Claude, *Nous les Mineurs: 1883~1983*, Paris: Fédération Nationale des Travailleurs du Sous-Sol CGT, 1989.

"Points de repère pour une alphabétisation fonctionnelle des travailleurs étrangers", *Hommes et Migrations*, n. 114, 1969.

Ponty, Janine, *L'immigration dans les textes: France, 1789~2002*, Paris: Belin, 2003.

Rebérioux, Madeleine, "Histoire de l'antisémitisme en France", *Regards sur l'actualité*.

Rey, Henri, "La peur des banlieues", Philippe Dewitte(s.d.), *Immigration et intégration l'état des savoirs*, Paris: Editions la découverte, 1999.

Richard, Jean-Luc, *Les immigrés dans la société française*, Paris: La Documentation frnaçaise, 2005.

Rose, Sven-Erik, "Mathieu Kassovitz's La Haine and the Ambivalence of French-Jewish Identity", *French Studies*, vol. 61, no. 4, 2007.

Rosenbaum, Alexis, *L'antisémitisme: thèmes & débats*, Paris: Bréal, 2006.

Roy, Olivier, *Secularism confronts Islam*, N. Y.: Columbia University Press, 2007.

Rudder, Véronique de, "Le logement des maghrébins", *Les Temps Modernes*, n. 452-453-454, Mars-Avril-Mai, 1984.

Saramon, P., *Panser ou repenser les ZEP*, Harmattan, 2003.

Sauvy, A., *Histoire économique de la France entre les deux guerres*, vol. 1, Economica, 1984.

Sauvy, Alfred, *The General Theory of Population*, N. Y.: Basic Books, 1969.

Schnapper, Dominique, "La notion d'identité nationale: quelles significations?", *Cahiers français 342*, Janvier-février 2008.

———, "Intégration des immigrés et intégration nationale", *Migrants-Formations*, n. 95, décembre, 1993.

Schor, Ralph, *Histoire de l'immigration en France de la fin du XIXe siècle à nos jours*, Paris: Armand Colin, 1996.

Seksig, Alain, M. Lazaridis, "Le travail de la commission Stasi", *Hommes & Migrations*, n. 1258, 2005.

Siciliano, Amy, "La Haine: Framing the 'Urban Outcasts'", A*CME: An International E-Journal for Critical Geographies*, vol. 6, no. 2, 2007.

Sorrel, Christian, *La République contre les congrégations: Histoire d'une passion française 1899~1904*, Paris: Cerf, 2003.

Stasi, Bernard, *Rapport au Président de la République: Laïcité et République*, Paris: La Documentation française, 2004.

———, *Rapport au Président de la République: Laïcité et République*, Paris: La Documentation Française, décembre 2003.

Stora, Benjamin, Temime, E., "L'immigration algérienne", in Laurent Gervereau, Pierre Milza et Emile Temime(sous la direction de), *Histoire de l'immigration en France au XXe siècle*, Paris: Editions d'Art, 1998.

Stora, Benjamin, *La gangrène et l'oubli: La mémoire de la guerre d'Algérie*, Paris: La Découverte, 1998.

———, *Le Figaro Magazine* du 14 mars 1990.

Taguieff, Pierre-André, *La Nouvelle Judéophobie*, Paris: Mille et une nuits, 2002.

———, *La République menacée*, Textuel, 1996.

Terre des Hommes, Paris: Gallimard, 1939.

Trempé, Rolande, "Le rôle de la législation minière dans la structuration professionnelle de la fédération du sous-sol", in *Technologies*, *Idéologies*, Pratiques, vol. IX, n. 3~4, 1990.

———, "Le réformisme des mineurs français à la fin du XIXe siècle", *Le Mouvement Social*, n. 65, oct.-déc., 1968.

Tribalat, Michèle, "Immigration et identité nationale", *Cahiers français 342*, Janvier-février, 2008.

———, *Faire France*, Paris, 1995.

Verhaeren, Raphaël-Emmanuel, "Les travailleurs algériens dans le B. T. P.", in Costa-lascoux, Jacqueline., Temime, E., *Les Algériens en France: genèse et devenir d'une migration*, Paris: Publisud, 1985.

Vincendeau, Ginette, *La Haine*, University of Illinois Press, 2005.

Weill, Nicolas, *La République et les antisémites*, Paris: Grasset, 2004.

Weil, Patrick, *Liberté, Egalité, Discriminations: L'identité nationale au regard de l'histoire*, Paris: Grasset, 2008.

———, *La République et sa diversité*, Paris: Seuil, 2005.

———, Crowley, J., "Integration in Theory and Practice: A Comparison of France and Britain", *West European Politics*, vol. 17, April, 1994.

———, *La France et ses étrangers*, Paris: Gallimard, 1991.

Wenden, Catherine Withol de, "Les flux migratoires: la France de 2006 n'a plus rien à voir avec celle de 1974", Aubry, Martin, ed., *Immigration, Comprendre, Construire!*, Paris, 2006.

———, "Seconde génération: le cas français", Leveau, R., Mohsen-Finan, K(ed.), *Musulmans de France et d'Europe*, Paris, 2005.

Winock, Michel, *La France et les juifs: De 1789 à nos jours*, Paris: Editions du Seuil, 2004.

Wirth, Laurent, *L'exception française 19e ~20e siècles*, Paris: Armand Colin, 2000.

Zehraoui, Ahsène, "Les Algériens, de l'immigration à l'installation", Dewitte, P.(s.d.), *Immigration et intégration l'état des savoirs*, Editions la Découverte, 1999.

Cent ans d'Ecole Laïque: *L'histoire de l'instruction en France à travers les âges*, edit.: Société Coopérative Arts et Techniques de l'Office Central de la Coopération à l'Ecole, 1982.

La Discrimination positive en France et dans le Monde, Actes du colloque international organisé les 5 et 6 mars 2002 à Paris. CNDP, 2003.

Les Documents de Travail du Sénat, Série Législation Comparée: Le Port de la Burqa dans Les Lieux Publics, n. LC201, Octobre, 2009.

"La population de la France en 2000", in *Population et Société*, vol. 31. n. 3, 2001.

"Les mal-logés", *Hommes et Migrations*, n. 117, 1971.

L'Histoire, n. 229, février, 1999.

신문기사

Le Nouvel Observateur du 15 décembre 2005.

Le Nouvel Observateur du 15 mars 2007.

Le Nouvel Observateur du 9 septembre 2008.

L'Express du 18 Sept. 2007.

L'Humanité du 11 mars 2007.

Challenges.fr du 15 juillet 2008.

Politis du 24 juillet 2008.

Le Monde du 3 novembre 2009.

Le Monde du 7 mars 2009.

Le Monde du 29 décembre 2008.

Le Monde du 28 août 2008.

Le Monde du 31 juillet 2008.

Le Monde du 30 juillet 2008.

Le Monde du 22 juin 2008.

Le Monde du 30 avril 2006.

Le Monde du 15 novembre 2005.

Le Monde du 26 juin 2005.

Le Monde du 21 octobre 2005.

Le Monde du 10 janvier 2004.

Le Monde du 5 novembre 2003.
Le Monde du 16 septembre 2003.
Le Monde du 10 septembre 2003.
Le Monde du 8 février 2010.
Le Monde du 9 février 2010.
Le Monde du 23 avril 2010.
Le Monde du 23 juin 2010.
Le Monde du 11 juillet 2010.
Le Monde du 13 juillet 2010.
Le Monde du 14 septembre 2010.
Le Monde du 7 octobre 2010.
Le Monde du 21 avril 2011.

≪르몽드 디플로마티크≫ 2009년 3월호.
≪르몽드 디플로마티크≫ 2010년 10월호.
Le Monde Diplomatique, 15 juin 2006.
Le Monde Diplomatique, janvier 2002.

Libération du 30 mars 2009.
Libération du 22 juin 2008.
Libération du 16 octobre 2004.
Libération du 12 octobre 2004.

L'Express du 23 juin 2008.
Alternatives Economiques du 7 mars 2011.

Le Figaro du 14 septembre 2009.
Le Figaro du 25 juin 2009.
Le Figaro du 23 juin 2008.

Le Figaro du 21 avril 2007.

Le Figaro du 12 juin 1985.

Le Figaro des 22~23 juin 1985.

Journal du dimanche du 13 mars 2007.

Journal Officiel 118 du 22 mai 2004.

Le Réveil du Nord 1914.

≪내일신문≫ 2008년 12월 5일.

≪한겨레≫ 2009년 9월 5일.

홍세화, <홍세화 칼럼: 유럽의 우파와 한국의 우파>, ≪한겨레≫, 2007년 5월 22일.

강진희, 「부르카: 공화국을 분열시키는 새로운 잣대?」, 『통신원 브리프(프랑스)』, vol. 4, 2010.

육주원, 「2010년 7월 해외소식: 영국」, 『통신원소식(유럽)』, vol. 3, 2010.

온라인 자료

http://www.huffingtonpost.com/2010/07/13/france-burqa-ban-french-p_n_644433.html

http://www.scienceshumaines.com/faut-il-en-finir-avec-l-identite_fr_4240.html.

http://www.mrap-nord.org/article3.php3?id_article=16

<300 mesures pour la France> www.frontnational.com

http://www.debatidentitenationale.fr/

http://news.naver.com/main/read.nhn?mode=LSD&mid=sec&sid1=102&oid=001&aid=0005280933

http://www.marseille-premium.com/Combien-sommes-nous-a-Marseille.html

http://sig.ville.gouv.fr/zone/93050ZF

http://fr.wikipedia.org/wiki/%C3%89lections_l%C3%A9gislatives_fran%C3%A7aises_de_1986

http://sites.univ-provence.fr/veronis/Discours2007/transcript.php?n=Sarkozy&p=2007

-01-14

http://sites.univ-provence.fr/veronis/Discours2007/transcript.php?n=Sarkozy&p=2007-03-09

http://sites.univ-provence.fr/veronis/Discours2007/transcript.php?n=Sarkozy&p=2007-03-13

http://sites.univ-provence.fr/veronis/Discours2007/transcript.php?n=Sarkozy&p=2007-03-09

http://sites.univ-provence.fr/veronis/Discours2007/transcript.php?n=Sarkozy&p=2007-03-30

http://briceblazy.blogmilitant.com/index.php?post/2007/03/11/discours-nicolas-sarkozy-a-caen-vendredi-9-mars-2007-03-09

http://sites.univ-provence.fr/veronis/Discours2007/transcript.php?n=Sarkozy&p=2007-03-09

http://sites.univ-provence.fr/veronis/Discours2007/transcript.php?n=Sarkozy&p=2007-03-30

http://sites.univ-provence.fr/veronis/Discours2007/transcript.php?n=Sarkozy&p=2007-03-09

http://sites.univ-provence.fr/veronis/Discours2007/transcript.php?n=Sarkozy&p=2007-03-09

http://sites.univ-provence.fr/veronis/Discours2007/transcript.php?n=Sarkozy&p=2007-03-09

http://www.gouvernement.fr/presse/amendement-du-depute-thierry-mariani-au-projet-de-loi-immigration

http://www.premier-ministre.gouv.fr

http://www.debatidentitenationale.fr

http://www.gouvernement.fr/print/gouvernement/grand-debat-sur-l-identite-nationale-25-000-contributions-recues-des-la-premiere-semain

http://www.immigration.gouv.fr/

http://www.social.gouv.fr

http://www.rue89.com

http://lci.tf1.fr/politique/defile-du-14-juillet-eva-joly-cree-la-polemique-6580194.html

http://ko.wikipedia.org/wiki/%EB%9D%BC%EC%9D%B4%EC%8B%9C%ED%85%8C

http://www.lefigaro.fr/flash-actu/2010/02/23/01011-20100223FILWWW00688-laicite-sur-le-fronton-d-une-mairie.php

http://www.assemblee-nationale.fr/site-jeunes/laicite/fiche-dates/fiche-1946/fiche1.pdf

http://www.wfn.org/2004/03/msg00096.html.

http://fr.wikipedia.org/wiki/Conseil_fran%C3%A7ais_du_culte_musulman

http://tnhistoirexix.tableau-noir.net/pages/population_de_la_france_au_xix_siecle.html

http://www.univ-paris1.fr/IMG/pdf/ch1population.pdf

http://fr.wikipedia.org/wiki/Nationalit%C3%A9_fran%C3%A7aise

http://fr.wikipedia.org/wiki/Narodowiec

http://www.huffingtonpost.com/2010/07/13/france-burqa-ban-french-p_n_644433.html

http://fr.wikipedia.org/wiki/R%C3%A9gime_concordataire_fran%C3%A7ais

http://www.iom-mrtc.org.

http://www.saphirnews.com/Jacques-Myard-assimile-la-femme-en-burqa-a-une-prostituee_a10319.html

http://videos.lefigaro.fr/video/iLyROoafMUIK.htm

http://www.blogandregerin.fr/

http://politique.eu.org/archives/2004/10/135.html

Jourdain, Stéphane, "Agression antisémite à Villiers-le-Bel: 4 collégiens mis en examen", AFP du 9 janvier, 2009 in http:// fr.news.yahoo.com /2/20090109/ tfr-agression-antisemite-villiers-le-bel-f56f567.html

http://fr.wikipedia.org/wiki/Dieudonn%C3%A9

http://fr.wikinews.org/wiki/Charlie_Hebdo_:_Sin%C3%A9_s%C3%A8me_sa_zone

http://fr.wikipedia.org/wiki/Fusillade_de_la_rue_des_Rosiers

http://fr.wikipedia.org/wiki/Zone_d'%C3%A9ducation_prioritaire

http://films7.com/videos/cours-decinema-frederic-bas-analyse-la-haine-de-kassovitz

http://www.homomigrans.com/journal/vol01/hm_vol01_07_civic%20integratino%20and%20antidiscrimination.pdf
http://www.portail-religion.com/islam/federation-nationale-des-musulmans-de-france-fnmf.html
http://fr.wikipedia.org/wiki/Guadeloupe#Histoire
http://fr.wikipedia.org/wiki/Martinique
http://fr.wikipedia.org/wiki/Union_des_organisations_islamiques_de_France
http://fr.wikipedia.org/wiki/Conseil_fran%C3%A7ais_du_culte_musulman
http://www.lecfcm.fr/
http://www.rfi.fr/actufr/articles/057/article_30235.asp
http://www.rfi.fr/actufr/articles/057/article_30235.asp
http://www.rfi.fr/actufr/articles/057/article_30235.asp
http://www.phdn.org/negation/gayssot/24bis.html
http://tempsreel.nouvelobs.com/politique/20111222.OBS7361/1998-2011-le-genocide-armenien-et-la-loi-francaise.html
http://www.lemonde.fr/europe/article/2012/01/23/lle-parlement-adopte-la-loi-sur-le-genocide-armenien_1633536_3214.html
Chevenement.fr-le blog de Jean-Pierre Chevènement.
NouvelObs.com du 08 juillet, 2008.
Meunier, Olivier, "Les approches interculturelles dans le système scolaire française: vers une ouverture de la forme scolaire à la pluralité culturelle?", (http://socio-logos.revues.org/document1962.html)

이 책을 구성하는 데 주로 이용된 필자의 기존 문헌

「현대 프랑스 사회의 무슬림 이민자와 세속화 문제」, 『서양사론』 111호, 2011. 12.
「프랑스의 무슬림 이민자와 민족정체성 문제」, 『역사와 담론』 59집, 2011. 8.

「'히잡금지'와 부르카금지'를 통해 본 프랑스 사회의 이슬람 인식」, 『프랑스사 연구』 24호, 2011. 2.
「무슬림 여성의 베일 착용과 '프랑스적 예외'로서의 라이시테」, 『대구사학』 102집, 2011. 2.
「영화 『클래스』를 통해 본 프랑스 학교와 이민자 2세」, 『프랑스사 연구』 22호, 2010. 2.
「프랑스 공화국과 이민: 새로운 공화국을 향하여」, 『프랑스사 연구』 21호, 2009. 8.
「현대 프랑스사회의 유대인, 과연 소수자인가?」, 곽차섭 외, 『역사속의 소수자들』, 푸른역사, 2009. 6.
「현대 프랑스의 반유대주의와 새로운 유대인의 등장」, 『대구사학』 94호, 2009. 2.
「영화 『증오』를 통해 본 프랑스의 이방인들」, 『프랑스사 연구』 20호, 2009. 2.
「2차 세계대전 이후 알제리인의 프랑스로의 이주와 정착」, 『한국프랑스학논집』 53호, 2006. 2.
「'하얀 외침 검은 태양'을 통해 본 1930년대 프랑스 노동자와 이민노동자」, 『역사와 문화』 2호, 2000. 11.
「2005년 프랑스 '소요사태'와 무슬림이민자 통합문제」, 『프랑스사 연구』 14호, 2006. 2.
「현대 프랑스 사회의 인종주의」, 『서양사론』 70호, 2001. 9.
「프랑스 이민사 개관 및 연구동향」, 『서양사론』, 64호, 2000. 3.
「1930년대 프랑스 노동조합의 정당에 대한 독립성 문제」, 『서양사론』 58호, 1998. 9.
『프랑스의 문화전쟁: 공화국과 이슬람』, 책세상, 2005.
박단(편), 『현대 서양사회와 이주민: 갈등과 통합 사이에서』, 한성대학교 출판부, 2009.

찾아보기

ㄴ

ㄷ

ㄹ

ㅂ

ㅅ

ㅇ

ㅈ

ㅊ

ㅎ